고급
놀이치료

아동상담 임상을 위한
필수조건, 지식 그리고 기술

Advanced Play Therapy: Essential Conditions, Knowledge, and Skills for Child Practice

고급
놀이치료
아동상담 임상을 위한
필수조건, 지식 그리고 기술

Dee C. Ray 지음 | 이은아김, 민성원 옮김

Σ 시그마프레스

고급 놀이치료

아동상담 임상을 위한 필수조건, 지식 그리고 기술

발행일 | 2016년 3월 3일 1쇄 발행
　　　 2021년 3월 5일 2쇄 발행

저　자 | Dee C. Ray
역　자 | 이은아김, 민성원
발행인 | 강학경
발행처 | ㈜시그마프레스
디자인 | 오선형
편　집 | 이지선

등록번호 | 제10-2642호
주소 | 서울특별시 영등포구 양평로 22길 21 선유도코오롱디지털타워 A401~402호
전자우편 | sigma@spress.co.kr
홈페이지 | http://www.sigmapress.co.kr
전화 | (02)323-4845, (02)2062-5184~8
팩스 | (02)323-4197

ISBN | 978-89-6866-537-0

Advanced Play Therapy
Essential Conditions, Knowledge, and Skills for Child Practice

* 책값은 뒤표지에 있습니다.
* 이 도서의 국립중앙도서관 출판예정도서목록(CIP)은 서지정보유통지원시스템 홈페이지
  (http://seoji.nl.go.kr)와 국가자료공동목록시스템(http://www.nl.go.kr/kolisnet)에
  서 이용하실 수 있습니다. (CIP제어번호 : CIP2016003979)

역자 서문

고급 놀이치료. 이 책의 제목을 정하는 것은 역자들에게 고심의 과정이었습니다. '고급'이라는 타이틀이 의도하지 않게 전할 수 있는 뉘앙스도 생각해 보게 되었고, '고급'이라는 단어 말고 무엇이라고 이야기해야 'Advanced play therapy'를 가장 적절하게 표현할 수 있을지를 고민하였습니다. 그러나 가장 본질적인 질문은 과연 'Advanced'의 뜻은 무엇일까에 있었습니다. 그리고 그 질문은 이 책을 번역하는 동안 이 전문 영역에 있는 놀이치료자들의 발달 과정에 대한 궁금함을 불러 일으켰고 다시금 그 의미를 숙고해 보도록 도와주었습니다. 놀이치료자로 입문하기 위해 처음 훈련받던 시간은 아직 가 보지 않은 길에 대한 동경과 설렘이 가득합니다. 그러나 책으로만 접했던 놀이치료자 본인의 자기 인식과 성찰 과정이 놀이치료자 훈련의 진수임을 직접 경험하는 순간들, 또한 그것이 평생 동반하는 과정임을 깨닫는 순간들은 차라리 거부하고 싶기도 합니다. 특히 그 과정이 어떠한 개인 및 전문적 의미를 내포하는지, 치료자 본인뿐 아니라 내담자와 어떠한 연관성을 갖는지를 깨닫는 아하 모멘트들(A-ha moments)은 강렬한 경험으로 존재합니다. 그러므로 놀이치료자가 되는 발달 과정에서 'Advanced'라는 단어는 '고급'이라는 단계적 의미가 아니라 지속적인 '발돋움과 지향'이라는 방향과 의미를 내포하는 듯합니다.

전 세계에는 우리가 잘 알고 있는 놀이치료 분야의 대가들이 계십니다. 그들의 사명을 정의한다면 저는 '길을 내는 자'라고 하고 싶습니다. 다른 이들이 아직 가 보지 않은 길, 그래서 아직 길이라고도 여겨지지 않는 곳을 먼저 걸어가 준 그들의 노고 덕분에 그곳은 결국 길이 됩니다. 그들은 놀이치료 전문 영역에 있어서 향후 발달을 도모할 책임을 맡은 자로 여겨지는 분들입니다. 그리고 그 책임은 지금 놀이치료자로서의 발달 여정을 걷는 미약한 우리들에게도 동일하게 부여된다는 생각이 들었습니다. 왜냐하면 치료적 관계에서 성장하고 있는 오늘도 만나고 온 바로 그 내담 아동에 대한 우리의 진의와 회복을 조력하는 태도 때문입니다.

저희 역자들의 놀이치료자 발달 과정에 좋은 스승으로 함께했던 Ray 박사님은 이 책을 통해서 놀이치료자의 여정을 축하하고 격려할 뿐 아니라 임상과 연구 경험의 통합적인 시선 아래 진솔한 고백과 신중한 질문을 던지고 있습니다. 놀이치료자로 입문하고 이제 막 그 길을 시작한 초보 치료자부터 이미 나눌 수 있는 경험과 지혜가 소복이 쌓여 가는 숙련된 치료자 모두에게 이 책은 또 다른 발돋움과 지향의 힘을 더할 것이라고 확신합니다.

이 번역서를 위해 수고해 주신 시그마프레스와 편집부 가족들에게 감사의 마음을 전합니다. 또한 번역이 이렇게 어려운 작업인지 미리 알았더라면 시작조차 하지 못했을 텐데 그럼에도 불구하고 옆에서 묵묵히 동역의 길을 지원해 주신 소중한 가족과 많은 분들을 기억하며 마음 깊이 감사드립니다.

2016년 2월
역자 대표
이은아김

한국어판 출간을 축하하며

안녕하세요? 한국의 놀이치료자 여러분,

이 책을 한국어로 출판하게 되었다는 소식을 듣고 얼마나 흥분되고 기뻤는지 모릅니다. 2013년도에 한국놀이치료학회의 국제학술대회를 위해 한국을 방문했을 때 한국 정신건강 전문가들이 아동 상담을 위해 보여 주었던 열정과 헌신에 깊은 감동을 받았습니다.

아동 상담에서 저는 치료자와 아동 간의 관계는 치유요인이며 변화를 위한 치료적 주체임을 굳게 믿습니다. 치료자가 아동을 한 사람으로서 진심으로 수용하고 이해하면 아동은 변화를 위한 자유를 경험합니다. 한국 놀이치료자들을 만나서 대화를 나누었을 때 저는 이해받고 수용받으며 스스로 가치 있다고 여겨지는 경험을 했습니다. 제가 한국에서 경험했던 바로 그것이 치료의 본질이라는 생각이 듭니다. 지구 반대편의 문화, 배경, 환경의 다른 맥락에서도 관계에 필요한 것이 무엇인지를 직감적으로 이해하고 서로 논할 수 있다는 것은 매우 신기하고 놀랍기만 합니다. 우리는 서로를 필요로 하고 또한 서로에게 관계의 축복을 부여할 필요가 있는 존재입니다. 특히 아동을 향하여 더욱 그러합니다.

저는 이 책이 여러분이 아동 상담자로 성장하는 데 도움이 되기를 소망합니다. 놀이치료의 효과가 어떻게 나타나는지에 대한 지식과 놀이치료에 적용할 수 있는 기술뿐 아니라 놀이치료자로서 여러분의 성장을 함양시킬 수 있는 태도에 관하여 나눌 수 있기를 희망합니다. 그러나 무엇보다 본 한국어판이 여러분이 경험하는 치료적 관계 내내 여러분의 곁에서 아동과 함께하는 여정에 조력할 수 있기를 바랍니다.

저는 이 책을 한국어로 번역하느라 수고를 아끼지 않은 이은아김 박사와 민성원 선생께 진심으로 감사를 드립니다. 두 분은 원문의 뜻을 살려 한국어로 번역하기 위해 출판 마지막까지 끊임없이 노력해 주셨습니다. 두 분은 언어라는 매체를 통하여 이 책의 필자인 저뿐 아니라 한국의 놀이치료자들에게 귀중한 선물을 선사하셨습니다.

놀이치료자의 길을 가는 여러분들의 여정에 응원을 보내며….

Dee C. Ray, PhD, LPC-S, NCC, RPT-S

Professor, Counseling Program

Director, Child and Family Resource Clinic

University of North Texas

저자 서문

놀이치료는 정서, 행동, 발달적 문제를 경험하고 있는 아동에게 탁월하게 적합한 발달적 개입이다. Virginia Axline은 1947년에 역사적으로 인정받는 저서가 된 놀이치료를 저술하였다. 이 책에서 그녀는 아동중심 놀이치료(CCPT)가 발흥이 되었던 기본 철학, 개념 및 치료자의 행동에 대하여 소개하였다. 1947년부터 1991년까지 주로 비지시적 놀이로 불려졌던 아동중심 놀이치료는 다양한 권위 있는 학술지에서 연구되고 논의되었다. 1991년에 Garry Landreth 박사가 출간한 *Play Therapy: The Art of the Relationship*(2002년 제2판)에서 그는 CCPT 접근의 구체적인 기술 및 아동중심 놀이치료에 대하여 자세히 기록하였다. 현재 아동중심 놀이치료는 전문 놀이치료자들에게 가장 많이 활용되는 양식이며, 그동안 CCPT를 사용한 실증적 연구의 풍부한 역사는 과히 기념할 만하다.

필자는 1995년까지 놀이치료에 대해 한 번도 들어본 적이 없었던 문외한이었다. 불과 그 몇 해 전에 상담 분야에서 석사학위를 받고 청소년 및 성인 전문 상담가로 근무하고 있었지만, 필자는 어린 아동을 상담해 본 경험이 전혀 없었다. 필자가 대학원 석사 과정에 있었을 때 아동은 행동주의적 기술에 반응하지만 실존주의나 인간중심 개입은 유용하지 않다고 배웠다. 그러나 젊어서부터 청소년들을 가르쳐 왔던 필자는 만성적이고 심각한 정서적 어려움을 가진 사람들을 도울 때는 행동주의적 접근이 부적합하다는 것을 일찍이 발견했다. 그렇기 때문에 필자는 이미 석사 과정을 마치기도 전에 아동 상담은 하지 않기로 결정했는데, 이유는 행동주의를 믿지 않았고 다른 형태의 아동 상담이 있다는 것을 전혀 알지 못했기 때문이다.

필자는 청소년 상담을 전공하기 위해 박사 과정을 시작했다. 그때가 바로 놀이치료에 대해 소개받았던 때였다. 의도한 것은 아니었지만 필자는 상담 분야에서 명성이 높은 노스텍사스대학교에 들어가게 되었다. 필자는 그 학교가 세계에서 가장 큰 놀이치료 훈련센터인 Center for Play Therapy가 있는 곳이라는 것도 알지 못했다. 필자는 놀이치료의 유명한 저자이며 Center for Play Therapy의 창립자인 Garry Landreth에 대해서도 들어본 적이 없었다. 한번은 동료 학생이 아동 내담자에게 놀이치료하는 것을 관찰할 기회가 있었는데 필자는 무척 회의적이었다. 놀이치료라는 개입 방법은 행동주의를 받아들이지 않을 뿐 아니라 아동에게 활용할 필요성도 부인하였기 때문이었다. 이렇게 한때 필자는 놀이치료를 가장 혹평하는 심각한 비평가였다. 필자는 치료자가 아동을 주도하는 것이 부족하다고 생각했고 아동의 감정을 언어적으로 표현하는 필요를 강조하는 데 있어서 치료자가 중점적으로 그 역할을 하지 못한다고 비평하였다. 또한 아동이 놀이와 언어화를 주도하도록 허락하는 치료사의 허용성도 마음에 들지 않았다. 아동이 결정하도록 허용하는 것에 어떤 장점이 있을 수 있겠는가? 그것으로 어떻게 부모가 늘어놓는 그 많은 아동의 다양한 문제점을 교정할 수 있겠는가? 이 치료자들은 아동이 성인의 지시와 안내가 필요하다는 것을 모르는 게 아닌가? 결국 필자는 최대한 놀이치료와 Garry Landreth라는 사람으로부터 멀리 떨어져 있기로 결정했다.

필자는 놀이치료와 관련된 결정을 고수하고자 지속적으로 성인과 청소년 상담훈련에만 집중하고 있었다. 그러던 어느 날 Bratton 박사와 만나게 되었다. 당시 그녀는 Center for Play Therapy의 소장으로 있으면서 필자의 교수이자 슈퍼바이저였다. 그때가 바로 인본주의적 원리를 향한 필자의 마음이 약간 기울던 것에서 활짝 만개하는 신념 체계로 성장하던 시점이었기 때문에 인간중심 접근을 청소년과 성인 내담자들에게 적용하는 것이 점점 자연스럽게 되어 갔다. 내담자들은 치료적 관계의 맥락에서 변화하고 성장하고 있었다. 필자는 내담자의 성장을 위한 조건이 촉진되도록 도우면서 내담자가 긍정적인 자기주도를 향해 이동한다는 믿음을 잃지 않을수록, 내 스스로가 상담을 할 때 사람으로서 가장 효과적인 도구가 되어 간다는 것도 깨달아 가고 있었다. 이 시점에 Bratton 박사는 필자에게 놀이치료 과목의 수강을 권유하기 시작했다. 필자는 거절했지만 Bratton 박사는 집요했다. 그 즈음 필자는 Garry Landreth 박사의 명성을 점점 접하게 되었고, 그런 명망 있는 대가에게 나의 의심을 주장할 수 있을 것이라고는 기대하지 않았다. 필자는 놀이치료 과목을 Bratton 박사가 가르친다는 조건하에서 수강하겠노라고 하였다. Bratton 박사는 필자의 의구심을 인식하고 있음에도 불구하고 필자를 수용해 주었는데, 그것이 필자에게 강력한 동기요인이 되었다. 놀이치료를 수강해 보겠다는 결정에 영향을 준 또 다른 사건은 그 당시 필자가 첫아이를 출산하였다는 것이었다. 필자는 모성애, 아동 발달, 그리고 양육에 극도로 매료되어 있었다.

이러한 배경에서 필자는 인생의 첫 번째 놀이치료 과목을 수강하였다. 수강 첫날부터 마음이 온통 끌렸다는 것을 인정하지 않을 수 없었다. Axline과 Landreth의 저작들은 어떻게 인본주의적 개념이 아동 상담에 적용되는지에 대해 잘 설명하고 있었다. 필자의 어리석은 모든 질문과 불평에 대하여 관계적 능력을 활용해서 응답하는 Bratton 박사는 무의미한 설명으로 그치는 것이 아니라 항상 아동중심 철학을 증명하곤 했다. 그리고 그 모든 것은 필자가 첫아이의 생애 첫 일 년을 관찰하는 것과 꼭맞는 듯했다. CCPT를 내담자에게 사용하기 시작했을 때 필자는 내담자의 행동을 바라보면서 놀라움을 금치 못했다. 15년이 지난 지금도 필자는 놀이치료를 마치 마법인 것처럼 관찰한다. 놀이치료에 대해 가장 놀라운 것은 그것이 효과적이라는 것이다. 필자는 이 사실에 대해서 매일 놀라움을 금치 못한다.

하지만 비밀은 놀이치료는 마법이 아니라는 것이다. 놀이치료는 방대한 지식, 훈련, 슈퍼비전, 자문, 인식, 개인적인 투자, 기술, 아동에 대한 신념을 필요로 한다. 놀이치료를 시작한 그 시점부터 지금까지 필자는 놀이치료를 학교와 임상 현장에서 사용하는 것이 매우 즐겁다. 필자는 그동안 개별 및 집단 아동뿐 아니라 다양한 부모들을 광범위하게 상담해 왔으며, 다문화 아동에게도 놀이치료를 시행해 왔다. 필자 안에 있는 냉소는 아직도 놀이치료가 효과적이지 않은 사례를 기다리지만, 지금까지 그러한 것은 경험하지 못했다.

이제 필자가 Landreth의 놀이치료 접근에 대해 열정적인 후원자라는 것은 의심의 여지가 없을 것이다. *Play Therapy: The Art of the Relationship* 이상의 책을 써야 할 필요가 있는지에 대해서 필자는 여러 차례에 걸쳐 스스로에게 질문을 던졌다. 첫 놀이치료 과목 수강 이후에 필자는 Garry Landreth 박사에게 고급 놀이치료 과목을 수강하였고, 그에게 슈퍼비전을 받을 수 있는 용기가 생겼다. 그의 슈퍼비전하에 필자는 상담에서 그가 논의하는 관계의 요인을 경험했고, CCPT에 대한 이해와 그것을 촉진시키는 과정을 통해 성장할 수 있었다. Garry Landreth 박사는 진실된 멘토이다. 독자는 이 책을 통해서 그의 영향을 확인할 수 있을 것이다.

이 책의 목적은 *Play Therapy: The Art of the Relationship*의 동반자로서 사용되는 것이다. Landreth 박사는 CCPT를 너무나 탁월하게 설명하고 있기 때문에, 필자는 간단히 그의 작업만 요약하고자 하였다. 독자가 CCPT의 기본에 대한 완벽한 설명을 원한다면 Landreth(2002)를 참조하기 바란다. 이 책은 현재의 정신건강 분야의 맥락에서 CCPT를 실행하는 데 필요한 숙련된 지식과 기술에 중점을 두고자 한다. CCPT에서 왜(why)와 어떻게(how)를 배우는 것은 현재 임상 현장에서 필요로 하는 부분이다. 클리닉 소장이며 학교 상담교사 슈퍼바이저로 보낸 많은 시간 동안 필자는 훈련받은 놀이치료자들이 임상 현장에 투입된 이후에 직면하는 도전들을 목록화하여 축적해 왔다. 이 책은 그러한 도전을 언급하는 하나의 시도이다.

첫 번째 도전은 지식이다. 놀이치료는 세 가지 분야의 지식에 기초하고 있다. 즉 심리학/치료, 놀이, 그리고 아동 발달이다. 대부분의 놀이치료자들은 정신건강 분야의 석사학위를 받기 때문에 심리학의 역사 및 치료의 기능과 관련하여 많은 지식을 가지고 있다. 하지만 종종 놀이의 기능과 역사 및 아동 발달에 대한 세밀한 이해에 대한 지식은 부족한 형편이다. 이러한 두 영역에 대한 지식 부족은 아동의 정서적 세계 안에서 작업하는 놀이치료의 중요성을 설명하는 놀이치료자의 능력을 제한한다. 이 책은 놀이의 역할과 기능, 아동 발달, 그리고 놀이치료 이론을 구체적으로 요약하는 장들을 제공함으로써 이러한 지식의 간극을 좁히기를 시도한 것이다. 필자는 지식을 통합하는 것을 시도함으로써 놀이치료가 어떻게 아동에게 전인적으로 연관되는지에 대한 이해뿐 아니라 부모와 다른 놀이치료 결정권자들에게 설명하는 입문서로서 이 책이 놀이치료자를 위한 실제적 자원으로 활용되기를 바란다. 놀이와 아동 발달에 대한 지식은 각 내담 아동의 정서적인 작업을 이해하는 데 있어서 중요하다.

임상 현장에 있는 놀이치료자들을 위한 두 번째 도전은 놀이치료자들에게 부여되지만 잘 정의되지 않는 일반적인 과업의 일부를 운용할 수 있게 하는 것이다. 특히 이 책을 통하여 필자는 놀이치료자들이 부모 상담, 놀이 주제 작업하기, 그리고 진보 측정하는 것을 활용할 수 있기를 바란다. 위의 내용에 대한 각각의 과업을 위해서 한 챕터

씩 할애하고 있으며 놀이치료자가 즉각적으로 활용할 수 있도록 단계적인 방법을 제공한다. 그리고 이와 같은 방법은 필자가 천여 명의 아동과 상담하고 슈퍼비전했던 경험을 통하여 개발되었다. 이 책은 아동 내담자와의 경험을 근거로 개발된 것으로 자세한 묘사와 함께 놀이치료 주제를 다룬 첫 번째 책이 될 것이다.

세 번째로 최근에 중점을 두기 시작한 임상 현장에 있는 놀이치료자들에게 중요한 도전은 책임감이다. 책임은 환경을 넘어서 다양한 방법으로 요구된다. 놀이치료자들은 부모에게 측정 가능한 변화를 보여 주는 것에 대한 책임이 있다. 놀이치료자들은 지원을 제공하는 재정적 자원에게 서비스의 효과를 보여 줄 책임이 있다. 그들은 재정적 자원의 공급처에게 진보를 알리고 명시할 책임이 있다. 또한 행정가에게 놀이치료 업무의 정당성을 입증하고 지속적으로 고용되는 것에 대한 책임이 있다. 이 책을 통하여 필자는 변화를 측정하고, 자료를 모으고, 치료 계획을 수행하는 방법을 제공하는 개인적인 책임감에 대해 언급하고 있다. 이 책의 마지막 장에서 필자는 놀이치료의 실증적 연구를 통해 제공된 증거에 집중한다. 마지막으로 근거 기반 연구자들을 위해 부록에 CCPT 치료 매뉴얼을 수록하였다. 이것은 CCPT의 정확한 촉진을 위해 만들어졌는데, 상위 기관에서 요구할 때 제출용으로 사용할 수 있다. 그러나 대부분은 연구 목적으로 사용하기 위함이다.

이 책에는 독자의 이해를 안내하는 부가적인 특징도 있다. 전형적인 인간중심 전통에 따라 필자는 많은 치료적 개념을 소개할 때 실제 회기 내용에서 발췌하여 사용하려고 시도하였다. 이러한 녹화기록 자료를 통하여 독자는 실제 임상 현장에서의 접근을 시각화하는 것이 가능할 것이다. 필자는 또한 놀이치료와 관련된 오늘날 당면한 특별 문제들에 대해서도 다루려고 하였다. 예를 들면, 공격적인 아동과의 상담으로 인한 과중한 과업, 상당히 많은 아동 내담자의 구성, 그리고 학교와 지역사회 환경에 있는 비평가들과 조력하는 것 등과 같은 사례를 포함한다. 이 책은 놀이치료에서도 가장 힘든 영역, 예를 들어 놀이치료에 제 발로 오지 않는 아동과 부모, 도전적이고 어려운 아동, 참여하고 싶어 하지 않는 부모, 비평적인 행정가들, 그리고 놀이치료자가 일반적으로 직면하는 다양한 고군분투의 내용들을 포함하였다. 필자는 또한 숙련된 놀이치료자들에게는 초보 전문 인력 양성을 위한 모델을 제공하려는 희망 아래 슈퍼비전에 대한 장도 포함하였다.

필자가 이 책을 집필한 목적은 초보 치료자와 경험이 있는 치료자 및 숙련된 놀이치료자를 지원하기 위함이다. 초보 놀이치료자들을 위해서 필자는 CCPT의 왜(why)와 어떻게(how)를 요약하고자 하였다. 이전의 저서들은 놀이치료의 어떻게(how)라는 부분을 언급하였지만, 필자는 놀이치료자가 정기적으로 대면하는 '하지만 만약 ~라면'에 대한 질문에 대답하려는 시도를 하고 있다. 만약 아동이 제한을 따르지 않는다면? 만약 부모가 상관하지 않는다면? 만약 아동이 사무실을 소리 지르며 뛰어다닌다면? 만약 아동이 진보를 보이는 것 같지 않다면? 만약 치료자가 아동에게 개인적으로 짜증이 난다면? 이러한 내용은 필자가 임상 현장의 교수로서 매일 언급하는 슈퍼비전 문제들이다. 필자는 이 책이 CCPT를 믿지만 그것을 사용하는 데 있어서 현실적인 장애물에 직면하는 놀이치료자들을 위한 자원이 되기를 소망한다. 놀이치료를 이미 경험한 치료자들을 위하여 필자는 지속적인 임상과 전문적인 성숙에 유익을 끼칠 수준의 지식을 제공하려고 한다. 숙련된 놀이치료자들에게 일치성에 대한 진정한 의미는 무엇인가? 직업을 통해 우리는 치료적 조건들 안에서 어떻게 진보해 나가는가? 우리는 어떻게 필수적인 조건들이 전 인생에 걸쳐 지속적으로 번창하게 하여 가장 효과적으로 작동하게 할 수 있는가?

놀이치료자로서 필자는 내적·외적인 요인에 의해 도전받는 내 자신을 발견한다. 정신건강 분야에서 아동을 상담할 때 기계론적 방법이 요구될수록 필자는 외적으로 지식, 기술, 책임감에 반응하도록 도전받는다. 그러나 더욱 중요한 것은 인간의 변화 과정을 신뢰하는 데 있어서 흔들림이 없는 신념 체계를 유지하는 것이 필자에게는 가장 도전이 된다. 필자는 이러한 도전을 다른 사람들과 접촉하고 또한 일상의 삶에서 만나는 동료, 학생, 아동, 가족, 그리고 친구들로부터 다시 한 번 깨닫게 되는 내적인 과정으로 반응한다. 이들과의 관계로부터 무엇이 중요한지를, 또한 진정한 것이 무엇인지를 충만히 깨닫게 된다. 오로지 나와 관계를 맺는 사람들을 통해 필자는 변화된다는 것을, 그리고 이것은 다시 그들의 변화를 촉진시키게 된다는 것을 믿는다. 이렇게 해서 필자의 자아실현 경향성은 최대의 잠재력을 발현하게 된다.

■ 12 학교 놀이치료

■ 13 지역사회와 개인 상담센터에서의 놀이치료

■ 14 놀이치료 슈퍼비전

■ 15 아동중심 놀이치료의 증거 기반 연구

■ 부록 아동중심 놀이치료 치료 매뉴얼

Chapter 01

놀이의 역사 및 논리적 근거와 목적

놀이치료는 아동의 가장 효과적인 의사소통 방식인 놀이에 기반을 두고 아동에게 도움을 주도록 고안된 치료 양식이다. 다음과 같은 몇 가지 표현은 놀이치료자 사이에서 놀이의 가치를 논할 때 일상적으로 사용되는 예이다. "놀이는 아동에게 자연스러운 의사소통의 형태이다.", "놀이는 구체적인 경험과 추상적 사고를 연결한다.", "놀이는 본질적으로 동기를 유발한다." 사실 이러한 표현은 너무 자주 사용되어서 그 출처를 찾아내는 것도 어렵다. 물론 치료에서 놀이에 대한 근거에 공헌한 것으로 가장 자주 인용되는 사람은 스위스의 생물학자이자 철학자인 장 피아제(1962)이다. 환경에 동화하는 형태로서의 놀이를 이용하여 발달을 통해 아동이 어떻게 진보하는지에 대한 그의 탐구와 저술은 아동을 치료할 때 놀이를 어떻게 적용할지에 대한 이해의 기초를 마련하였다. 놀이의 역사, 연구 및 이론은 관찰과 논의로 풍부하다. 피아제를 비롯한 다른 연구자들의 학문적 접근은 단지 놀이 탐구의 한 일부일 뿐이다. 놀이는 문화적 현상, 본능적 욕구, 교육의 양식, 경제적 영향, 종교적 내포뿐 아니라 심리와 발달 면에서 특별한 관계로 탐구되어 왔고, 이 모든 것은 놀이치료 임상에 함축된 의미를 갖는다.

놀이의 역사

역사 이래 놀이는 주로 유년기 경험과의 관계에 중점을 두고 묘사되고 논의되었다. 고대 서구 세계의 초기 관점은 아동을 무력하고 무능하며, 놀고 싶어 하는 특별한 욕구를 가졌다고 간주하였다(Hughes, 2010). Plato는 기술을 연마하기 위해 놀이를 사용하는 것을 강조하였지만 성인이 지나치게 감독하는 것에 대해 경고하였다(Hughes, 2010; Smith, 2010). 기독교의 발흥은 각각의 아동은 하나님에 의해 가치를 부여받은 고유한 영혼을 소유하고 있다는 믿음으로 이끌었다. 아동은 선천적으로 악하고 제멋대로라는 믿음뿐 아니라 각 아동이 개별적 가치를 가지고 있다는 사고방식이 증가하면서 아동 놀이에 대한 부모의 관점이 성인의 지도와 감독이 필요한 것이라는 데 이르게 되었다. 이처럼 성인의 역할은 아동의 놀이를 유익하고 생산적인 활동으로 안내하는 것이었다.

기독교는 17~18세기 동안 영국에서 개신교의 시초를 이끌었다. 놀이에 대한 접근은 더욱 엄격해졌고, 그러한 접근법 안에서 놀이는 빈둥거리는 것 그리고 본질적으로 부정적인 동기를 지니는 것으로 간주되었다. 영국의 존 로크(1632~1704)는 아동은 백지 상태(tabula rasa)로 태어나며 아동을 옳은 방향으로 인도하려면 환경은 부모에 의해 철저히 통제될 필요가 있다는 철학을 널리 알리는 데 고무적인 역할을 하였다. 미국에서 놀이의 역사를 추적했던 Chudacoff(2007)는 초기 청교도 삶에서의 로크의 영향을 다음과 같이 쓰고 있다.

> 로크는 근대주의자가 아니다. 그의 목표는 아동의 행동 속에 자기 통제(self-control), 부인(denial), 질서(order)를 심어 주는 것이었다. 그가 가장 선호한 놀이는 아동이 교사의 세심한 감독하에서 이루어지는 유형이었다. 그에게 있어서 비구조적인 놀이란 적절하지 않은 것이었다(p. 27).

결과적으로 놀이는 18세기 중·후반까지는 사실상 억압되어 있었다(Hughes, 2010).

개신교가 영국과 미국에서 아동에 대한 관점에 지대한 영향을 끼친 것과 마찬가지로, 프랑스 철학자인 장 자크 루소는 에밀 또는 교육에 대하여(*Emile, or On Education*, 1762)라는 소설을 출판했는데, 이 소설은 아동의 긍정적인 본성을 제시하였다. 루소는 아동의 본성적 상태가 인간의 선과 미덕을 수용하는 방향으로 움직인다고 믿었다. 아동은 인정받고 보살핌을 받으며 성인의 최소한의 감독하에서 자연스럽게 활동하도록 허용될 필요가 있다. 아동에 대한 이러한 관점은 놀이가 아동의 한 부분으로서 수용되고 인정되게 함으로써 어른들이 아동기를 축하해 주어야 한다는 성과를 갖게 하였다. 루소의 철학은 아동에 대한 새롭고 낭만적인 인식의 시발점이 되었고, 이러한 인식은 전 유럽은 물론 미국에서까지 빠르게 흡수되었다. 독일의 프리드리히 프뢰벨(1782∼1852)은 놀이를 학습의 방법으로 보는 자신의 주장을 기초로 유치원 체계를 창립하였으며 이탈리아의 마리아 몬테소리(1870∼1952)는 실생활에 대한 학습 방법으로서의 놀이와 교육을 통합하였다(Smith, 2010)

미국의 놀이에 대한 관점은 양면적인 부분을 드러냈다. 초기 정착민들은 하나님에 대한 복종이라는 믿음에 대해 갈등을 겪었다. 그러한 믿음은 인간의 권위로부터 자유를 요구하는 점점 커져가는 강력한 자립심과 병치되었다. 실제로 초기 미국은 농업 사회였고, 여기서는 사지가 온전한 모든 사람의 노동력이 요구되었다. 그러므로 아동은 독립적이고 인정을 받을 만한 존재였지만, 선천적인 죄의 본성에 굴복하지 않고 사회의 생산적인 구성원이 되기 위해서는 성인의 지도가 필요한 존재로 간주되었다. 놀이에 대한 성인의 반응은 바로 이러한 양면성의 특징을 구체적으로 나타낸다. 놀이는 게으른 시간 낭비가 아닌 아동을 종교적 그리고 직업적 윤리의 발달로 이끄는 것이라는 조건하에서만 허용되었다. 또한 이 시대는 종종 성인과 아동의 놀이 간의 경계가 분명하게 구분되지 않는다. 아동과 성인은 종종 함께 놀았고 누구든 재미를 위해 가지고 놀 수 있었던 똑같은 놀잇감이나 도구를 가지고 놀았다. 18세기 중반까지는 놀잇감이 아동에게만 귀속되는 도구로 간주되거나 그러한 목적으로 생산되지 않았다(Chudacoff, 2007).

19세기 초는 유년기를 발달 과정의 독립된 실체로 받아들이기 시작한 시기이다. 이러한 수용으로 아동은 순수하고 놀기 좋아하는 낭만주의적으로 묘사되었고 이는 부모들에게 자녀들이 성인으로서의 책임을 지기 시작하는 시점을 늦추게 하였다. 이러한 낭만주의는 또한 예비청소년이 공장과 작업장에서 노동을 하고 있었던 미국의 급속한 산업화의 맥락에서 살펴봐야만 한다. 아동기에 대한 경계선은 매우 어린 나이로 제한되었다. 그렇지만 1850년에 이르러서 사회는 아동의 본성을 타락이라고 보는 것보다는 노는 것을 좋아하는 것이라 인정하여 아동의 놀이를 용인했을 뿐만 아니라 인정하기 시작하였다(Chudacoff, 2007). 19세기 후반에는 놀이에 대한 전문적 관심이 떠오르기 시작했다. 아동 연구에 관한 전문가들은 육아와 아동 발달에 대한 지침서들을 출판했는데, 이것은 주로 아동의 지적 · 도덕적 성장과 관련된 것으로, 놀이에 대해서도 감독적 접근을 옹호한 것들이었다. 철학자들은 계속해서 놀이의 목적과 사용에 관하여 논의하였다. 진화론적 접근법을 연구했던 영국의 철학자 허버트 스펜서(1820~1903)는 놀이란 고도로 발달된 신경 체계에 의해 신체 기능이 활성화된 것으로 고도로 진화된 종에서 발생되는 에너지의 초과로부터 비롯된 것이라는 잉여에너지 이론을 설명했다(Smith, 2010). 독일의 심리학자이자 작가인 카를 그로스(1861~1946)는 놀이가 기능적으로 중요하며 생존을 위해 필요한 기술을 연마하도록 해주는 것이라 주장했다(Hughes, 2010; Smith, 2010). 아동 발달에 관심을 가진 최초의 미국 심리학자 중 한 사람인 스탠리 홀(1844~1924)은 그로스의 관점이 놀이를 지나치게 단순화하는 것이라고 반박했다. 홀은 진화재연설(recapitulation theory)을 참고하여 놀이가 사실상 카타르시스적인 것이며 인간의 역사로부터 자연적 본성을 발생시키는 인간의 진화적 과정과 관련된 점을 관찰하였다(Hughes, 2010; Smith, 2010). 미국의 놀이에 대한 이러한 새롭고 집중된 초점은 놀이터를 설립하고 놀잇감을 생산하는, 그리고 성인이 아동의 놀이에 관심을 가지고 감독에 노력을 기울이는 등의 실제 활동으로 이어졌다. 놀이를 권장하려는 성인의 이러한 노력에도 불구하고, Chudacoff(2007)가 인용한 1896년 T.R.Crosswell의 학령기 아동 2,000명을 대상으로 한 심리학적 연구에 따르면 직장, 학교 혹은 성인의 감독으로부터 분리된 자유롭고 비체계적인 놀이야말로 아동의 여가시간을 가장 유익하게 활용한 것이라고 결론을 내렸다.

20세기가 도래하면서 아동 발달과 놀이에 대한 관심이 폭발적인 환영을 받았다. 심리학자들은 발달의 심리적, 지적 그리고 교육적 본질과 관련된 세부사항에 관심을 기울였다. 놀이의 활용은 항상 발달에 대한 설명과 긴밀하게 연결되었고, 20세기의 저자들은 이렇게 연관을 짓는 것에 익숙했던 것으로 보인다. 지그문트 프로이트는 아동의 인생을 성적 단계를 통한 성장으로 보았으며, 각각의 단계는 성공적인 해결을 요구하는 것으로 보았다. 아동은 발달 단계를 거치는 동안 불안을 감소시키고 본능적인 부정적 충동을 관리하는 데 놀이를 사용할 수 있다. 존 듀이는 진보적인 교육적 관점을 옹호하였는데, 이것은 아동의 본성적 상태를 수용하고, 교육의 지표로서 아동의 본능, 활동 및 관심을 도모하고 인정하는 것이었다. 20세기는 인간의 발달 과정에 있어서 아동기의 구조를 독립적이고 독특한 단계로 채택하는 아동중심 시대였다. 아동중심 시대라는 것은(아동중심 놀이치료나 인간중심 이론과는 혼돈하지 않길 바란다.) 아동기를 인정하는 구조, 아동의 경험이 지닌 독특성을 연구하고자 하는 열정, 아동의 경험을 발달의 논리적 설명으로 일반화할 욕구로 특징지어진다. 이러한 맥락에서 놀이의 역할과 목적에 대한 혼란은 계속되었고, 놀이치료에 대한 모든 이론과 임상은 발달하였다.

20세기의 아동중심 시대는 또한 Smith(2010)가 지칭한 '놀이 정신(play ethos)'을 탄생시켰다. Smith는 1920년대 이후부터 교육적 사고는 놀이의 중요성이라는 대단히 놀라운 관점에 영향을 받은 것으로 보인다고 지적했다. 그는 놀이 정신이란 "놀이의 기능적 중요성이 강력하고 무자격적으로 주장되는 것으로, 즉 적절한 (인간) 발달에 있어서 본질적인 것"(p. 28)이라 정의했다. 그는 더 나아가 놀이 정신을 수용하는 것에 의문을 제기하였는데, 이것은 실증적 지원의 부족과 정확성에 대한 의구심 때문이었다.

놀이에 대한 역사적 연구에서 주목할 만한 두 가지 논란이 있다. 첫 번째는 도처의 문헌에서 묘사되었던 가장 분명한 것으로, 아동의 본성에 관한 갈등이다. 만약 아동이 본성적으로 긍정적인 것으로, 즉 인간의 선한 본성이 내재되어 태어난 것으로 간주된다면, 놀이는 본능적으로 아동의 성장을 지향하도록 예정된 것으로 아동기의 자기주도적(self-initiated) 요소로서 신뢰를 받아야만 한다. 반면에 아동이 백지 상대로 태어나거나 타락한 본성을 지향하는 경향을 가지고 태어났다면, 아동의 부족한 지식 안에서 무엇이 선행인지, 악행인지가 놀이에서 실행될 것이기 때문에 성인의 관심, 감독 및 지도가 필요해진다. 놀이와 관련된 두 번째 논란은 Chudacoff(2007)의 역사적 논평의 중심 주제로 보인다. 놀이에 대한 성인의 관점, 실행, 중점, 지도, 안내 그리고 감독에도 불구하고 아동은 놀이를 완전히 표현하기 위해 성인의 세계로부터 떠난 자율성에 대한 욕구를 행사할 것이다. Chudacoff(2007)는 1850년에서 1900년까지 다음과 같은 결론을 내렸다(p. 93). "… 성인의 통제가 들어가지 않는 것은 아동 놀이의 중요한 차원을 나타낸다." 이후 그는 "부모의 통제를 회피하려는 것은 오랫동안 성장하는 과정 중의 일부였으나 20세기 전반기는 그 이전에 존재하지 않았던 자율성을 위한 저항과

탐구가 여러 방식으로 번성한 시기였다. … 1950년대 중반 즈음에는 비구조적 놀이의
성격, 그것이 발생했던 장소, 아동기의 또래 지향적 문화는 다양한 수준으로 자유라고
특징지어진 아동 행동의 유형을 촉진하였다(p. 151). 1950년부터 현재까지 관찰한 것
을 바탕으로 그는 "성인이 놀잇감을 사용하고 싶어 했던 방법보다 아동이 스스로 놀잇
감을 사용해 왔고, 지금도 계속 사용하고 있는 방식은 아동의 자율적 놀이의 가장 중
요한 특성으로 남아 있다. … 아동이 자기 자신의 목적을 위해 놀잇감을 조작하는 것
은 진정한 놀이의 가치를 창조한다."(pp. 197-198)고 제안하였다. Chudacoff는 미국의
놀이 역사에 관한 최종 결론에서 "그럼에도 불구하고 아동은 여전히 그들의 방식으로
아동이기를 원하고, 일반적으로 기꺼이 성인의 처방을 따르지만, 아동은 또한 스스로
고안해 낸 놀이의 독립적인 문화 속에서 살아간다. 그러므로 아동의 놀이에 있어서 두
가지 중요한 연속성은 자율성의 탐색과 창의성의 발현에 대한 추구이다."(p. 219)라고
저술하였다.

놀이의 특성과 유형

놀이의 특성

놀이를 정의하는 것은 다양한 특정 유형과 정의가 존재하기 때문에 환상에 불과하다.
단 하나의 정의가 있는 것은 아니지만 이론가들은 놀이를 다른 활동으로부터 구별할
수 있게 해주는 많은 요소가 있다고 주장한다. Garvey(1977)는 놀이의 다섯 가지 특성
을 설명하였다. 놀이는 즐거운 것이어야만 하고, 외적인 목적(extrinsic goal)이 없어야
하며, 자발적이고, 자연적이며, 참가자들의 적극적인 참여가 필요하고, 가상의 요소가
포함되어야 한다. 놀이에 대한 이러한 설명이 문헌 속에서 종종 인용되었다 할지라도,
이것은 놀이치료를 이해하는 데는 제한적이다. Brown(2009)은 Garvey의 의견에 동의
하기는 하지만 그가 제시한 요소의 목록에 구체성을 좀 더 제공하였다. Brown은 놀이
는 분명 비목적적이고 자발적이며 본질적으로 매력적인 것이고(재미), 시간으로부터
의 자유를 제공하고, 자의식을 감소시키며, 즉흥적 잠재성과 지속적 갈망이라고 지적
하였다. 이와 같은 놀이에 대한 진술은 놀이란 놀이하는 사람들이 목적을 가지고 있지
않고 즐기는 활동이라는 관점을 표명한다.

경험이 풍부한 놀이치료자는 놀이치료에서 관찰된 놀이가 항상 아동에게 즐거운 것인지 혹은 그것이 자연적이고 자발적으로 보이는지에 대해 질문을 가질 수도 있을 것이다. 많은 아동이 특정 놀이 장면에서 화를 내고 슬퍼하며 당황하는 모습을 보이기도 한다. 때로는 그들에게 고통스러워 보이는 놀이 장면을 수행해야만 하는 것처럼 보인다. 그럼에도 불구하고 그들은 놀이를 계속 지속하며 인식(awareness) 외부의 끝에서 무엇을 찾으려는 듯 보인다. 놀이치료에서의 이러한 행동은 특정한 행동을 구분할 때 놀이로 간주할지, 혹은 놀이를 다르게 정의하는 제안을 따르게 될지에 대한 추가 질문을 하게 한다. 구체적인 예는 놀이치료실에서 아동이 놀잇감 전등을 넘어뜨렸다는 이유로 화가 나서 인형에게 고래고래 소리를 지를 때, 이 아동은 놀이를 하는 것인지 혹은 이러한 활동의 이름을 다르게 붙여야 하는 것인지 하는 점이다. 비고츠키(1966)는 즐거움에 근거한 놀이의 정의는 다음과 같은 두 가지 원인 때문에 맞지 않는다고 주장하였다. (1) 놀이보다 더욱 즐거운 경험을 줄 수 있는 많은 활동이 존재한다(예 : 영아가 손을 빠는 것 등). (2) 아동에게 즐거움을 얻지 못하는 게임과 놀이활동이 존재한다(예 : 야구 게임에서 졌을 때 등). 이전에 입증된 부분들과 비고츠키의 연구를 고려해 볼 때 아마도 놀이치료에서 놀이를 가장 잘 기술한 부분은 아동이 성인의 지시로부터 자유롭고 적극적으로 활동에 참여하며 자의식에서 자유로운 흐름을 경험하는, 말 그대로 기본적인 것에서부터 현실에 이르기까지 자유롭다는 것이다.

놀이의 유형

놀이의 정의와 특징에 대한 합의가 존재하지 않는 것처럼 놀이의 유형도 다수가 있다. 선두적인 아동 심리학자인 David Elkind(2007)는 놀이의 네 가지 유형을 발견하였다. 여기에는 숙달놀이(mastery play), 독창적 놀이(innovative play), 관계적 놀이(kinship play), 치료적 놀이(therapeutic play)가 포함된다. 숙달놀이는 탐색과 반복으로 특징지어진다. 아동은 목표지향적이고 정해진 기술의 능숙함을 지향하여 노력한다. 아동은 기술을 숙달한 이후에야 그 기술을 확장하고 더 정교하게 할 기회를 갖는다. 피아제는 놀이가 오로지 하나의 기술이 숙달된 이후에 발생할 수 있다고 주장하였다(Kohlberg & Fein, 1987). 언어와 운동 기술의 숙달은 독창적인 놀이로 이끄는데, 이것은 놀이의 비언어적 · 언어적 유형을 확장시킨 것이다. 관계적 놀이는 대체로 자기주도적 게임을 통해 1명 이상의 아동과 상호작용을 통해 일어난다. 치료적 놀이는 아동이 다른 아동 사이에서 겪게 되는 스트레스, 충동성 혹은 외상을 처리하는 것을 돕는다. 이 놀이는 아동에게 사건과 관련된 고통스러운 반응을 표현하는 창구를 제공한다. Elkind는 모든 아동이 스트레스를 처리하는 방법으로 놀이를 치료적으로 이용한다고 언급했다.

　Smith(2010)는 놀이를 문헌에서 공통적으로 나오는 여섯 가지 유형, 즉 사회적 우발성(social contingency), 감각운동(sensorimotor), 대상(object), 언어(language), 신체적 활동(physical activity), 환상(fantasy)으로 요약했다. 사회적 우발성 놀이는 다른 사람과의 상호작용에 근거한 놀이이다. 감각운동놀이는 주로 유아기에 해당되는 놀이로 대상의 감각적 특징에 기초한 활동과 관련이 있다. 아동은 감각운동기를 거쳐 대상과 관련된 활동을 통해 대상놀이를 시작한다. 언어놀이는 단어와 개념을 언어화하는 놀이로 구성된다. 신체적 활동놀이는 대근육 운동 기술이 포함된 놀이가 포함된다. 환상 혹은 가장놀이는 대상, 행동 혹은 언어화를 이용하는 놀이로, 현실주의의 경계로부터 자유로운 상징적으로 표현되는 놀이를 말한다. 놀이치료 양식은 Elkind와 Smith가 주장한 모든 놀이의 유형을 포함하고 있는데, 특히 아동의 자기주도(self-direction)까지 참작하고 있다.

놀이 발달

놀이에 관련된 발달 이론들은 일반적으로 4세까지의 놀이행동을 측정한다. 왜냐하면 이 연령까지 아동은 놀이 구조의 숙달이 진행되고 소통되기 때문이다. 놀이치료 내담자의 대다수가 4세 이상이라 할지라도, 놀이치료자는 놀이 발달에 대한 순서를 이해함으로써 아동 내담자의 발달 지표로 놀이의 역사와 숙달을 추적할 수 있다. 발달과 연관이 있으면서 아동의 놀이에 중요한 저자는 장 피아제(1962)이다. 피아제의 인지 이론을 이해하기 위해서는 그가 제안한 기본적인 두 가지의 개념, 즉 동화(assimilation)와 조절(accommodation)을 충분히 습득하고 있어야 한다. 동화는 현실 세계로부터 새로운 자극을 취하여 이미 형성된 아동의 사고 패턴에 끼워 넣어 맞추도록 하는 것이다. 조절은 구조가 변화되는 것으로, 아동의 사고방식은 환경의 새로운 것에 기초하여 변화한다. 피아제는 "아동은 확립된 도구적 행동의 순서들을 해체하고 새로운 방식으로 재구성할 수 있다."(Kohlberg & Fein, 1987, p. 396)라는 맥락에서 놀이를 동화에 지배되는 것으로 나타냈다. 이러한 놀이에 대한 이해를 놀이치료로 확장시키는 것은 변화를 위해 동화와 조절의 과정이 어떻게 작용하는지 쉽게 살펴볼 수 있게 한다. 아동은 놀이치료 과정 중에 치료실 외부에서의 경험을 치료실 안에서 자신의 사고방식과 동화하는 과정에 사용하므로 전적으로 자신의 세계를 통제한다. 아동은 놀이치료실에서 숙달, 안전, 그리고 치료자로부터의 공감을 경험해 나감에 따라 조절의 과정을 시작한다. 즉 아동은 놀이치료실에서의 연습을 통해 구조적 패턴을 변화시켜 현실 세계에서 시도해 보게 됨으로써 환경의 요구에 부응하고자 자아를 변화시킨다.

동화와 조절에 대한 이해를 바탕으로 피아제는 놀이 발달을 4단계로 설명하였다. 피아제는 첫 번째 유형의 놀이는 감각운동놀이(sensorimotor play)로서 유아기에 일어나는 것이라 설명했고, 또한 이것을 연습놀이(practice play)라고 명명하였다. 이는 위에서 언급하였던 Elkind(2007)의 숙달놀이, 즉 아동이 기본적인 운동 기술을 숙달하기 위해 노력하는 놀이를 하기 위한 기초가 되었다. 생의 첫 두 해 동안 상징놀이가 발생하고, 여기에서 아동은 가장놀이를 시작한다. 상징놀이는 아동이 아무것도 들어 있지 않는 컵을 이용하는 등 가장의 제스처를 초기에 발달하도록 허용하고 이것은 인형에게 가장하여 우유를 먹이거나 음식을 먹이는 등의 짧은 이야기로 옮겨 간다. 상징놀이 기간은 혼자놀이(solitary play)로 특징지어진다. 발달의 2~3년 동안 사회극놀이(socio-dramatic play)가 일어난다. 여기서 아동은 놀이의 일부로 타인들과 혹은 가상의 타인들과 관계를 맺는다. 바로 이 시기 동안 아동은 다른 사람인 척할 수 있게 된다. 역할놀이는 놀이의 일부가 된다. 6세가 되면 아동은 내외적 규칙에 의해 영향을 받는 게임에 참여하게 되고, 이 놀이는 종종 상징놀이를 대신한다(Smith, 2010). 그리고 각 단계를 거칠 때마다 언어의 사용과 습득이 증가된다.

Hirsh-Pasek과 Golinkoff(2003)는 놀이 발달의 특징을 다르게 묘사하기는 했지만 여전히 피아제와 유사한 맥락을 갖는다. 아기들은 이미 3~6개월 사이에, 즉 그들이 물건을 움켜쥐는 것을 배울 때부터 놀이를 하기 시작한다. 6~9개월 사이에 영아는 열정적으로 대상을 탐색하기 시작하는데, 이때는 대개 한 번에 한 가지 대상을 탐색하며 그 대상을 오직 의도된 용도로만 사용한다. 2세경에는 놀이에 있어서 중요한 세 가지 변화가 나타난다. 즉 동시에 여러 대상을 이용하는 경우가 증가하고, 적절한 방법으로 대상을 사용하게 되며, 사물이 실존하는 것처럼 할 수 있는 능력을 갖는다(상징주의).
상징주의로 진행된다는 것은 언어, 읽기, 그리고 문제 해결을 익혀 간다는 것을 말한
다. 4세경에는 가장놀이가 극적으로 증가된다. 즉 아동은 길이도 길고 몰입될 수 있
는 정교한 놀이 장면의 연출자가 되기도 한다. Hirsh-Pasek과 Golinkoff(2003)는 다음
과 같은 결론을 내렸다. "가장놀이는 그들의 눈 앞에서 이렇게 되어야 하는 것이 옳은
것이라는 것으로부터 자유로워지는 것을 연습하는 것이다. 가장놀이는 아동에게 상자
외부에 있는 해답을 고려할 수 있게 해준다. 가장놀이는 또한 아동에게 대안적 세계를
고려할 수 있도록 해준다."(p. 219)

　마지막으로 주목할 만한 놀이의 발달 이론은 아동 간 놀이의 진보를 포함한 사회적
참여를 목록화한 것으로, 1932년 Mildred Parten이 관찰한 것을 기초로 Smith(2010)가
저술한 것이다. 사회참여 발달 이론은 놀이환경에서 사회적 상호작용을 향한 아동의
움직임에 대해 다룬다. 첫 번째 단계에서 아동은 관심이 없고(unoccupied) 어떤 활동에
도 참여하지 않는다. 두 번째 단계에서 아동은 **구경꾼**(onlooker)으로 묘사되고 다른 아
동을 지켜볼 뿐 참여하지는 않는다. 세 번째 단계, 즉 **혼자**(solitary) 단계로 아동은 다
른 아동으로부터 떨어져서 혼자놀이를 한다. **평행놀이**(parallel)는 네 번째 단계에서 일
어나며, 이 놀이를 하면서 아동은 동일한 재료를 가지고 다른 아동 근처에서 놀이를
하지만 상호작용은 하지 않는다. 다섯 번째 단계에서 아동은 활동을 할 때 다른 아동
과 상호작용 및 유사한 활동을 통해 **연합하게**(associative) 된다. 결국 아동은 **협력놀이**
(cooperative play)에 참여하여 다른 아동과 상호보완적인 방식으로 상호작용을 한다. 사
회참여 발달 이론의 중요성은 아동 내담자가 사회적으로 참여할 때 적용될 수 있다는
점이다. 감정 혹은 행동의 어려움을 겪고 있는 아동은 사회적 참여가 요구되는 발달의
연속성에서 어려움이 도처에서 발견될 수 있는데, 이것은 또한 또래 관계에서도 발견된
다. 하지만 Smith(2010)는 어떤 아동은 혼자 노는 것을 선호하기도 하기 때문에 혼자놀
이 행동이 필연적으로 미숙한 행동의 지표일수는 없다고 경고하였다.

비고츠키와 놀이의 세 가지 기능

현재 우리가 놀이를 이해하는 데 크게 기여한 2명의 영향력 있는 발달 이론가는 장 피

아제와 레오 비고츠키이다. 피아제(1896~1980)는 생의 대부분을 제네바대학교의 장자크 루소 연구소의 책임자로 보냈다. 제네바의 진보적인 환경에서 그의 개념은 탐구되었고 관심의 대상이 되었다. 이러한 환경과 그의 장수, 그리고 아동을 세심하게 관찰하는 접근으로 피아제의 연구는 20세기 중반 가장 널리 알려지고 받아들여졌다. 그가 아동의 인지 발달에 둔 강조점은 아동 놀이의 논의를 전적으로 인지적 특성으로서 제한하였고, 이것은 교육 전문가들과 기관에서 받아들여지고 사용되었다. 피아제의 개념이 번창하는 동안 비고츠키(1896~1934)는 현저히 다른 환경에서 아동에 대한 세심한 연구를 유사하게 수행하였다. 1920년대의 억압적인 러시아 정치 환경에서도 비고츠키는 여러 저작을 통해 연구와 탐구로 대단한 성과를 거두었다. 그러나 비고츠키가 결핵으로 38세의 나이로 작고한 이후 스탈린은 발달심리학을 불법화하였고, 비고츠키의 연구 대부분이 매장되어서 그의 연구에 대한 번역과 보급은 오랫동안 지연되었다. 1960년대 후반에서야 비고츠키의 출판물이 영어로 번역되기 시작했고, 이는 피아제에게 과도하게 집중되었던 인지 연구의 대안을 제공했던 것으로 보인다. 놀이치료자에게 비고츠키의 연구는 인지적 과정은 물론 정서적 과정으로서의 놀이의 관점을 제공하였기 때문에 특별한 활력소가 되었다. 그는 놀이가 학령기 이전의 발달에서 가장 중요한 원천이 되는 것이라고 주장하였다.

비고츠키는 놀이를 통해 아동을 현실의 제약으로부터 자유롭게 하여 그들의 세계로 나아갈 수 있도록 도와주는 것이 인지 발달에 필수라고 하였다. 비고츠키는 일반적으로 아동이 3세경이 되면 정서적으로 더 이상 자신의 욕구와 의도가 현실과 맞지 않을 때 놀이를 만든다고 하였다. 그는 "… 아동이 왜 놀이하는가는 항상 실현 불가능한 욕구에 대한 상상적이고 환상적인 실현으로서 해석되어야 한다."(pp. 7-8)고 제안하였다. 비고츠키는 놀이의 기능을 세 가지로 인식하였다. 이 세 가지는 아동이 근접 발달 영역(zone of proximal development)을 만드는 것, 아동이 생각과 행위를 분리할 수 있도록 돕는 것, 그리고 마지막으로 자기-규제(self-regulation)를 촉진하는 것이다(Hirsh-Pasek & Golinkoff, 2003). 비고츠키는 '근접 발달 영역'의 개념을 아동이 평균 연령 이상의 행동이 놀이에서 발생하는 역동으로서 현실의 제약 없이 발달의 더 높은 수준에 이르게 하는 것이라고 하였다. 놀이의 두 번째 기능은 상상의 상황에서의 활동을 통해 외적인 제약으로부터 자유로워지는 아동의 능력에서 발생되고, 이는 아동의 생각과 행동을 분리해 준다. 자기-규제는 두 과정을 통해 일어난다. 즉 규칙을 준수하기 위해 연습할 때와 혼잣말을 할 때이다. 비고츠키(1966)는 "놀이의 한 가지 역설은 아동은 최대 저항선(line of greatest resistance)을 따르는 법을 배우게 된다는 것이다. 왜냐하면 이는 규칙에 대한 복종과 즉흥적 충동행동의 포기가 놀이의 최대의 즐거움에 이르는 길을 만들기 때문에 아동은 스스로를 규칙에 복종시킴으로써 자신이 원하는 것을 포기한다."(pp. 13-14)고 하였다. 혼잣말은 비고츠키의 이론이 가진 독특한 개념으로, 그는 혼잣말을 아동이 원하는 것을 얻고 그것에 어떻게 근접해 가야 하는지에 대한 아동의 방법이라고 기록하였다. 혼잣말에 대한 욕구에 기초하여 Hirsh-Pasek과 Golinkoff(2003)는 아동이 놀면서 언어화할 수 있는 환경을 추천했다. 최종적으로 비고츠키가 기여한 개념은 아동이 성장함에 따라 놀이가 내면적 과정으로 전환하여 내면적 언어와 추상적 사고로 이동된다는 것을 관찰한 것이다. 피아제가 자기중심적인 언어는 구체적 사고의 출현으로 사라진다고 주장했던 반면, 비고츠키는 혼잣말과 놀이는 연령이 많은 아동과 성인의 내면적 사고와 상상 속에서 여전히 발생한다고 믿었다.

　놀이의 이해에 대한 비고츠키의 공헌은 놀이치료 임상에 있어서 아마도 피아제보다 그 영향력이 훨씬 더 커 보인다. 비고츠키의 연구를 기초로 하였을 때 놀이치료에서 갖는 여러 시사점은 다음과 같다. 첫째, 놀이란 재미욕구에 의해 부득이하게 발생하는 것이 아니다. 오히려 놀이란 아동의 성장하는 내적 욕구들의 합체가 현실세계의 자원들과 만나지 못하는 아동의 무능력으로 기인된 고민의 반응으로서 탄생하는 것으로 보인다. 놀이치료와 관련한 이러한 시사점은 환경으로부터 스트레스를 받는 아동에게 놀이치료가 중요한 이유에 대한 근거를 제공한다. 문제를 지닌 아동에게 있어서 정상 발달은 성장하려는 욕구를 요구하지만, 현실적으로 부모나 다른 성인들의 도움이 많지 않으므로 놀이에 대한 아동의 욕구는 증가하게 된다. 실제로 비고츠키 연구의 한 가지 시사점은 놀이치료가 아동이 환경적 스트레스를 해결하기 위해 놀이를 사용할 때인 3세 이상부터 가장 효과적이라는 사실이다. 놀이치료는 3세 이하의 아동에게도 관계형성, 애착과 같은 다른 원인들로 인해 여전히 유용하다. 근접 발달 영역은 아동이 일상생활을 넘어 자신의 능력을 경험하고 자신감과 자기주도력이 증가된다는 놀이치료 유익에 대한 근거를 제공해 준다. 마지막으로 언어화의 문제는 놀이치료의 핵심이다. 비지시적 놀이치료 형태에서 언어화는 치료적 과업에서 반드시 필수적인 것은 아니라고 보인다. 그렇지만 비고츠키에 따르면 언어화는 아동이 자신의 놀이를 말할 때 아동을 이해하는 지표가 될 수 있다. 연령이 더 낮은 아동의 경우 이것은 아동의 내적 흐름 과정을 이해하는 데 중요한 통찰력을 제공한다. 경험 있는 놀이치료자는 분명히 상호작용의 특성이 전혀 보이지 않는 놀이 장면을 관찰해 봤을 것이다. 어떤 놀이치료자는 이러한 행동을 전혀 관련이 없거나 분리된 것으로 해석하기도 한다. 현실에서 그와 같은 언어화는 세계를 이해하려는 아동의 내면에서 지속적으로 진술되는 이야기이다. 연령이 높은 아동의 경우 혼잣말의 개념은 놀이치료자가 공유하지 못할지라도 아동이 여전히 이야기를 만들어 내고 있다는 것을 의미한다. 이러한 경우에 놀이치료자는 아동의 내면 세계를 이해하는 방법으로서 아동의 개방된 언어화와 놀이행동에 의해 제한을 받기 마련이지만 조율하고자 한다.

놀이치료의 시작과 발달

아동 놀이를 향한 오랜 양면가치적인 역사, 아동기를 성인기와 분리된 삶의 단계로 인정하는 것, 아동 발달과 놀이 과정에 대한 연구, 심리학과 인간 동기 및 고통에 대해 증가하는 관심의 맥락 안에서 놀이치료 이론들이 부상하였다. 20세기 내내 의학계와 심리학계는 놀이의 양식을 사용하여 아동의 특성을 다루려고 시도했다. 대부분의 심리학적 개입에 있어서 놀이치료의 출발은 지그문트 프로이트(1909/1955)로 거슬러 올라가야 한다. 그는 비록 아동을 직접 상담한 적은 없지만 말에게 물린 것에 대한 두려움 때문에 집 밖에 나가기를 거부한 공포증이 있었던 '꼬마 한스'의 사례를 기술하였다. 프로이트는 한스의 아버지에게 한스의 놀이행동을 관찰하여 알려 달라고 했으며, 서신을 통해서 이 소년을 분석하였다. 프로이트는 이 사례가 성적 발달 단계와 관련된 자신의 이론을 부가적으로 확인해 주었다는 결론을 내렸다. 이후 정신분석가들은 놀이의 양식을 이용하여 아동을 분석하였다. 최초의 아동 정신분석가로 여겨지는 Hermine Hug-Hellmuth(1921)는 분석의 수단으로 놀이를 이용하였다. 그녀는 다작의 저자였으며 아동에 대한 연구서도 다수를 출판하였다. 그러나 그녀는 정신분석을 수행할 때 놀이의 중요성을 인용하였지만 치료를 위한 구조적 틀은 제공하지 못했다. Melanie Klein(1975/1932)과 Anna Freud(1946)는 모두 비엔나 출신으로 정신분석을 위한 방법으로서 놀이에 대한 탐구, 저술 및 발표를 통해 놀이치료 확장에 일조한 것으로 인정되었다. 피아제와 비고츠키의 연구가 발간되기 훨씬 이전에 Klein(1975/1932)은 이미 치료에서 놀이의 가치를 다음과 같이 인식했다. 그녀는 "성인분석 과정에서 종종 재구성만 하는 것에 반해 아동분석을 할 때는 아동이 보여 주는 즉각적인 표상이 있기 때문에 우리는 아동의 경험과 고착으로 돌아갈 수 있다."(p. 9)고 저술하였다. Klein은 놀이가 아동의 자유연상의 형태라고 믿었으며, 놀이에서 발생하는 모든 것은 기저에 상징적 기능이 있다고 해석하였다. 또한 그녀는 만약 치료자가 해석을 한다면 아동이 행동의 의미를 인식하는 데 필요한 통찰력을 갖게 될 것이라고 제안하였다. Anna Freud(1946)는 Klein과는 달리 분석에 필수적인 전이 관계가 없는 아동의 놀이해석은 가치가 없다고 믿었다. 그녀는 아동의 경우 치료자가 분석하기 위해서는 전이 관계 형성을 위한 준비 기간이 필요하다고 제안하였다. A. Freud는 "아동 안에 나를 향한 강한 애착을 형성하도록 또한 실제로 나에게 의존하는 관계로 이끌기 위해 나는 몹시 애썼다."(p. 31)라고 기술하였다. 접근에 차이가 있음에도 불구하고 두 분석가는 놀이치료에서 놀잇감을 가지고 자유놀이를 할 수 있는 비지시적 접근을 실행하였다. 그러므로 정신분석적 놀이치료는 놀이치료에 대한 최초의 조직화된 접근법을 제공하였고, 이론적 근거와 임상에 대한 서술을 제공하였다. 1940년대 아동중심 놀이치료(CCPT)가 소개되기 전인 20세기 초반에 놀이치료의 주요 형태는 정신분석적 놀이치료였다.

Klein과 A. Freud의 비구조화된 놀이 방법에 대한 대응으로서 1930년대에는 새로운 주류의 놀이치료가 등장하였다. 여기에는 놀이가 목표지향적인 구조화된 접근으로 카타르시스를 위해 놀이를 재연한 것이 포함된다. 구조화된 놀이치료는 아동과 관련해서 여전히 정신분석학적 신념을 가지고 있으나, 치료자에 의해 만들어진 구조를 통하여 목표가 좀 더 순조롭게 달성된다고 믿었다. David Levy(1938)의 **이완치료**(Release Therapy)에 따르면 그는 특히 정신적 외상을 입은 아동에게 놀잇감을 제공하여 치료를 실시하였는데, 그는 놀잇감이 카타르시스를 통한 해결을 위한 외상 관련 놀이를 촉진하게 된다고 믿었다. Gove Hambridge(1955)는 이완치료를 진일보하도록 만들었다. 그는 자신의 방법론을 구조화된 놀이치료로 명명하였는데, 이는 아동에게 스트레스 사건을 표현하라고 지시한 후 자유로운 놀이를 허용하는 것이었다.

세 번째로 가장 영향력이 큰 놀이치료의 물결은 Carl Rogers(1942)의 인간중심 상담 접근법을 확장하여 놀이치료에 도입한 것이다. Rogers(1902∼1987)는 미국 역사상 가장 영향력 있는 상담자이자 심리치료자로 인용된다(Kirschenbaum, 2004). Rogers의 학생이자 동료였던 Virginia Axline(1947)은 아동을 상담하면서 자신의 연구에 인간중심 이론의 철학과 개념을 전적으로 적용하였다. Axline은 아동에게 의사소통의 자연스러운 방법이 되는 환경을 제공함으로써 인간중심 이론을 발달적으로 반응하는 방식으로 아동에게 사용하였다. 이러한 환경은 특정한 놀잇감을 갖춘 놀이치료실로 구성되어 있으며, 이 놀잇감은 아동이 놀이를 통해 자신의 내적 자아를 표현하도록 해주었다. 놀이치료실에서의 관계 발달은 아동에게 자신을 언어적으로 또한 비언어적으로 표현할 수 있는 안전한 환경을 제공하였다. Axline이 특별히 큰 영향을 미친 이유가 몇 가지 있다. 첫째, 그녀는 자신의 치료의 방법을 광범위하게 조사하여 연구를 통해서 효율성을 입증한 첫 번째 놀이치료자였다. 둘째, 그녀는 자신의 저작인 놀이치료(*Paly Therapy*, 1947)에서 놀이치료의 이론과 임상에 대한 구조를 제공하였다. 셋째, 그녀의 책, 딥스 : 자아를 찾아서(*Dibs : In Search of Self*, 1964)의 출판은 아마도 이러한 접근의 대중화에 가장 큰 기초가 되었을 것이다. 딥스는 놀이치료 영역에서 필독서로 알려져 있다. 이 책에서 Axline은 1년간 놀이치료에 임했던 한 소년의 사례를 소개하였는데, 오늘날의 기준에 따르면 그는 자폐적으로 묘사되고 있다. Axline은 놀이치료의 기법과 근거를 소개하면서 독자들을 한 소년의 승리에 대한 정서적 이야기에 참여시킨다. Axline은 자신의 놀이치료 접근법을 비지시적인 것으로 분류하였고, 무조건적 긍정적 존중(unconditional positive regard), 공감적 이해(empathic understanding) 및 일치(congruence)를 인간중심 치료자의 조건으로 강조하였다. Guerney(2001)와 Landreth(2002)의 연구를 통해 인간중심, 비지시직 접근법이 지속적으로 소개되었고, 현재 이러한 놀이치료 접근법은 아동중심 놀이치료(CCPT)로 알려져 있다. 이 책의 제3∼5장에서 CCPT의 이론과 실제를 광범위하게 다룬다.

　비록 CCPT가 놀이치료를 정의한 접근으로 부상하기는 하였지만 관계를 기반으로 한 놀이치료가 정의와 임상에 지대한 공헌을 하였다. Clark Moustakas(1959)는 관계 놀이치료의 필수 조건을 소개하였는데, 여기에는 아동의 독특성에 대한 존중, 현재 삶의 경험중심, 아동에 대한 치료자의 공감과 무조건적인 수용, 아동의 표현의 자유 등이 포함된다. Haim Ginott(1959) 또한 치료자/아동 관계에서 모든 언어적이고 상징적인 감정 표현을 용납하는 허용성을 제안하면서 놀이치료의 관계에 중점을 두는 데 기여하였다.

20세기 후반 놀이치료의 양식은 심리학에서 다양한 이론적 접근법을 통해 지원을 받았다. 아동 놀이치료자들은 아들러, 융, 게슈탈트, 정신역동, 인지행동 및 애착 이론 등의 이론적 체계를 바탕으로 치료를 했으며, 적용한 이론의 원리에 따라 놀이치료 양식을 정의하였다. 이러한 접근법은 이 책의 제3장에서 자세히 다루었다. 놀이치료의 성장은 놀이가 치료적 치유(therapeutic healing)에서 전문적이고 중요한 의사소통 수단으로 수용되었다는 데 있다.

결론 및 놀이치료의 시사점

이 장은 놀이와 관련된 상당량의 내용(놀이의 역사, 놀이의 특징과 유형, 놀이의 목적, 놀이와 관련된 발달 이론, 치료에서 놀이의 역사적 활용 등)을 다루었다. 광범위함에도 불구하고 통합되어 사용되었을 경우 이러한 내용은 놀이치료 임상의 종합적인 시사점을 갖는다. 놀이에 관련된 정보나 내용을 살펴볼 때 숙련된 놀이치료자는 놀이치료에서 놀이의 역할에 대한 질문을 해야 한다. 다음은 필자에게 떠오르는 몇 가지 질문이다. 필자는 이 질문에 대한 해답을 제시하려는 것이 아니다. 다만 논의점을 제공하고자 한다.

1. 만약 즐거움이 놀이를 정의하는 필수 요소라면 놀이치료에서 대부분의 아동이 하는 것은 놀이라고 간주할 수 있는가?
2. 놀이치료에서 아동은 실제로 자유로운가? 비고츠키의 관점에 따르면 아동은 놀이에 내포된 규칙에 의해 항상 제약을 받는다. 이들은 이러한 내적인 규칙에 의해 구속되고, 얼마만큼의 자유를 경험하는가?
3. 놀이는 항상 자발적이고 비목적지향적인가? 이것이 만약 사실이라면 불편하고 부정적인 정서를 가진 아동의 놀이 장면은 내면적 목적 없이 자발적이라고 할 수 있는가? 놀이치료자로서 필자는 고통스러워 보이는 심리적 외상의 장면을 재연하는 아동의 자발적이고 비목적지향적인 본성에 대해 의문이 있다. 그러나 아동

이 끝날 때까지 그 놀이를 강요받아서 해내는 것처럼 보인다. 다시 말하지만 이것
은 놀이인가? 아니면 다른 어떤 것인가?

4. 오늘날 미국문화는 다른 어떤 곳에서도 제공받지 못하는 환경인 놀이치료가 더
많은 아이들에 의해 필요할 정도로까지 자유놀이가 사라져 버렸단 말인가? 놀이
치료는 정상 발달의 진전에 필요한 것인가?

5. 놀이를 촉진하는 데 있어서 치료자의 역할은 무엇인가? 놀이치료의 역사적 관점
을 바탕으로 볼 때 치료자는 성인 지도 역할을 수행해야 하는가 혹은 촉진적 환
경을 제공하는 비지시적 역할을 수행해야 하는가? 치료자의 인간에 대한 관점과
관련된 이 질문에 대한 해답은 어떻게 마련할 수 있는가?

질문은 많음에도 불구하고 숙련된 놀이치료자는 이 영역에 대한 모호하면서도 풍부
한 논의의 가치를 알고 있을 것이다. 그러나 이 장에서는 여러 정보의 내용을 바탕으로
치료에서 놀이의 목적에 대한 몇 가지 분명한 시사점을 보여 주고 있다. 필자는 놀이의
역사와 이론을 검토하면서 놀이치료에서 놀이로 인해 제공되는 기능과 관련된 목록을
개발하였다.

1. **즐거움** : 놀이치료에서 놀이의 사용은 아동 혹은 치료자와 아동에게 즐거움의 기
회를 제공한다. 특히 치료에서는 놀이가 아동에게 항상 즐거운 것은 아니라고 하
여도 놀이는 종종 재미있다. 치료적 환경에서 즐거움을 허용하는 것은 치료적 관
계에서 아동의 저항을 감소시키고, 종종 몇몇의 환경직 갈등을 경험하고 있는 아
동의 삶에 결여된 경험을 제공하게 된다.

2. **상징적 표현** : 놀이치료에서의 놀이는 생각과 감정의 상징적 표현을 허용한다. 피
아제와 비고츠키가 모두 효과적으로 보여 주었던 것처럼, 아동은 언어를 습득하
고 감정과 인지를 표현하기 위하여 상징을 사용한다. 치료에서 놀이의 상징적 표
현은 놀이치료자를 아동의 세계로 초대한다. 아동은 더 이상 현실에 제약받지 않
고 가장(pretend)함으로써 감정을 표현하거나 대처 기술을 구축해 가는 장면을 창
출할 수 있다.

3. **카타르시스** : 놀이치료에서의 놀이는 아동에게 중요한 문제의 결과를 훈습(work
through)하는 데 도움을 준다. 비지시적 놀이는 아동이 노력하는 방향을 선택하

는 환경을 제공한다.

4. 사회적 발달 : 놀이는 아동 세계의 표현만 고려하는 것이 아니라 아동과 치료자 사이 혹은 집단 놀이치료에서는 또래들 사이의 의사소통을 촉진시킨다. 놀이를 통해 촉진된 양육적 관계의 형성과 유지는 아동의 사회적 동기와 기술을 견고하게 한다.

5. 숙달 : 놀이치료에서 놀이는 아동이 자신의 세계를 통제하기 위해 사용된다. 아동은 어떤 것이든지 될 수 있는 힘이 있고 어떤 것이든지 할 수 있는 능력이 있다. 현실 세계의 제약에 구속받지 않는다. 아동은 놀이치료에서 환경을 넘어서는 통제감과 능숙함을 개발하기 위해 놀이를 사용한다.

6. 에너지의 분출 : 에너지 분출을 위하여 놀이를 이용하는 것이 치료적 접근으로 보이지 않을지라도, 아동은 사용하지 않거나 혹은 구속되어 있는 에너지를 자유롭게 표현할 수 있는 장으로서 놀이치료를 사용하는 것으로 보인다. 구조화된 환경에서 '잘해' 보려고 시도하며 하루를 보내는 아동은 종종 에너지 분출을 위한 안전한 환경을 필요로 하는데, 일단 그 에너지가 소비되면 집중된 치료 작업이 가능해진다.

참고문헌

Axline, V. (1947). *Play Therapy*. New York: Ballantine.

Axline, V. (1964). *Dibs: In search of self*. Boston: Houghton Mifflin.

Brown, S. (2009). *Play: How it shapes the brain, opens the imagination, and invigorates the soul*. New York: Penguin.

Chudacoff, H. (2007). *Children at play: An American history*. New York: New York University Press.

Elkind, D. (2007). *The power of play: Learning what comes naturally*. Philadelphia: Da Capo Lifelong Books.

Freud, A. (1946). *The psycho-analytical treatment of children*. New York: International Universities Press.

Freud, S. (1909/1955). *The case of "Little Hans" and the "Rat Man."* London: Hogarth Press.

Garvey, C. (1977). *Play*. Cambridge, MA: Harvard University Press.

Ginott, H. (1959). The theory and practice of therapeutic intervention in child treatment. *Journal of Consulting Psychology, 23*, 160–166.

Guerney, L. (2001). Child-centered play therapy. *International Journal of Play*

Therapy, 10(2), 13–31.

Hambridge, G. (1955). Structured play therapy. *American Journal of Orthopsychiatry, 25*, 601–617.

Hirsh-Pasek, K., & Golinkoff, R. (2003). *Einstein never used flash cards: How our children really learn-and why they need to play more and memorize less.* New York: Rodale.

Hug-Hellmuth, H. (1921). On the technique of child analysis. *International Journal of Psychoanalysis, 2,* 287–305.

Hughes, F. (2010). *Children, play, and development* (4th ed.). Thousand Oaks, CA: Sage.

Kirschenbaum, H. (2004). Carl Rogers's life and work: An assessment on the 100th anniversary of his birth. *Journal of Counseling and Development, 82,* 116–124.

Klein, M. (1932/1975). *The psychoanalysis of children.* London: Hogarth Press.

Kohlberg, L., & Fein, G. (1987). Play and constructive work as contributors to development. In L. Kohlberg's *Child psychology and childhood education: A cognitive-developmental view.* White Plains, NY: Longman, 392–440.

Landreth, G. (2002). *Play therapy: The art of the relationship.* New York: Routledge.

Levy, D. (1938). Release therapy in young children. *Psychiatry, 1,* 387–389.

Moustakas, C. (1959). *Psychotherapy with children: The living relationship.* New York: Harper & Row.

Piaget, J. (1962). *Play, dreams and imitation in childhood.* New York: W.W. Norton & Co.

Rogers, C. (1942). *Counseling and psychotherapy.* Boston: Houghton Mifflin Company.

Rousseau, J. (2007). *Emile, or On education.* Sioux Falls, SD: NuVision Publications, LLC. (Original work published in 1762.)

Smith, P. (2010). *Children and play.* West Sussex, UK: Wiley-Blackwell.

Vygotsky, L. (1966). Play and its role in the mental development of the child. *Voprosy Psikhologii, 12,* 6–18.

Chapter 02

아동 발달의 기본 지침

놀이치료에서 놀이란 치료자가 고유한 한 아동과의 관계를 발전시키기 위해 사용하는 양식이다. 이때 중요한 세 가지 요소가 있는데, 그것은 놀이, 아동, 관계이다. 제1장에서는 아동의 생활, 문화와 치료 면에서 놀이의 역할을 논의하였다. 제3장에서는 아동과 놀이치료자 관계의 치료적 본질에 대해 논의할 것이다. 이 장은 다양한 발달 모델에 대해 간단한 개요를 소개하는데, 놀이치료자는 다른 아동과 비교할 때 한 아동의 독특성과 관련된 정보를 알게 될 것이다. 아동 발달 단계 모델을 제시할 때는 몇 가지 복잡한 문제가 있는데 이는 다음과 같다. 이러한 모델은 각 개별 수준에 대한 발달을 정확하게 전달할 능력이 있는가, 그룹 모델에 포함되지 않는 아동은 독자에게 병리학적으로 분류되는 오해를 받지 않는가, 그리고 아동은 현재의 상태에서 더 높은 단계를 달성하기 위해 경주할 것이라는 추론이 포함된다. 이 장의 목표는 현재 서구 문화 속에서 통계적으로 집계된 아동 집단에 기초한 '평균적' 아동 발달과 관련된 맥락에서 관련 정보를 제시하는 것이다. 비록 많은 발달 이론가들이 비교 문화적 연구를 수행하고 그 모델을 다양한 여러 사회에 적용하였음에도 이 장에서 인용된 대부분의 모델은 인간의 성장에 대해 명백하게 개별화된 접근을 제시한다. 그러나 이러한 접근 방식이 다른 문화에서나 혹은 모든 서구 사회의 문화에서조차 반드시 받아들여 사용된다는 의미는 아니다. 여기에 제시된 발달 정보는 놀이치료에 참여하는 개별 아동을 이해하는 틀을 제공한다. 그러나 이러한 정보가 임상이나 치료 목표를 좌지우지하는 것은 아니다.

발달 모델에 대한 오해

모두에게 적용된 발달

발달적 모델의 단계와 연령, 그리고 이에 따른 내용이 제공될 때 상담자는 모든 아동에게 그러한 모델을 적용시키려는 경향이 있다. 분명 모델 자체가 암시하는 구조는 그러한 모형이 모두에게 적용될 수 있음을 내포하고 있다. 그럼에도 불구하고 놀이치료자가 모든 맥락에서 모든 아동에게 일반화하여 적용시키는 데는 제한이 있다. 아동과 아동의 환경이 지닌 독특성은 놀이치료자의 최우선 관심사이다. 발달 모델은 단지 그러한 독특성을 개념화하기 위한 도구일 뿐이다. 모든 모델에서 발달이 인지 과정, 성격 과정 혹은 정서나 행동 과정에 초점을 둔다 할지라도 모든 아동의 발달을 설명하는 데는 내재적으로 부적절함이 있다. Burman(2008)은 "그러므로 연령별로 분류된 집단의 상대적 점수로부터 선정된 이상적 유형인 정상 아동이라는 명칭은 허구 혹은 신화에 불과하다. 그러한 기준에 속하는 어떠한 개인 혹은 실제 아동은 존재하지 않는다."(p. 22)라고 기술하였다.

발달에 대한 일반적 서술 사용의 병리학적 추론

발달 모델이 일반적인 아동으로부터 예상될 수 있는 것에 대한 로드맵을 제공해 주기 때문에 동일한 노선에 있지 않은 아동은 일탈적이라 가정한다. 앞에서 설명한 것과 같이 발달 모델이 모든 아동의 성장을 설명할 수 있는 것은 아니다. 평균에서는 벗어났지만 임상적으로 병리적인 것은 아니면서 자신만의 개별적인 과정에 따라 성장하는 아동이 있다. 이 아동은 다른 아동의 경험과는 분명히 독특하게 다른 경험에 의미를 부여하면서 자기 나름의 속도로 발달해 나간다. 놀이치료자로서 필자는 이러한 질문을 할 수도 있을 것이다. "열두 살의 나이에 망토를 입고 방에서 뛰어다니고 있다는 것 때문에 이 아동을 임상적으로 문제가 있다고 할 수 있는가?", "여덟 살짜리 아동이 치료

시간 내내 아기 젖병을 빨고 있었다고 해서 이 아동을 장애를 가진 것이라 진단할 수 있는가?" 아마 아닐 것이다. 이러한 행동은 발달상으로 적절한 연령에 속하는 것으로 보이지는 않는다 하더라도 이후 아동의 삶에서 완전한 기능의 지점에 도달하는 개별적 발달 경로의 지표일 수 있다.

필자는 대략 일주일에 70명의 아동을 상담하는 대학 부설 정신건강 클리닉의 소장으로 근무하고 있다. 필자의 클리닉에서 상당히 타당하고 신뢰할 만한 척도로 클리닉 서비스에 대한 평가를 실행하였을 때 아동 내담자 중 약 45∼50%의 부모는 자녀가 임상적 수준의 문제행동을 나타내고 있다고 보고하지 않았다(Ray, 2008). 비록 부모나 학교 혹은 기관에서 환경이나 행동 문제로 아동을 의뢰하였다 할지라도 아동이 임상적으로 정신건강의 문제로 간주되는 행동을 보이는 것은 아니라는 것이다. 이렇게 의뢰된 유형의 아동은 발달 과정 중 '작은 문제'를 경험하고 있어서 아동이나 부모가 부가적인 치료적 지원을 필요로 함을 나타내는 것일 수 있다. 하지만 이러한 문제로 아동을 병리적이라고 할 필요는 없다는 것을 시사한다.

정상으로의 경주

발달 모델의 단계 구조는 단계에서 단계로 이동하는 것에 대한 오해를 일으키기도 한다. 만연한 해석 중 하나는 단계가 높을수록 좋다는 것이다. 높은 단계에 높은 가치를 두는 것은 각각의 단계에 가치가 있다고 가정하는 발달 모델의 근간을 손상시키는 것이다. Burman(2008)은 다음과 같이 경고하였다. "발달은 이렇게 해서 일종의 장애물을 통과해야 하는 장애물 경주가 된다. 즉 가장 앞선 자에게는 문화적으로 칭찬이나 영예가 돌아가고, 가장 뒤쳐진 자에게는 전문가의 개입이나 낙인이라는 실제 혹은 가상의 벌칙이 부여된다."(p. 79) 발달 이론가는 각 단계는 개인에게 독특한 의미를 시사한다는 것을 포함하여 각 단계의 중요성을 강조한다. 각 단계는 아동 개인에게 가치가 있다. 정신건강의 관점에서 보았을 때 높은 곳으로의 경주란 존재하지 않는다. 왜냐하면 더 높은 수준이 필연적으로 더 나은 기능, 소속감 혹은 긍정적인 감정 상태와 같은 것을 나타내는 것은 아니기 때문이다.

발달을 이해하기 위한 종합적인 방법은 개인 혹은 집단의 아동을 직접 관찰하는 것이다. 경험상 필자는 놀이치료자의 경험이 치료에 의뢰된 아동으로 제한되어 있기 때문에 발달에 대한 그들의 시각도 제한적이라는 사실을 발견했다. 이는 종종 전문적 관점이 평균 이상의 방식으로 기능하는 아동을 병리적으로 왜곡하거나 또는 완벽주의자이거나 매우 불안해하는 보호자에 의해 문제아동이라고 규정되거나 혹은 다른 또래 아동에 비해 부적응적인 방식을 가지고 있는데도 정상적인 아동이라고 보는 것이라 할 수 있다. 교사, 학교 상담교사, 그리고 학교의 다른 주요 교직원들은 특별하게 아동의 발달 패턴을 인지하는 데 유리한 입장에 있다. 그들은 아동에 둘러싸여 있고 매일 그들과 상호작용한다. 20명의 학령기 학생 집단에서 대략 5명 정도는 두드러지게 발달의 경로가 다를 수 있고, 1명 정도는 우려가 되는 경로이며, 15명은 집약된 발달 과업과 단계에서 유사함을 보일 것이다. 지속적으로 아동과 상호작용을 하며 관찰을 하는 실제의 경험은 아동 발달의 정상, 일탈 그리고 문제적 발달을 식별하기 위한 우선적인 평가 도구가 된다.

발달 모델의 역사와 구조

발달적 관점은 Plato로 거슬러 올라가 그가 인용한 의식의 수준에서 찾아볼 수 있다. 각 수준은 이전 수준을 기반으로 한다. Plato는 정신의 4단계와 그것들이 어떻게 발달과 관련되는지를 서술하였다(Ivey, 2000). 이러한 단계는 상상(eikasia)으로 시작하는데, 이것은 감각운동 활동과 마술적인 생각들로 묘사된다. 두 번째 단계는 신념(pistis)으로, 가시적인 것에 근거한 구체적인 지식을 가리킨다. 세 번째 사고(dianoia)는 추상적인 추론이 나타나기 시작한다. 네 번째이자 마지막인 정신 상태는 지식 단계(episteme)로, 이것은 전제와 가정을 점검하는 것에 역점을 둔다. 각 정신의 상태는 인지 기능과 상응될 수 있기 때문에 Plato는 첫 번째 인지 발달 이론가였다고 할 수 있다.

수 세기 후 피아제(1932)는 그의 책 아동의 도덕 판단(*The Moral Judgment of the Child*)에서 아동 인지 발달의 세부 내용을 상세히 열거하였다. 피아제의 단계에는 감각운동기(sensorimotor), 전조작기(preoperational), 구체적 조작기(concrete operations), 형식적 조작기(formal operations)가 포함된다. 이러한 단계는 아동의 인지를 경험적 정서로부터 추상적 사고까지 구조화하였다. Loevinger(1976)는 발달 이론에 대한 피아제의 영향을 중요하게 다루었는데, 이는 피아제의 인지 모델 때문만이 아니라 단계에 대해서 그가 구조주의를 지지했기 때문이었다. 피아제는 그의 생애 이후로 만들어진 많은 발달 모델의 길을 열어 주었다. 영향력이 있었던 몇몇 발달 모델의 이름을 들자면 다음과 같다. 지그문트 프로이트(1949)의 본능적 삶의 단계, Erikson(1963)의 심리사회적 성숙의 단계, Kohlberg(1981)의 도덕 발달, Super(1963)의 진로 발달, Fowler(1981)의 신앙 발달, Gilligan(1982)의 여성 발달, Loevinger(1976)의 자아 발달, Gesell(Ilg, Ames & Baker, 1981 참조)의 성숙 발달, 그리고 Greenspan(1997)의 정서 발달 등이 있다. 각 모델은 인간 발달의 각기 다른 면에 초점을 맞추고 있다. 앞서 언급한 모든 모델이 가진 한 가지 공통 분모는 생애 과정, 즉 발달을 통해 형성되는 성격에 대한 신념이다.

Young-Eisendrath(1988)가 인용했던 것과 같이 발달 모델에는 세 가지 유형이 있다. 첫 번째 유형은 연대적 연령 모델로서, 나이가 들어감에 따라 변화하는 생물학이나 사회생물학적 요인에 관심을 가지는 유형이다. 여기에는 최근의 두뇌 발달 이론이 포함된다. 두 번째 모델 유형은 삶의 영역 모델로 대부분의 사람이 일생을 지내면서 통과하게 되는 생물학적·사회문화적·대인관계적 영향에 일반적인 반응으로 유형화한 경우이다. 여기에는 Erikson(1963)의 모델이 속한다. 마지막으로 세 번째 모델은 개인적인 적응이 성숙이나 사회문화적 변화에 대해서 어떻게 패턴화되는지를 구조적으로 나타낸 모델로 Kohlberg(1981)와 Loevinger(1976)의 모델이 있다.

발달 모델에서 중요한 핵심 개념은 단계에 대한 발상이다. Hayes와 Aubrey(1988)는 이에 대해 다음과 같이 서술하고 있다.

> 인간의 성장은 생애 주기 내에서 일련의 단계나 중요한 단계들의 질서정연한 순서에 따라 이루어지는 것으로 간주된다. 이러한 단계는 변치 않는 계층적(hierarchical) 순서에 따라 나열되어 있고, 발달 과정이 진행됨에 따라 더욱 복잡해진다. 각 단계는 질적으로 다른 단계들과 구분되면서 구조화된 전체를 형성한다. 이것은 단순히 주어진 시간에 환경의 요구에 반응하는 수단이 아니다. 오히려 모든 환경을 인지할 뿐 아니라 이해하는 수단이 된다(p. 4).

더 나아가 Young-Eisendrath(1988)는 단계에 대해 다음과 같이 명확히 제시하였다. 단계는 의미를 만들기 위한 준거의 틀로서 연대순에 전적으로 의존하지도 자유롭지도 않다고 하였다. 오히려 단계는 초기 성취, 정신적 작동, 습관적 가정에 의존하고 발달의 일반적 패턴을 가정하게 된다. 단계는 발달 이론에 있어서 구조적인 기초가 된다. 이런 이유로 단계는 발달을 이해할 때 있어 반드시 필요한 것이다. Hayes와 Aubrey(1988), 그리고 Young-Eisendrath(1988)는 모두 이 장의 초반에서 주의해야 한다고 했던 확정적이고 명료한 단계의 발달에 대해 설명하고 있다. 비록 발달 이론가들이 확실히 성장의 본질과 인간의 발달 동향을 포착하였다고 느낀다 하여도 연구와 이론에 대해 역사적으로나 현재적으로 접근할 때 그와 같은 보편적 과업이 제한적이라는 것은 의심의 여지가 없다. 단계 구조의 중요성은 개념적으로 이해하는 데 있다. 즉 단계는 개인 스스로가 의미화시키는 관점(meaning-making perspective)과 환경의 요구에 영향을 받아 생애 주기 동안 부단히 복잡해진다는 것이다.

Ivey(2000)는 발달이란 순환적인 것이라 주장하였다. 즉 이전의 발달 단계는 유년기가 지나감에 따라 사라지는 것이 아니라 새로운 발달 과업과 단계를 직면함에 따라서 인간 내부에 일어나는 역동적인 과정으로서 지속된다는 것이다. 이러한 가정에 따르면 인간은 자신과 자신을 둘러싼 환경을 재정립하는 지속적인 과정에 참여하게 된다. Loevinger(1976)는 더욱 세부적으로 연구하여 성격은 성공적인 자유, 즉 개인적 충동으로부터 시작하여 관습과 사회적 압박으로부터 자유를 획득함으로써 발달하게 된다고 설명하였다. 여기서 요점은 성격이란 개인과 환경 사이의 관계를 통해 발달한다는 것이고, 이러한 개념은 다음 장에서 논의할 인간중심 이론에 의해 용이하게 수용된다.

비고츠키(1966)는 놀이와 관련된 발달의 중요성을 다루면서 다음과 같이 서술하였다.

> 연령의 어떤 단계에서 다른 단계로 이동하는 모든 진전은 행동을 위한 동기(motive)와 유인(incentive)의 갑작스런 변화와 관련된 것으로 보인다. 영아에게 대단히 흥미로운 것은 대체로 더 이상 유아의 관심을 끌지 못한다. 행동을 위한 새로운 욕구와 새로운 동기가 이렇게 성숙되는 것은 물론 지배적 요인이다. 특히 놀이에서 아동의 특정한 욕구와 유인이 만족된다는 사실을 무시하는 것은 불가능하기 때문에 이러한 유인에 대한 특별한 특징을 이해하지 않고서 소위 놀이라고 칭하는 활동 유형의 독특성을 상상할 수는 없다(p. 7).

위의 진술로부터 놀이치료자는 놀이가 어떻게 아동의 발달 수준과 단계에서 이용되어 왔는지를 추론할 수 있다.

놀이치료에 적용되는 발달 모델

놀이치료자가 개념화와 임상을 위해 유용하게 사용할 수 있는 발달 모델은 매우 많다. 따라서 그러한 모델을 단지 몇 가지로 좁혀 소개하는 것은 매우 어려운 일이다. 하지만 발달과 관련된 지식을 놀이치료에 통합시키고자 하는 목적에 따라 그러한 설명을 한정된 수의 적절한 모델로 제한하여 설명할 필요가 있어 보인다. 이 장의 목적은 각 모델에 대한 간략한 소개를 통해 놀이치료에 영향을 끼치는 개념을 소개하고자 한다. 이것은 놀이치료자가 실제적으로 적용할 수 있도록 도울 것이며, 후에는 발달을 연구하고자 하는 욕구를 불러일으키길 바란다.

성숙 단계 이론

성숙 단계 이론은 한 개인이 각각의 발달 단계에 도달하기에 충분할 만큼 오래 생존해서 각 발달 단계를 통과하게 된다는 것을 구조화시킨 것이다. 이 단계들은 연대순을 기초로 하여서 각 단계로 이동하는 것은 개인의 연령에 의존하고 지각 영역이나 인지 능력에 의존하지 않는다. 성숙 이론들의 특징은 각 단계의 긍정적 해결이 이전 단계에 의해 좌우된다고 가정한다는 것이다.

Erikson의 심리사회적 정체성 이론.   Erik Erikson의 모델(1963)은 아마도 발달과 관련한 모든 모델 중 가장 인기가 있을 것이다. 셀 수 없을 만큼 많은 정신건강 전문가들이 대학원 훈련 과정 동안의 어느 시점에서 이 단계를 암기한다. 이 단계들은 일단 시험이 끝나면 곧 잊혀지고 놀이치료 임상과는 거의 관련이 없는 것처럼 보인다. 그렇지만 Erikson은 세대를 뛰어넘는 모델을 제공하였고, 50년 전과 마찬가지로 오늘날에도 적용 가능한 것으로 보인다. Erikson은 일생을 8단계로 규정하였는데, 이 중 4단계는 청소년기 이전에 일어난다. 각 단계에는 개인이 숙달해야만 하는 특정한 심리사회적 위기가 존재한다. 그리고 각 단계는 이전 단계에서 위기가 해결되었다는 것에 근거를 둔다. 각각의 단계에서 위기가 해결됨에 따라 새로운 의미가 상위 단계뿐 아니라 모든 하위 단계에 부여된다. 게다가 미해결된 과업은 미래 과업의 미해결로 이어지고, 누적되는 실패의 궤적을 만든다. 그러므로 과업 실패가 더 일찍 일어날수록 과업 실패의 누적 때문에 아동은 임상적으로 드러날 경향이 많다. Erikson은 인간은 각 단계로부터 심리사회적 힘을 가지게 되는데, 이는 그 단계 동안 발생했던 고군분투에 기인한 것이라고 지적하였다. 발달의 각 단계에 있어서 아동의 놀이는 심리사회적 위기에 부응하여 반영하는 것으로 보인다. 다음의 세부 항목은 청소년기 이전의 아동기에서 일어나는 네 가지 단계를 보여준다.

신뢰 대 불신(출생~2세).   삶의 첫 단계에서 영아는 대부분 어머니와의 관계를 통해 환경이 신뢰할 만한 것인지를 배운다. 기본적인 욕구가 충족되고 양육을 경험하면 신뢰가 발달한다. 그 결과로 발생되는 심리사회적 힘(psychosocial strength)은 희망이다. 영아가 이 단계를 성공적으로 통과할 때 미래와 새로운 발달 과업을 예상할 수 있는 희망적 감각이 생긴다. 이 단계의 실패는 일반적으로 환경에 대한 불신으로 특징지어지고, 아마도 이후 단계에서는 관계들과 사회에서의 위축을 나타낼 것이다. Erikson이 신뢰에 대해서 설명한 부분은 영아와 보호자 사이의 친밀한 정서적 연결로 특징지어지는 Bowlby(1982)의 애착에 대한 설명과 명백한 관련이 있다. 이 단계는 영아기 초기에 발생하기 때문에 놀이치료자가 이러한 삶의 과업이 진행되는 동안 아동을 만나는 일은 드물다. 불행하게도 놀이치료자는 이 단계를 훨씬 지나 이미 불신과 희망 결핍이 확립되었을 뿐 아니라 이제 새로운 발달 과업과 힘겹게 분투하고 있는 아동과 상호작용하게 된다.

자율성 대 수치와 의심(2~3세).   이 단계의 구체적 과업은 배변훈련이다. 신체와 충동에 대한 자기-조절을 획득한 결과로, 유아는 보호자로부터 분리 감각을 형성한다. 만약 분리에 대한 이러한 욕구가 부모의 공공연한 통제나 배변훈련 또는 다른 자율적 모험에 대한 실패로 수치심의 반응으로서 경험하게 되면 수치심 혹은 자기의심이 생겨난다. 이 단계 동안 과도하게 통제하거나 비판하는 부모는 아동에게 의존적이거나 반항적으로 성장하게 되는 환경을 제공한다. 이 단계를 성공적으로 완료한 아동은 의지력을 갖게 되어 자기 주장을 발달시켜 간다. 놀이치료자로서 필자는 아동과 부모/아동 관계를 이해하는 데 있어서 배변훈련에 관한 질문이 가장 유익하다는 것을 발견하였다. 일반적으로 부모는 대개 감정적 표현이 동반된 배변훈련의 기간을 아주 세세히 기억한다. "배변훈련에 대해 좀 이야기해 주세요. 어땠나요?"라고 질문하였을 때 필자는 다양하고 흥미로운 다음과 같은 답변을 받았다.

어머니 1 : (매우 자랑스럽게) 우리 아이는 완벽했어요. 한 번도 실수한 적이 없었어요.

이 답변은 아동 혹은 어머니의 완벽주의에 대한 욕구를 보여 주는 것일 수 있다.

어머니 2 : (화가 나서) 끔찍했어요. 제 아이는 저를 화나게 하려고 변기 바로 옆에다 소변을 봤어요. 항상 그런 식이었어요.

이 답변은 아동과 어머니의 관계에 순환적인 문제가 있음을 시사한다. 즉 어머니는 아동이 발달적으로 적절하게 하는 행동을 거부나 처벌로 해석함으로써 결국 아동을 거부하고 처벌한다.

아버지 1 : (무관심하게) 잘 모르겠어요. 우리 아이는 스스로 해결했어요. 문제는 전혀 없었어요.

이 답변은 아버지와 자녀 사이에 관계(connection)가 부족하다는 것과 아동이 욕구를 충족하기 위해서는 모든 과업을 혼자서 처리해야 할 필요를 인식하고 있다는 것을 드러낸다.

주도성 대 죄책감(3~6세). 이 단계에서 아동은 활동 자체를 위해 행동을 시작한다. 그들은 종종 어른의 세계와 보호자 혹은 다른 사람들의 역할을 흉내 내기도 한다. 이 앞의 두 단계를 성공적으로 진행한 아동은 두려움에 제한되지 않고 새로운 일을 시도하는 데 에너지를 가지고 이 단계에 접근한다. 이 단계는 성취하려는 욕구보다는 단지 시도하려는 욕구이다. 만약 욕구가 좌절되거나 실패가 부과되면 아동은 죄책감을 형성하게 될 것이다. 이 단계에서 생겨나는 심리사회적 힘은 목적 의식이다. 전형적 놀이행동은 공상적이고 경험이며 이때 아동은 놀이를 통해서 새로운 역할과 행동을 시도한다.

이 단계에서 추가적으로 고려해야 할 사항은 아동기와 성인기에 걸쳐 만연해 있는 현대의 성취 문화이다. 주도성 대 죄책감에 있어서 아동의 목적은 자신의 욕구와 능력의 경계를 확인하기 위해 새로운 활동을 단순히 시작하는 것뿐이다. 아동은 이 단계에서 활동을 능숙하게 하고 싶은 욕구는 거의 없다. 하지만 현대의 문화는 행하고 성취하고 생산하며 최고의 과업을 수행해 내는 것의 중요성을 강조한다. 이것은 특히 경쟁

을 위주로 하는 조직화된 운동이나 활동에 아동을 등록시켜서 훈련하는 것을 통해서
도 입증된다. 주 5회씩 체조 수업을 받으러 다니는 다섯 살짜리 소녀들이나 주 4회의
축구 연습에 참석해야만 하는 네 살 소년이 그 예이다. 아동이 이 수준에서 활동에 참
여하고 싶은 욕구를 보여 준다고 해도, 매회 연습은 자신이 숙달에 이르지 못하였다는
것과 그러므로 완벽에 이르도록 계속 수행해야만 한다는 것을 상기시킨다. 게다가 한
가지 분야에 대한 조직적인 연습은 (성취가 아닌) 탐색을 목적으로 새롭고 다양한 활
동을 시도하고 싶어 하는 아동의 능력을 제한하게 된다. 다시 말해서 한 주에 몇 시간
씩 아동의 행동을 숙달과업으로 제한하는 것은 결국 발달적으로 부적절하여 목적 의
식을 향한 자연스러운 지향을 허락하지 않는다. 자유놀이는 아동에게 상징적 수준에
서 무엇이든지 될 수 있고 어떤 것이든 할 수 있게 하므로 이 연령의 집단에 보다 적절
하다.

　근면성 대 열등감(6~12세).　이 단계의 아동은 여러 가지 다른 활동을 시도하려는 욕
구에서부터 특정한 활동을 숙달하려는 욕구까지 발전된다. 아동은 이 두 가지를 연결
시키고자 애쓰면서 자신의 능력과 관련 있는 욕구를 탐색한다. 아동은 자신의 소질이
보이지 않는 활동보다 잘하는 활동에 더 관심을 갖게 된다. 이 단계에서 생겨나는 심
리사회적 힘은 유능감이다. 그 예로 주도성 대 죄책감 단계와 근면성 대 열등감 단계
사이에는 질적인 차이가 있다. 그것은 다음과 같은 실험에서 발견될 수 있다. 유치원
생에게 노래를 부를 수 있냐고 물어본다면 모두 노래를 부를 수 있다고 대답하겠지만
(주도성), 반대로 5학년 학생에게 동일한 질문을 한다면 아동과 전체 집단은 뛰어나게
노래를 잘 부른다고 알려진 몇 명만 지적할 것이다(근면성).

　놀이치료자는 근면성 대 열등감 단계에 있는 아동을 지속적으로 상담한다. 비록 상
담자가 아동에게 모든 것을 잘할 수 있다고 상기시킨다 하여도 이 시기의 아동은 그
대답이 불만족스럽고 솔직하지 못하다는 것을 발견한다. 그들은 어떤 사람은 어떤 일
을 잘하는 반면 다른 사람들은 그렇지 않다는 것을 배웠다. 그들은 유능한 영역을 구
하고 있고 따라서 치료자는 아동에게 숙달을 실험할 수 있는 환경을 제공함으로써 이
여정을 도울 수 있다. 놀이치료자는 부모가 실패를 경험하는 영역에 집중하지 않고 숙
달활동을 구함으로써 숙달에 대한 아동의 탐구를 지원하도록 도울 수 있다.

　치료의 한 예로 필자는 아홉 살 소년의 부모와 상담을 한 적이 있었다. 이 부모는

3명의 자녀를 두었고, 학교에서 A학점을 받을 수 있게 하려고 자녀의 이름을 모두 'A' 로 시작하도록 지었다. 필자의 내담자는 막내였다. 이 소년 위의 두 아동은 학교에서 좋은 성적을 받았는데, 그중 1명은 고등학교에서 우등생 명단에 올라 있었으며, 다른 1명은 명문 사립대학교에 다니고 있었다. 필자의 내담자는 학습장애로 진단받았고 학 교 생활에 고투하고 있었다. 그는 진급을 겨우 하는 정도였다. 부모는 그가 학교 생활 을 잘 해내지 못하고 우울해 보였기 때문에 놀이치료에 데리고 왔다. 필자가 부모에게 소년의 장점에 대해 말해 달라고 하자 그들은 한참 동안 머뭇거렸고 어려움을 느끼는 듯했다. 그러더니 아동이 교회 성경낭독회에서 성경 읽기를 발표해 달라고 요청을 받 은 이야기를 해주었다. 그의 읽기는 형편 없었고 발표를 해야 한다는 것에 매우 불안 해하고 있었다. 예정된 낭독회가 시작되기 3주 전, 필자의 내담자는 긴 성경 구절을 암 기했고 낭독의 각 부분을 연출하기 위하여 촌극을 만들어 냈다. 필자는 부모에게 그가 학교에서 좋은 성적은 받지 못할지라도 자기가 자신 있고 유능하다고 느꼈던 활동에 그의 에너지를 전적으로 쏟았다는 점을 지적했다. 필자는 아동에게는 이러한 역동이 빈번히 발생하지만 성인은 오직 특정한 과업 성취에만 초점을 맞추고 있기 때문에, 아 동의 유능한 영역이 간과된다는 것을 경험했다. 놀이치료자는 아동의 유능한 영역에서 동기와 성취에 관한 인식을 촉구함으로써 아동과 부모에게 귀중한 지원이 될 수 있다.

Gesell의 성숙 발달 모델. 집중적이고 폭넓은 아동의 관찰을 통해서 Arnold Gesell은 발 달의 단계와 패턴을 가진 일련의 정상 행동을 개발하였디(Ilg, Ames & Baker, 1981 참 조). 그는 아동이 균형의 기간과 이후의 불균형의 기간 사이에서 성숙해 가는 발달의 순환적 패턴을 발견했다. 이 순환 속에서 아동은 비교적 자신의 내부나 혹은 바깥 세 상에 대해 어려움을 느끼지 않는 균형의 단계 이후, 불안해하고 문제를 겪으며 자신과 환경에 상충하게 되는 단절의 기간을 갖게 된다. 균형은 단절 이후 다시 확립되고 그 다음에는 아동이 관찰자로서 외부 세계를 받아들이게 되는 내심화(inwardizing) 단계 가 나타난다. 내심화 단계는 아동의 민감성과 까다로움, 그밖에 지나친 위축과 비관 주의로 특징지어진다. 이 기간 동안 외부 세계를 받아들이고 소화한 아동은 이후 도량 이 넓은 확장형 단계로 이동하게 되는데, 이때 아동의 행동은 외향적이고 역동적이며 자칫 위험할 수도 있다. 확장형은 신경증적 단계로 이어지는데, 이는 아동의 지나친 걱정과 외향적 행동 결핍으로 나타난다. 순환을 완성하기 위해서 균형은 재확립된다. ⟨표 2.1⟩는 짧은 설명과 함께 순환의 각 단계를 보여 준다.

Gesell 모델은 아래와 같이 각 연령 집단에 대해 좀 더 구체적인 설명을 제공한다.

- 2세 : 2세는 균형의 상태에 있다. 즉 운동 기능과 효과적으로 언어를 사용하는 것에 자신감을 경험한다. 또한 요구하는 것에 대한 욕구가 줄어들며, 좌절감에 대한 내성을 갖게 된다. 2세는 또한 사랑스럽고 다정한 경향이 있다.
- 2.5세 : 아동이 하는 행동의 대부분은 부모가 원하는 것과 직접적인 대조를 보인다. 이 연령의 아동은 완고하며 융통성이 없고 지배하려 들고 요구가 많다. 이 시기는 극단적인 감정과 대안 간 선택 불능의 특징을 동반한다.
- 3세 : 3세에는 다시 균형 상태로 돌아가고, 아동은 협조적으로 행동하길 좋아한다. 운

표 2.1 Gesell 발달 주기

연령			단계	개요
2	5	10	순조로운, 통합적	균형, 자아의 내부 혹은 환경과의 어려움이 거의 없음
2.5	5.5 ~ 6	11	단절된	마음이 동요하고 불안함, 자아와 환경과 상충됨
3	6.5	12	균형잡힌, 안정된	균형 상태, 자아의 내부 혹은 환경과의 어려움이 거의 없음
3.5	7	13	내심화(inwardizing)	외부 세계를 소화하고자 내적으로 들어감 민감성과 지나친 위축을 보임
4	8	14	활기찬, 무엇이든 해보려고 하는, 자신감 있는	외향적 행동, 위험한 행동의 가능성이 있음
4.5	9	15	내심화(Inwardized) - 외심화(Outwardized), 신경증의	근심으로 특징지어짐. 덜 외향적임, 이 단계에 대해 알려진 것이 별로 없음
5	10	16	순조로운, 통합적	균형, 자아의 내부 혹은 환경과의 어려움이 거의 없음

출처 : Adapted from Ilg, F., Ames, L., & Baker, S.(1981). *Child behavior: The classic child care manual from the Gesell Institute of Human Development.* New York: HarperPerennial.

동 기능과 어휘력이 향상된다. 사람들을 중요하게 여기고, 사회적이 되고자 공유하는 것이 나타난다.

- 3.5세 : 아동은 불확실, 불안정, 그리고 불균형의 기간을 경험한다. 운동, 언어적 문제와 더불어 3.5세는 관계에서도 도전을 받게 된다. 그들은 자주 울고 칭얼거린다. 보호자에게 그들의 관계에 대해 질문을 하며 독점적인 관심을 요구한다.

- 4세 : 4세를 나타내는 핵심어는 범위를 벗어난다는 뜻의 'out of bounds'이다(Ilg, Ames, & Baker, 1981, p. 32). 4세의 운동기능은 차고 치고 물건을 부순다. 이들은 시끄럽고 발작적으로 분노를 보일 수 있다. 관계적으로 볼 때 이들은 반항적이고 언어의 사용도 충격적이다. 이들은 무제한의 매우 높은 상상력을 보인다.

- 4.5세 : 4.5세는 실재가 아닌 것에서 실재인 것을 분리하는 작업을 한다. 토론하는 것을 좋아하고 세부적인 사항을 알고 싶어 한다. 보통 이 시기에는 지능과 운동 기능이 빠르게 성장한다.

- 5세 : 아동은 신뢰할 수 있고 안정적이며 차분하고 친절하며 요구 또한 그리 많지 않다. 이들은 다시 균형 상태로 돌아온다. 부모와의 관계가 특히 중요하다.

- 5.5~6세 : 아동은 난폭할 만큼 감정적이고 융통성이 없으며 요구가 많고 부정적이다. 이들은 기운이 넘치고 새로운 경험을 찾고 원하는 것을 얻기 위해 훔치기도 하고 거짓말을 하기도 한다.

- 7세 : 7세는 보통 차분하고 위축적이다. 기분변화가 심하고 혼자 있기를 좋아한다. 이들은 세상이 자신을 대적하고 있다고 느낄 수도 있고 외부 세계를 만지고 느끼고 탐색하느라 늘 바쁘다.

- 8세 : 8세는 세상을 만나기 위해 밖으로 나온다. 그들은 과도하게 에너지가 넘치고 지속적으로 새로운 활동을 시작하느라 늘 바쁘다. 아동은 쌍방향 관계를 원하지만 자기 비판적이거나 예민할 수도 있다.

- 9세 : 9세는 더 조용한 연령으로서 독립적으로 작동하는 시기로 자립적이고 자족한다. 친구들이 주된 관심의 원천이 된다. 걱정이 많고 지나친 불평을 한다.

- 10세 : 10세는 융통성이 있고 수용성을 가지는 균형적인 연령이다. 그들은 착한 일을 하고 싶어 하고 권위에 순종을 잘한다. 이 연령은 "모든 연령 중에서 가장 멋진 연령 중 하나"로 묘사된다(Ilg, Ames, & Baker, 1981, p. 45).

- 11세 : 아동은 기분 변화가 심하고 자신에게만 몰두할 수 있다. 이들은 규칙에 도 전하고 언쟁하기를 좋아하지만 결정을 내리는 데는 종종 어려움을 겪는다. 이들은 점점 더 다양한 관점으로 보는 능력을 갖게 된다(Wood, 2007).
- 12세 : 12세는 자기 인식, 통찰력, 그리고 공감이 가능하다. 이들은 열정적이고 안 전하게 느끼는 것으로 보인다. 성인의 성격이 나타나기 시작하고 친구들에게 인정 을 받는 것에 중점을 둔다.

각 연령을 묘사하려는 Gesell의 시도는 모델이 모든 아동에게 적용할 수 있음을 보 여 주었다. 이러한 발달 주기는 어떻게 아동이 자연스럽고 긍정적인 양식으로 한 단계 에서 다른 단계로 진전하지 못하는지를 설명하는 데는 효과적이다. 그러나 아동은 도 전과 순조로움의 단계들을 거치면서 순환한다. 각 단계는 다음 단계에 도달할 수 있을 만큼의 난이도를 허락한다. 아동은 외부의 경험들과 정보를 종합하는 시간을 갖고자 내심화(inwardize)한다. 그들은 활발하게 세상과 상호작용하며 확장하고 개인적 경계 와 능력을 결정한다. 그들은 균형 상태에 들어가 혼란으로부터 휴식시간을 갖는다. 개 별적 관점에서 보면 각 단계는 아동의 성격과 관련이 있다고 이해된다. 그러므로 도전 적인 아동이 10세가 되었다고 갑자기 천사가 되는 것은 아니지만, 균형 단계에서는 문 제적 행동과 특성을 덜 나타낼 수 있다. 이는 특별히 차분한 아동에 있어서도 마찬가 지일 것이다. 이들이 6세가 되었을 때 갑자기 통제할 수 없는 과잉행동을 보이는 아동 으로 바뀌지는 않겠지만 단절 단계(breaking-up stage)에 이르면 평소답지 않은 부정적 인 에너지를 표출할 수 있다. 놀이치료자는 이 모델을 통해 성숙이 어떻게 일반적인 아 동과 부모에게조차 불쾌할 수 있는지를 보다 잘 이해할 수 있고, 또한 부모에게는 각 단계에서 다음 단계로 발달할 것이라는 희망을 제공한다. 항상성(homeostasis)이란 없 고, 현재 까다로운 아동은 곧 변화를 향해 나아가게 될 것이다.

성적 발달. 발달 문헌에 있어서 가장 해로운 공백 중 하나는 아동기의 성에 관한 연구 의 부족일 것이다. 성은 인지, 자아(ego), 그리고 정체성 발달과 유사한 구조적 방식으 로 발달 경로를 따르는 것으로 보인다. 그러나 성인으로서 아동기의 성을 인정하는 것 을 불안해하고 아동의 성 연구를 수행하는 것에 대한 윤리적 영향이 있기 때문에 이 영역의 발달은 비교적 알려져 있지 않다(Weis, 1998). 그러나 이것은 특별히 아동이 종종 성적으로 자신을 표현하는 환경인 놀이치료와 관련이 있다. 놀이치료자는 성적 행동 (sexual behavior)과 대조적인 성적 놀이(sex play)의 정상 발달 패턴에 대해 분별하기 위해 노력한다. Schepp(1986)의 삶의 단계 내에서의 성적 주제에 대한 모델을 소개한다.

- 영아기(0~3세) : 영아는 생식기의 발견을 즐기고 촉감을 통해 감각적인 정서를 발달시킨다. 성 역할 정체성 과정이 시작된다.
- 유년기(3~10세) : 아동은 자기를 만족하게 하거나 다른 사람들과의 성적 놀이도 경험할 가능성이 있다. 생식에 대한 관심이 생기고 성적 단어의 사용이 확대된다. 이 연령의 아동은 성적 역할을 포함한 성인의 성적 행동을 관찰한다. 이들은 미디어와 또래들 사이에서 언급된 성적 주제에 점점 관심을 기울인다.
- 사춘기(10~14세) : 이 단계에서 아동은 자신이 경험하고 있는 신체적 변화를 이해할 필요를 느낀다. 그들은 성교와 자위 행위에 대한 호기심을 갖게 되며, 월경과 사정에 대해서도 구체적으로 관심을 갖게 된다. 이들은 전반적인 자기 가치감과 관련된 신체 이미지를 발달시킨다.

비록 이러한 발달 단계의 설명이 놀이치료자에게 성적 놀이와 관련되어 충분한 안내를 하지는 못한다 하여도, 아동이 성을 전체 발달 과정에 통합시키는 성적 존재라는 것을 확인해 준다. 놀이치료에서 성적 놀이는 정상적 발달의 일부로 기대될 수 있으며 성숙 및 인지 놀이와 동일하게 받아들여져야만 한다.

인지와 자아 발달 이론

인지와 자아 발달 이론의 전제는 사람과 환경 사이의 상호작용이다. 아동은 환경과 상호작용하는 데 사용되는 자연스러운 능력을 가지고 태어난다. 상호작용은 아동의 환경에 대한 인식에 영향을 미치고, 또한 아동과 세상 사이의 끊임없는 상호작용으로 이어질 미래의 상호작용의 질과 양에 대한 동기를 부여한다. 성숙 발달 이론과 인지/자아 발달 이론 사이의 한 가지 큰 차이점은 인지/자아 연속체(cognitive/ego continuum)의 이동이 발달 과정 중 어느 시기든지 잠시 정지되거나 중단될 수 있다는 것이다. 인지/자아 발달 이론에 대한 이러한 기초적 가정은 각 아동은 개인적 속도에 따라 진행할 것이며, 어느 단계에서든지 진행은 중단될 수 있다는 것을 나타낸다.

피아제의 인지 이론. 장 피아제(1932/1935 참조)는 현대 발달심리학의 공헌자이다. 비록 현대의 발달 접근이 그의 이론을 선호하기도 하고 그렇지 않기도 하지만 인지 발달의 기본적인 원리로 변함없이 존재한다. 놀이치료계는 종종 상징적 의사소통에 대한 피아제의 설명을 강조하면서 개입을 위한 인지적 근거로 인용한다(Landreth, 2002). 인지 발달 이론은 아동이 환경과의 경험을 통해 적극적으로 현실을 구축한다는 것을 제시한다. 따라서 아동은 실제적으로 경험하면서 배워 나가는 방식으로 환경과 상호작용할 수 있어야 한다. 아동은 성인과는 질적으로 다르게 생각하기 때문에 성인과 동일한 방식으로 생각하고 추리하고 판단할 수 없다(Elkind, 2007). 인지 단계를 통한 진보는 더욱 성인과 유사한 내용과 사고의 구조를 향해 이동함을 나타낸다. 각 단계에서 성취가 이루어지면 퇴행은 가능하지 않으며, 대부분의 아동은 추상적 사고를 가능하게 하는 형식적 조작기에 도달할 것이다.

• 감각운동기(출생~2세) : 감각운동기의 주 목적은 대상 영속성, 즉 영아가 더 이상 대상들을 볼 수 없다고 할 때조차 그 대상이 존재하고 있다는 것을 아는 것을 정립하는 것이다. 영아는 대상의 의미를 추상화할 수 있는 능력 없이 촉각, 미각, 감각을 통해서 신체적으로 대상을 조작하는 능력은 곧 영아에게 세상에 대한 이해가 된다. '대상(object)'이라는 단어는 주 보호자까지 확장되고, 이것은 감각운동 단계를 Erikson의 신뢰 단계와 Bowlby(1982)의 애착 이론과 연결한다. 최초의 정서적 대상은 영원한 양육자상으로 확립되어 신뢰와 애착의 발달로 이어진다. 하지만 주의할 점은 아동이 다른 사람과 대상 영속성을 확립하지 못하였다 할지라도 그다음의 인지발달 단계로 이동할 것이라는 점이다. 이것은 구체적 대상 영속성이 순전히 선천적 지능을 통해서만 확립되기 때문이다. 이 단계는 생애 초기에 시작되기 때문에 놀이치료자는 보통 이 단계를 마치거나 이 단계의 발달을 거쳐 간 아동을 만나게 된다.

• 전조작기(2~6세) : Elkind(2007)가 설명했던 것처럼 이 단계의 아동은 상징, 특히

언어 습득을 통해서 정신적으로 대상을 표상화할 수 있다. 이들은 대상의 유형에 대한 개념을 형성한다. 또한 이들은 상징에 의미를 부여하고 열정적으로 그러한 상징을 방어한다. 상징에 대한 애착은 아동이 중요하게 여기는, 예를 들어 정확한 이름이나 자신의 상징에 속하는 놀잇감을 공유하지 않겠다는 것 등에서 설명된다. 상징에 대한 애착은 또한 놀이가 아동의 선호하는 의사소통 양식이라는 것을 설명해 준다. 제한된 어휘력은 완전한 표현을 가능하지 않게 하는 반면에 각 상징은 의미를 지니고 있고 이것은 아동에게 생각과 감정을 표현하도록 해준다. 이 시기가 바로 아동이 의미를 부여한 구체적 상징을 통한 표현이 허락되는 놀이치료의 치료적 환경 제공의 근거가 인용되는 특별한 단계이다. 마술적 사고는 이 단계의 특징으로, 아동은 사건에 인과관계를 부여하고, 종종 사건에서 자신의 역할을 잘못 해석하기도 한다. 만약 두 사건이 함께 일어난다면 한 사건은 반드시 다른 사건의 원인이 된다.

필자의 슈퍼비전 중 하나의 사례를 소개하고자 한다. 7세의 소피는 학교 상담교사와 함께 이혼 교육 집단에 참여하고 있었다. 소피의 아버지는 자신이 동성애자라는 사실을 깨닫고 이성애적 결혼을 끝내고 싶어 했기 때문에 부모는 이혼하게 되었다. 소피의 아버지는 다른 남자와 새로운 관계를 맺었다. 소피는 2회의 이혼 교육에 참여하였고 위축과 우울 증상을 보였다. 필자는 학교 상담교사에게 혹시 소피가 이혼이 자신의 탓이라고 여기지는 않는지 묻자, 소피가 절대로 그렇게 생각할리 없으며, 오히려 이혼 집단이 아동을 위해 그러한 신화를 쫓아내는 데 집중했다고 격렬하게 반응했다. 필자는 학교 상담교사에게 시험 삼아 소피에게 그녀의 부모가 왜 이혼했는지 물어보라고 요청했다. 학교 상담교사가 소피에게 물어보자 소피는 언니와 큰 소리로 언쟁을 하다 싸움을 시작했던 사건을 연결지었다. 소피의 아버지는 소피의 방으로 들어와 소리를 질렀고 그들을 떼어 놓았다. 이 일은 그가 집을 떠나기 전날 밤에 일어났다. 소피는 이 싸움이 부모의 별거의 원인이고, 만약 그녀가 '착해진다면' 아버지가 돌아올 것이라 확신하고 있었다. 학교 상담교사는 소피가 이혼과 아동의 역할과 관련된 수많은 정보를 얻은 후에도 그러한 해석을 한다는 것에 충격을 받았다. 소피의 예는 교육이 아동에게 중요하다 할지라도, 그것은 아동 스스로의 경험과 세계를 마술적으로 해석하는 것을 대체하지 않는다는 것을 보여 주었다.

- **구체적 조작기**(6/7~11/12세) : 아동은 사물을 조작하는 것으로부터 상징을 조작하는 것으로 옮겨 간다. 이들은 개념을 조작하는 것을 고려하는 정신적 이미지를 갖는다. 이제는 물리적 조작 없이 숫자와 단어의 의미를 상상해 볼 수 있다. 이 단계에서 아동은 협력적인 놀이를 가능하게 하는 규칙을 배운다. 이들은 또한 논리에 대한 강한 욕구를 가지고 규칙을 기꺼이 받아들인다. 구체적 조작기에서 논리는 왕이자 모든 상황을 일반화할 수 있다. 만약 어떤 사람이 좋은 일을 한다면 그 사람은 좋은 사람이다. 만약 성인이 규칙을 어긴다면 그 사람은 나쁜 사람이다. Elkind(2007)는 이 단계에서 동반되는 특징을 인지적 자만심(cognitive conceit)이라 하며 다음과 같이 묘사한다. "아동이 부모의 잘못을 찾아내었을 때 부모가 그토록 단순한 사실도 모르고 있었다면, 부모는 아무것도 모른다고 가정하게 된다."(p. 129) 인지적 자만심의 긍정적 양상은 부모로부터 독립을 원한다는 표시일 것이다.

  피아제의 인지 발달 이론을 검토할 때 놀이치료자는 놀이치료가 구체적 조작기의 아동에게 적절한 것인지 물을 수도 있다. 전조작기, 의사소통을 위해 상징에 의존함, 그리고 놀이치료 간에는 명백한 관련이 있다. 하지만 논리적이고 구체적인 이해가 주된 것일 때 놀이치료에서 상징적 표현은 어떻게 작동하는 것일까? 구체적 조작기에서 아동은 이미지와 의미에 대한 새로운 사고의 기술을 습득한다. 이들은 여전히 행함을 통하여 많은 것을 배운다. 게다가 구체적 조작기는 또래 및 관계에 대한 표현이 강조되는 것으로 특징지어진다. 놀이치료는 구체적 조작기에서 아동에게 가장 중요한 과업인 세계를 이해하기 위한 구체적 재료를 제공함으로써 정신적으로 이미지화하는 것을 넘나들 수 있도록 해준다. 아동과 놀이치료자 사이의 관계는 또한 성인으로부터의 독립과 관계의 규칙을 탐색하는 것으로 사용될 수 있다. 구체적 조작기의 아동은 효과적으로 집단 놀이치료의 잠재적 참여자가 될 수 있다.

- **형식적 조작기**(11/12세~성인) : 형식적 조작기는 추상적 추론, 사고할 수 있는 능력, 그리고 개념화할 수 있는 능력의 시작으로 특징지어진다. 추론의 높은 단계일수록 복잡한 정서에 대한 인지와 이해를 제공한다. 죄의식과 분노와 같은 관계적 패턴과 관련된 복잡한 감정이 이제 경험된다. 초기 청소년기는 Elkind(2007)가 관찰했던 상상적 관객(imaginary audience)의 출현을 나타낸다. 왜냐하면 아동은 새

롭고 복잡한 인지 능력을 갖게 되기 때문에 다른 사람이 무엇을 생각하는지를 생각할 수 있다. 그러나 이들은 다른 사람이 외모, 감정이나 생각 등이 자신과 동일한 관심사를 가지고 있다고 가정하므로 실수를 한다. 이것이 상상적 관객이다. 또 다른 초기 청소년기의 마술적 사고는 자신이 독특하고 다른 사람들과 다르다고 느끼는 개인적 우화이다. 이런 이유로 이들은 자신에게 나쁜 일은 일어나지 않을 것이라 생각하고 스스로를 불사신이라고 느끼며 결과적으로 위험한 활동에도 참여하게 된다. 특히 주목해야 할 점은 추상적 사고는 능력일 뿐만 아니라 발달된 기술이라는 것이다. 하루 아침에 아동이 사건을 비판적으로 개념화할 수 있는 능력과 동기를 갖게 된다는 것은 아니다. 추상적 기술이 발달할 수 있는 환경을 제공하는 것은 교사와 치료자 양쪽 모두에게 가치 있는 목표이다.

Loevinger의 자아 발달. Jane Loevinger(1976)의 발달 이론의 핵심은 자아의 개념, 즉 한 사람의 경험을 체계화하고 의미를 제공하는 내적 구조의 개념이다. 자아 발달은 감정, 사고 그리고 행동을 포함하는 한 사람의 전인적 성장을 함축한다. Loevinger의 이론은 또한 사회적 및 도덕적 발달에서 잘 알려진 다른 이론들의 측면도 포괄하는 것으로 보인다. Kirshner(1988)는 Loevinger의 단계를 타인 수용의 몰입에 있어서 욕구와 즉각적인 만족으로부터 복잡한 개인적 차이와 분리를 인식하는 것으로 이동한다고 개념화하였다. 초기 단계는 전형적인 아동기 발달을 묘사하지만 또한 이것은 어느 단계이건 기능하는 성인에 대해서 묘사하는 것이기도 하다. Loevinger는 묘사된 딘게에 어떤 연령을 제시하는 것을 주저했고 사람들이 정해진 속도로 발달할 것이라고 기대하지 말 것을 경고하였다. 그러나 이후의 발달 이론가들은 영아기와 아동기의 전형적 발달 속도에 부합하는 것으로 보이는 연령을 부여했다. 영아기의 가장 초기 단계들은 여기에서는 다루지 않을 것이다. 각 단계에서 인용된 연령은 Loevinger 모델에서의 개인적 성장의 중요한 가변성으로 인하여 신중하게 검토되어야 한다.

- **충동적(3~5세)** : 초기 아동기에 있는 아동은 발달의 충동 단계에 있다. 이들은 신체와 감정적 충동성에 지배를 받는다. 이들은 자기중심적이고 자신의 즉각적인 욕구에 집중하며 다른 사람의 욕구에는 거의 관심이 없다.

- 자기-보호적(6~10세) : 이 단계의 아동은 자신의 충동을 조절하는 법을 배우고 규칙의 기능을 깨닫는다. 이들은 특히 기회주의적이라 할 수 있고, 이들에게 세계는 다른 사람에 앞서 자신의 욕구를 해결해야 하는 장소로 보인다. 그들의 행동은 보상을 얻고 처벌을 피하도록 구조화되어 있다. 이 단계의 아동이 놀이치료 내담자의 대다수를 이루는데, 이들은 좋은 행동에 대해 보상을 제공하는 행동적 기법에 영향을 받기 쉽고 기꺼이 잘 따른다. 이 단계는 피아제의 전조작기와 조작기 단계들의 맥락에서 고려되어야 한다. 비록 행동주의의 논리는 아동에 의해 이해되고 반응되지만 표현은 여전히 상징주의에 기반을 두고 있다. 자기-보호 단계는 종종 성인 보호자들에게 부정적으로 인식된다. 왜냐하면 아동은 외현적 동기 요인으로 자신이 원하는 것을 얻기 위해서 해야만 하는 행동에 집착하기 때문이다. 그러나 이 단계는 아동이 규칙의 준수와 위반이라는 현실로 입문하는 단계라는 것을 보여 준다. 이들은 외부 세계의 경험 속에서 행위의 결과를 배우게 되며, 이것은 나중에 (다음 단계에서) 세상에 속한 소속감에 영향을 미친다.
- 순응적(10~15세) : 이 단계에서 아동은 집단과 관련된 개인적 행복을 목격하기 시작한다. 이 단계는 인정된 집단에 대해 순응하며 집단의 규칙에 대해 엄격하게 고수하는 것이 특징이다. 집단 소속감을 나타내는 외적 모습에 집착한다. 아동은 모호함을 견디지 못하고 구체적으로 생각하는 경향이 있다. 결정은 집단의 유익을 근거하여 이루어진다. 아동을 상담할 때 이 단계에서 갖는 몇 가지 시사점이 있다. 첫째, 아동은 집단적 수용에 기초한 변화에 더욱 민감하기 때문에 이 단계에서는 집단 놀이치료가 우선적인 선택이 된다. 둘째, 행동주의는 효과를 멈추는데, 특히 순응 단계에서는 일반적으로 발생되는 집단의 소속감이 아동의 외적 보상에 대한 욕구보다 클 때 더욱 그러하다. 셋째, 차이를 수용하는 세심함은 거의 없다. 상담자의 다문화적 인식에 대한 영향은 제한적이다. 마지막으로 이 단계의 아동은 관계에 기반을 두고 있으며, 그들은 편안함을 느끼는 곳에서 관계를 찾는다. 이 단계에 들어왔지만 인정된 집단에서 소속감이 없는 아동은 감정적·사회적으로 어려움을 나타낼 것이다. 자기-보호 단계의 경우와 마찬가지로 개인주의와 다양성을 인정하고 가치 있다고 보는 정신건강 전문가들은 종종 순응 단계를 호의적이지 않은 시각으로 본다. 그러나 집단의 맥락에서 소속감과 의미를 찾는 것은 정서적 성

장, 협력적인 사회적 기술의 발달 그리고 다른 사람에 대한 개인의 영향에 인정을 가져오게 한다. 이는 아동이 다음 단계를 준비하도록 해주는데, 아동은 집단으로부터 분리되어 개인적 경험을 탐색하기에 충분할 만큼 사회적으로 자신감이 있고 안정되었음을 느끼게 된다.

- 자기-인식적(15세~성인), 양심적(성인), 개인주의적(성인), 자율적(성인), 통합적(성인) : 대부분의 놀이치료자가 발달의 상위 수준에 있는 아동을 치료하지는 않을지라도 대다수의 미국 성인들은 자기-인식 단계, 즉 아동기 후반의 바로 한 단계 위일 뿐인 단계로 분류된다는 점을 주목해야 한다. 자기-인식 단계에서의 청소년 혹은 성인은 집단의 기준에 미치지 못하는 개인적 차이를 이제 막 인식하게 된다. 단계가 진행됨에 따라 더 광범위한 집단의 맥락 안에서 개인화된 구조가 나타난다. 이때 개인은 집단적 욕구의 맥락 속에서 자신의 욕구를 균형적으로 유지한다. 개인이 다양한 관점을 받아들이고 그러한 관점을 존중하면서 행동하므로 경험과 인지는 더욱 복잡해진다. 다시 한 번 특히 주의할 점은 발달의 상위 수준일수록 삶은 복잡해지지만 그렇다고 반드시 더욱 성취되거나 적응되는 것은 아니라는 점이다.

Greenspan의 정서 발달. Greenspan(1993, 1997)은 Erikson과 피아제의 발달 이론을 대단히 높게 평가했지만 발달에 대한 역사적 개념화에서 볼 때 아동의 정서적 삶이 다소 간과되었다는 사실을 발견했다. 그는 아동에게 일어나는 신체적·인지적 변화에 상응하는 정서 발달 영역을 관찰하고 분류하려는 시도를 했다. 그는 모든 아동이 정서적 성장을 위해 자기-규제, 관계, 현실과 환상, 의사소통이라는 4개의 영역(이정표로 명명함)이 필요하다고 밝혔다(Greenspan, 1993). 각 연령 주기에서 아동은 이정표 영역 안에서 특정한 능력을 숙달해야 한다. 만약 어느 시점에서 아동이 이러한 능력을 건너뛴다면 그 영역의 숙달을 위해 다시 돌아가는 치료적 돌봄이 필요하다.

- 생애 첫 5년(0~5세) : 자기-규제의 영역에서 아동은 차분하고 조절된 상태로 있을 수 있고 충동을 제어할 수 있으며 주의를 기울이고 집중할 수 있다. 관계에 있어서 아동은 부모와 따뜻한 관계를 맺고 또래들과 개별적으로 관계를 맺는다. 또한 집단에서도 또래와 선생님 같은 새로운 성인과 관계를 맺는다. 현실과 환상의 영역

에서 아동은 상상놀이에 즐겁게 참여하고 현실을 인식하며 현실로부터 가상을 구분할 수 있다. 의사소통에 있어서 아동은 바람, 욕구, 의도를 몸짓을 통해 보여 주며, 마찬가지로 다른 사람들의 몸짓에도 직관적으로 반응한다. 더구나 둘 혹은 그 이상의 생각을 소통할 수 있는 단어와 개념을 조직할 수 있다.

- 세상은 나의 것이다(5~7세) : 자기-규제에 있어서 아동은 자기-돌봄과 자기-규제 기능을 수행할 수 있다. 여기에는 다른 여러 과업 중에서 최소한의 도움으로 할 수 있는 진정하기, 집중하기, 옷 입기, 씻기 등이 포함된다. 관계 안에서 아동은 부모와의 관계를 즐기고 안정을 느낀다. 또한 부모, 또래, 그리고 '나'에 관심을 갖는다. 이들은 원하는 것을 얻기 위해 부모에게 싸움을 붙일 수도 있다. 이들은 또래들과 관계를 형성하고 부모로부터 독립적으로 놀 수 있으며, 또래들에게 자신의 의지를 주장할 수 있다. 이 단계의 아동은 부모와 또래들이 자기가 원하는 대로 하지 않아도 견딜 수 있다. 현실과 환상의 영역에서 아동은 기대를 얻기 위해 노력할 것이지만 현실에 대한 좌절과 실망을 처리하는 방법을 배운다. 아동의 정서적 사고 안에서 두려움, 수줍음, 걱정, 갈등이 커다란 기대와 공존한다. 아동은 현실이 지닌 한계의 원인을 이해하기 시작한다.

- 세상은 다른 아이들이다(8~10세) : 이 단계에서 아동은 더 어려운 과업에 있어서도 장시간 집중할 수 있는 능력을 통해 자기-규제를 확립한다. 이들은 도움 없이 자기-돌봄을 수행한다. 관계에 있어서 아동은 또래 집단에 전적으로 참여하고, 집단 내에서 자신의 역할을 인식한다. 이들은 대체로 친구에 관심을 쏟고 몰두한다. 그들은 또래 관계를 대처하는 안내를 위해 부모를 활용하며 부모와의 양육 관계를 유지한다. 그들은 형제자매와 경쟁하는 한편 가깝게 지낼 수도 있다. 현실과 환상의 영역에서 아동은 규칙을 따르는 것과 마찬가지로 계속해서 환상을 즐길 수 있다. 의사소통과 정서적 사고에 있어서 아동은 감정을 처리하는 것을 포함하여 사고를 의사소통할 수 있도록 조직화한다. 이들은 감정을 우선시하고 이 감정을 그룹화하여 범주화한다. 이들은 회피하거나 과잉 반응 없이 경쟁을 경험할 수 있다. 이들은 또한 위축되거나 공격적이지 않으면서도 실망을 경험할 수 있다.

- 내 안의 세계(11~12세) : 이 단계의 아동은 새로운 '내적 척도(internal yardstick)' (Greenspan, 1993, p. 306)를 발달시킨다. 이 내적 척도는 또래 집단의 인식 대신에

계속 발달되는 특성에 의해 자아를 규정하게 해준다. 이들은 집단과는 별개로 옳고 그름에 대해 점점 증가하는 내적 감각을 가지고 있다. 자기-규제 영역에 있어서 이들은 스스로 숙제를 할 만큼 충분히 오래 집중할 수 있고 자기-돌봄을 수행할 수 있다. 관계에 있어서 이들은 하나 혹은 몇몇의 친밀한 친구와의 교제를 즐기고 집단 내에서의 위치에 덜 의존한다. 이들은 롤모델로서 부모 혹은 다른 성인에 관심을 갖기는 하지만 독립을 확립하는 방식으로 은밀히 부모와 힘겨루기를 즐긴다. 의사소통과 정서적 사고에 있어서 아동은 개인적 의사소통을 관찰하고 평가할 수 있고 다른 사람들을 이해하고 공감할 수 있다. 또한 마음에 품었던 두 가지 상충되는 감정을 전달할 수 있다. 현실과 환상의 경계에서 아동은 백일몽을 즐기고 이것을 되새긴다. 이들은 맥락을 이해하므로 융통성 있는 규칙을 사용할 수 있다.

Greenspan은 신체적 성숙, 인지적 패턴, 사회적 · 의사소통적 상호작용, 또한 정서적 이해와 관련하여 아동으로부터 예상될 수 있는 것을 포함하는 이론을 제공하였다. 결과적으로 Greenspan의 이론은 아동에게 더욱 전인적인 관점을 제공하기 위해 다른 모든 이론의 양상을 통합하는 발달 이론이다. 게다가 Greenspan은 긍정적인 정신건강 발달을 위해 필요한 능력의 목록을 제공하였다.

인종적/문화적 정체성 발달. 다문화적 민감성이 증가함에 따라 다양한 다문화적 인구에 관련된 여러 발달 단계 모델이 나타났다. 세계의 소외된 집단의 경험을 대표하려는 시도로 Sue와 Sue(2003)는 문화적 정체성의 개별적 성장 패턴을 묘사하는 인종적/문화적 정체성 발달 모델(Racial/Cultural Identity Development, R/CID)을 개발하였다. R/CID는 인종적/문화적 정체성은 정체된 것이 아니라 환경, 특히 억압적 환경과 협력하면서 시간이 지나면 개인에 의해 창출된다는 개념에 근거를 둔다. R/CID에 할당되는 특정 연령은 없다. 그러나 소외된 집단의 아동은 모든 다른 발달학적 과제를 이루어가는 데 초점을 두면서도 문화적 정체성을 통합하려는 계속되는 시도에 참여하고 있다는 점은 주목할 만하다. R/CID에는 다음과 같은 5개의 단계가 개괄되어 있다.

- 일치 : 이 단계에서 개인은 그다지 의심하지 않고 주류 문화의 가치를 받아들이면

서 주류 문화를 우월한 것으로 여긴다. 이 단계에서 개인은 자기비하적인 사고와 연관 짓고 동일한 소수 문화적 집단의 다른 사람들과 거리를 두려고 할 수도 있다. 다른 발달의 어려움을 통과하는 아동에게 일치 단계의 자기비하적 특징은 이미 불안정한 경로의 자아-개념 발달을 증가시킨다.

필자는 어머니에 의해 심하게 학대를 당한 여섯 살짜리 아프리카계 미국인 소년의 사례를 슈퍼비전하였다. 그는 집을 떠나게 되었고 임시로 백인 위탁가정에 맡겨졌다. 놀이치료 시간에 그는 처음에는 흑인 아기인형을 가지고 노는 것을 선택했는데, 인형을 때리더니 모래 속에 묻었다. 그리고 조심히 백인 아기인형을 골라 인형을 안더니 우유를 먹였다. 놀이가 끝나자 그는 인형을 조심스럽게 담요 안에 넣었다. 이 치료 사례에서 인종과 개인적 위기에 관련된 혼돈은 급성장하는 자아의 개념, 즉 아동 자신의 인종에 대한 파괴적인 자아관과 주류 문화에 대한 높은 인식의 유해한 결과가 매우 잘 들어맞는 것으로 보인다.

- 불일치 : 개인은 주류 문화의 가치와 자아관 사이의 갈등에 직면한다. 이 단계는 현재의 경험과 대조적으로 병치되므로 그 이전의 인식과 개념을 의심하는 것이 특징이다. 개인은 주류 문화에 속한 다른 사람들에 대해 의혹을 품게 된다.
- 저항과 몰입 : 이 단계에서 개인은 주류 문화와의 모든 연합을 거부하면서, 오로지 자기 자신을 소수 집단과 동일시한다. 이 단계는 주류 문화에 대한 고조된 분노와 수치의 감정들로 특징지어지며 자신에 대한 인식이 증진된다.
- 자기성찰 : 이 단계에서 집단으로부터 독립적으로 발달해야 할 필요에 기초한 자아가 출현한다. 이 단계에서 개인은 집단의 관점으로부터 개인적 관점을 구분하려는 시도를 한다.
- 통합적 인식 : 이 단계에서 개인은 안전과 자율성에 대한 내적 감각을 발달시킨다. 주류 문화뿐 아니라 자신이 속한 문화에 대한 고마움이 증진한다. 이 단계는 억압을 제거하려는 사회적 행동에 전념하려는 것이 포함될 수 있다.

두뇌 발달

최근 두뇌 발달에 대한 탐구가 의학 연구에 주요하게 강조되어 왔고 이는 두뇌 과정과 아동 발달 사이의 관심으로 확장되고 있다. 이러한 문헌의 대부분은 언어 습득 및 지적 추구와 관련되어 있다. 그러나 놀이치료자는 어떻게 이러한 정보가 아동을 정서적으로 돕는 전문 분야와 연관 지을 수 있는지에 관련하여 확고한 호기심을 보여 왔다. Hirsh-Pasek과 Golinkoff(2003)는 교육적 초점을 두뇌 발달에 두는 것을 '과대 광고'라고 지칭하며, 성인이 아동의 "지능과 능력을 만드는"(p. 18) 책임이 있다는, 혹은 "더 좋은 두뇌를 만들기 위한 매뉴얼을 제공한다는 과학적 연구"(p. 19)와 같은 신화를 철폐시켰다. 그들은 생애 초기 몇 달 그리고 몇 년 동안에 아동의 두뇌 시냅시스, 즉 두뇌 내부의 소통을 위한 연결 장치들이 점화될 때마다 두뇌의 항구적 회로망에 영향을 미치면서 더욱 견고해지고 탄성을 갖게 된다고 설명한다. 하지만 연구 결과들은 발달 과정 내내 두뇌가 새로운 시냅시스를 생산하고 오래된 시냅시스를 강화하며 사용되지 않는 것은 제거한다는 것을 보여 준다. 두뇌 연구자들 사이의 일치된 연구 결과는 두뇌가 일생 동안 성장하며 변화한다는 것이다.

놀이치료자에게 도움이 되는 예로서 Sprenger(2008)는 두뇌 발달에 영향을 미치는 두 가지 유형의 학습을 보여 주었다. 첫 번째는 기대 경험으로 두뇌 내부의 환경이 아동이 배울 수 있도록 존재할 것이라는 가정이다. "두뇌 안의 신경망들은 나타나게 될 특정한 자극으로부터 형성될 것으로 기대된다."(p. 16) 두뇌는 본래 성장하게 되어 있다. 두 번째 학습 방법은 의존적 경험으로 이것은 두뇌가 환경에 기초한 특정 유형의 경험에 노출되었을 때 발생된다. 경험에 기초하여 두뇌는 변화할 것이며 일정 수준의 가소성을 나타낼 것이다. 이러한 학습 유형은 가정, 학교 및 다른 환경에 의해 제공된다. 성격, 기질 및 정서적 반응을 포함하는 정서적 두뇌 구조가 생애 첫 24개월 동안 확립된다 할지라도, 전두엽을 통한 정서의 조절은 훨씬 이후에 일어난다. Sprenger는 두뇌 연구를 살펴볼 때 정서적 발달은 아동기와 성인기 내내 지속된다고 결론 내렸다.

임상적 함의

이 장을 살펴볼 때 놀이치료자는 정보의 폭과 깊이가 임상의 적용 가능성에 있어서 제한되어 있다고 결론지을 수도 있을 것이다. 결국 이 장은 인간 성장과 발달에 대한 여러 요소에 집중하는 이론들의 다양성을 종합하려는 시도였다. 그러나 필자의 의도는 숙련된 놀이치료자는 역사적이고 최근의 발달 이론을 각각의 독특한 아동을 개념화할 때 통합하여 사용하는 것을 습득하는 것에 있다. 다음은 이 장을 활용하는 몇 가지 방법을 추천한 것이다.

1. 아동과의 접수 면접을 수행하기 전에 이 장에서 다루어진 연령과 그에 해당되는 단계를 검토하라(표 2.2 참조). 전형적으로 이 연령의 아동이 어떠한지 도표를 그려 보라. 예를 들어, 4세는 행동을 위한 행동을 시작하고(Erikson), 활기찬 에너지를 드러내며(Gesell), 자기 성적 쾌락에 관심을 보이고(성적 발달), 상징을 통해 소통하고 마술적 사고에 관여하며(피아제), 타인에 대한 관심을 거의 두지 않고 충동적으로 행동하고(Loevinger), 환상놀이에 참여하고 언어를 습득하며(Greenspan), 자신의 문화적/인종적 환경을 인식한다면 지배적 문화의 가치 체계를 받아들인다(Sue & Sue).

2. 부모의 기대와 관련하여 부모를 교육할 때 이 도표를 사용하라.

3. 이 도표를 정상 집단의 발달을 묘사한 맥락 내에서 해당 아동의 독특성을 비교하기 위한 평가로 사용하라.

4. 첫 부모 상담에서 부모와 함께 주요한 발달적 지표를 검토하라. 특히 놀이치료자는 아동의 출생, 초기 기질, 걷기, 말하기, 배변훈련, 그리고 언어 습득에 대해 알고 있어야 한다.

5. 일단 놀이치료자와 아동의 관계가 시작되면 발달의 연속선상에서 아동의 특성을 평가하라. 아동이 나타내는 특성은 무엇이며 또한 그것은 연대기적으로 다양한 발달 이론들에 어떻게 연결되는가? 이 과정은 위의 항목 1번에 제안된 과정의 역순이다. 따라서 아동을 각 이론의 다양한 단계들에 배치해 볼 수 있을 것이다.

6. 놀이 회기 동안 아동의 놀이와 예상된 발달 단계 사이의 연결에 주목하라. 그것은 어떻게 일치하는가? 그리고 그것은 어떻게 다른가?

7. 놀이치료에서의 진보를 결정하는 것에 도움이 되도록 발달학적인 표시를 사용하라. 인지적 조작, 정서적 표현, 그리고 행동의 변화에 주목하라.

표 2.2 발달 이론 차트

심리사회적 정체성 (Erikson)	성숙 발달 (Gesell)	성격 발달 (Schepp)	인지발달 (피아제)	자아발달 (Loevinger)	정서발달 (Greenspan)	연령 (근사치)	인종/문화정체성 (Sue & Sue)
신뢰 대 불신	순조로운, 통합적	영아기	감각운동기	공생적	생애 첫 5년	~2	연령 해당 없음
	단절됨(2,5)					2.5	
자율성 대 수치와 의심	균형잡힌, 안정된	유년기	전조작기	충동적		3.5	일치
	내심화					3	
주도성 대 죄책감	활기찬, 무엇이든 해보려고 하는, 자신감 있는					4	불일치
	내심화-외심화, 신경증이					4.5	
	순조로운, 통합적			자기-보호적	세상은 나의 것이다	5	저항과 몰입
	단절됨					5.5	
	균형잡힌, 안정된					6	자기성찰
						6.5	

(계속)

표 2.2 발달 이론 차트(계속)

심리사회적 정체성 (Erikson)	성숙 발달 (Gesell)	성격 발달 (Schepp)	인지발달 (피아제)	자아발달 (Loevinger)	정서발달 (Greenspan)	연령 (근사치)	인종/문화정체성 (Sue & Sue)
근면성 대 열등감	내심화		구체적 조작기			7	통합적 인식
	활기찬, 무엇이든 해보려고 하는, 자신감 있는				세상은 다른 아이들이다	8	
	내심화-외심화, 신경증의			순응적		9	
	순조로운, 통합적	사춘기	형식적 조작기		내 안의 세계	10	
	단절된					11	
	균형잡힌, 안정된					12	

참고문헌

Bowlby, J. (1982). *Attachment and loss: Attachment* (Vol. 1). New York: Perseus.

Burman, E. (2008). *Deconstructing developmental psychology* (2nd ed.). London: Routledge.

Elkind, D. (2007). *The hurried child: Growing up too fast too soon* (3rd ed.). Cambridge, MA: Perseus.

Erikson, E. (1963). *Childhood and society*. New York: Norton.

Fowler, J. (1981). *Stages of faith: The psychology of human development and the quest for meaning*. San Francisco: Harper & Row.

Freud, S. (1949). *An outline of psychoanalysis*. New York: Norton.

Gilligan, C. (1982). *In a different voice: Psychological theory and women's development*. Cambridge, MA: Harvard University Press.

Greenspan, S. (1993). *Playground politics: Understanding the emotional life of your school-age child*. Reading, MA: Addison-Wesley.

Greenspan, S. (1997). *The growth of the mind: And the endangered origins of intelligence*. Reading, MA: Perseus.

Hayes, R., & Aubrey, R. (1988). *New directions for counseling and human development*. Denver, CO: Love Publishing Company.

Hirsh-Pasek, K., & Golinkoff, R. (2003). *Einstein never used flash cards: How our children really learn and why they need to play more and memorize less*. Emmaus, PA: Rodale.

Ilg, F., Ames, L., & Baker, S. (1981). *Child behavior: The classic child care manual from the Gesell Institute of Human Development*. New York: HarperPerennial.

Ivey, A. (2000). *Developmental therapy: Theory into practice*. Sunapee, NH: Author.

Kirshner, L. (1988). Implications of Loevinger's theory of ego development for time-limited psychotherapy. *Psychotherapy, 25*, 220–226.

Kohlberg, L. (1981). *The philosophy of moral development: Moral stages and the idea of justice*. San Francisco: Harper & Row.

Landreth, G. (2002). *Play therapy: The art of the relationship*. New York: Routledge.

Loevinger, J. (1976). *Ego development*. San Francisco: Jossey-Bass Publishers.

Piaget, J. (1932/1965). *The moral judgment of the child*. New York: Free Press.

Ray, D. (2008). Impact of play therapy on parent-child relationship stress at a mental health training setting. *British Journal of Guidance & Counselling, 36*, 165–187.

Schepp, K. (1986). *Sexuality counseling: A training program*. Muncie, IN: Accelerated Development.

Sprenger, M. (2008). *The developing brain: Birth to age eight*. Thousand Oaks, CA: Corwin Press.

Sue, D., & Sue, D. (2003). *Counseling the culturally diverse: Theory and practice* (4th ed.). New York: Wiley.

Super, D.E. (1963). A theory of vocational development. *American Psychologist, 8*, 185–190.

Vygotsky, L. (1966). Play and its role in the mental development of the child. *Voprosy Psikhologii, 12*, 6–18.

Weis, D. (1998). Interpersonal heterosexual behaviors. In P. Koch & D. Weis (Eds.), *Sexuality in America: Understanding our sexual values and behavior* (pp.

91–105). New York: Continuum.

Wood, C. (2007). *Yardsticks: Children in the classroom ages 4–14* (3rd ed.). Turners Falls, MA: Northeast Foundation for Children.

Young-Eisendrath, P. (1988). Making use of human development theories in counseling. In R. Hayes & R. Aubrey (Eds.), *New directions for counseling and human development* (pp. 66–84). Denver, CO: Love Publishing Company.

Chapter 03

아동 상담 철학 : 아동중심 접근

이 장은 치료가 '무엇'인가에 대한 것이 아닌 '어떻게'에 초점을 맞추고 있기 때문에 건너뛰는 것이 쉬울 수도 있다. 오늘날의 심리치료 훈련은 치료자가 치료에서 무엇을 하는지를 명쾌하게 제시하는 기술적 기법을 강조하려는 경향이 있다. 특히 초보 치료자는 상담을 할 때 자신의 역할에 대한 지도 방향을 제공해 줄 기술에 매력을 느낄 수 있다. 그럼에도 불구하고 이 장은 변화를 촉진하는 데 필수적인 요소들을 논의함으로써 놀이치료가 어떻게 효과적인 작용을 하는지를 탐색할 것이다. 여기서 필수 요소란 언어나 기술을 뜻하는 것이 아니라 아동과 놀이치료자가 함께 작업함으로써 변화에 영향을 주는, 오히려 덜 유형적이고 측정하기도 쉽지 않은 역동(dynamics)을 의미한다. 또한 이 장을 사소한 내용으로 여겨 훑어보거나 건너뛰게 되는 두 번째 원인은 필자가 발달과 변화에 관련된 인간중심 이론들에 대해 장황하게 설명할 것이기 때문이다. Carl Rogers의 접근법은 대부분의 초보자용 상담 및 치료 프로그램의 중심 주제이기 때문에 많은 독자들은 이 장에 수록된 정보들이 이전에 배웠던 내용을 불필요하게 반복하는 것이라 추측할 수도 있을 것이다. 그러나 여기까지 읽어 온 독자에게 필자는 이 장을 끝까지 읽어 보라고 권하고 싶다. 필자의 목표는 아동치료와 인간중심 이론 사이의 적합함에 대한 새로운 인식을 제공하는 것이다.

필자의 경험상 초보 혹은 다소 경험이 있는 놀이치료자도 놀이치료에서 일어나는 변화의 과정을 설명하는 데 어려움을 나타낸다. 이러한 이유로 아동의 부모 및 다른 의사결정권자들은 이해에 한계가 오면 치료 과정에 대한 자신감을 잃게 된다. 더구나 놀이치료자가 효과적인 상담과 관련된 역동을 파악하지 못하면 좀처럼 아동의 성장을 촉진시킬 수 없게 된다. 필자가 부모 상담을 슈퍼비전하였을 때 놀이치료자가 놀이치료를 다음과 같이 설명하는 것을 목격하였다.

우리는 여기서 놀이치료를 합니다. 놀이치료실에서 저는 당신의 자녀가 노는 것을 관찰할 것입니다. 왜냐하면 놀이는 아동의 언어이기 때문입니다. 당신의 자녀가 무엇을 하든지 간에 저는 당신의 자녀가 말하는 것이나 행동하는 것을 반영합니다. 당신의 자녀는 다양한 방법으로 자신을 표현하는 것을 배울 것입니다.

이 설명을 들었을 때 필자는 놀이치료자가 자신 및 아동의 역할뿐 아니라 관계의 역할에 대한 지식까지도 부족하다는 사실에 당혹감을 감출 수 없었다. 또한 필자가 예상했던 대로 부모의 반응도 다음과 같았다. "그렇다면 당신은 내 아이가 노는 동안 거기에 앉아 있을 뿐이겠네요. 그게 어떻게 도움이 된다는 거죠?" 치료자는 더듬거리면서 아동이 스스로를 완전히 표현한 이후에는 기분이 좋아질 것이라고 설명을 하는 부적절한 답변을 했다. 치료에 대한 부모의 절박한 심정을 보여 주는 한 가지 증거는 이러한 경험을 했던 부모도 자신의 자녀를 다시 치료에 보낸다는 사실이다. 다행스럽게도 필자는 그 놀이치료자와 이론적 기초 보강 작업을 할 수 있었고, 그녀는 부모와 더 잘 소통하게 되어 놀이치료가 무엇인지에 대해 전달하는 효과도 증진시키는 모습을 보였다.

내담자를 치료할 때 분명한 이론적 근거를 가지고 작업하는 것은 상담자들에게 "지금까지의 일생을 볼 때 어떻게 개인이 선천적으로 타고나고 또 발달했는지에 대한 설명, 즉 한 개인이 어떻게 오늘의 그 사람이 되었는지에 대한 설명"을 제공한다(Fall, Holden, & Marquis, 2010, p. 2). 뿐만 아니라 종합적인 이론은 사람들이 직면한 문제에 대한 설명, 역동에 관한 묘사 혹은 변화를 위한 조건들을 제공한다. 이론이 가진 이러한 혜택은 아동을 상담할 때도 적용된다. 포괄적인 이론은 아동을 상담할 때 아동 발달에 대해 설명할 수 있음으로써 특히 유용한 것이 된다. Rogers는 자신의 1951년 저서인 내담자중심 치료(*Client-Centered Therapy*)에서 19가지 명제를 소개했다. 이때 그는 인간 발달(아동 발달을 포함하여)에 대한 틀을 제공하였을 뿐만 아니라 삶의 문제에 대한 인간의 반응과 인간의 변화가 어떻게 일어나는지에 대한 가설을 제공하였다. 놀이치료자가 다음의 19가지 명제를 익히는 것은 놀이치료를 효과적으로 실행하고 적용하는 데 필수적이다(Rogers, 1951, pp. 481-533).

명제 1. 모든 개인은 자신을 중심으로 계속해서 변화하는 경험의 세계 안에 존재한다.

명제 2. 유기체는 경험되고 지각되는 대로 그 장(field)에 반응한다. 개인에게 있어서 이러한 지각의 장(perceptual field)은 곧 '현실'이다.

명제 3. 유기체는 이러한 현상학적인 장(phenomenal field)에 조직화된 전체로서 반응한다.

명제 4. 유기체는 경험하는 유기체를 실현하고, 유지하며 향상하고자 하는 하나의 기본적인 경향성과 추구를 가지고 있다.

명제 5. 행동은 기본적으로 지각된 장에서 경험된 욕구를 만족시키고자 하는 유기체의 목표지향적인 시도이다.

명제 6. 정서는 일반적으로 목적지향적 행동과 동반되거나 촉진된다. 즉 정서는 행동을 완료한 관점에 비해 추구와 관련있는 정서적 상태 유형이나 유기체의 유지와 향상을 위해 중요하게 인식된 행동과 관련된 정서적 상태의 강도로 나타난다.

명제 8. 선체적인 지각의 장의 일부는 점차적으로 자기(self)로 분화된다.

명제 9. 환경과의 상호작용의 결과로서, 그리고 특히 다른 사람과의 평가적 상호작용의 결과로서, 자기의 구조는 조직화되고 유동적으로 형성된다. 그러나 '나(I)' 혹은 '나를(me)'의 특성들과 관계들을 지각하는 일관적인 개념적 패턴은 이러한 개념에 부여된 가치와 함께한다.

명제 10. 경험에 부여되어 자기 구조의 일부가 된 가치들은 어떤 경우에는 유기체에 의해 직접적으로 경험된 가치들이다. 그러나 어떤 경우에는 다른 사람으로부터 내사되었거나 전수받은 가치들인데 이는 마치 직접적으로 경험한 것처럼 왜곡된 방식으로 지각된 가치들에 해당된다.

명제 11. 개인의 삶에서 경험이 발생될 때 그러한 경험은 (1) 자기와의 어떤 관계로 상 징화되고 지각되고 그리고 조직화된다. 또는 (2) 자기-구조와의 관계로 지각 되지 않았기 때문에 무시된다. 또는 (3) 그 경험이 자기의 구조와 일치하지 않 기 때문에 상징화가 부인되거나 왜곡된 상징화가 주어진다.

명제 12. 대부분 유기체에 의해 채택된 행동 방식은 자기의 개념과 일치하는 것들이다.

명제 13. 행동은 어떤 경우에는 상징화되지 않은 유기체적 경험과 욕구에 의해 발생될 수 있다. 그러한 행동은 자기의 구조와 일치하지 않을 수도 있지만, 그러한 경 우 행동은 개인에게 소유되지 않는다.

명제 14. 심리적 부적응은 유기체가 중요한 감각적·감정적 경험에 대한 인식을 부인 할 때 발생한다. 이것은 결과적으로 자기-구조의 게슈탈트로 상징화·조직화 되지 않는다. 이러한 상황은 잠재적으로 심리적 긴장의 기초가 된다.

명제 15. 심리적 적응은 자기 개념이 유기체의 모든 감각적·감정적 경험이 되거나 혹 은 유기체의 모든 감각적·감정적 경험이 상징적 수준에서 자기 개념과 일관 된 관계로 동화될 때이다.

명제 16. 자기의 조직화 혹은 구조와 일관되지 않는 어떤 경험도 위협으로 지각될 수도 있다. 또한 이러한 지각이 많을수록, 자기-구조는 스스로를 유지하기 위해 더 욱 경직되어 조직화된다.

명제 17. 어떤 조건에서는, 자기-구조에 어떤 위협도 없는 경우를 포함해서, 자기-구 조와 일관되지 않는 경험은 지각되고 점검될 수 있다. 그리고 자기 구조는 그 러한 경험을 동화하고 포함하기 위해 수정된다.

명제 18. 개인이 자신의 모든 감각적이고 감정적인 경험을 지각하고 그것들을 하나의 일관적이고 통합된 체계로 수용할 때, 그는 필연적으로 타인을 분리된 개인으 로 보다 더 잘 이해하고 수용하게 된다.

명제 19. 개인이 점점 유기체적 경험을 자기 구조에 지각하고 수용함에 따라, 그는 주 로 왜곡되어 상징화된 내사에 근거된 자기의 현재 가치체계를 지속적인 유기 체적 가치 과정으로 대체하고 있는 것을 발견한다.

성격 발달의 기초에서는 유기체의 현상학적 특성에 대한 신념은 필수적인 것이다.

명제 1과 2는 각 개인은 지각된 경험의 장의 중심이고 경험에 대한 지각은 개인에게 있어서 현실임을 강조한다. 명제 3과 4는 모두 유기체적이면서 전체적인 것으로서의 인간의 반응, 그러나 또한 유기체의 향상을 추구하고 이를 향해 전진하는 인간의 반응을 강조한다. 명제 5~7은 행동과 감정의 역할에 대해 묘사되는데, 이때 행동은 지각된 욕구에 의존하는 동반된 감정을 가진 유기체를 유지하려는 시도로 설명한다. 그렇지만 행동을 이해하는 유일한 방법은 개인의 현상학적 세계를 이해하는 것이다. 명제 8~13은 현상학적 장으로부터 구분되지만 여전히 그것에 의해 크게 영향을 받는 자기-구조의 발달을 설명한다. 자기는 발달에서 중요한 의미를 지니는 타인과의 지각된 상호작용을 통해서 발달한다. 만약 사람이 '사랑은 특정 조건하에서만 다른 사람에 의해 주어지는 것'이라고 지각한다면, 자기는 그러한 조건['가치의 조건화(conditions of worth)'라 칭함]에 근거한 가치관을 만들어 낼 것이다. 차후의 경험은 그러면 발달된 자기의 맥락에서 지각되고, 그 경험의 지각과 그것의 자기 구성과의 관계를 기초로 한 기능에 기여할 수도 있고, 그렇지 않을 수도 있다. 개인이 인식을 하든지 혹은 하지 않든지 간에 행동은 직접적으로 자기관에 일치한다. 명제 14~16은 경험을 자기 구성으로 통합하는 개인의 능력 혹은 무능력을 기초로 하여 적응 및 부적응의 발달을 다루고 있다. 이러한 경험, 즉 통합되지 않은 경험은 자기에 대한 위협으로 지각될 수 있다. 마지막으로 명제 17~19는 위협적이지 않은 환경이 주어졌을 때 개인이 비판단적 방식으로 이러한 경험들을 점검할 수 있고, 이것들을 존중하고 유기체의 본질적인 방향이 되는 자기-구조로 통합하며, 이런 이유로 타인과의 관계를 향상시킬 수 있는 길을 제시한다. 마지막 3개의 명제는 비록 치료실 외부에서도 동일한 과정이 일어날 수 있음에도 불구하고 치료적 환경의 촉진적 본성을 나타낸다.

　Rogers의 성격 발달과 행동에 대한 이론은 '고상한(elegant)'(Wilkins, 2010) 것으로 묘사되었는데, *New Oxford American Dictionary*는 이 단어를 "기분좋게 기발하고 단순한" 것이라 정의한다. 인간 조건을 관찰하고 연구하며 설명하는 Rogers의 능력은 인상적이다. 그러나 어떻게 이 이론이 구체적으로 아동에게 적용될 수 있는가? 아동 발달은 자기-구조의 발달, 가치 조건의 지각, 그리고 자기의 구성을 동반하는 행동과 감정을 통해 설명되었다. 다음의 시나리오를 고려해 보자.

이튼과 마이클은 형제로, 5세와 7세이다. 마이클은 이튼의 방에서 장난감 자동차를 훔쳤다. 왜냐하면 이튼이 전날 자신의 장난감 자동차 중 하나를 부수었기 때문이다. 이튼은 자동차를 돌려달라고 요구했다. 마이클은 자동차를 가지고 있지 않다고 하였다. 이튼은 큰 소리로 소리를 지르며 요구하였다. 마이클도 소리를 질렀고, 이튼을 "멍청한 바보"라고 불렀다. 이튼은 마이클을 주먹으로 때렸고 싸움이 일어났다. 어머니는 두 아들 사이에 끼어들어 재빨리 싸움을 말렸다. 그녀는 "그만 싸워, 너희는 형제잖아. 싸우면 안 돼."라고 소리를 질렀다. 그들은 곧 어머니에게 자신의 입장을 외쳐 대면서 다시 다투기 시작했다. 힘든 하루의 일정을 보낸 어머니는 울기 시작했고, "너희들은 형제니까 서로 사랑해야 해. 그러니 당장 서로에게 사랑한다고 말해."라고 했다. 그러나 두 아들은 모두 화가 나 있었고 서로 어떤 말도 하려 하지 않았다. 어머니는 말했다. "마이클, 동생에게 당장 잘못했고 사랑한다고 말하렴." 마이클은 어머니가 화가 난 것을 알고 순응했다. 하지만 이튼은 거절했다. 어머니는 화가 나서 "너의 형에게 사랑한다고 말하지 않으면 비디오 게임은 이번 주에 못하게 할 거야."라고 하였다. 그러자 이튼은 화가 난 목소리로 웅얼거리며 말했다. "내가 잘못했어. 사랑해."

이 시나리오는 전 세계에 걸쳐 매일 일어나며 아마도 인간중심 발달 이론에서는 유순한 예로 보일 수도 있다. 하지만 자세하게 살펴보면 역동이 작용하고 있음을 발견한다. 두 아들은 모두 '잘못되었다'는 느낌에 대한 유기체적 반응을 경험하고 있다. 이들은 모두 화가 났다. 이들은 자기가 침범당했다는 이러한 자기감을 행동으로 나타냈다. 어머니가 이 상황에 개입했을 때 두 아들은 모두 유기체적 가치화 과정(organismic valuing process)과 접촉하고 있었다. 즉 서로를 향한 자신들의 분노를 완전히 표현함으로써 말이다. 그리고 곧 두 아들의 표현은 용납되지 않는다고 들었다. 게다가 각자 두 아들은 어머니가 표현한 두 가지의 다른 가치 조건을 인식한다. 마이클은 자신의 어머니가 감정적으로 화가 났다는 것을 깨닫자 순응한다. 그는 자신의 분노의 표현이 자신의 어머니를 불행하게 이끌 수 있다라는 사실을 인식하고 어머니의 요구에 순응함으로써 "내가 분노를 표현하지 않는다면 어머니는 나를 더 많이 사랑할 것이고 행복해질 것"이라고 지각된 가치 조건을 굳힌다. 형과는 다른 자기 구성을 가진 이튼은 분노를 표현하면 자신이 원하는 것을 얻을 수 없게 된다는 것을 인식하고, 다른 목적을 달성하기 위해 자신의 감정을 기꺼이 부인한다. 이튼은 자신이 분노를 표현하지 않을 때 원하는 것을 얻을 수 있다는 어머니의 투사된 가치(introjected value)를 받아들인다. 두 소년 모두 자신의 분노를 적절히 표현해서 관계를 증진할 뿐 아니라 유기체적 가치화 과정의 표현으로 이끄는 방법으로 자신을 통합해 보는 기회를 갖지 못했다. 이것이 부적응을 야기할 만한 큰 사건은 아니라 할지라도 중요한 사람들 간의 지속되는 이와 유사한 상호작용은 유기체적 경험을 부인함으로써 자기의 발달에 지장을 줄 수 있다.

다음 단락에서 필자는 명제 19개 중에서 2개의 아동 발달 사례를 소개할 것이다. 이것이 매일의 치료 현장에서 사례를 개념화하는 데 사용되는 이론적 예시가 되길 바란다.

엘리자베스

엘리자베스는 차녀로 태어났다. 그녀의 부모는 오랫동안 불행한 결혼 생활을 해왔다. 부모는 직장에서 많은 일을 했다. 엘리자베스의 언니는 활달하고 다정하였지만 때로는 매우 고집스러웠다. 또한 요구하는 것이 많고 요구가 관철되지 않을 때는 막무가내로 떼를 쓰곤 하였다. 부모가 집에 있을 때(자주 있는 일이 아니었다.) 부부는 언니의 행동 때문에 엘리자베스의 언니와 싸우게 되고 부부 사이에서도 서로 격렬하게 다투었다. 엘리자베스는 부모가 언니의 행동으로 인해 화를 내는 모습을 종종 보았기 때문에 부모님이 언니를 덜 사랑하는 것이라고 지각하였다. 즉 언니가 그러한 행동을 보인다면 부모는 그녀를 덜 사랑하게 되는 것이라고 인식한 것이다. 언니와는 반대로 엘리자베스는 아주 어렸을 때부터 웃음을 띠는 행복한 아이였고 어떤 문제행동도 일으키지 않았다. 만약 실수를 하거나 사고를 치면 엘리자베스는 부모가 알아채지 못하도록 재빨리 감추려 노력했다. 엘리자베스는 학교에 입학하면서부터 기대 이상의 성적을 거두었고 학교에서 주는 모든 외적 보상을 가능한 얻으려고 노력했다. 그 성취로 부모님은 엘리자베스를 칭찬했고 언니와 비교하곤 하였다. 언니의 억울함으로 인해 엘리자베스는 언니와의 관계가 악화되었고, 엘리자베스의 고립감은 커졌다. 9세가 되었을 때 엘리자베스는 늘 과식을 했고 체중에 문제가 생겼다. 게다가 그녀는 습관적으로 피가 날 때까지 손톱을 물어뜯었고 머리카락을 심하게 뽑았다. 하지만 엘리자베스의 부모는 그녀의 이러한 행동 중 어떤 것도 눈치채지 못했다. 왜냐하면 엘리자베스가 학교 생활 뿐 아니라 다른 활동을 성공적으로 해냈기 때문이다.

이론적 설명

19개의 명제를 통해 엘리자베스를 이해해 보자. 엘리자베스의 자신의 존재에 대한 첫 번째 이해는 그녀의 언니와 부모 간 상호작용의 관찰을 통해서 인식되었고, 이것은 그녀의 경험(명제 1)과 간접적인 경험(명제 10)의 중심이 되는 것에서 유래하는 지각이었다. 그녀는 곧 사랑이란 부모를 더욱 기분 좋게 만드는 태도로 행동하는 능력에 근거하여 조건부로 주어지는 것이라고 인식했다(명제 9). 하지만 부모를 기쁘게 하려는 그녀의 시도는 완벽해지려는 시도로 나타났고 이것은 그녀가 갈망하던 사랑의 성취를 충족시켰지만 인간으로서 불완전한 현실이 제시된 조건을 충족시킬 수 없었고 (명제 14), 이는 엄청난 불안을 야기하게 된다. 성취와 성공에 대한 그녀의 초점은 자신의 자기관을 지지하기 위한 선택된 행동이었다. 그녀의 과식, 손톱 깨물기, 발모벽 (trichotillomania) 등의 행동은 인식이 부인되었던 그녀의 불일치적 정서 안에 내재된 위협을 감소시키려는 시도였다.

조지

조지는 약물 중독인 어머니에게서 태어났고 아버지는 알지 못했다. 아기 때 조지는 홀로 남겨져 있거나 낯선 사람들과 있었다. 그는 일상적으로 무시당했고 자주 오랜 기간의 굶주림, 불결, 접촉이 없는 상태를 겪었다. 그는 네 살 때 사회복지기관에 의해 영구히 어머니와 떨어지게 되었다. 그는 사랑이 많고 양육적이며 친절한 양부모 가정에 정착했다. 그러나 조지는 자신이 원하는 대로 하지 못하면 아주 심하게 떼를 썼다. 이렇게 떼를 쓰는 동안 자신이나 양부모 중 한 사람은 다치기 일쑤였다. 다섯 살이 되자 그는 자살하겠다고 위협하기 시작했고, 자신의 방에 칼을 숨겨 놓기도 했다. 양부모는 자신들이 상당히 양육적이고 비공격적인 훈육으로 일관하여도 그의 행동이 악화되는 것에 대해 혼란스러워했다.

이론적 근거

19개의 명제를 통해 조지를 이해하는 것은 원초적 양식으로 의사소통하는 그의 연령과 행동으로 인해 더욱 도전적인 일이기는 하나, 다음과 같이 설명할 수 있을 것이다. 조지는 영아기 초기에 유기체적 욕구가 그의 환경에 일치하지 않는다는 것을 배우게 되었다. 그의 기본적인 생리적 욕구는 충족되지 못하였고, 유기체는 총체적이라는 이유로 인하여 자신이 중요하지 않고 쓸모없다는 생리적이고 심리적인 경험을 전적으로 겪었다(명제 3). 그렇지만 한 인간으로서 생존하여 자기감을 발달시켰다(명제 4). 그의 지각 세계 속에서 자기는 자신이 가치가 없다고 하는 신뢰할 수 없는 관계의 맥락에서 발달되었다(명제 8과 9). 그의 세계에서 살아남을 수 있었던 유일한 자기는 필요한 모든 수단을 통해서 자신의 욕구가 충족되기를 요구하는 자기뿐이었다. 어떤 것을 더 필요로 하거나 더 원했을 때 그는 필요 혹은 욕구가 충족되도록 하기 위해 더욱 화를 내거나(명제 5) 더 충격적으로 행동했다(명제 6). 조지가 다른 환경을 제공받았을 때, 즉 극단적인 행동 없이도 기본적인 필요가 충족될 수 있었던 때 그는 스스로가 이러한 경험에 자기 자신이 취약하게 되는 것을 허용할 수 없었다(명제 14). 양부모가 더 많은 양육을 제공할수록 그는 더욱 자신의 자기감에 일치하는 방식으로 행동했으므로 새로운 경험을 통합할 수 없었다(명제 16). 19개의 명제의 관점에서 조지를 상담하는 것의 도전적인 측면은 그가 완전하게 기능하는 자기감으로 나아가기 위해서 부적응적인 자기감의 탐색을 시작할 수 있는 비위협적인 환경을 어떻게 제공할 것인가에 대한 것이다.

엘리자베스와 조지의 사례에서 발달은 19개의 명제 중 마지막 세 가지 명제인 명제 17~19를 통해서 개념화된다. 조지와 엘리자베스 모두는 자신과 자신의 환경 사이의 불일치에 직면하고 있다. 엘리자베스의 사례에서 그녀의 불일치는 자기중심적(self-focused)인 것인데, 즉 그녀가 높은 성취를 거둘 경우에 한해 스스로가 가치가 있다고 여기지만, 본질적으로 부모의 사랑을 유지하기 위해 그토록 높은 비율로 성취를 지속할 수는 없다는 것을 알고 있다는 것이다. 조지의 사례에서 그는 살아남기 위해서 욕구를 요구해야만 하는 경직된 자기 의식을 발달시켰지만, 완전히 다른 환경에 직면하자 자신의 자기-구조와 새로운 양육적 환경 사이의 불일치를 경험한다. 그의 경우 부모가 없어진다는 위협이 너무 컸기에 극단적 감정과 파괴적인 행동을 동반한 경직된 자기감에 대한 집착은 비록 그가 의식적으로 선택한 것은 아니었음에도 불구하고 보다 안전한 선택이었다. 아동중심 놀이치료(CCPT)는 명제 17하에 운영된다. 즉 치료자에 의해 인식된 모든 위협이 제거되고 아동이 그것을 경험할 것으로 기대되는 환경을 제공한다는 것이다. 그리고 명제 18과 19에 의하면 놀이를 통해서 아동이 긍정적으로 존중되는 관계 안에서 자기와 이상적 자기 혹은 환경 사이의 불일치에 대한 감정과 생각들을 행동으로 나타낼 수 있을 것이다. 자기와 일치성에 대한 이러한 탐색 속에서 아동은 다른 사람의 행동을 수용하기 시작할 것이고(예 : 양부모의 양육에 대한 수용) 전적인 기능의 발달을 위해 자기의 본성적 유기체를 인식으로 통합할 것이다(예 : 성취를 제외한 엘리자베스의 가치 수용).

변화를 위한 필요 및 충분 조건

19개의 명제는 아동 발달과 이와 동반되는 구성, 행동, 그리고 정서를 개념화하는 로드맵을 제공한다. 아동중심 놀이치료의 실행은 특히 명제 17과 관련되는데, 자기-구조에 대한 위협의 제거는 개인이 자기와 일치되거나 일치되지 않는 경험을 탐색할 수 있도록 하고, 이러한 경험은 통합되고 수정된 자기로 동화될 수 있다는 가설을 설정한다. 위협을 제거하는 것은 치료자가 내담자의 자율성에 대한 권리를 인정하고 내담자의 건설적인 본성을 신뢰하는 비지시적인 인간중심 핵심 개념의 기초가 된다(Wilkins, 2010). 비지시성은 일련의 수동적 행동이 아니라 내담자의 치료적 목적이나 치료적 내용을 지시하지 않으면서 내담자의 자기 충족을 촉진하는 태도로 정의된다. 명제 17에서 Rogers(1951)는 특별히 '어떤 조건하에서'라는 단어를 사용하였는데(p. 532), 이것은 먼저 자기-구조에 대한 위협을 제거하는 것의 선구자 격으로 비지시적 치료의 성격을 정의하는 것을 뜻한다. Rogers(1957)에 따르면 어떤 조건은 건설적인 성격 변화가 일어나기 위해 필수적인 것으로 다음과 같이 정의된다.

> 임상가들이 동의하는 방향 내에서 표면과 심층의 모든 수준을 포함하는 개인의 성격 구조에서의 변화란 보다 큰 통합과 감소된 내적 갈등, 그리고 효과적인 삶을 위해 활용 가능한 증가된 에너지를 의미한다(p. 95).

치료를 위한 목적으로서 위의 정의는 현재에도 여전히 CCPT에서 사실로 여겨진다.

Rogers(1957)는 치료적 변화를 위한 6개의 필요충분 조건을 도입할 때 이 조건을 확인하였다.

1. 두 사람이 심리적 접촉을 하고 있다.
2. 우리가 내담자라 부를 첫 번째 사람은 취약하거나 불안한 불일치의 상태에 있다.
3. 우리가 치료자라 부를 두 번째 사람은 관계 안에서 통합되고 일치된 상태에 있다.
4. 치료자는 내담자에 대한 무조건적인 긍정적 존중을 경험한다.
5. 치료자는 내담자의 내적 준거 틀에 대한 공감적 이해를 경험하고, 이러한 경험을 내담자에게 소통하기 위해 노력한다.
6 치료자의 공감적 이해와 무조건적 긍정적 존중을 내담자에게 소통하는 것이 최소한이라도 성취된다.

Wilkins(2010)는 여섯 가지 필요충분 조건과 관련된 인간중심 이론의 두 가지 잘못된 가정을 지적한다. 가장 널리 알려진 첫 번째 잘못된 가정은 일반적으로 알려지고 보통 핵심 조건이라고 언급된 공감, 일치성, 그리고 무조건적 긍정적 존중, 이렇게 단지 세 가지 조건만이 있을 뿐이라는 것이다. Rogers를 비롯한 이후의 인간중심 이론가들은 변화가 나타나기 위해서는 여섯 가지 조건 모두가 반드시 있어야 한다는 점을 분명하게 하였다. 둘째, 변화는 이론적 배경과 관계 없이 여섯 가지 조건이 있을 때 일어날 것이다. 비록 필요함에도 불구하고 그 조건은 반드시 인간중심 치료자들의 치료에 국한될 필요는 없다. Rogers는 조건을 소개하면서 사실상 교차-이론적 성격인 메타-조건을 분류하여 보여 줌으로써 어떠한 치료적 접근에도 적용할 수 있도록 하였다. 만약 조건이 충족되고 치료자의 스타일이 그러한 조건과 문제가 되지 않는다면, 효과적인 결과는 동일할 것이다.

이 조건은 성인과 상담할 때는 분명하게 나타나는 것으로 보인다. 아동과 치료를 할 때 이 조건을 적용하는 것은 추가적인 탐색이 필요하다. 첫 번째 조건에서 치료자와 아동은 심리적으로 접촉하고 있어야만 하고 혹은 보다 간단한 용어로 관계를 맺고 있어야 한다. 이러한 관계에서 치료자와 아동은 모두 서로의 인식 안에 있어야만 하는데, 이것은 다른 사람이 지각의 장으로 들어오는 것을 허용한다. 중요한 애착의 문제 혹은 다른 사회적 도전을 겪고 있는 아동, 즉 이러한 어려움을 가지고 관계를 맺는 유형은 아동의 반작용 행동 때문에 다른 사람을 지각의 장으로 들어오게 하는 것을 허용하지 않는다. 처음 접촉할 때의 가장 첫째 조건은 종종 해리나 정신적 결함을 경험하지 않은 어른과의 접촉이라고 추측하는데, 아동을 치료할 때는 매우 큰 도전이 된다. 게다가 치료자는 아동이 눈맞춤을 기피하고 치료자를 배제하며 격렬하게 놀이를 하는 경향이 있기 때문에 아동에 대한 평가가 제한될 수 있다. 아동에 대한 정밀한 평가는 아동의 비언어적 몸동작, 얼굴 표정, 그리고 아동과 치료자 사이의 상호작용에 충분히 반응할 수 있는 치료자의 능력에 따라 증진된다.

둘째로, 아동은 불일치의 상태에 있어야 하는데 이러한 불일치는 불안 혹은 취약함을 통해 드러날 수 있다. 이러한 조건을 평가하는 것은 놀이치료자에게는 특히 까다로운 것이다. 아동이 도움을 필요로 한다는 것은 가장 빈번히 성인에 의해 확인되는데, 이러한 성인 중 일부는 중요한 타인일 수도 있고 몇몇은 단순히 아동을 관찰하는 사람일 수도 있다. 아동에게 도움이 필요한지 아닌지에 대한 결정은 대부분 아동행동의 관찰을 통해서, 또한 문제적 정서를 표현하는 행동을 해석함으로써 이루어진다. 치료를 할 때 성인과 아동의 가장 중요한 차이는 치료를 필요로 하고 있는지에 대한 차이이다. 치료를 하러 오는 대부분의 성인은 불일치를 인식한다. 아마도 이러한 불일치는 삶에서 원하는 것을 얻지 못하거나 기능을 가로막는 장애물로 경험되는 것으로 나타난다. 대신 치료에 온 대부분의 아동은 자신에게 도움이 필요한지 의식적으로 인식하지 못하며, 몇몇은 정말로 도움이 필요한 것이 아닌데도 성인들에 의해 잘못 평가되기도 한다. 하지만 내담자, 즉 아동이 불일치의 상태에 있어야 한다는 조건은 여전히 존재한다. 다행스럽게도 이러한 조건은 일반적으로 아동의 문제행동을 나타내는 것을 통해 평가될 수 있다. 발달에 대한 Rogers의 원래의 설명에 따르면 행동은 직접적으로 자기-구조에 관련된다. 문제행동은 전형적으로 아동의 자기와 투사된 가치 사이의 불일치 혹은 아동의 자기-구조와 환경 사이의 불일치를 나타낸다. 대부분의 아동에게 있어서 물론 모두 다 적용되는 것은 아니지만, 문제행동은 아동에게 불일치 상태의 지표로서 사용된다. 다른 어떤 치료에서와 마찬가지로 사회적 기준과 비교하였을 때 부적절하게 행동하면서도 갈등을 전혀 느끼지 않는 아동이 있다. 이들에게 문제가 되는 의문스런 행동은 자신의 욕구를 충족하기 위해 노력하는 것이기 때문이다. 이러한 경우에 있어서 두 번째 조건은 충족되지 않았고 변화는 일어날 것 같지 않다. 아동 상담 시 갖는 큰 혜택은 Rogers가 불일치의 지표로서 사용한 '취약함(vulnerability)'이라는 용어에서 찾아볼 수 있다. 연령(혹은 연령의 부족) 때문에 대다수의 많은 아동이 관계 속에서 이러한 취약함의 느낌을 경험하게 되는데, 이는 이들이 여전히 상대적으로 관계적 대면/만남에 익숙하지 않기 때문이다. 결과적으로 비록 아동이 불안이나 문제행동을 깨닫지 못한다 할지라도 건강한 관계에서 얻어지는 혜택에 대해서는 대부분 알아차린다. 따라서 변화의 두 번째 조건이 충족된다.

다음 세 가지 조건은 치료자로서의 사람에 대해 다루고 있으며, 여기에는 치료자의 경험과 일치, 무조건적 긍정적 존중, 그리고 공감적 이해의 소통이 포함된다. 이 세 가지 문구는 치료 세계에서 미미하게 탐색되었고 많은 치료자에게 상대적으로 의미를 갖지 못한 채 그저 암기를 위한 용어의 목록이 되었다. 그러나 놀이치료 관계의 효과성에 있어서 이러한 개념은 중요하기 때문에, 또한 놀이치료에서 그것들을 사용할 때 종종 오해를 받기 때문에, 필자는 제4장 전체를 효과적인 놀이치료자의 특성으로서 이러한 개념을 탐색하는 데 할애하고자 한다. 치료적 변화 과정을 논할 때 놀이치료자는 소통만 해야 하는 것이 아니라 진정성, 아동에 대한 수용성 혹은 무조건적인 긍정적 존중, 그리고 아동에 대한 공감적 이해를 경험하는 것이 요구된다.

마지막 조건은 치료자가 거의 통제할 수 없는 한 가지이다. 치료자가 공감과 무조건적 긍정적 존중을 경험하고 적극적으로 소통해야 할 뿐 아니라 내담자는 이러한 조건들을 인식해야만 한다. 어떤 사람은 치료자로부터 공감과 무조건적 긍정적 존중을 받아들일 수 있는 내담자의 능력은 종종 치료자의 경험과 치료자의 이러한 조건의 표현에 의해 제한된다고 주장한다. 하지만 치료자의 결연한 노력에도 불구하고 이러한 조건을 경험하지 못할 아동이 분명히 있다. 이것은 어느 치료에서도 현실이다. 때때로 아동이 준비되지 않을 수 있고, 따라서 그 조건은 경험될 수 없다. 그렇기 때문에 변화가 일어나지 않는다. 그러나 좋은 소식은 놀이치료자가 공감적 이해와 수용을 제공할 수 있을 때 CCPT에서는 이러한 조건이 변화의 활성제로서 아동에 의해 경험된다는 것이다.

본질적으로 이것이 CCPT가 작동하는 방식이다. 치료자는 위협적인 환경에서는 아동이 행동과 정서를 성장지향적, 총체적, 그리고 자기관과 타인과의 관계를 증대하는 유기체적인 자기-구조에 통합할 수 없다는 것을 이해한다. 그렇기 때문에 CCPT는 아동 내면에서의 변화를 촉진하게 하는 여섯 가지 조건을 제공하는 환경을 마련한다. 자기-구조 내부에서의 변화는 새로운 구조를 위하여 일관되고 향상적인 행동과 감정으로 나아가는 것이 분명하게 나타날 것이다. 이 장의 초반에 소개되었던 시나리오로 돌아가 보면 치료에 대한 놀이치료자의 설명은 다음과 같이 될 수 있다.

> 말씀하셨듯이 어머님의 자녀는 자신뿐만 아니라 학교와 가정에서도 문제를 일으키는 행동을 보이고 있습니다. 저는 그러한 행동이 자신이 현재 스스로를 어떻게 보는지에 따라 자신이 처한 환경에서 욕구를 어떻게 충족시켜야 하는지를 이해하지 못하거나 혹은 혼란스러워한다는 것을 우리에게 말해 주는 방식이라고 생각합니다. 놀이치료에서 저는 어머님의 자녀가 놀이의 언어를 통해 자신을 표현할 뿐 아니라 치료실 밖에서 자신과 자신의 환경에 가장 적합하게 적응할 수 있도록 어떻게 자기관을 변화시킬 수 있는지 탐색할 환경을 적극적으로 제공할 것입니다. 저는 어머님의 자녀가 스스로 자신을 바라보는 새로운 방법에 눈을 뜨고, 적절한 제한 안에서 새로운 행동을 시도하게 하며 자신의 필요를 충족시킬 수 있는 환경을 제공함으로써 이러한 변화를 촉진시킬 것입니다. 저는 이러한 경험을 통해서 어머님의 자녀가 새로운 자기감을 가져서 그의 선택에 대해 더 나은 결정을 하며 삶이 향상될 것을 기대합니다.

CCPT의 배경이 되는 이론의 철저한 탐구는 Virginia Axline(1947)에 상당한 관심을 갖지 않으면 완성되지 않을 것이다. Carl Rogers의 학생이자 이후 동료가 되었는데 그녀는 비지시적 놀이치료(nondirective play therapy)라는 명칭을 사용하였고 지금은 CCPT로 알려져 있는 아동중심 놀이치료의 창시자이다. 놀이치료에 대한 그녀의 공헌은 성인에게 대단히 적절한 인간중심 이론의 철학을 아동을 위한 논리적 활동 방식으로 운용할 수 있도록 해주었다는 것이다. 그녀가 처음 소개한 비지시적 철학은 다음과 같다.

> 이러한 감정(긴장, 좌절, 불안, 공격성, 두려움, 당황, 혼란)을 놀이를 통해 분출함으로써 아동은 이러한 감정을 표면에 떠오르게 하고 외부로 털어내며 직시하고 조절하는 법을 배우거나 혹은 그것들을 버리기도 한다. 감정적 이완을 달성했을 때 아동은 자신이 권리를 소유한 개인으로서 스스로 생각하며 결정하며 심리학적으로

더 성숙하게 되는 힘이 자신의 내부에 있다는 것을 깨닫기 시작한다. 그리고 그렇게 함으로써 자기성(selfhood)을 깨닫는다(Axline, 1947, p. 16).

Axline의 놀이치료에 대한 설명과 Rogers의 19개의 명제 사이의 관계는 분명하게 관찰된다. 불일치의 감정은 위협이 없는 상태에서 탐색되므로 유기체적으로 향상되는 자기-구조를 발전시키도록 실현 경향성이 발산된다.

Axline(1947)은 Rogers가 설명했던 철학과 치료적 조건을 확립하기 위하여 지침을 제공했다. 그것은 CCPT의 본질과 치료자의 역할을 정의하고 오늘날까지도 치료를 실제적으로 안내하는 역할을 한다. 이 지침은 기본적인 8개의 원칙으로 지칭되고 다음과 같이 설명된다(Axline, 1947, pp. 73-74).

1. 치료자는 할 수 있는 한 최대한 따뜻하고 친절한 관계를 발전시킨다.
2. 치료자는 아동을 있는 그대로 받아들이고 어떤 식으로든 다르기를 바라지 않는다.
3. 치료자는 관계 안에서 허용감을 확립함으로써 아동이 전적으로 생각과 감정을 표현할 수 있도록 한다.
4. 치료자는 아동의 감정에 민감하고, 아동이 자신의 행동에 통찰력을 갖도록 반영한다.
5. 치료자는 아동의 문제 해결 능력을 존중하고 아동에게 선택할 수 있는 책임감을 남겨 준다.
6. 치료자는 아동의 행동이나 혹은 대화를 지시하지 않고 아동을 따른다.
7. 치료자는 치료적 과정의 점진적 성격을 인정하고 서두르지 않는다.
8. 치료자는 아동이 현실과 관련이 있거나 관계에서 책임감을 인식하게 할 때만 제한을 설정한다.

이러한 원리는 치료자로부터의 위협이나 치료자에 의한 방해 없이 현재 상태의 자기-구조를 탐색하고 표현할 수 있는 환경을 제공할 것을 강조한다. CCPT를 위한 지침으로서의 이러한 원칙은 Landreth(2002)가 소개한 촉진적 기술(facilitative skill)로 확립되었고, 이것은 제5장에서 더 자세히 다룰 것이다.

CCPT를 안내하는 인간중심 철학의 개요

CCPT의 근거 역할을 하는 인간중심 철학은 성장을 향상시키는 자기-구조, 감정, 행동을 위해 모든 개인 안에 본성적 경향성이 존재한다는 것에 대한 신뢰로 특징지어진다. 또 다른 주요한 개념은 독특하게 개념화된 방식으로 세계를 경험하는 그리고 자기 및 환경과의 관계 속에서 충분히 변화를 강구할 수 있는 인간으로서의 개인에 대한 신뢰이다. 인간중심 이론에서는 개인이 특정한 환경 구조하에 처하거나 혹은 환경이 자기와 불일치하는 방식으로 지각될 때 행동과 감정은 자기 향상과 타인과의 건강한 관계를 향한 움직임을 반박하게 될 것이라는 사실을 수용함으로써 완화된다. 이러한 인간중심적 이론은 치료자가 자신의 자기를 사용하고 환경을 구조화함으로써 이러한 믿음과 일치하는 방식으로 행동할 것을 장려하는 방식으로 공식화된다. 치료자가 비위협적인 환경을 제공하고 내담자에게 임파워먼트 메시지를 보낼 때 내담자는 자기를 향상시키는 구조는 물론 관계에 긍정적으로 영향을 미칠 구조를 갖게 될 것이다. 이러한 신뢰는 내담자가 네 살이든 혹은 마흔 살이든 유효하다. 아동은 성인만큼이나 치료적 변화를 향한 방향을 결정할 수 있고, 효과적인 CCPT의 치료자는 성장을 향한 아동의 적극적이고 선천적인 과정을 촉진하기 위하여 자신과 환경을 제공한다.

놀이치료의 다른 이론적 접근

더 나은 건강을 위해 다른 사람을 상담하는 치료의 분야는 인간의 발달과 변화의 요소에 대한 다양한 관점으로 특징지어진다. 놀이치료는 다양한 범위의 이론적 방향으로부터 접근되는 양식이다. 단연코 CCPT는 미국에서 가장 인기 있는 놀이치료 접근 방식이고(Lambert et al., 2005) 전 세계적으로 뛰어난 명성을 누리고 있다(West, 1996; Wilson, Kendrick, & Ryan, 1992 참조). 장구한 문헌 및 연구의 역사로 인해 CCPT는 효과성의 증거뿐만 아니라 임상을 위한 분명한 지침을 제공한다. CCPT가 강력한 지원을 받는 것은 모든 치료에 있어서 변화를 위한 효과적인 동인이 되는, Rogers가 제시했던 필요충분 조건의 사용일 것이다. 시간이 흐르면서 놀이치료에 대한 많은 접근법이 생겨났다 할지라도 그것은 CCPT로부터 큰 영향을 받은 것이다. 다음은 아동을 상담할 때 영향력 있는 방법으로 인정되는 놀이치료 접근 방식에 대한 기초적 개념을 지나치게 단순화하여 설명하는 것인지도 모르겠다. 필자의 설명은 결코 완전하다고 할 수 없다. 그러나 단지 독자들에게 놀이치료에 대한 다른 접근 방식도 있다는 지식을 제공하고자 한다. 숙련된 놀이치료자는 대부분의 중요한 놀이치료 접근 방식에 대해 알고 있을 것이고 그러한 접근 방식을 채택할 때는 지식에 근거한 선택을 했을 것이다. 독자들은 그러한 접근 방식에 대해 꼼꼼한 추가 검토를 하기 바란다. 그러나 이 책에서는 이러한 접근들에 대한 세부적인 분석은 다루고 있지 않다는 점을 밝혀 둔다.

인지행동 놀이치료

인지행동 놀이치료(Cognitive-Behavioral Play Therapy, CBPT)는 놀이치료자 사이에서 두 번째로 많이 인용되는 놀이치료 접근법으로 인정되고 있음에도 불구하고(Lambert, et al., 2005), 아마도 놀이치료 문헌 속에서 가장 적게 차지할 것이다. 이 접근법의 대중성은 성인을 위한 인지행동치료에 대한 압도적인 지지에서 시작된 것으로 보인다. 인지행동 기법을 놀이 기법에 결합시키려는 셀 수 없이 많은 시도가 있어 왔지만 이러한 개입을 어떻게 구조화할 것인가에 대한 안내는 거의 없었다. 게다가 다양한 인지행동 접근법이 존재하기 때문에 아동 내담자의 개념화는 도전적인 과제가 되었고, 통일된 방법론으로 이어졌다고 할 수 없다. 가장 일관되게 인지행동 기법과 놀이치료 방식의 통합에 대하여 기여한 사람은 Susan Knell(1993)로, 그녀는 Aaron Beck(1976)의 인지치료 틀을 기반으로 아동을 개념화했다.

Beck과 Weishaar(2008)는 성격을 타고난 본성과 환경 사이의 상호작용에 의해 형성된 것으로 묘사하면서 인간의 반응과 적응에서 정보 과정의 역할을 강조하였다. 각 개인은 인지적 취약성에 민감하고 이는 심리적 부적응으로 이어질 수 있다. 심리적 곤경은 다수의 선천적, 생물학적, 발달적, 그리고 환경적 요인에 의해 발생할 수 있지만 인지적 왜곡은 부적응의 가장 분명한 특성이다. 그렇지만 Knell은(2009) 정신병리학에 강조를 둠으로써 인지행동 놀이치료의 기저를 이루는 성격 이론은 없다는 점을 지적한다.

Knell(2009)이 개념화한 CBPT는 아동과 치료자 사이의 신뢰적 관계의 맥락 속에서 간단하고 구조화되었으며 지시적이며 문제에 초점을 둔다. CBPT는 놀이 도구와 활동을 사용하기 때문에 발달상으로 세심하다고 간주된다. CBPT의 특징은 목표의 설정,

놀이활동의 선택, 교육, 그리고 칭찬과 해석의 사용 등을 포함한다(Knell, 2009). 예상되는 치료의 결과는 아동이 자신의 비이성적 사고를 수정함으로써 정신병리학으로 이어질 가능성이 줄어들게 된다는 것이다.

다른 놀이치료 접근법과 비교했을 때 CBPT는 철학과 임상에서 CCPT와 가장 대립된다. 상충되는 부분이 너무 많기에 간결성을 위해 이를 두 가지로 좁혀 보려 한다. 첫 번째로 모든 인간에 내재하는 자기실현 경향성(self-actualizing tendency)에 대한 CBPT 신념의 철학적 차이는 (이 둘을) 완전히 다른 접근법으로 이끈다. CBPT는 개인을 심리적 곤경으로 이끄는 인지적 취약성의 성향이 있다고 본다(Beck & Weishaar, 2008). 무엇이 이성적인지 혹은 비이성적인지에 대해 아동을 교육하는 것은 치료자의 역할이 된다. 아동은 행동을 통해 보여 주었듯이 자신에게 좋은 것이 무엇인지 알 수 없고, 심리적 건강을 향해 나아가기 위해서는 치료자의 안내에 의존하게 된다. CCPT는 치료자의 지시적인 교육의 역할은 아동의 과정을 간섭하는 것으로 보고 이것이 건강을 향한 아동 스스로의 내적 움직임을 방해한다고 간주한다. CCPT 치료자는 이렇게 물을 수도 있다. "치료자가 아동이 전적인 심리적 기능을 향해 움직이고자 할 때 무슨 교육이나 안내가 필요한지를 어떻게 알 수 있겠는가? 결국 심리적 곤경을 나타내는 많은 아동은 사실은 변화를 위한 정보를 가지고는 있으나 사용하지 않는 것 뿐이다." 두 번째로 CCPT와 CBPT 사이의 경계를 구분해 주는 주요한 특징은 사람보다 문제를 강조한다는 것이다. CCPT의 철학은 아동이 변화를 탐색하기 위해서는 온전히 이해되고 수용될 필요가 있는 개인이라는 점을 강조하는 데 많은 노력을 쏟는다. 인지행동적 접근법은 각 아동을 문제 혹은 해결할 필요가 있는 일련의 문제로 간주하므로 이 때문에 아동의 개인적 특성은 절감될 수 있다.

아들러 놀이치료

놀이치료자를 조사했을 때 활용되고 있는 이론 중 세 번째로 인정받고 있는 이론으로 아들러 놀이치료(Adlerian Play Therapy)를 언급한다(Lambert et al., 2005). 아들러는 Rogers와 마찬가지로 현상학적인 개념을 믿었다. 즉 경험에 대한 개인의 지각이 개인에 있어서의 현실이라고 믿고, 통합된 성격을 위해 몸과 마음이 협력한다는 관점인 전체론에 대한 신념을 갖고 있다(Fall, Holden, & Marquis, 2010). 각 개인에 있어서 발달에 대한 가장 중요한 동기 부여는 열등한 자연 상태로부터 우월한 상태로 이동하는 것이고, 이는 개인이 경험을 체계화하는 생활 양식을 발달시키는 결과를 가져온다. 행동이란 이러한 생활 양식의 발현이고 즉각적인 환경적 요구에 대한 반응이다(Mosak & Maniacci, 2008). 아들러 이론의 한 가지 독특한 요소는 사회적 관심(social interest)의 개념으로, Fall 등(2010)은 이를 "다른 사람들과 사회에 건설적으로 기여하는 방식으로 우월함을 추구하려는 동기"(p. 106)로 정의하였다. 사회적 관심의 발달은 정신건강의 지표로 사용된다.

　Terry Kottman은 아들러 놀이치료의 창시자로 알려져 있다. 성인 상담에 대한 아들러의 이론적 접근법이 널리 알려져 있고 아들러의 철학이 거의 한 세기 동안 아동지도센터(child guidance center)와 아동 발달 이론에 영향을 주었지만(Mosak & Maniacci, 2008), Kottman은 아들러의 원칙을 놀이치료를 위한 포괄적인 방법론으로 공식화하는 데 앞장섰다. Kottman(2009, p. 244)은 아들러 놀이치료의 일곱 가지 목표를 제시하였는데, 여기에는 내담자가 (1) 생활 양식에 대한 인식과 통찰을 얻도록, (2) 잘못된 자기파괴적인 인식(apperception)을 고치고 사적 논리(private logic)에서 상식으로 이동하도록, (3) 긍정적인 행동의 목표를 향해 이동하도록, (4) 소속감과 중요성을 얻기 위한 부정적인 전략을 긍정적인 전략으로 바꿀 수 있도록, (5) 사회적 관심을 늘리도록, (6) 열등감에 대처하는 새로운 방법을 배우도록, 그리고 (7) 태도, 감정 및 행동에 대한 자기 향상적 결정을 발달시키기 위해 창의성을 최대한 활용하고 자신의 자산을 활용하기 시작하도록 돕는 것이 포함된다.

　아들러와 CCPT의 접근법은 아동에 대해서 많은 유사한 관점을 공유하고 있는데, 즉 아동이 자신의 세계 속에서 스스로를 인식하는 방식의 결과가 곧 그들의 행동이라는 것에 대한 수용과 아동의 현상학적 세계에 대한 인정이 바로 그것이다. 아들러의 접근법을 CCPT와 구별 짓는 주요 특징은 치료자의 지시적인 역할로, 이는 이론적으로 Rogers에 의해 가설로 세워진 자기실현 경향성에 대한 신념으로부터 영향을 받았다. 아동이 자기 향상을 위한 노력을 지속한다는 신념을 갖는 것은 CCPT 치료자가 이러한 경향을 일깨우는 조건을 제공하고 또한 이러한 경향의 방해를 지양하도록 이끈다. 아동은 열등감에 대한 잘못된 신념을 갖고 있고 자기실현 경향성에 대한 믿음이 부재한다는 아들러의 신념은 아들러 놀이치료자가 때로는 통찰력을 발달시키고 파괴적 행동을 적응적 행동으로 대체시키도록 하기 위해서 아동의 생각과 놀이를 직접적으로 안내할 것을 요구하기도 한다.

게슈탈트 놀이치료

게슈탈트 치료(Gestalt Play Therapy)는 Fritz Perls에 의해 만들어졌고(비록 그는 자신이 단독 설립자로 알려지길 거부했지만), 전체론과 장의 이론(field theory)의 철학적 개념에 근거를 두고 있다(Yontef & Jacobs, 2005). 전체론에 대한 게슈탈트 식의 이해는 인간이 선천적으로 자기규제적이고 성장지향적이라는 점을 주장하고, 장의 이론은 인간이 살아가고 있는 맥락에 대한 이해 없이는 인간을 이해할 수 없다는 점을 강조한다. 모든 행동은 아동이 욕구를 경험하고, 이 욕구가 불편을 야기하기도 하며, 환경과의 상호작용으로 이러한 욕구를 충족시키는 행동으로 이끄는 유기체적 자기 규제의 과정에 의해 조절된다(Blom, 2006). 욕구의 충족은 항상성의 상태로 이어진다. 아동과 환경의 상호작용은 접촉(contact)이라 불리고, 자아를 발달시키는 가장 중요한 경험이며, 게슈탈트 이론의 핵심 개념이다(Carroll, 2009). Violet Oaklander(1988)은 게슈탈트 놀이치료의 창시자로 알려져 있고, 그 사용에 관해 가장 많은 저작을 남겼다.

게슈탈트 놀이치료에서 아동은 건강한 자기-규제를 회복하고, 내·외적인 경험을 인식하게 되고 욕구를 충족시키기 위해서 환경을 이용할 수 있는 것에 도움을 필요로 한다(Carroll, 2009). Blom(2006)은 다음과 같이 분명하게 명시하였다. "게슈탈트 놀이치료의 목적은 아동이 스스로의 과정을 인식하도록 하는 것이다."(p. 51) 인식을 통해서 아동은 욕구 충족을 위한 행동적 변화를 가능하게 하는 선택의 다양성을 지각한다. 아들러 놀이치료와 마찬가지로 게슈탈트 놀이치료와 CCPT는 인간을 인식으로부터 유기체적 향상을 위한 결정을 할 수 있는, 전진하는 존재로 보는 전체론적 관점이라는 공통성을 가지고 있다. CCPT와 게슈탈트 놀이치료 사이의 근본적인 차이는 치료에 대한 접근법이다. 게슈탈트적 관점에 따르면 아동에게서 인식을 '끌어낼' 다양한 방법을 사용하는 것은 치료자의 의무이다. 아동과의 치료에 대하여 Oaklander(1988)는 다음과 같이 쓰고 있다.

그들의 내적 세계로 향한 문과 창문을 열 수 있게 하는 도구를 제공하는 것은 나에게 달려 있다. 나는 아동이 자신의 감정을 표현하고, 조심스럽게 간직하고 있던 것을 밖으로 털어놓도록 하고, 그래서 이러한 부분들을 함께 처리할 수 있도록 아동에게 방법을 제공해야 한다(pp. 192-193).

반면 CCPT의 경우에는 아동에 대한 믿음, 즉 인식(awareness)은 변화를 위한 여섯 가지 조건이 충족됨으로써 주어지는 결과라는 신념이 존재한다. '인식'이라는 단어의 사용은 또한 게슈탈트 놀이치료와 CCPT 사이의 미심쩍은 부분이기도 하다. 게슈탈트 접근법은 아동이 자신의 세계에 대해 종종 언어적으로 인식한 것을 표현할 필요를 강조하는 듯하다. CCPT는 아동의 인식은 전체적으로 경험되는 유기체적 과정이고 아동에 의해 반드시 인지적으로 이해되거나 언어적으로 표현되어야 하는 것은 아닐 수도 있다고 여긴다.

융 놀이치료

모든 현대의 치료법이 그러하듯이 놀이치료는 정신분석 기법으로 시작되었으나 정신분석 놀이치료는 그 양식면에서 대중성을 유지하지 못했다. 그러나 흥미롭게도 융의 분석적 틀은 선두적인 놀이치료 접근법으로 부상하였다. 융 놀이치료(Jungian Play Therapy)는 치료 과정 중에 아동에게서 발생하는 무의식적 과정에 초점을 둔 현재 가장 많이 통용되는 접근법이다. Douglas는 융의 관점에서 성격이란 "이미지, 생각, 행동 그리고 경험의 기저 형태"인 집단 무의식과 관련된 의식과 무의식적 요소로 이루어진 정신(psyche)에 좌우된다고 설명한다(Douglas, 2008, pp. 103-104). Allan(1998)은 건강한 사람들에게는 의식과 무의식 사이에 가변적이나 규제된 연결이 존재한다는 것을 분명하게 언급했다. 융의 이론에는 사람의 성향이나 행동에 직접적인 영향을 미치는 개인적이고 또 집단적인 무의식에 관련된 몇 가지 개념에 대한 이해가 수반된다.

John Allan(1988)은 아마도 융 놀이치료의 소개와 조직화에 있어서 가장 신망 있는 인물일 것이다. 놀이치료에 대한 그의 중요한 저작, '아동 세계의 본질 : 학교와 상담소에서의 융(관점의) 상담(Inscapes of the Child's World: Jungian Counseling in Schools and Clinics)'은 융 놀이치료의 수행을 위한 틀을 제시하였고, 학교와 사설 상담소 양쪽 모두에서 그 유효성을 입증하였다. Allan(1997)은 "가족과 학교 및 전체적인 사회의 건강한 요구를 수용하고 그 요구에 적응하면서 아동이 자신의 독특한 정체성을 발전시키고, 손실 혹은 트라우마를 극복하거나 이를 받아들이도록 돕는 것"(p. 105)으로 정의한 개성화 과정(individuation process)의 활성화가 융 놀이치료의 목표라는 점을 지적하였다. Green(2009)은 치료자의 역할을 치료자가 예술 해석과 전이의 분석에서 상징의 탐구에 도움을 주는 그림, 드라마 혹은 모래놀이와 같은 지시적 기술을 사용하는 분석적 역할이라 설명한다. 이러한 과정은 아동이 무의식적 요소를 인정하고, 이를 의식적 요소들에 통합시키며, 아동이 이용할 수 있는 자기-치유 메커니즘을 활성화시키도록 해준다.

CCPT와 융 놀이치료 사이의 가장 명백한 차이점은 집단적 그리고 개인적 무의식, 즉 융의 철학에 있어서 필수적인 이러한 무의식에 대한 강조이다. 아동의 무의식적 과정의 역할에 대한 믿음은 융 놀이치료자가 활동을 제시하고 의문을 제기하며 아동의 상징을 해석함으로써 아동에게 직접적으로 행동할 것을 장려한다. CCPT는 무의식적 과정을 밝혀야 할 필요성에 관해 거의 관심을 갖지 않는다. Rogers는 무의식의 존재를 부정하지는 않았지만, 그것이 치료적 변화를 촉진하는 필수적 부분이라는 언급은 하지 않았다. 두 접근법 사이의 유사성은 CCPT와 융 놀이치료 모두가 치료적 변화에 있어서 아동의 과정이 지니는 중요성을 인식하였고 따라서 보다 감정적이고 공격적인 표현에 대해 수용적인 태도를 가지고 있다는 점에 있어서 뚜렷이 나타난다.

필자는 수많은 놀이치료 접근법 중 단지 네 가지에 대한 아주 단순한 관점을 열거하였을 뿐이고, 다시 한 번 독자들에게 참조된 자료의 원본을 재검토해 보길 권한다. 그럼에도 어느 모로 보나 이 네 가지 접근법은 가장 널리 쓰이고 있는 접근법이다. O'connor와 Braverman(2009) 또한 놀이치료의 주요한 이론적 모델로 정신분석적 놀이치료(pyschoanalytic), 부모놀이치료(filial), 치료놀이(theraplay), 생태학적 놀이치료(ecosystemic), 처방적 놀이치료(prescriptive play therapy) 등을 열거하였다. 하지만 부모놀이치료와 치료놀이는 주로 놀이 기법을 이용하는 부모의 개입으로 묘사된다. 정신분석적, 생태학적, 그리고 처방적 접근법은 구조화된 틀에서 도움이 되기도 하지만 이 장에서 검토된 네 가지 접근법만큼 사용되지는 않는 것 같다. 놀랍게도 놀이치료의 이론적 접근법은 일반적인 상담 분야와는 다소 다른 것으로 보인다. CCPT는 다른 접근법들에 비하면 지금까지 가장 인정받는 놀이치료 접근법으로 여겨진다. 하지만 놀이치

료 분야에서 지대한 영향을 미친 것으로 아들러, 게슈탈트, 융 접근법을 인정하는 것
은 인지행동적 운동의 발흥을 목격한 경험 있는 상담자들에게는 납득이 잘 안 될 수도
있을 것이다. 비록 CBPT가 두 번째로 인기 있는 접근법으로 인정받고 있다 할지라도,
이것은 고찰된 다른 접근법과 같은 정도의 문헌과 탐구의 뒷받침을 통해 부상되지는
않았다. 필자는 특정 이론적 접근법의 성장은 그 이론의 선도적인 저자/교사와 강하게
관련되어 있는 것이라는 가설을 설정한다. 지난 30년 이상의 시간 동안 CCPT는 미국
남서부에서는 Garry Landreth에 의해서 그리고 미국 북동부에서는 Louise Guerney에
의해 많이 탐구되고 연구되었다. 아들러 놀이치료는 지난 20여 년 동안 Terry Kottman
의 풍부한 연구에 의해 부상하였으며, 그는 아동 정신건강을 위한 주요한 방식으로서
이 치료법을 성장시키는 일에 전념하고 있다. Violet Oaklander와 John Allan은 각각 게
슈탈트 놀이치료와 융 놀이치료에 헌신하였다. 놀이치료의 선도자인 이 5명은 놀이치
료의 이해와 훈련을 향상시키기 위해 여러 곳을 여행하며 강의하고 있으며, 이것은 각
접근법의 성장에 영향을 준 것으로 보인다.

참고문헌

Allan, J. (1997). Jungian play psychotherapy. In K. O'Connor & L. Braverman (Eds.), *Play therapy: A comparative presentation* (2nd ed., 100–130). New York: Wiley.

Allan, J. (1998). *Inscapes of the child's world: Jungian counseling in schools and clinics.* Dallas, TX: Spring Publication.

Axline, V. (1947). *Play therapy*. New York: Ballantine.

Beck, A. (1976). *Cognitive therapy and the emotional disorders*. New York: Meridian.

Beck, A., & Weishaar, M. (2008). Cognitive therapy. In R. Corsini & D. Wedding (Eds.), *Current psychotherapies* (8th ed., 263–294). Belmont, CA: Thomson.

Blom, R. (2006). *The handbook of gestalt play therapy: Practical guidelines for child therapists*. London: Jessica Kingsley.

Carroll, F. (2009). Gestalt play therapy. In K. O'Connor & L. Braverman (Eds.), *Play therapy theory and practice: Comparing theories and techniques* (2nd ed., 283–314). Hoboken, NJ: Wiley.

Douglas, C. (2008). Analytical psychotherapy. In R. Corsini and D. Wedding (Eds.), *Current psychotherapies* (8th ed., 113–147). Belmont, CA: Thomson.

Fall, K., Holden, J., & Marquis, A. (2010). *Theoretical models of counseling and psychotherapy* (2nd ed.). New York: Routledge.

Green, E. (2009). Jungian analytical play therapy. In K. O'Connor & L. Braverman (Eds.), *Play therapy theory and practice: Comparing theories and techniques*

(2nd ed., 83–121). Hoboken, NJ: Wiley.

Kottman, T. (2003). *Partners in play: An Adlerian approach to play therapy* (2nd ed.). Alexandria, VA: American Counseling Association.

Kottman, T. (2009). Adlerian play therapy. In K. O'Connor & L. Braverman (Eds.), *Play therapy theory and practice: Comparing theories and techniques* (2nd ed., 237–282). Hoboken, NJ: Wiley.

Knell, S. (1993). *Cognitive-behavioral play therapy*. Northvale, NJ: Jason Aronson.

Knell, S. (2009). Cognitive-behavioral play therapy. In K. O'Connor & L. Braverman (Eds.), *Play therapy theory and practice: Comparing theories and techniques* (2nd ed., 203–236). Hoboken, NJ: Wiley.

Lambert, S., LeBlanc, M., Mullen, J., Ray, D., Baggerly, J., White, J., & Kaplan, D. (2005). Learning more about those who play in session: The national play therapy in counseling practices project. *Journal of Counseling & Development, 85*, 42–46.

Landreth, G. (2002). *Play therapy: The art of the relationship*. New York: Routledge.

Mosak, H., & Maniacci, M. (2008). Adlerian psychotherapy. In R. Corsini and D. Wedding (Eds.), *Current psychotherapies* (8th ed., 67–112). Belmont, CA: Thomson.

Oaklander, V. (1988). *Windows to our children*. Highland, NY: The Gestalt Journal Press.

O'Connor, K., & Braverman, L. (Eds.). (2009). *Play therapy theory and practice: Comparing theories and techniques* (2nd ed.). Hoboken, NJ: Wiley.

Rogers, C. (1951). *Client-centered therapy: Its current practice, implications and theory*. Boston: Houghton Mifflin.

Rogers, C. (1957). The necessary and sufficient conditions of therapeutic personality change. *Journal of Consulting Psychology, 21*(2), 95–103.

West, J. (1996). *Child centred play therapy* (2nd ed.). London: Hodder Arnold.

Wilkins, P. (2010). *Person-centred therapy: 100 key points*. London: Routledge.

Wilson, K., Kendrick, P., & Ryan, V. (1992). *Play therapy: A nondirective approach for children and adolescents*. London: Bailliere Tindall.

Yontef, G., & Jacobs, L. (2005). Gestalt therapy. In R. Corsini & D. Wedding (Eds.), *Current psychotherapies* (7th ed., 299–336). Belmont, CA: Brooks/Cole.

Chapter 04

놀이치료자로서의 사람, 지식, 그리고 기술

놀이치료를 하기 위해서는 공간, 가구, 그리고 다양한 놀잇감을 포함한 여러 가지 자원이 필요하다. 하지만 놀이치료실에서 놀이치료자보다 더욱 본질적인 자원은 없다. 놀이치료자는 아동뿐 아니라 부모와 다른 양육자들에게 환경의 가장 중심이 되는 공급자이다. 지식과 기술, 그리고 치료자로서의 사람(the very person of the therapist)을 활용함으로써 치료를 촉진하는 사람은 바로 놀이치료자이다. 아동중심 놀이치료(CCPT)가 변화를 위한 가장 핵심적인 치료 요소로서 치료자와 아동 간의 관계를 중요시함에도 불구하고, 관계를 시작하고 그 관계가 성숙될 수 있도록 환경을 조성하는 사람은 바로 놀이치료자이다.

치료자의 조건

제3장에서 검토했듯이 변화를 위한 여섯 가지 필요충분 조건은 다음의 사항을 포함한다. (1) 두 사람은 심리적 접촉의 상태에 있다. (2) 첫 번째 사람(내담자)은 불일치성의 상태에 있고, (3) 두 번째 사람(치료자)은 관계에 있어서 일치성의 상태에 있다. (4) 치료자는 내담자에 대하여 무조건적 긍정적 존중을 경험한다. (5) 치료자는 내담자의 내

적 참조 틀에 대한 공감적 이해를 경험하고 이러한 경험을 내담자와 소통하려고 노력한다. (6) 내담자를 향한 치료자의 공감적 이해와 무조건적 긍정적 존중의 의사소통이 최소한이라도 성취된다(Rogers, 1957). (3), (4), (5)는 일반적으로 치료자가 제공하는 핵심 조건들로, 좀 더 정확히는 태도(attitude)로 지칭하며(Bozarth, 1998) 전통적으로는 각각 일치성(congruence), 무조건적 긍정적 존중(unconditional positive regard) 혹은 수용(acceptance), 그리고 공감(empathy)으로 불린다. 치료자가 갖춰야 하는 태도적 조건들의 목적은 아동을 포함한 모든 사람 안에 있는 실현 경향성을 촉진시키는 환경을 제공하는 것이다.

치료자의 이 세 가지 태도는 서로 직접적으로 관련되어 있고 변화에 적합한 환경을 촉구하기 위해 함께 작용한다. Bozarth(1998)는 일치성, 공감, 그리고 무조건적 긍정적 존중 사이의 관계를 다음과 같은 패턴으로 개념화하였다. 일치성 혹은 진정성(genuineness)은 치료자가 공감적 이해를 통해 내담자를 경험하고 내담자에 대한 무조건적 긍정적 존중의 경험을 가능하게 하는 치료자 내면의 준비 상태이다. 공감적 이해(empathic understanding)는 내담자의 세계가 그가 경험하는 대로 수용되고 내담자가 무조건적 긍정적 존중을 경험하는 것을 가능하게 하는, 치료자의 행동적인 상태이다. 마지막으로 무조건적 긍정적 존중(unconditional positive regard)이란 긍정적 존중과 긍정적인 자기-존중에 대한 내담자의 욕구가 만나는 근본적인 변화 기제로서, 경험과 자기 개념 간의 일치성과 자아실현 경향성의 증진을 초래한다. 각각의 조건은 다른 조건들에 근거를 두고 있으며 따라서 치료자가 세 가지 조건을 모두 경험하고 나타내기를 요구한다. Wilkins(2010)는 하나의 조건을 다른 조건들보다 선호하는 것은 실수라고 경고하면서 세 가지 조건, 즉 일치성, 무조건적 긍정적 존중, 공감적 이해를 '슈퍼-조건(super-condition)'(p. 44)으로 개념화할 것을 제안하였다.

공감적 이해

Rogers(1975)는 공감과 관련된 그의 많은 저작을 재검토하고 '공감'이라는 단어의 진의를 포함하는 과정적 정의를 제공하고자 하였다.

공감이란 타인의 사적인 지각의 세계에 들어가는 것 그리고 그 안에서 전적으로 편안해지는 것을 의미한다. 이것은 순간순간 내담자 안에 흐르고 있는 변화하는 느껴진 의미(felt meanings)에 예민해지는 것, 즉 두려움, 분노, 따뜻함, 혼란, 또는 그 무엇이든지 간에 내담자가 경험하고 있는 것에 민감해지는 것을 포함한다. 그것은 일시적으로 그 사람의 삶 속에서 살아가는 것, 그 삶 속에서 판단하지 않고 섬세하게 이동하는 것, 그 사람이 간신히 인식하고 있는 것의 의미를 감지하는 것을 의미한다. 그러나 내담자가 전혀 인식하지 못하고 있는 감정은 너무 위협적일 수 있기 때문에 마구 들춰내려고는 하지 않는 것을 의미한다. … 공감은 치료자가 느끼는 정도의 정확성을 내담자와 자주 체크하고 내담자로부터 받는 반응에 의해 안내받는 것을 의미한다. 치료자는 내담자의 내적 세계에서 신뢰할 수 있는 동반자이다. 경험의 흐름 속에서의 가능한 의미들을 알려 줌으로써 치료자는 내담자가 이러한 유용한 준거의 유형에 집중하고 그 의미를 더 전적으로 경험하며 또한 경험 안에서 전진하도록 돕는다(Rogers, 1975, p. 4).

공감적 이해는 치료자로서의 자기감을 잃어버리지 않으면서 마치 자신의 세계인 것처럼 내담자의 세계에 들어가는 것이다. 내담자의 세계 안으로 들어갈 때 순수한 공감이라는 발상은 내담자의 세계 안에 포함된 고통의 본성 때문에 많은 놀이치료자에게 위협이 될 수도 있다.

학교에서 행동문제로 필자에게 의뢰되었던 한 내담자는 갑작스레 보육원에 버려진 일곱 살 소년이었다. 어머니는 약물 중독으로 인해 아주 어린 시절부터 그의 삶에서 떠났다. 아버지와 재혼한 여성은 필자 내담자의 어머니가 되고 싶어 하지 않았고 아이를 보육원에 보낼 것을 주장하였다. 아버지는 법적 양육권을 국가에 양도하였고 놀이치료가 시작되기 2달 전 아동의 삶에서 사라져 버렸다. 우리의 놀이 회기는 필자가 놀이 영역으로 설치해 놓았던 학교의 교실에서 이루어졌다. 놀이 영역 바깥에는 컴퓨터, 프로젝터, 교사 책상, 그리고 전화기 등의 여러 물건이 있었다. 두 번째 회기에 (그리고 이후 몇 차례 회기에 반복적으로) 내담자는 전화기를 사용하기 위해서 놀이 영역을 떠났다. 필자가 제한을 설정해도 그는 계속해서 전화번호부를 찾기 위해 책상을 살펴보았다. 그리고 전화번호부를 발견했다. 필자는 전화기 사용뿐 아니라 놀이 영역으로 돌아올 것에 대해 제한을 설정했다. 내담자는 다른 세상에 있는 것 같아 보였고, 필자의 제한 설정을 들을 수조차 없는 것 같았다. 그는 전화번호부에서 아버지의 이름을 찾기 위해 미친듯이 책장을 넘기며 제 정신이 아닌 상태인 듯했다. 그는 잘 읽지 못하였고 철자법도 정확히 알지 못하였으며 전화번호부를 사용하는 방법조차 모르고 있었으나, 그 속에 아버지의 이름이 있을 것이라 확신하였다. 필자는 모든 제한 설정 진술을 중단하고 내담자에게 가까이 다가갔다. 필자는 아버지를 찾으려는 그의 욕구를 반영했다. 그는 "아빠에게 전화를 해야만 해요. 아빠는 나를 찾고 있어요. 나는 아빠가 나를 원하고 있다는 것을 알아요. 아빠는 단지 내가 어디에 있는지 모르고 있는 거예요."라고 대답했다. 필자는 "너는 아빠가 정말로 너를 원하고 있고 너도 아빠를 원한다는 것을 알고 있구나. 아빠를 찾아야만 하는구나."라고 반영했다. 내담자는 나를 쳐다보고 전화번호부를 건네주더니 이렇게 말했다. "도와주실래요? 아빠 찾는 것을 도와줄 수 있어요?" 필자는 내 자신의 공감의 감정(당황하고, 제정신이 아니고, 혼란스러운)에 완전히 압도되는 것을 느끼면서 일치성 있는 진술로 반응했다. "정말로 아빠를 찾고 싶구나. 하지만 나도 그가 어디에 있는지 어떻게 그를 찾아야 하는지 모르겠단다." 회기를 지속함에 따라 필자는 내담자의 세계 안팎을 드나들면서 제한 설정의 현실과 뒤섞인 필자가 느끼고 있었던 공감을 표현하였다. 그는 계속 필사적인 상태로 전화번호를 누르기 시작했고, 아버지의 전화번호를 기억해 내려고 애썼다. 이 회기에서 필자가 공감한다는 것은 극도로 고통스러운 것이었다. 이러한 상황에 놓인 일곱 살 소년의 완전한 무기력과 혼란의 감정을 마음을 열어 놓고 받아들이는 것은 어려운 일이지만, 그가 매일 겪고 있는 고통을 이해하기 위해서는 필수적이었다. 그가 겪는 고통의 수준을 경험하는 것은 내가 그와 전적으로 접촉하여 그의 세계 안에서 움직이도록 도움으로써 그가 이러한 상황을 견뎌 내고 잘 성장하도록 허락하는 자아실현 경향성이 촉발되도록 조력하였다. 내담자에 대한 공감의 경험이 가져다주는 두 번째 유익은 다른 보호자들과 함께 그들을 옹호할 수 있는 능력에 있다. 예를 들어, 이러한 내담자의 상황에 대해 교사와 면담할 때 필자는 내담자의 그날그날의 상태를 표현할 수 있었다. 필자는 그의 담임에게 다음과 같이 나누었다. "아버지를 찾는 것에 대해 몹시 걱정하고 있고 아버지가 정말로 자신을 원하고 있다는 느낌에 사로잡혀서 그것이 사실이 아니라는 것을 받아들이지 못하고 있어요. 자신의 상황에 대한 혼란에 많은 에너지를 쏟고 있기 때문에 학교 생활 혹은 규칙을 따르는 것에 집중하기 어려운 것이라고 이해돼요." 대부분의 정신건강 전문가들은 이것이 상식이라는 것을 알고 있음에도 불구하고 교사는 그가 교실에서 그러한 이야기를 전혀 하지 않았기 때문에 아버지에 대한 생각을 하고 있다는 것을 듣고 놀랐다. 내담자의 세계를 교사에게 표현할 수 있었던 필자의 능력은 교사가 그의 행동적 문제를 더 잘 이해하도록 (가능하다면 공감도 할 수 있도록) 도와주었다.

공감은 정신건강 공동체가 열정적으로 받아들인 인간중심 이론의 핵심 개념이다. Wilkins(2010)와 Bozarth(2001a) 모두가 공감이란 여섯 가지 조건 중에서 가장 많이 가르치고 연구하고 저술한 조건이라는 점을 시사하였다. Bozarth는 공감에 대한 Rogers의 초기 발표와 내담자에게 공감을 표현할 필요에 대해 강조한 점이 유래된 경로를 추적하였다. 다른 사람들의 해석과 마찬가지로 감정과 내용의 언어적 반영이 공감 표현의 중심이 되었다. 그러므로 공감은 치료자가 내담자에게 전하는 일련의 반응 세트로 작용되었고, 이는 내담자의 감정에 있어서 전문가는 치료자가 아니라 바로 내담자라는 본질적인 특성을 놓쳐 버렸다. 언어적 반영을 통해서만 설명되던 공감의 운영적 정의는 그 권위를 치료자에게 되돌려 놓았으나 이것은 CCPT에서 기피하는 일이다. 반영(reflection)은 CCPT에서 아동의 세계에 진입하는 방법으로서 권장되는 기술이나 이것이 공감을 표현하는 유일한 원천은 아니다. Bozarth(2001a)는 CCPT를 시행할 때 도움이 될 만한 반영에 대한 몇 가지 중요한 점과 반영과 공감의 관계에 대하여 다음과 같이 제시하였다.

1. 반영이란 치료자가 내담자에게 이해한 것을 확인하고 소통함으로써 공감적이 되는 하나의 방법이다.
2. 반영은 우선적으로는 내담자가 아닌 치료자를 위한 것이다. 왜냐하면 이는 치료자가 내담자의 세계에 들어가도록 돕기 때문이다.
3. 반영은 공감이 아니라 단지 더욱 공감적이 되는 하나의 방법이다.
4. 공감은 반영이 아니다. 공감은 내담자의 세계에 들어가는 하나의 과정이지만, 반영은 단지 그 과정을 돕는 기법이다.
5. 공감의 다른 형태들은 인간중심 문헌에서는 탐구되지 않았으나 이러한 형태는 내담자에게 공감을 표현하는 가치 있는 방법들이다.

공감적 이해의 마지막 요점은 무조건적 긍정적 존중의 개념과 뒤얽혀 있는 특성에 관한 것이다. 공감은 무조건적 긍정적 존중의 표현을 위한 도구로 간주될 수 있다 (Bozarth, 2001b). 치료자가 내담자의 세계에 들어갈 때 내담자의 세계가 귀중한 세계라는 내재된 메시지가 있으며 치료자는 그러한 세계 속에서 내담자의 경험과 능력을 최고로 존중한다. 공감적 이해의 태도는 내담자에 대한 치료자의 무조건적 긍정적 존중을 표현한다.

무조건적 긍정적 존중

Rogers는(1957) 무조건적 긍정적 존중을 내담자가 경험하는 모든 양상에 대해 따뜻한 수용을 경험하는 것으로 묘사하였다. 무조건적 긍정적 존중은 또한 종종 수용으로 불린다. Axline(1947)은 자신이 정의한 CCPT의 여덟 가지 기본 원리 중 두 번째로 무조건적 긍정적 존중을 묘사하였는데, 이는 치료자가 아동을 정확히 있는 그대로 받아들이고, 아동이 어떤 식으로든지 달랐기를 바라지 않을 것을 격려하는 것이다. 만약 치료자가 아동이 변할 것이라고 예측한다면 그러한 태도는 불수용의 메시지 혹은 Rogers의 19가지 명제에 따라 가치 조건의 수립이라는 메시지를 전달하게 될 것이다. 이런 이유로 무조건적 긍정적 존중은 Rogers의 병리학 이론에서 묘사된 조건부에 대한 자연스러운 해결책인 치료적 요인(curative factor)의 역할을 한다(Bozarth, 1998). 치료자가 제공한 무조건적 긍정적 존중을 아동이 수용한다는 것은 아동이 실현 경향성과 연결되도록 이끈다.

　필자의 경험상 무조건적 긍정적 존중은 아동을 상담할 때 가장 힘든 부분이었다. 상당량의 가치 조건을 느끼며 자랐기 때문에 필자는 평생 긍정적인 자기-존중(positive self-regard)과 싸워 왔다. 이러한 자기-수용의 부족은 평생 동안 필자에게 치료의 초점이었고, 임상에도 영향을 주었다. 자기-수용의 부족은 내담자에 대한 수용을 제공하는 필자의 능력을 저해한다. 예를 들어, 필자가 외향적이지 않고 일반적으로 호감을 주는 능력이 부족하다고 느낀다면 필자가 상담하는 아동이 그들의 관계 속에서 필자보다는 나은 어떤 것을 경험하길 원하게 될 것이고, 이것이 그들의 주된 관심이든 그렇지 않든 간에 필자에게는 치료에서 초점이 될 수 있다.

　게다가 사회, 학교, 그리고 부모로부터 오는 외적인 요구는 아동의 변화에 대한 엄청난 압력을 가하고, 치료자는 그러한 변화를 끌어내라는 압력을 받는다. 만약 아동이 다른 사람을 때리는 것을 멈추기만 한다면 학교는 그를 대안학교로 보내지 않을 것이다. 만약 아동이 성질 부리는 것을 멈추기만 한다면 부모는 아동에 대해 그리 비판적이지 않을 것이다. 만약 아동이 적절한 사회적 기술을 보여 주기만 한다면 더 많은 친구가 생길 것이다. 이러한 목록은 끝이 없다. 이 모든 '만약 ~하기만 한다면'에 있어서 그 의도는 치료자의 친절한 마음으로부터 파생된다. 하지만 아동을 변화시키려는 적극적인 시도는 자아실현 경향성의 존재와 활성화를 부인한다. 치료자가 가장 잘 알고 있다는 메시지를 전달함으로써 치료 회기의 방향은 치료자의 전문 지식과 아동에 대한 치료자의 권위를 전제한다.

필자는 학교에서 상담하면서 이러한 시나리오를 가장 많이 경험하였다. 교사들은 보통 수업 중에 행동 문제를 보이는 아동을 의뢰한다. 종종 교사는 놀이치료자가 이러한 행동의 양상, 즉 아동이 좀 더 집중하고, 가만히 앉아 있고, 수업을 방해하는 것을 멈추도록 해줄 것을, 혹은 다른 여러 가지 문제를 다루어 줄 것을 요청한다. 의뢰되기까지 아동은 아마 권위자들의 행동적 계획(behavioral plans), 설교 및 대화 과정에 참여해 왔을 것이고 아마 처벌도 받았었을 것이지만, 행동에 아무런 변화가 없었을 것이다. 놀이치료에서 아동은 교사의 우려와는 무관한 셀 수 없이 다양한 놀이행동 혹은 언어적 표현을 드러낼 수 있다. 교사에게 소리를 지르고 욕을 해서 의뢰된 아동이 그 예가 될 수 있다. CCPT 치료 회기를 진행할 때 치료자가 공감적 반영을 제시하고 제한을 설정하는 동안 아동이 놀이치료실을 망가뜨리려 시도한다고 해보자. 치료자는 아동이 힘지향적 행동(power-oriented behavior)을 행사할 때만 자신에 차 있거나 통제하고 있다고 느낀다는 가정을 한다. 치료자가 아동의 감정을 수용하고 행동에 대한 납득할 만한 제한을 통해서 아동은 자기-존중감으로부터 본성적으로 기인된 임파워먼트를 경험하기 시작한다. 동시에 아동의 필수적 표현이었던 교사에게 소리를 지르고 욕을 하던 행동은 중단된다. 분노와 통제의 문제를 다루는 방법으로 아동에게 말하거나 지시하는 대신, 놀이치료에서 아동의 방향에 대한 허용과 수용을 통한 치료자의 무조건적 긍정적 존중의 표현은 아동의 실현 경향성을 표출시키고 좀 더 건강한 행동을 하도록 한다. 건강한 행동이란 CCPT에서 예측된 것은 아니지만, 이는 조건들에 대한 제공과 수용에 대한 자연스런 하나의 결과로서 치료자에 의해 인정된 것을 의미한다.

Wilkins(2010)는 인간의 본성이 무조건적 긍정적 존중의 경험을 방해하는 어느 정도의 편견과 두려움을 지니고 있다는 것을 포함하여 무조건적 긍정적 존중이 치료자에게 개인적 도전을 제시한다는 점에 주목하였다. 무조건적 긍정적 존중은 아동중심 놀이치료자가 되는 데 필수적인 부분은 아니어도 변화를 위한 필수 요건이다. 이런 이유로 놀이치료자들이 무조건적 긍정적 존중을 경험하고 전달할 수 있을 경우 변화가 일어날 가능성이 더 많다. 효과적인 놀이치료자는 종종 각 내담자에게 적용되는 자신의 무조건적 긍정적 존중의 수준을 알고 있다. 놀이치료자가 항상 모든 내담자에 대한 수용을 경험하는 것은 기대할 수 없고, 놀이치료자도 때로는 상담하기 어려운 특정한 내담자를 의뢰할 필요가 있을 것이다. 만약 어떤 놀이치료자가 전반적으로 내담자들에 대한 무조건적 긍정적 존중의 부족을 경험하고 있다면, 이는 치료자가 자기-존중의 문제를 해결하기 위한 필요가 있다는 지표일 수 있다.

마지막으로 무조건적 긍정적 존중의 표현에 관한 요점은 무조건적 긍정적 존중이 내담자에게 혹은 내담자를 위해 과도하게 긍정적인 것으로 표현되어야 한다는 것은 명백한 오해라는 것이다. 아버지에 관한 강렬한 고통을 경험하고 있는 7세 소년의 예를 다시 언급해 보자면 필자가 아동에게 아버지는 떠났지만 너는 똑똑하고 유능하기 때문에 괜찮을 것이라는 설명으로 대응할 수도 있었을 것이고, 혹은 기분을 더 좋게 하기 위해 보드 게임을 하자고 하면서 주의를 딴 데로 돌릴 수도 있었을 것이다. 이러한 두 가지 대응은 모두 내담자를 고통에서 구출하려는 시도일 것이고, 이것은 치료자의 필요이지 내담자의 필요는 아니다. 내담자를 구출하려는 이러한 시도는 무조건적 긍정적 존중의 제공이 실패했음을 드러내는 것이고(Wilkins, 2010) 치료자는 이를 더욱 탐색할 필요가 있다.

일치성

변화를 위한 세 번째 조건으로 언급되고 진정성이라고도 불리는 치료자의 일치성(congruence)을 Rogers(1957)는 치료적 관계 내에서 거리낌없이 자신이 될 수 있는 능력으로서 경험과 자기 인식 사이에서 일치성을 경험할 수 있는 능력이라고 설명했다. 말년의 저술에서 Rogers는 일치성을 세 가지 핵심 조건 중 가장 중요한 것으로 인정하면서, 치료자와 내담자가 함께 존재하는 전적인 표현으로 제시하였다(Bozarth, 1998). Wilkins(2010)는 치료자들의 공감과 무조건적 긍정적 존중이 내담자에 의해 신뢰할 만한 것으로 인식되려면 그 이전에 치료자들은 관계 속에서 일치성 있는 상태가 되어야 한다는 점을 제시하였다.

일치성은 종종 치료자가 '그냥 네 자신이 되는 것(just be yourself)'을 격려하는 차원으로 가볍게 지칭된다. 하지만 일치성은 치료자의 자기 인식, 그러한 인식에 대한 수용, 그리고 내담자에게 적절하게 인식을 표현함의 결합이 포함된다. Cornelius-White(2007)는 일치성의 5차원적 모형을 제시하였는데, 이는 일치성과 치료자 및 치료와의 관계에 대한 양상을 다양하게 다루고 있다. 첫 번째 차원은 **진정성**(genuineness)이며, 진실하고 가식적이지 않은 것으로 묘사된다. 이 진정성은 치료자의 공감과 무조건적 긍정적 존중의 경험에 입각한 것이다. 두 번째 차원인 **상징화**(symbolization)는 자기와 경험 사이의 일관성을 경험할 수 있는 치료자의 능력을 나타내는데, 이는 경험을 인식하는 것이 가능하도록 해주고 자기-구조 내에서의 그러한 경험을 정확하게 상징화하도록 한다. 세 번째 차원인 **진실성**(authenticity)은 경험, 자기, 그리고 소통성 간의 일관성으로 묘사된다. 이 차원은 관계 속에서 느낀 치료자의 일치성을 표현함으로써 상징적인 차원을 넘어선다. 네 번째 차원인 **유기적 통합**(organismic integration)은 개인적 일치성의 개념을 유기체가 더 넓은 세계와의 상호의존 및 그의 관계를 인식한다는 체계적 관점으로 확장한다. 치료자는 전체 세계가 촉진되려는 목적으로 행동 가능한 차원의 일치성을 확장할 필요를 인식한다. 0차원(dimension 0) 혹은 **흐름**(flow)이라 불리는 다섯 번째 차원은 개념보다는 과정을 더욱 많이 설명하기 때문에 독특하다. 흐름은 그 순간에 몰두할 수 있는 치료자의 능력으로 특징지어지는데, 남의 시선을 덜 의식하고 존재(being)와 행동(doing)이 연합됨을 나타낸다. Cornelius-White(2007)는 차원들이 독점적으로 또는 동시에 경험되지 않을 수도 있지만 그것들은 각각의 다른 차원을 설명하는 데 사용될 수 있으며, '일치성'이라는 용어에 대한 이해를 심화시킨다고 제안하였다.

치료자가 관계 속에서 진실할 수 있는 능력과 관련된 일치감을 경험한다면, 그러한 일치성의 표현과 관련된 질문은 여전히 제기된다. 이것은 특히 치료자의 논리를 따라갈 발달적 능력이 부족한 아동, 즉 치료자의 일치성의 표현을 자기중심적 방식으로 해석할 수 있는 아동을 상담할 때 문제가 될 수 있다. 어떤 아동이 놀이치료실에서 제한을 깨뜨리고 공중에 모래를 뿌려 의도치 않게 모래가 치료자의 눈에 들어갔다고 예를 들어 보자. 치료자는 화가 난 목소리로 본능적으로 "아야, 아파."라며 소리친다. 치료자는 일치하고자 하는 노력으로, "모래가 눈에 들어가서 아프고 화가 나. 하지만 여기서는 때때로 사고가 일어나기도 해."라고 설명하면서 만회하려는 시도를 한다. 치료자가 정직하게 비난하지 않고 스스로를 표현했다 할지라도 아동은 치료자가 자신에게 화를 낸다고 해석할 수 있다. 치료자의 분노에 대한 공포는 언어적으로는 표현되지 않지만 회기가 지속되는 내내 그리고 이어지는 다음 몇 회기에서 아동의 놀이를 저해할 수 있다. 치료자들은 이러한 시나리오에 대해 다른 반응을 보일 수 있다. 어떤 치료자는 스스로를 너무도 진실되게 표현하여 관계를 해쳤다고 말할 수도 있고 어떤 치료자는 진실성이 장기간의 관계에 있어 가장 적합했다고 느낄 수도 있다.

Wilkins(2010)는 치료자가 내담자의 경험에 대해 공감 이외의 다른 감정을 가지고 있을 경우에 한해서만 일치성이 다른 조건들에 우선한다는 점을 제시하였다. 위의 시나리오에서처럼 치료자가 내담자의 세계 속에 있을 수 있는 자신의 능력을 방해하는 감정이나 생각을 경험할 때가 있다. Haugh(2001)은 일치성 반응이 적절한 때를 결정하기 위해 다음의 기준을 추천한다. (1) 치료자의 감정이 조건들을 공급하는 것을 방해할 때, (2) 그러한 감정이 끊임없이 지속될 때, (3) 일치성을 표현하지 않는 것이 관계에서 치료자의 진실하지 않은 상태를 초래할 때, (4) 혹은 그 이전 지점을 기준으로 평가할 때가 적절한 때이다. 그러나 치료자가 일치성을 보이도록 권장하는 것이 내담자에 대한 견해를 표현하는 것이나 반박하는 것 또는 치료자의 자기 개방에 관해 허용하는 것은 아니다.

일치성은 CCPT 문헌에서 많이 탐구되지 않은 개념이다. Landreth(2002)는 공감과 무조건적 긍정적 존중에 대한 운용상의 표현을 언급하였으나, 자기-수용이 놀이치료실 안에서 치료자가 진실할 수 있는 능력으로 이끈다는 사실을 상정함으로써 일치성은 치료자의 자기-수용의 진술을 통해서만 언급되었다. Landreth는 치료자가 스스로를 수용할 때 놀이 관계에서의 일치성이 인간중심 이론에 근거한 논리적 결론이며 자연스러운 결과가 될 것이라는 가정을 한 것으로 보인다. Ryan과 Courtney(2009)는 일치성에 대한 영국적 접근법을 미국적 접근법과 비교하는 비평으로 연구 문헌에 기여하였다. 그들은 미국의 주요 CCPT 전문가들이 영국과 동등한 정도로 일치성에 대한 이론과 실천을 강조하지 않는다고 하였다. 미국의 CCPT 관련 문헌에서 일치성이 최소한으로만 다루어졌다는 그들의 주장에 반해 필자는 놀이치료자의 훈련과 슈퍼비전에서 일치성에 대한 훈련이 깊이 있게 다뤄진다고 주장하는 바이다. 놀이치료 슈퍼바이저로서 필자의 경험에 의하면 치료자의 일치성을 촉진시키는 것은 치료자가 기본적인 기술을 획득한 이후 중점적으로 슈퍼비전해야 할 부분이다. CCPT 치료자들은 아동과의 관계에서 진실할 수 있는 능력에 특별한 관심이 있으며 내담자를 위하여 이 진정성을 어떻게 의사소통할 수 있는지에 대해 해결하려고 고심한다. 필자는 진정성에 가장 커다란 장벽은 치료자가 무조건적 긍정적 존중의 치유적 요인에 대한 신뢰가 부족하기 때문이라는 가설을 세울 수 있다. 초보 및 경력 놀이치료자들은 종종 무조건적 긍정적 존중을 아동의 실현 경향성을 해방시키기 위한 토대로 받아들이는 데 실패하고, 그런 이유로 비지시성의 진실한 표현에 있어서 애를 먹는다.

일치성이 기술은 아님에도 불구하고 일치성은 초보 놀이치료자에게 어려운 고급 임상 개념으로 보인다. 일치성은 치료자의 자기-인식(self-awareness) 및 자기감과 긴밀하게 연관되어 있다. 자기-존중의 부족은 치료자로 하여금 부적절한 감정을 숨기는 데 이르게 해서 표면적인 유능감으로 이러한 감정을 대체하도록 한다. 이미 다루었던 바와 같이 이러한 자기-존중의 부족은 불가피하게도 공감과 무조건적 긍정적 존중의 표현을 방해한다. Wilkins(2010)는 일치성이란 "다른 사람의 경험에 집중하는 동안 당신의 경험에 있어 자유로운 흐름을 허용하기 위해 자신을 믿고 충분히 편안한 상태가되는 것"(p. 219)이라고 표현했다.

내담자의 변화에 필수적인 치료자의 세 가지 조건은 깊고 견고한 인식뿐만 아니라 그러한 인식에 대한 치료자의 반응 또한 포함한다. 그 조건은 한 사람으로서의 치료자 전체를 요구한다. CCPT는 치료자에게 어떤 것을 '하는 것'이 아니라 어떤 사람이 '되는 것'을 요구한다. 이것은 놀이치료자에게 벅찬 과제가 될 수 있고 이러한 노력에 대한 지원이 필요하다. 아마도 CCPT 치료자 훈련을 위한 최고의 도구는 개인 상담(personal counseling)에 참여하는 것이다. 뿐만 아니라 개인적 상담은 장기적인 전문적 임상을 위한 최고의 도구이다. 상담은 치료자가 판단 없이 무조건적 긍정적 존중, 향상된 자기-인식, 그리고 자기-수용에 대한 감정을 탐구할 수 있는 환경을 제공한다. 또한 상담은 치료자가 내담자로서 개인적인 입장에서 치료 과정의 힘이 표출되는 조건들을 경험할 수 있는 기회를 제공함으로써 치료적 과정의 촉진을 지속하도록 격려한다.

Wilkins(2010)는 스트레스를 겪는 상황에서는 자기-구조의 일부를 보호하고자 하는 치료자의 욕구가 증가되기 때문에 치료자 소진은 일치성에 대한 능력의 감소를 내포한다고 하였으며, 치료자의 개인적 자원을 덜 요구하는 문제중심적 치료에 이르게 된다는 점을 경고하였다. 숙련된 놀이치료자는 일생에 걸친 전문적 임상 과정 동안 개인 상담의 지원을 가치 있게 여길 것이다.

지식과 기술

놀이치료자의 가장 중요한 자산은 공감, 무조건적 긍정적 존중, 그리고 일치성이라는 치료자의 조건들을 통합하고 표현하는 것이다. 그렇지만 놀이치료자는 그 조건들의 표현을 도와줄 특정한 학습 경험이 포함된 구체적인 지식과 기술을 필요로 한다.

지식

필자의 경험에 따르면 놀이치료자는 놀이를 통해 아동을 상담하는 것이 어떤 것인지를 알리는 기본적인 지식이 부족한 것으로 보인다. 종종 경력 있는 놀이치료자도 아동 발달 혹은 놀이 과정 자체에 대하여 제한된 지식을 가지고 있다. 수년 전에 피아제 혹은 Erikson의 발달 단계를 읽고 암기했을 것이나 그 이후로 초기의 지식을 기억해야 하거나 아동 및 발달과 관련된 최근의 학문적 문헌을 읽어야 할 급박감을 느껴 보지 않았던 것으로 보인다. 종종 놀이치료 학회에 참가할 때 필자는 발표자가 발표에 대한 최신 방법론이나 기법에 대한 개념적 틀을 제공하기도 하고 그렇지 못하기도 한 출처를 한두 군데 인용하는 것으로 그치는 것을 목격한다. 임상을 입증하는 이론이나 연구적 토대에 근거하지 못하는 별로 관계도 없는 인용문을 열거하려는 어정쩡한 시도를 본다. 필자의 발언이 비판적으로 들릴지 몰라도, 경험이 많은 놀이치료자의 임상을 위한 지침도 학문적 지식에 기초하고 있지 않다는 것이 관찰된다. 이것은 우려되는 추세로 지속적으로 효과성을 향상하기 위해 적극적으로 지식을 추구하는 숙련된 놀이치료자에 의해 교정되어야만 한다.

　〈표 4.1〉은 효과적인 놀이치료 임상에 영향을 미치는 지식에 대한 개념을 모아 놓은 것이다. 이 목록은 광범위하여 처음 읽을 때는 벅찰 수도 있다. 하지만 CCPT는 아동

표 4.1 효과적인 놀이치료의 임상을 위해 필요한 지식 개념

아동 발달 이론	아동 발달에서의 놀이의 역사와 역할
상담과 심리치료에 대한 현재 및 역사적 이론	놀이치료자의 임상 방향을 지지하는 철학과 이론
아동에게 적합한 의학적 지식	**진단 범주를 위한 기준**
아동 및 성인을 위한 정신약리학적 약물의 역할과 통용	놀이치료자가 부딪치는 전형적인 주호소 문제에 대한 기원, 증상, 예후, 역사 그리고 현재의 연구
지역학교에서 사용되는 현재의 교육 방법론	현재 문화에서 대중적인 양육 방식
아동과 아동의 정신건강 개입에 영향을 미치는 문제에 대한 현재의 학문적 연구	문헌 및 연구를 비판적으로 분석할 수 있는 지식

과 상담에 대한 일반적인 지식으로부터 주호소 문제들에 대한 구체적인 지식에 이르기까지 다양한 영역에 대한 전문 지식의 수련을 포함한다. CCPT는 대부분의 성인치료의 임상적 범위를 넘어서는 폭넓은 지식 기반을 요구한다. 이 목록은 배타적이 되려는 의도가 아니며 놀이치료자가 여러 가지 다른 영역에 대한 추가적인 지식을 얻는 것이 유익하다는 것을 표명한다.

1. 아동 발달은 CCPT 임상을 위한 기초적인 지식이다. 놀이치료자는 일반적인 아동기의 신체적, 정서적, 인지적, 도덕적, 성적, 사회적 그리고 정체성의 단계에 대한 이해를 갖추어야만 한다. 발달에 대한 일반적 경험에 대한 지식은 놀이치료자가 아동 내담자의 현재 상황을 이해하고 안내하도록 돕고, 이는 부모 상담에도 영향을 미친다.

2. 만약 치료자가 놀이라는 양식을 선택하면, 특히 아동기 발달 단계의 맥락에서 놀이 발달의 역사와 현재의 놀이 역할에 대한 광범위한 이해가 있어야만 한다.

3. 놀이치료는 이론이 아니라 양식(modality)이다. 놀이치료는 다양한 이론적 신념 체계를 바탕으로 실행된다. 놀이치료자는 내담자를 상담하고 이해하는 것을 돕기 위해 오늘날의 상담과 심리치료 및 역사적 이론들과 관련된 지식을 가지고 있어야만 한다.

4. 합리적 근거를 갖고 일관성 있게 치료하는 치료자는 놀이치료의 임상 방향을 지

원하는 철학과 이론에 대한 광범위한 지식을 보유하여야만 한다. 그러한 지식은 적합한 이론에 근거한 놀이치료 임상에 대하여 손쉽게 접근할 수 있는 정의와 근거를 포함한다.

5. 아동에 대한 일반 의학 지식은 아동 내담자의 신체적 발달을 이해하는 데 필수적이다. 의학 지식은 일반적인 아동기 의학적 문제에 대한 두뇌 발달, 유전적 영향, 증상, 치료 예후를 포함한다.

6. 이론적 방향에 구애받지 않고 진단 기준에 익숙해지는 것은 놀이치료자에게 유익하다. 놀이치료자는 특정한 환경에서 일하기 때문에 진단을 부여하지 않는다 할지라도 아동은 많은 경우 이미 명명된 진단명을 가지고 놀이치료에 올 것이다. 진단 기준에 대한 지식은 놀이치료자가 다른 전문가들과 소통하는 것을 도울 뿐만 아니라 내담자의 행동과 관련된 정보를 제공하는 데 도움이 된다.

7. 정신약리학적 약물이 급속도로 많은 아동에게 처방되고 있다. 약물은 심각한 부작용뿐만 아니라 유익이 있으므로 놀이치료자는 현재 통용되고 있는 약물과 그와 관련된 특정 진단명과의 관계를 알고 있어야 한다. 게다가 놀이치료자는 아동이 복용하는 약물만 알고 있어야 하는 것이 아니라 특정한 약물을 복용하는 아동을 보살필 수 있는 능력을 모니터링하기 위해 부모가 복용하는 약물에 대해서도 알고 있어야 한다.

8. 놀이치료자가 모든 주호소 문제에 대해 완전한 지식을 갖추는 것은 불가능하다 할지라도 놀이치료자가 직면하게 되는 전형적인 주호소 문제에 대한 기원, 증상, 예후, 역사, 그리고 현재의 연구 등에 대해서 익숙해지려는 시도를 해야 한다.

9. 아동은 대개 가정보다 학교에서 더 많은 시간을 보내므로 학교에서의 과정과 생활에 대한 이해를 갖는 것은 아동을 상담할 때 필수적인 부분이다. 놀이치료자는 지역학교에서 교육, 훈육, 그리고 발달을 위해 사용되는 현재의 교육적 방법의 동향을 잘 알아 두어야만 한다.

10. 정보는 누구나 손쉽게 구할 수 있는 것이기 때문에 부모들은 새롭고 미심쩍은 양육 기술에 대한 정보를 끊임없이 접하고 있다. 놀이치료자는 부모와의 관계와 부모 상담을 향상시키기 위해 현재 문화에서 많은 사람이 공유하는 양육 방법에 대한 최신 정보를 알고 있어야 한다.

11. 학문적 환경에서 벗어나서 임상만 하는 현역 치료자에게는 어려울 수 있음에도 불구하고 놀이치료자는 아동과 아동의 정신건강 개입에 영향을 미치는 문제와 관련된 학문적 연구의 최신 동향을 익히려는 시도를 해야 한다. 학회와 전문 협회들은 놀이치료자가 최신 정보를 유지하기에 좋은 정보의 출처가 된다.

12. 효과적으로 문헌 연구를 활용하기 위해서 놀이치료자는 연구 결과가 임상에 적절한지 부적절한지를 판별하면서 어떻게 연구를 비판적으로 분석하는지에 대한 지식을 보유해야만 한다.

기술

놀이치료자가 핵심 조건을 이해하고 임상을 위한 근거에 대한 광범위한 지식을 가지고 있다면 이제는 내담자의 유익을 위하여 놀이치료자로서의 사람과 놀이치료자의 지식을 소통하기 위한 기술을 습득할 시간이다. 이 장에서 언급된 개념을 살펴볼 때 아동중심 놀이치료자는 적합한 지식을 근간으로 임상과 조건을 제공하므로 CCPT를 성공적으로 수행할 수 있기 때문에 기술은 오히려 가장 적게 우려되는 부분이다. 그러나 기술은 CCPT 치료자가 조건과 지식을 실제적으로 표현하게 하므로 자신감을 키우도록 돕는다.

반응 범주.   제5장은 놀이치료의 임상에 기초가 되는 반응에 대한 광범위한 목록을 제공한다. 이것은 변화를 위한 필요충분 조건을 표현하는데 치료자가 제공하는 효과적 반응의 범주를 포함한다. 반응은 행동 표현하기(tracking behavior), 내용과 감정의 반영, 의사결정 촉진하기, 창의성 촉진하기, 존중감 키우기(esteem building), 관계 촉진하기, 그리고 제한 설정으로 범주화되었다. 이러한 반응은 각 범주를 위한 대표적인 진술을 명확히 제공함으로써 정의되었다. 반응은 놀이치료자가 변화를 위한 조건을 구체적으로 표현하는 것을 돕는 하나의 기술 세트를 나타낸다.

침묵.   침묵은 특히 놀이치료자에게 중요한 기술이다. 침묵은 쉬운 개념으로 생각될 수 있지만 필자는 침묵을 편안해할 수 있는 치료자의 능력이 학습된 기술이라는 것을 발견했다. 놀이치료에서 아동은 치료자가 제공하는 침묵이 필요할 때가 있다. 이러한 필요는 아동의 침묵, 놀이의 강도, 또는 조용히 해달라고 요청하는 아동의 언어화를 통해 드러날 수 있다. 이러한 시간에 놀이치료자는 여전히 전적으로 아동과 함께하고 있지만 아동의 뜻에 따라서 적절한 침묵의 반응을 제공할 수 있다. 필자는 특히 일상에서 혼돈을 경험하는 아동에게 침묵이 필요하다는 것을 경험하였다. 이러한 침묵 반응은 절실한 언어적 반영만큼 효과적일 수 있고 때로는 그보다 더 효과적이기도 하다. 편안한 침묵은 치료자가 아동을 수용한다는 궁극적인 메시지를 전달한다. "여기서는 아무것도 하지 않아도 돼. 그저 존재하렴. 나는 여기서 너와 함께할 거야."

집중과 마음쓰기.   배경 잡음과 생각을 내 버려서 순수한 접촉이 발생할 수 있게 하는 능력은 놀이치료 임상에 있어서 유익을 주는 집중 또는 마음쓰기의 기술이다. 놀이치료는 신체적 움직임이 있고 언어적 접촉이 부족한 점을 포함하기 때문에 치료자는 종종 주의가 산만해져서 아동과의 연결이 끊어질 수 있다. 치료자가 현재의 순간에 존재하고 경험에 대해 전적으로 개방적일 때 이것은 내담자에 대해 전적으로 공감적 경험을 하는 환경을 제공할 수 있다. 치료자는 집중하기(focusing), 마음쓰기(mindfulness), 또는 묵상(meditation)을 통하여 치료를 준비하는 데 도움을 받는다. 단순한 숨 쉬기 기법도 치료자로 하여금 접촉을 만들고 다가오는 관계적 경험에 자신을 개방하도록 하는 힘을 북돋아 줄 수 있다.

조직.   놀이치료는 많은 다양한 구성을 가지고 있기 때문에 조직하는 능력은 효과적인 임상을 위해 필수적이다. 아동 상담은 아동 회기, 부모 상담 회기, 학교 면담, 그리고 다른 보호자들과의 만남들의 일정 관리를 포함한다. 게다가 놀이치료자는 회기마다 동일한 구조 아래 놀잇감을 제공해야 하므로 놀이치료실을 잘 정리해 놓아야 한다. 그리고 마지막으로 모든 치료에서처럼 놀이치료자도 동의서, 외부 연계를 위한 정보 공개, 치료 계획, 회기 요약, 평가, 최종 치료 요약 등을 포함한 내담자의 최근 기록을 보관할 필요가 있다.

개념화.   놀이치료사가 놀이와 아동 발달에 대한 지식과 상담을 개별화된 독특한 개인과 내담자의 맥락으로 통합할 수 있는 것은 전체적인 관점으로 내담자를 개념화하는 결과를 갖는다. 이 모든 정보를 내담자에 대한 일관된 이해와 설명으로 동화하는 것은 놀이치료자가 일관성 있고 이론적으로 지지받는 방법으로 관계에 접근하도록 돕는다. 초보 놀이치료자는 하나의 완성된 그림을 위해 모든 퍼즐 조각을 맞추는 것에 어려움을 겪는다. 반면에 숙련된 놀이치료자는 안일해져서 내담자에 대해 전적으로 생각해 보는 시간을 갖지 않고 오히려 과거의 성공적인 경험에 의존하는 경우도 있다. 개념화는 놀이치료자가 현재 내담자의 독특한 상태를 맥락 안에서 이해하는 데 중점을 두도록 돕는다. 이러한 중점은 놀이치료실에서와 부모 상담에서 더욱 의도적인 반영을 하도록 이끈다.

조건, 지식, 기술을 촉진하는 경험

치료자는 공감, 무조건적 긍정적 존중, 진정성, 지식, 그리고 훈련을 통한 기술, 슈퍼비전, 자문을 통해 발전할 기회를 제공받을 수 있다. 다음은 치료자를 발달시키고 격려하는 데 도움을 줄 수 있는 추천할 만한 경험과 자격에 대한 목록이다.

1. 인간중심 또는 인본주의적 배경을 가진 치료자와의 개인치료
2. 아동 발달, 상담 이론, 놀이치료와 관련된 다양한 교육 과정
3. 진단, 신체 발달, 증상 완화, 정신약리학을 포함하는 의학적 모델과 관련된 다양한 교육 과정
4. 숙련된 놀이치료자가 제공하는 놀이치료 회기에 대한 관찰
5. 놀이치료 회기에 대한 비디오 녹화
6. 다양한 배경과 주호소 문제를 가진 내담자와 놀이치료를 경험할 수 있는 일련의 임상 교육 과정
7. 놀이치료 회기에 대한 즉각적인 피드백이 있는 현장 슈퍼비전(live supervision)과 녹화된 비디오 몇 회기분에 대한 피드백을 받는 슈퍼비전
8. 정신건강 전문 분야 석사학위
9. 녹화된 회기에 대한 지속적인 개인적 검토
10. 놀이치료자 동료와의 지속적인 구조화된 자문
11. 이수 교육(continuing education) 과정의 참여
12. 정신건강 전문 학회 회원 자격
13. 인간중심 이론과 아동중심 놀이치료에 대한 지속적인 독서
14. 아동 정신건강 및 개입에 관련된 최근 학회 논문에 대한 학습

참고문헌

Axline, V. (1947). *Play therapy*. New York: Ballantine.

Bozarth, J. (1998). *Person-centered therapy: A revolutionary paradigm*. Ross-on-Wye: PCCS Books.

Bozarth, J. (2001a). Beyond reflection: Emergent modes of empathy. In S. Haugh and T. Merry (Eds.), *Empathy. Rogers' therapeutic conditions: Evolution, theory and practice* (Vol. 2, 131–143). Ross-on-Wye: PCCS Books.

Bozarth, J. (2001b). An addendum to beyond reflection: Emergent modes of empathy. In S. Haugh and T. Merry (Eds.), *Empathy. Rogers' therapeutic conditions: Evolution, theory and practice* (Vol. 2, 144–154). Ross-on-Wye: PCCS Books.

Cornelius-White, J. (2007). Congruence: An integrative five-dimension model. *Person-Centered and Experiential Psychotherapies, 6*(4), 229–239.

Haugh, S. (2001). A historical review of the development of the concept of congruence in person-centred theory. In G. Wyatt (Ed.), *Congruence. Rogers' therapeutic conditions: Evolution, theory and practice* (Vol. 1, 1–17). Ross-on-Wye: PCCS Books.

Landreth, G. (2002). *Play therapy: The art of the relationship*. New York: Routledge.

Rogers, C. (1957). The necessary and sufficient conditions of therapeutic personality change. *Journal of Consulting Psychology, 21*(2), 95–103.

Rogers, C. (1975). Empathic: An unappreciated way of being. *The Counseling Psychologist, 5*(2), 2–10.

Ryan, V., & Courtney, A. (2009). Therapists' use of congruence in nondirective play therapy and filial therapy. *International Journal of Play Therapy, 18*(2), 114–128.

Wilkins, P. (2010). *Person-centred therapy: 100 key points*. London: Routledge.

Chapter 05

놀이치료의 기본

초보 놀이치료자는 치료 과정의 기본적인 기술을 먼저 익혀야 한다. 기본 기술이란 치료실을 준비하는 것, 놀잇감을 선택하는 것, 그리고 아동과 함께할 때 효과적인 언어적·비언어적 방법을 사용하는 것을 포함한다. 이 장은 초보 놀이치료자들을 위해 기본적인 기술을 간략하게나마 살펴보려는 목적으로 쓰였다. 놀이치료의 기본에 대한 더 자세한 정보를 원한다면 Landreth(2002)와 Kottman(2003)의 저서를 살펴보기 바란다. 놀이치료자가 더 고차원적인 놀이치료의 개념으로 나아가기 이전에 수용과 이해의 환경 가운데 놓인 아동과 관계를 형성한다는 것은 필수적이다. 놀이치료의 기본은 이러한 타입의 환경을 제공하고자 기술을 활용한다.

놀이치료실

아동을 만나기 전에 놀이치료자는 아동기의 문화가 반영되어 있는 환경을 준비한다. 이러한 환경은 놀이치료실이다. 놀이가 아동의 발달적인 언어이기 때문에 놀이치료실은 아동이 명확히 말할 수 있도록 돕는 놀잇감으로 채워지고 구성된다. 놀이치료실의 크기는 아동이 너무 넓은 공간에 주눅들지 않으면서도 자유롭게 이동할 수 있는 충분한 공간이어야 한다. Landreth(2002)에 의하면 이상적인 놀이치료실은 3.7×4.6미터이다. 이것이 이상적인 놀이치료실이기는 하지만 많은 치료자들은 환경의 제약 때문에 공간을 절충하기도 한다. 놀이치료는 다양한 크기의 공간에서 효과적일 수 있다. 놀이치료실에 반드시 필수적인 것은 놀잇감을 놓을 수 있는 선반과 자유롭게 움직일 수 있는 공간이 있는 것이다. 이상적인 형태는 물이 있는 싱크대, 카펫이 깔리지 않은 바닥, 내구성이 있는 페인트가 칠해진 벽, 카메라와 관찰이 가능한 쌍방경 거울을 갖추는 것이다. 〈그림 5.1〉과 〈그림 5.2〉는 이상적인 형태의 놀이치료실의 모습을 보여 준다.

놀이 도구

놀이치료실을 위한 재료는 놀잇감, 공예재료, 물감, 이젤, 인형극장, 모래상자, 아동 가구가 포함된다. 놀잇감을 고를 때 가장 중요한 것은 그 놀잇감이 '놀이치료실의 목적을 드러내는가'이다. 놀이치료실에 있는 모든 놀잇감과 놀이 도구들에 대해 놀이치료자는 다음과 같은 질문을 해야 한다.

1. 이것은 이 방을 사용하는 아동에게 어떠한 치료적 목적을 제공할 것인가?
2. 이것은 어떻게 아동이 자신을 표현하도록 도울 것인가?
3. 이것은 내가 아동과 관계를 성립하는 데 어떻게 도움을 줄 것인가?

치료자가 목적을 가지고 선택할 때 적절한 선택은 더 분명해진다. 필자는 전에 25개의 크고 작은 동물인형으로 채워진 놀이치료실을 물려받은 적이 있다. 인형이 너무 많아서 방에서 공간을 너무 많이 차지하고 있었다. 나중에 알게 된 것이지만 그 25개의 인형은 지역사회에서 기증받은 그대로였다. 위에 언급한 질문을 필자가 스스로에게 물어보았을 때, 1~2개의 동물인형은 아동을 편안하게 해주고 공격성을 표현하도록 도우며 양육과 보호를 표현할 수 있겠다고 결론지었다. 그러나 25개가 전부 필요하다고는 생각되지 않았다. 필자는 각각의 동물인형을 하나씩 살펴보고 어떤 것이 아동의 표현을 돕는 데 가장 도움을 줄 것인지 고려한 후에 2개만 선택하고 나머지는 자선단체에 기부했다. Landreth(2002)에 의해 명명된 이러한 (단순한 수집이 아닌) 신중한 선

그림 5.1 놀이치료실 앞쪽의 전경

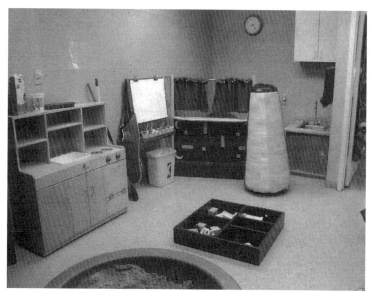

그림 5.2 놀이치료실 뒷쪽의 전경

택은 치료자로 하여금 어떤 놀잇감들이 치료 과정에 중요한 것인지에 대해 초점을 맞추도록 돕는다. 컴퓨터 게임, 보드 게임, 퍼즐, 책과 같은 놀잇감들은 위의 한두 가지 질문에는 그 기준에 부합할 수 있겠지만 세 가지 기준에 전부 부합되지는 않는다.

처음 놀이치료실을 구성할 때 놀이치료자는 다양한 종류와 광범위한 개수의 놀잇감과 놀이 도구에 압도될 수 있는데, 그 공간이 제한적일 경우 더욱 그러하다. Kottman (2003)은 다섯 가지 일반적인 영역에 대한 놀잇감의 범주화를 제시한다. 가족/양육 놀잇감, 무서운 놀잇감, 공격적 놀잇감, 표현적 놀잇감, 가장/상상적 놀잇감이 그것이다. 놀잇감을 선택할 때의 이러한 전체적인 접근은 초보 놀이치료자에게 도움이 될 것이다. 〈표 5.1〉은 Kottman에 의해 제시된 구체적인 놀잇감에 대한 목록이다.

가족/양육의 범주를 보자면 이 놀잇감들은 청소나 빨래를 하든지, 밥을 주거나 옷을 입히든지 아동에게 가정환경에서 보는 어른이나 아이의 역할을 할 수 있는 기회를 제공한다. 무서운 놀잇감은 두려움을 불러일으키는 거미나 뱀과 같은 놀잇감을 포함한다. 무서운 놀잇감은 아동이 스스로의 공포나 불안을 다루는 것을 돕는다. 치료실에서 한 아동은 큰 거미에 대해 두려움을 표현했다. 아동은 그것을 보자마자 소리를 지르고 손가락 끝으로 그것을 살짝 집어서 휴지통에 던져 버렸다. 그러고는 있는 종이를 다 동원해서 그것을 덮어 버렸다. 매주 놀이치료실에 오면 그 아동은 입실과 동시에 제일 먼저 거미를 휴지통에 버리고 나서야 다른 놀이를 했다. 시간이 지남에 따라 거미를 묻어 버리는 행동을 덜하게 되었고 결국엔 거미에 대해 신경 쓰지 않고 놀이를 할 수 있게 되었다. 놀이치료를 통하여 일상생활에서도 불안함을 점점 덜 표현하게 되었다는 어머니의 보고가 있었다.

공격적 놀잇감을 치료실에 포함하는 것은 놀이치료 분야에 있어서 다양한 견해를 가진다. 공격적 놀잇감을 사용하는 이유는 그것들이 분노와 힘 및 통제에 대한 전적인 표현을 가능하게 하기 때문이다. 총이나 칼과 같은 공격적 놀잇감은 이 사회에 만연해 있는 폭력에 대한 명백한 모형이다. 아동도 이 사회의 구성원이기 때문에 이런 놀잇감을 사용하여 자신의 내적인 폭력성, 또는 좀 더 심리적인 용어로 내적인 혼란과 분노의 감각을 표현한다. 놀이치료실에 공격적인 놀잇감을 놓아 두는 것은 아동이 공격적인 성향을 표현하도록 하는 가장 직접적인 방법이다. 제10장에서 공격성에 대한 더 깊은 토론과 분석이 제시될 것이다.

표현적 놀잇감은 미술이나 공예재료들을 포함하고 창의성의 표현을 제공한다. 이것들은 아동의 긍정적이고 부정적인 감정 모두를 표현하는 데 사용되며, 놀이치료실에

표 5.1 놀잇감 범주와 놀잇감들

놀잇감 범주	놀잇감의 예	
가족/양육	인형의 집, 아기인형, 아기침대, 동물 가족인형, 사람인형, 아기 옷, 아기 우유병, 푹신한 인형, 아동 사이즈의 흔들의자, 따뜻하고 부드러운 담요	냄비, 그릇, 숟가락, 젓가락, 놀잇감 청소용품(빗자루 등), 구부러지는 가족인형, 모래상자 안의 모래, 가족으로 사용될 수 있는 인간 모형의 인형들, 빈 그릇, 나무나 플라스틱으로 된 부엌용 도구
무서운	플라스틱 뱀, 쥐, 괴물, 공룡, 벌레	용, 상어, 악어, 위험한 동물을 대표하는 다양한 인형
공격적	펀칭백, 무기(다트총, 총알, 칼, 검), 놀잇감 군인들과 군대용 차, 베개 싸움을 위한 작은 베개	고무로 만든 야구 방망이, 플라스틱 방패, 수갑
표현적	이젤과 물감, 수채화물감, 핑거 페인트, 크레용, 싸인펜, 색연필, 풀, 신문지, 플레이도우나 찰흙, 연필, 가위, 스카치테이프, 계란판	모루(파이프 클리너), 스티커, 반짝거리는 작은 장식용품, 구슬, 실과 바늘, 인형을 만들 수 있는 양말, 갈색 작은 봉투, 실, 포스터 보드, 색깔 있는 종이, 전지, 잡지
가장/상상적	가면, 의사놀이, 요술 봉, 블록과 집짓기 재료, 천 조각, 사람인형, 동물인형, 다리미/다림대, 전화기(2개)	동물원과 농장의 동물들, 인형극장, 기사와 성, 큰 베개, 우주인/외계인, 모자, 보석, 가방, 옷, 자동차, 트럭, 비행기 등 상상적인 인형

출처 : From Kottman. T.(2003). *Partners in play: An Adlerian approach to play therapy*(2nd ed). Alexandria, VA: American Counseling Association.

들어서는 대부분의 아동은 이러한 놀이 도구를 치료의 적절한 시점에서 사용할 것이다. 100명의 우리 내담자들을 대상으로 한 작은 비공식적인 연구에 의하면 물이 가장 많이 사용된 놀잇감이었다. 이젤/물감은 두 번째로 많이 사용된 것이었다. 이 두 가지의 재료는 표현적이며 아이들에 의해 창의적으로 사용된다. 변장용 복장, 인형, 의사 놀이 놀잇감과 같은 가장/상상적 놀이의 놀잇감은 아동으로 하여금 안전한 환경에서 성인의 세상을 심도 깊게 탐색해 보도록 돕는다.

놀이치료실을 구성하기 위해 범주화에 따라 놀잇감을 개념화하는 것은 도움이 되기도 하지만 효과적이고 표현적 놀잇감은 아동에 따라 다양한 방법으로 사용될 수 있다는 것을 주시해야 한다. 예를 들면, 칼이 안전을 위해 치료자를 자유로이 풀어 주는 데 사용될 수 있는 반면에, 아기 우유병은 아기인형을 숨 막히게 하는 데 사용될 수도 있다. 껴안을 수 있는 푹신한 곰 인형은 작은 사자를 질식하게 하는 데 사용될 수 있는 반면에, 펀칭백은 치료시간 내내 껴안고 있는 것으로 사용될 수도 있다. 놀잇감의 성공적인 선택은 놀이치료자가 아동이 그것을 다양한 표현의 목적으로 사용하고 있다는 것을 이해할 때 분명해진다.

놀이치료실 환경은 표현을 위해 놀잇감을 제공할 뿐 아니라 일관성과 질서에 대한 감각을 전달한다. 아동이 놀이치료에 참여함에 따라 그들은 놀이치료실과 치료자의 일관성을 신뢰하는 것을 배운다. 놀이치료실의 놀잇감은 비슷한 범주들을 함께 붙여 놓아 논리적으로 이해될 수 있게 배열해야 한다. 그리고 가장 중요한 것은 놀잇감은 아동이 올 때마다 매번 같은 장소에 있어야 한다는 것이다. 이것은 이 장소가 아동이 정말로 알고 있는 곳이며 안전하다고 느낄 수 있는 장소라는 메시지를 전달하도록 돕는다. 아동은 놀이치료실에서 환경을 전적으로 통제하는 것을 통하여 자신의 삶에 있는 어려움을 표현하고 해결하고자 진보해 나갈 수 있다. 만약 놀잇감이 놀이치료실 안에 흩어져 있고 회기에 따라 다른 장소에 놓여 있다면 놀이치료자는 가정/외부의 맥락 속에서 혼란스러워하는 아동의 경험을 강화하고 있는 것이다. 정리되어 있지 않은 놀이치료실에서 자신이 원하는 놀잇감을 불안한 마음으로 찾아야 할 때 아동은 자신의 필요를 채우기 위해서는 '싸워 내야' 한다는 것을 배우고, 이 환경도 자신에게 어려움을 줬던 다른 환경들과 별반 다르지 않다는 것을 배우게 된다.

비언어적 기술 : 존재의 방식

물리적 환경이 아동을 초대하는 공간으로 구성되어야 하는 것처럼 놀이치료자 또한 아동을 초대하고자 하는 모습을 전달할 수 있어야 한다. 놀이치료에 있어서 비언어적 기술은 언어적 기술과 동등하게 중요하며, 어쩌면 언어적 기술보다 더 중요할지도 모른다. 아동은 비언어적인 세계에서 자신을 표현하기 때문에 놀이치료자가 그와 같은 비언어적 표현을 사용하는 것은 효과적이다. 비언어적 기술의 사용은 치료자의 진정성과 개인적인 특징에 많은 영향을 받는다. 이 부분은 제4장에서 자세히 기술되었다. 노스텍사스대학교의 Center for Play Therapy(CPT)에서는 초보 놀이치료자를 훈련할 때 특정 기술을 강조하고 있다. 수십 년간 CPT에서 놀이치료자를 훈련하고 슈퍼비전하는 동안 놀이치료 과정에 있어 특정한 기술이 중요하다는 것이 드러났다.

치료자는 아동과 함께 놀이치료실에 들어올 때 아동이 주도할 수 있는 환경을 제공하기 위해서 많은 노력을 기울인다. 치료자는 방에 있는 지정된 의자에 앉고 아동이 초대하기 전에는 아동의 물리적인 공간이나 놀이에 들어가지 않는다. 치료자는 아동을 향해 열린 자세를 유지하고 앞으로 조금 수그리며 아동을 향해 열려 있음을 표현하고자 팔다리도 편안하게 한다. 치료자는 아동에게 집중하고 관심을 가진다. 치료자는 현재에 집중하려 노력하고 다른 생각을 하지 않는다. 초보 치료자에게는 가끔 어려운 일일 수 있으나 치료자는 회기 동안 긴장하지 않으며 아동과 상황에 대해 편안한 상태를 유지한다.

목소리 톤은 감정적인 단계에서 아동과 연결하기 위한 치료자의 능력을 전하는 것이다. 치료자의 목소리 톤에 대해 논할 때 두 가지 고려사항이 있다. 첫째, 치료자의 목소리 톤은 아동에 의해 표현된 감정의 정도와 일치해야 한다. 종종 초보 치료자들은 너무 과잉된 만화 같은 목소리로 아이에게 반응한다. 이것은 많은 어른이 아동에게 표현하는 방법이다. 초보 치료자들은 자신이 아동을 행복하게 만들어 주는 역할을 하고 그 역할의 달성을 위해 자신의 어조를 사용한다는 발상을 한다. 치료자의 톤이 아동의 목소리 톤을 맞추는 것은 아동이 표현한 감정에 대해 치료자가 수용과 진실한 이해도를 가지고 있다는 것을 나타낸다. 둘째, 치료자의 목소리 톤은 치료자 자신의 반응과 감정에 일치해야 한다. 언어적 반응과 비언어적 반응을 일치시키는 것은 진정성을 표현한다. 아동은 치료자를 한 사람으로서 더 깊이 경험하게 된다. 예를 들어, 아동이 우연하게 놀잇감으로 치료자를 때렸을 때, 치료자가 깜짝 놀라거나 화가 나는 경험을 하지만 무감각한 감정으로 "가끔은 그런일이 있기도 해."라고 반응한다면, 아동은 치료자가 진실하지 않다고 느끼게 되고 이는 관계에 있어서 불신을 초래할 수 있다. 더 효과적이고 일치성이 있는 표현으로는 "아, 정말 아프다. 하지만 여기서도 가끔씩은 사고가 일어나."라고 표현하는 것이다.

언어적 기술

CCPT는 놀이치료자를 치료적인 의사소통으로 이끄는 언어적 반영의 명확한 목록들을 제공함으로써 유익을 주었다. 치료적인 반응을 전달하는 것은 아동을 효과적으로 만나는 것에 있어서 아주 중요한 부분이다. 두 가지의 전달 기술에 주목해 보자. 첫째, 놀이치료는 아동의 제한적인 언어 능력을 인식하기 때문에 짧은 치료적 반응을 중요하게 여긴다. 반응이 길면 아동은 흥미를 빠르게 잃고 혼란스러워하며, 이는 치료자의 이해가 부족했음을 전달한다. 둘째, 치료자의 반응의 빈도는 아동의 상호작용과 부합해야 한다. 만약 아동이 조용하고 내성적이라면 놀이치료자는 반응을 천천히 해야 할 것이다. 반대로 아동이 높은 수준으로 상호작용하고 말도 많은 편이라면 놀이치료자는 아동의 이러한 에너지 수준에 맞는 반응의 빈도를 보여야 할 것이다. 치료 초기에 새로운 환경에 놓인 아동에게 침묵은 불편한 것이 될 수 있기 때문에 놀이치료자의 반응 빈도는 잦을 수 있다. 이후 회기를 진행하면서 놀이치료자는 아동에게 적합한 속도로 반응하는 것을 배우게 될 것이다. 아홉 가지의 치료적 언어 반응의 목록을 살펴보면 다음과 같다.

이 중의 몇몇은 Ginott(1961), Axline(1947), Landreth(2002)에 의해 제시되었고 나머지는 필자의 놀이치료 경험에 의한 것이다(Ray, 2004).

1. **행동 표현하기.** 행동 표현하기는 놀이치료자의 반응 중 가장 기본이다. 치료자는 눈에 보이고 관찰되는 것을 말함으로써 아동의 행동을 언어적으로 묘사한다. 행동 표현하기는 아동으로 하여금 치료자가 자신에게 관심이 있고 수용하고 있다는 것을 알도록 돕는다. 이는 또한 치료자로 하여금 아동의 세계에 들어가도록 돕는다. 아동이 공룡을 집을 때 치료자는 "네가 그것을 집었구나."라고 응답할 수 있다. 아동이 방안을 가로질러 차를 굴리면, "어, 거기까지 쭉 가게 하는구나."라고 말하는 것이 예가 될 수 있다.

2. **내용 반영하기.** 놀이치료에서의 내용 반영하기는 말로 하는 성인 상담에서의 그것과 동일하다. 내용을 반영하기 위해서 놀이치료자는 아동의 언어적 상호작용을 다른 밀로 바꾸어 표현한다. 내용 반영하기는 경험에 대한 아동의 견해를 인정하

고 아동이 자신에 대해 이해하는 것을 명확하게 한다(Landreth, 2002). 아동이 주말에 본 영화에 대해서 이야기할 때 치료자는 "제임스 본드 영화를 보러 갔었구나. 액션이 많은 영화였구나."라고 반응한다.

행동 표현하기와 내용 반영하기는 놀이치료 과정에 있어서 중요하면서도 가장 기본이 되는 기술이다. 이 기술은 아동과의 관계를 구축하도록 도와서 아동이 더 높은 단계의 기술로부터 유익을 얻을 수 있게 한다. 다음에 나오는 기술은 자기 개념, 자기-책임감 발달, 인식 발달, 그리고 치료적 관계의 구축을 촉진한다.

3. 감정 반영하기. 감정 반영하기는 놀이치료에서 아동에 의해 표현된 감정에 대한 언어적 반응이다. 감정 반영하기는 높은 수준의 기술로 여겨지는데, 이는 아동이 좀처럼 언어로 감정을 표현하는 의사소통을 하지 않기 때문이다. 그러나 아동은 꽤 감정적이다. 또한 감정 반영하기는 아동에게 위협이 될 수 있으므로 조심스럽게 표현되어야 한다. 감정 반영하기는 아동이 감정에 대해 인식하도록 함으로써 자신의 감정을 적절히 수용하며 표현하도록 돕는다. 한 아동이 "여기는 말도 안 돼요. 난 집에 가고 싶어요."라고 할 때 치료자는 다음과 같이 반응할 수 있다. "여기 있는 것에 대해서 화가 나는구나. 차라리 집에 있었으면 하는구나."

4. 의사결정 촉진하기, 책임감 되돌려 주기. 놀이치료자의 목적 중의 하나는 아동이 자신의 가능성에 대해 감지하고 그것에 대한 책임을 가지도록 돕는 것이다. 치료자는 아동이 스스로 할 수 있는 것을 대신 해주지 않는다(Landreth, 2002). 의사결정의 촉진과 책임감 되돌려 주기는 아동이 스스로 할 수 있다는 것과 힘이 있다는 것을 경험하도록 돕는다. 한 아동이 "여기서 뭘 해야 하는 거예요?"라고 질문할 경우 놀이치료자는 "여기서는 그림을 그리거나 모래에서 놀 수 있어."라고 대답하여 아동을 주도하고 책임감을 떠맡는 대신에 의사결정을 더 촉진할 수 있도록 "여기서는 네가 결정할 수 있어."라고 반응할 수 있다. 다른 한 예로 아동이 풀 뚜껑을 열려고 하다가 금세 포기하면서 "해주실래요?"라고 하면 치료자는 "그건 네가 스스로 할 수 있는 것처럼 보이네."라고 반응하면서 책임감을 다시 아이에게 돌려 준다. 물론 치료자는 아동이 그 행동을 할 수 있다고 여겨질 때만 책임

감을 되돌려 준다.

5. **창의성, 자발성 촉진하기.** 아동이 자신의 창의성과 자유를 경험하도록 돕는 것은 놀이치료의 또 하나의 목적이다. 창의성에 대한 수용과 격려는 아동에게 자신의 모습 그대로가 특별하다는 메시지를 전한다. 부적응 행동을 보이는 아동은 종종 행동과 생각에 있어서 엄격하고 융통성 없는 방법에 갇혀 있곤 한다. 표현의 자유에 대한 경험은 생각과 행동의 유연성을 발달시키도록 돕는다. 예를 들어, 아동이 "꽃은 무슨 색깔이어야 해요?"라고 묻는다. 창의성을 격려하는 치료자는 "꽃 색깔은 네가 원하는 대로 할 수 있어."라고 대답한다.

6. **존중감 키우기, 격려하기.** 아동으로 하여금 자신에 대해 긍정적으로 생각하도록 격려하는 것은 놀이치료자의 끊임없는 목표 중의 하나이다. 존중감 키우기를 위한 반응들은 아동으로 하여금 자신이 유능하다는 것을 경험하도록 한다. 한 아동이 그림 그리는 것을 자신 있게 끝냈을 때 치료자는 "너가 하고 싶은 대로 만들었구나."라고 말한다. 한 아동이 놀잇감 총알을 총구에 끼려고 몇 분 동안 노력하고 나서 드디어 성공했을 때 놀이치료자는 "해냈구나. 어떻게 하는지 알아냈구나."라고 반응한다.

놀이치료자는 칭찬과 존중감 키우기 반응 사이에서 갈등할 수도 있다. 존중감 키우기 반응은 아동이 외적 평가가 있는 칭찬에 의존하기보다는 본질적인 자기감을 키우도록 돕는 더 깊은 치료적 목적을 가지고 있다. "그거 예쁜 그림이구나.", "나는 네가 한 방법이 맘에 드는데."라는 칭찬의 반응은 아동으로 하여금 치료자를 위해 수행하게 하고 지속적으로 외부적인 강화를 구하게 함으로써 자기감을 약화시킨다. "너는 네 그림이 자랑스럽구나."라든지, "너는 네가 원하는 방법으로 만들었구나."라는 존중감을 키우는 반응은 아동이 내적 평가 기준을 만들어 내적인 책임감을 갖도록 이끌어 준다.

7. **관계 촉진하기.** 아동과 치료자의 관계를 증진하는 데 중점을 두는 반응은 아동이 긍정적인 관계를 경험하도록 돕는다. 치료적 관계는 친밀한 모든 관계의 표본이 될 수 있기 때문에 아동이 관계에 대해서 언급하는 모든 시도에 대해 반응해야 한다. 관계석 반응은 아동에게 효과적인 의사소통 패턴을 배우게 하고 아동에 대한

치료자의 관심을 표현하도록 돕는다. 관계적 반응은 항상 아동과 관련되고 치료자로서의 자기(self)에 대한 부분을 포함해야 한다. 치료자가 자신을 총을 쏘는 대상이 아니라는 제한을 설정하자. "난 선생님이 싫어요. 감옥 속에 집어 넣을 거예요."라고 아동이 반응한다. 관계를 촉진하고자 하는 의도로 치료자는 자신을 향한 아동의 직접적인 분노를 인정하며 "내가 총을 쏠 수 있는 대상이 아니라는 것에 대해 화가 나는구나. 그래서 나를 벌주고 싶은 마음이 드는구나."라고 말한다. 다른 예로 한 아동이 회기가 끝나기 바로 전에 놀잇감을 다 치우고 나서 "보세요. 선생님은 하나도 안 치워도 돼요."라고 말한다면 이러한 관계적 표현에 대해 치료자는 "나를 돕기 위해 뭔가를 하고 싶었구나."라고 대답할 수 있다.

8. 더 큰 의미 반영하기. 더 큰 의미를 반영하는 것은 놀이치료 기술에 있어서 가장 고급 기술이다. 이 기술에 대한 효과적인 이해와 전달을 위해서는 슈퍼비전이 필요하기 때문에 필자는 의도적으로 이것을 CCPT 치료 매뉴얼(이 책의 맨 뒤에 있는 부록 참조)의 언어적 기술 목록에 포함하지 않았다. 치료자는 놀이의 패턴을 깨닫고 언어로 표현함으로써 더 큰 의미를 반영할 수 있다("너는 항상 엄마인형을 가지고 노는구나."). 그리고 더 큰 의미 반영하기는 치료자에게 아동의 놀이 주제와 관련한 반응을 하는 기회를 제공한다("너는 깨끗하고 정돈된 것을 원하는구나.", 제7장 참조). 더 큰 의미를 반영하는 것은 아동이 자신의 놀이에 대한 중요성을 인식하게 하고 아동의 의도와 목적에 대해 치료자가 더 깊이 공감하고 이해하고 있다는 것을 느끼도록 돕는다. CCPT 치료자들은 해석하는 것은 주저하지만, 관찰되고 느껴졌던 경험을 아동이 인식할 수 있도록 가져옴으로써 더 큰 의미를 반영할 수 있다. 예를 들어, (치료적 관계를 오랫동안 맺은 후에) "놀이치료실에 오면 가끔은 네가 모든 것을 다 통제하는 사람이 되기를 원하는구나."라고 말한다. 더 큰 의미로 반영하기는 다루기가 쉽지 않고 특히 언제 사용할지에 대한 타이밍이 참 중요하다. 아동은 이 반응을 평가적이고 침입당한다고 경험할 수 있는데 그렇게 되면 치료 과정에 덜 참여하게 되기도 한다.

9. 제한 설정. 제한 설정은 놀이치료실에서 아동에게 안전감과 일관성을 제공하기 위한 현실적인 경계선을 구축하는 데 사용된다. 제한은 단순히 짧은 지시로 설정되거나 놀이치료자와 아동 간의 복잡한 투쟁으로 발전할 수도 있다. 제한 설정의 본

질은 깊은 토론을 요하므로 제6장에 언급될 것이다.

놀이치료의 기본은 놀이치료실을 어떻게 구성하는지, 아동에게 치료적으로 도움이 되는 환경을 제공하기 위해 기본적인 기술을 어떻게 사용할 것인지에 대한 것을 포함한다. 이 장에서는 효과적인 놀이치료를 시작하기 위해 무엇이 필요한지에 대해 짧게 설명하였다. 이 책의 뒤에 소개된 CCPT 매뉴얼에서 CCPT에 있어서의 효과적인 반응의 메커니즘에 대해 더 자세히 설명한다. 지금 이 시점에서 필자는 제3장과 제4장에서 언급된 CCPT를 지지하는 이론과 놀이치료자로서의 자기에 대해 언급했던 포인트로 다시 되돌아가고 싶다. 필자는 초보 놀이치료자 훈련을 통해 공감적인 이해와 무조건적 긍정적 존중을 표현하는 구체적인 방법의 예를 제공하고 기술들을 정의하는 것이 중요하다고 발견했다. 발달적으로 초보 놀이치료자들은 놀이치료에서의 자신을 안내해 줄 수 있는 명확한 지침을 구한다. 그래서 기술 부분을 여기에 언급하였다. 하지만 놀이치료자의 발달 여정은 치료자 조건, 즉 일치성, 공감적 이해력, 그리고 무조건적 긍정적 존중이 전달되는 유연성에 이르게 한다. 이 장에 언급된 기술은 초보 놀이치료자를 훈련하고 숙련된 치료자들이 자신을 검토하며 초보 놀이치료자들을 슈퍼비전하는 하나의 방법으로 제공되었다. 그러나 모든 놀이치료자의 목적은 구체적인 기술을 뛰어넘어 필수적인 조건을 진실하고 개인적인 표현으로 전달하는 반응이 제공되는 추상적 방법으로 진보하는 것이다.

참고문헌

Axline, V. (1947). *Play therapy*. New York: Ballantine.
Ginott, H. (1961). *Group psychotherapy with children*. New York: McGraw-Hill.
Kottman, T. (2003). *Partners in play: An Adlerian approach to play therapy* (2nd ed.). Alexandria, VA: American Counseling Association.
Landreth, G. (2002). *Play therapy: The art of the relationship*. New York: Routledge.
Ray, D. (2004). Supervision of basic and advanced skills in play therapy. *Journal of Professional Counseling: Practice, Theory, and Research, 32*(2), 28–41.

Chapter 06

제한 설정

놀이치료는 많은 경우 제한 설정을 필요로 하고 특정한 수준의 효과성을 갖기 때문에 이 특별한 기술은 이 장 전체를 할애하며 설명될 필요가 있다. Ginott(1965)가 저술한 부모와 아이는 비록 40여 년 전에 출판되었지만 여전히 오늘날에도 효과적으로 아동의 행동을 제한할 때 허용감(permissiveness)의 균형적 혜택에 대해 자세히 설명하고 있다. Ginott는 그 당시 부모에게 이 기술을 가르쳤지만, 이 기술은 여전히 놀이치료자에게도 적용된다. 허용감이란 아동을 아동 그 자체로 온전히 용납하는 것이다. 놀이치료자는 아동을 자신의 생각, 감정, 소원을 가진 한 인간으로서 수용할 뿐아니라 포용한다. 따라서 아동의 모든 내면적 세계는 놀이치료실에서 용납되고, 허용되게 된다. Ginott는 이와 같은 일이 가정에서도 일어나야 한다고 했다. 그러나 허용감이란 부적절하거나 해로운 행동을 허용한다는 뜻은 아니다. 놀이치료자는 아동이 적절한 방법으로 자신을 표현할 수 있는 행동을 개발하는 것을 배우고 안전함을 느끼도록 도울 수 있는 제한 설정을 할 필요가 있다.

이러한 개념은 상당히 훌륭하지만 막상 실제적으로 적용하려면 놀이치료자는 종종 난관에 봉착하곤 한다. 보통 아동중심 놀이치료 접근에서는 아동의 감정을 언어적으로 표현하는 것과 관련된 허용감이 권장된다. 예를 들어, 아동이 놀이치료자에게 "선생님은 세상에서 제일 바보 같은 어른이에요. 난 선생님이 싫어요. 선생님은 아무것도 몰라요. 그냥 거기에 바보 같이 앉아 계실 뿐이에요."라고 말했다고 해보자. 허용적인 환경은 아동이 놀이치료실에서 자신의 이러한 감정을 충분히 표현할 수 있도록 한다. 이때 놀이치료자는 "나한테 정말 화가 났는가 보구나. 그래서 그러한 말로 내가 상처 입기 바라는구나."라고 응답할 수 있다. 이러한 허용적인 반응은 아동에게 놀이치료자가 아동의 분노를 온전히 수용한다는 것을 이해하게 해주고, 이러한 수용을 통해서 아동은 어떠한 감정도 표현할 수 있을 만큼 치료자를 충분히 신뢰하는 것을 배우게 된다. 더 나아가서 만약 아동이 치료자에게 놀잇감을 던지면서 "난 선생님이 미워요."라고 말했다고 해보자. 놀이치료실에서는 언어를 통한 아동의 자기 표현은 허용되지만 자신이나 치료자를 상하게 하는 것은 수용되지 않는다. 이 경우에 치료자는 "나한테 정말 화가 났나 보구나. 하지만 나는 놀잇감을 던지는 대상이 아니야."라는 제한을 주는 허용적 반응을 할 수 있다. 이 반응은 아동의 감정은 충분히 이해되고 수용되지만 상처를 주는 행동은 용납되지 않는다는 것을 뜻한다. 허용성과 제한성의 경계는 대부분의 놀이치료자에게 매우 도전적이어서 쉽지 않은 부분이다.

의도적 제한 설정

그동안 필자가 놀이치료자를 훈련시키고 슈퍼비전한 경험을 살펴보면 대부분 초보 놀이치료자는 제한 설정이 분명하게 서술되었을 때와 놀이치료실을 위한 규칙을 써 놓을 때 더욱 편안함을 갖는다는 것을 발견하게 된다. 이들의 전형적인 질문은 "놀잇감을 부수는 것은 괜찮은 건가요?", "모래상자에 물을 5컵 부어도 괜찮나요?", "펀치백이나 이젤에 색칠하는 것은 괜찮은 건가요?", "이젤 나무 부분에 색칠을 하는 것은요?" 등과 같은 것이다. 이러한 세세한 질문은 꼬리에 꼬리를 물어 끝도 없다. 왜냐하면 하나는 또 다른 것을 이끌기 때문에 결국 마지막에는 놀이치료실에서 '하지 말아야 할 것'에 대한 명확한 목록을 원한다. 필자는 종종 이러한 질문을 받을 때 한 발자국 물러선다. 그리고 놀이치료자에게 놀이치료실에서 일어난 일이 아동에게 어떤 의미가 있는 것인지, 그리고 어떤 영향을 미치는 것인지에 대해 생각해 보라고 권한다. 이러한 유형의 개념화는 좀 더 효과적인 제한 설정으로 이끄는데 왜냐하면 그 순간에 바로 아동과 치료자 사이에서만 적용되는 일이기 때문이다. 다음은 놀이치료자가 필요한 제한 설정을 결정하는 데 도움을 줄 수 있는 질문이다. 이 질문은 누구나가 분별할 수 있는 분명한 질문부터 모호하고 애매한 질문까지 포함되어 있다.

1. 아동의 행동이 신체적으로 자신이나 치료자 혹은 다른 사람에게 해를 끼치는가? 놀이치료실에서 신체적인 상해는 절대로 수용될 수 없다. 놀이치료자는 아동이 때리거나 발로 차거나 할퀴거나 목을 조르는 등의 행동을 허용해서는 안 된다. 이와 같은 경우에는 제한 설정이 반드시 있어야 한다. 아동이나 치료자가 지각하는 신체적 상해에 대한 공포는 치료적 관계에 도움이 되지 않는다는 분명한 이유가 있다. 신체적 공격성의 허용은 아동에게 상황이 통제불능이라는 메세지를 전달한다. 만약 아동이 치료자에게 신체적으로 해를 끼치는 것이 허락된다면 아동에게 놀이치료실이란 매우 무질서하고 심리적으로 안정적이지 못하며 신뢰할 수 없는 장소라고 여겨질 것이다. 이것은 곧 아동에게 도움이 되지 않았던 (때로는 매우 해롭기까지 했던) 과거에 습득한 대처행동에 의존하게끔 이끌도록 인식하게 할 수 있다.

   이 첫번째 질문에 답을 할때는 매우 조심해야 할 주의사항이 있다. 즉 아동이 자신이나 치료자에게 해를 끼치려고 하는 것과 치료자가 생각하기에 아동이 자신이나 치료자에게 해를 끼칠 것이라고 인식하는 것에는 차이가 있다. 제한은 (단지 가능성이 아닌) 해를 끼칠 것이 매우 임박한 경우에 사용되어야 한다. 허용감은 아동이 자기주도를 배우는 데 매우 필요하고 중요하다는 것을 기억해야 한다. 따라서 치료자는 아동을 신뢰하고 의심해서는 안 된다. 아동이 놀잇감을 집어서 치료자를 향해 던질 것처럼 행동할 수 있다. 다르게 증명되지 않는 한 치료자는 처음부터 아동이 방향을 바꾸어서 다른 쪽으로 놀잇감을 던질 것임을 신뢰한다. 제한 설정은 오로지 아동이 놀잇감을 치료자에게 던지려고 할 때 뿐이다. 논란의 예로 잘 사용되는 다른 경우는 아동이 자신에게 해를 끼치려고 할 때이다. 필자가 놀이치료를 했던 7세 여아는 회기 중 톱니 모양의 플라스틱 칼을 집더니 필자를 빤히 보면서 자신의 손목에 상처를 내기 시작했다. 필자는 이 아동이 가정에서 자해를 하겠다고 협박해 왔으나 한 번도 실행에 옮기지 않았다는 것을 알고 있었다. 아동이 필자를 쳐다보고 있을 때 필자는 "선생님이 너를 어떻게 생각하는지 궁금한가 보구나."라고 반응해 주었다. 아동은 이내 칼로 자신의 손목을 긋더니 앞뒤로 2회 정도 잡아당겼다. 필자는 "그 느낌이 좋지 않았나 보구나. 네가 아팠 겠구나."라고 반응하였다. 필자는 아동이 자기 향상 결정을 할 것이라고 믿어서 제한을 급히 하지 않았다. 때로 이렇게 제한을 급히 하지 않을 때는 두 가지 의미 있는 결과를 갖게 된다. 아동은 협박을 하는 행동의 결과를 경험하고 그것이 신체적으로도 좋은 느낌을 주지 못할 뿐 아니라 기분도 좋아지지 않는다는 것을 깨닫게 할 수 있다. 두 번째는 자신에게 유익을 끼치는 자기 향상 방법으로 행동을 하는 아동의 능력을 관찰할 수 있고 격려할 수 있다. 명백히 그 이후에 아동은 놀이치료실에서나 가정에서 자해를 하는 행동을 하지 않았다.

2. **놀이치료에 방해가 되는 행동인가?** 놀이치료를 행하는 데 필요한 구조적 지침은 제 5장에서 다루었다. 놀이치료 시간은 보통 약 30~50분인데, 이 시간은 아동의 연령과 놀이치료를 하는 환경에 따라 차이가 난다. 그러나 가장 기본적인 것은 놀이치료자는 놀이치료실에서 아동에게 놀이치료를 행해야 한다는 것이다. 따라서 놀이치료실로 갈 때, 놀이치료실 안으로 들어갈 때, 치료실에 머무를 때, 떠날 때 구조적 제한이 따른다는 것은 매우 당연하다. 예를 들어, 아동은 놀이치료실에 들어올 때 부모와 떨어지지 않거나 대기실에 그냥 머물러 있겠다고 하거나 놀이치료자와 가지 않겠다고 하는 등 여러 다양한 이유가 발생할 수 있다. 이 예들은 이 장 마지막 부분에 다루겠다. 일단 아동이 놀이치료실에 들어온 후에 화장실에 가고 싶다거나 대기실에 있는 부모님을 찾는다거나 놀이치료실이 있는 건물 안을 돌아다니고 싶어 할 수도 있다. 놀이치료자는 아동이 놀이치료실을 떠나고 싶은 욕구가 치료적 가치가 있는 것인지에 대해 점검해야 한다. 그리고 제한이 필요하다고 판단되었을 때는 제한이 가해져야 한다. 모든 사례에서 필자가 가장 많이 접한 구조적 제한은 놀이치료실을 떠나는 것과 관련된 어려움이었다. 아동의 놀이치료실을 떠나고 싶지 않은 동기로는 놀이에 흠뻑 빠졌거나 자신의 힘과 통제를 행사하고자 할 때, 또는 치료자와 헤어지고 싶지 않거나 자신의 일상생활로 돌아가고 싶지 않을 때 등이 포함된다. 시간의 구조화는 아동들에게 쉽지가 않아서 구조적인 제한을 시속적으로 행하는 것은 아동이 시간을 효과적으로 사용하는

법을 배우게 하는 데 도움이 된다.

구조적 제한은 아동에게 놀이치료를 계속적으로 수행할 수 있도록 지원해 줄수 있을 뿐 아니라 부모에게도 마찬가지로 적용된다. 물론 이것은 그다지 큰 부분은 아니지만 부모가 놀이치료를 어떻게 생각하는지에 영향을 끼칠 수 있다. 만약 치료자가 아동이 자신의 옷과 몸에 물감을 칠하고 놀이치료실을 떠나 대기실로 가는 것을 허용한다면, 이것은 아동이 부모에게 벌을 받게 되거나 놀이치료는통제 불능의 장소라는 인상을 주기에 충분하다. 만약 이러한 놀이행동이 허용된다면 놀이치료자는 부모에게 이러한 행동이 왜 치료적 가치가 있는지에 대한 충분한 설명을 해서 부모가 분명하게 이해할 수 있도록 한다. 클리닉에서 슈퍼비전할 때 필자는 놀이치료자에게 아동이 대기실에 기다리고 있는 부모에게 어떠한모습으로 되돌아가야 하는지에 대한 제한을 설정하도록 고무한다. 아동은 놀이치료실에서는 자신의 몸을 페인트로 칠할 수 있지만 대기실로 되돌아가기 전에반드시 씻어야 한다는 제한을 설정한다. 필자는 대기실에 앉아 있는 부모가 이렇게 씻지 않고 나온 자녀의 모습을 보고 기겁한 표정을 지었던 것을 종종 목격했다. 이 표정은 당사자인 아동의 부모뿐 아니라 옆에 앉아 있던 다른 부모도 마찬가지였다. 이는 다른 부모에게 자신의 자녀도 놀이치료 진행 과정 중에 그와 같은행동이 언젠가 나올지도 모른다고 하는 두려움을 불러일으켰기 때문이다. 놀이치료에 대한 부모의 신념이 놀이치료를 계속 진행하는 데 얼마나 중요한가에 대해서 제9장의 부모 상담에서 살펴보도록 하겠다.

3. 아동의 행동은 다른 내담자들이 놀이치료실을 계속적으로 사용하는데 해를 끼치는가?
   이 질문에 대한 답은 매우 실제적이며 놀이치료의 운영과 관련된다. 놀이치료실과 놀잇감은 많은 아동에게 치료를 하는 데 필수적인 부분이다. 만약 한 아동이놀이치료실에 있는 놀잇감 하나를 부숴 뜨린다면 치료자는 이것이 후에 놀이치료를 받으러 오는 다른 많은 아동에게 어떠한 영향을 미칠 것인가를 고려해야만 한다. 놀이치료자가 놀잇감이 파괴되는 것이 괜찮다고 허용한다면 치료자는 놀잇감을 교체할 수 있는 재정적인 능력이나 시간에 대해 다음과 같은 질문을 스스로해야 한다. "이 놀잇감을 교체할 만한 재정이 있는가?", "이 놀잇감을 주로 사용하는 다음 내담자가 놀이치료실에 들어오기 전까지 교체가 가능한가?" 놀이치료실이 파괴되는 것은 또 다른 경우이다. 만약 아동이 모래에 페인트, 물, 풀을 집어 던지거나 모든 놀잇감을 바닥에 던지는 것을 허용한다면 놀이치료자는 다음 내 담자가 들어오기 전까지 이 모든 것을 청소할 수 있는지에 대해서도 고려해야 한 다. 클리닉의 놀이치료실은 종종 시간별로 매우 빡빡하게 사용되므로 놀이치료 실을 청소할 수 있는 시간은 불과 몇 분밖에 되지 않는다는 것도 염두에 두어야 한다. 아동의 파괴적인 행동에 대해 제한 설정을 결정하는 것은 이와 같이 좀 더 실제적인 관점에 의해 영향을 받는다. 따라서 창의적인 놀이치료자는 내담자를 어떻게 최상으로 도울 수 있는지 모색해야 한다. 만약 치료자가 판단하기에 파괴 적인 행동을 충분히 표현할 필요가 있어서 아동에게 이 행동을 허용했다면 치료 시간을 조금 일찍 끝마쳐서 청소시간을 넉넉히 가지면 된다. 혹은 아동에게 모래 에 물을 섞어 사용하는 것이 필요하다고 판단되었을 때는 풀과 페인트에 제한을 설정할 수 있다. 이는 제한 설정이 아동에게 구체적이어야 하는 부분이다.

4. 아동의 행동은 치료자와 아동 사이의 관계에 어떠한 영향을 끼치는가? 이 질문의 답은 치료자가 아동을 수용하는 것을 권장하는 것과 관계가 있다. 유능한 놀이치료자 는 항상 아동을 수용하면서 치료한다. 그러나 아동의 어떤 행동은 치료자에게 신 체적으로 해를 끼치는 행동을 넘어서서 차마 수용하기에 어려운 경우도 있다. 이 럴 때 치료자의 아동 수용에 대한 제한은 각 놀이치료자에 따라 매우 구체적이며 놀이치료자의 성격적 특성에 따라서 다르다. 예를 들면, 아동이 자신의 소변이나 대변의 냄새를 맡아 보라고 요구한다거나, 방귀를 빈번하게 뀌거나, 치료자에게 색칠을 하려고 한다거나, 침을 뱉은 후 그 침으로 놀이치료실의 물품을 청소하려 고 한다거나, 코를 계속 판 후 코딱지를 먹는 등의 행동이다. 이러한 목록은 아마 끝도 없을 것이다. 그러나 주된 점은 치료자가 아동만을 위해 전심으로 집중하여 치료에 임하는 이러한 순간들에 아동은 수용하기 매우 어렵게 만드는 여러 행동 을 한다는 것이다. 이러한 경우에 치료자는 제한을 설정함으로써 아동과 치료자 간의 관계를 유지해야 한다. 필자의 개인적인 예를 하나 들어 보도록 하겠다. 학 교에서 놀이치료를 진행한 적이 있었는데 한쪽에 필요하지 않은 물품을 쌓아 놓 은 넓은 교실의 한 부분을 놀이치료실로 사용했었다. 아동은 그 물품들 사이에서 금속 파이프를 발견하고는 매우 좋아했다. 곧 헛기침을 해서 가래와 침을 나오게

하더니 파이프의 끝에 뱉었다. 그리고 파이프를 들어 이것이(가래와 침) 파이프의 다른 끝으로 흘러가는지 보더니 다시 자신의 입으로 들어가게 하는 것이다! 그야 말로 필자는 구역질이 나서 토할 지경이었다. 그 당시 필자는 진심과 수용적 태도로 아동에게 반응할 수 있는 다른 방도가 없다는 것을 알았기 때문에 제한 설정을 하였다. 아마 필자는 다음과 같이 말을 한 것 같다. "너는 그렇게 하는 것이 재미있는가 본데, 파이프는 침을 뱉는 곳이 아니야. 너는 파이프에 다른 것을 넣어서 아래로 굴러가는 것을 볼 수 있어." 아마 이것은 좋은 제한 설정의 예가 되지는 않겠지만 아동은 필자가 한 제한을 받아들였고, 필자는 다시 내 자신이 아닌 아동에게 집중할 수 있었다. 이 예에서 볼 수 있듯이 치료자의 제한 설정은 각 치료자마다 매우 개인적이라는 것을 알 수 있다. 아마 어떤 치료자에게 있어서는 이렇게 파이프를 가지고 노는 아동의 행동이 아무렇지도 않아 제한 설정이 왜 필요한지 의아할 수도 있다. 이와 같이 치료자가 제한을 수용하는 범위는 매우 개인적이어서 제한을 했을때 치료에 어떠한 영향을 미치는지에 대한 치료자의 자기 인식이 또 다른 요인이 된다.

무슨 제한을 설정하는지를 결정할 때 위의 네 가지 질문을 살펴보는 놀이치료자라면 어떤 제한이 필수적이고 아동을 자기주도적으로 이끌며 치료적 환경에 어떤 제한이 불필요하며 해로울 것인지를 파악할 수 있을 것이다. 비록 필자는 놀이치료를 하는 모든 아동에게 분명한 제한이 있다고 믿지는 않지만, 다음의 제한은 어느 곳에서도 통용되는 매우 일반적인 것이다.

1. 나는 아프게 하는 대상이 아니야.
2. 너도 아프게 하는 대상이 아니야.
3. 내 몸의 개인적인 부분은 만지는 곳이 아니야.
4. 놀이치료실에서 네 몸의 개인적인 부분은 만지는 곳이 아니야.
5. 놀이치료실 벽은 색칠하거나 풀칠하거나 물을 끼얹는 곳이 아니야.
6. 모래는 던지는 것이 아니야.
7. 비디오/쌍방경 유리는 가지고 노는 것이 아니야.

8. 네 옷은 벗는 것이 아니야.

9. 내 옷은 벗는 것이 아니야.

10. 놀이치료실은 소변/대변을 보는 곳이 아니야.

11. 내 머리/옷은 자르는 것이 아니야.

12. 네 머리/옷은 자르는 것이 아니야.

13. 풀/페인트는 마시는 것이 아니야.

언제 제한 설정을 하는가

아동 상담자들이 제한을 언제 해야 하는지에 대해서 항상 일치된 의견을 보이는 것은 아니다. 아동중심 놀이치료자조차도 제한 설정을 소개할 때 매우 다른 견해를 갖는다. Cochran과 Nordling, Cochran(2010)는 놀이치료자가 제한을 설정할 필요가 있을 수도 있다는 것을 초기에 언급해야 한다고 제안하였다. "여기에서 네가 원하는 것은 무엇이든지 말할 수 있어. 그리고 네가 원하는 것은 거의 모두 할 수가 있어. 만약 네가 해서는 안 되는 것이 있다면 내가 알려 줄게."(p. 136) 처음에 제한 설정에 대해 말해 주는 것은 아동이 현실적으로 해서는 안 될 행동이 있다는 것과 또한 아동의 기대를 명확하게 해주므로 불안을 감소시키고자 하는 목적이 있다. 그러나 Axline(1947)은 제한 설정을 반드시 필요할 때만 하라고 제안하였다. 제한 설정이 필요할 때까지 기다린다는 것은 치료자가 아동이 자기 향상적인 결정을 할 것이라고 신뢰하며 허용적인 환경에 들어가고 있다는 메시지를 아동에게 전달하는 것이다. 제한 설정은 반드시 필요할 때 하는 것이며 치료자가 놀이치료실의 규칙을 아동에게 명령함으로써 아동과 상하구조 관계를 형성하게 되는 것은 피해야 한다. 아동중심 놀이치료자에 의해 제안된 이 두 가지 개념 모두는 아동중심 철학과 일치한다. 왜냐하면 치료적 관계를 형성할 수 있는 제한을 제공하는 가장 최선의 방법에 중요한 관심을 두기 때문이다.

필자는 필요할 때까지 기다렸다가 제한을 해야 한다는 입장을 옹호한다. 특히 공격성의 형태를 가지고 힘-통제 성향을 가지고 있는 아동은 문제행동이 일어나기 전에 제한을 줄 경우 치료자가 관계 초기에서부터 조정하려고 한다는 부정적인 인상을 가질 수도 있다. 불안감이 심한 아동에게 미리 제한을 둘 경우 아동은 치료자를 기쁘게 해주거나 인정을 받아내기 위한 규칙처럼 이해할 수도 있다. 아동중심 철학에서 가장 중요하게 보는 것은 미리 제한을 설정하는 것이 치료와 치료자에게 적절한 행동과 규칙을 따르는 가장 우선순위라는 메시지를 줄 수 있다는 점이다. 아동중심 놀이치료의 여덟 가지 원칙을 살펴보면 Axline은 제한 설정을 매우 주의를 기울여 맨 마지막인 여덟 번째에 두었다. 그녀는 제한 설정은 필수적인 것으로 중요한 것이나, 치료자-아동의 관계의 다른 모든 국면보다는 낮게 우선순위를 두었다. Landreth(2002)는 관계의 시작을 좀 더 허용적인 어구, "… 여기는 우리의 놀이치료실이야. 그리고 여기는 네가 놀고 싶은 여러 가지 방법으로 놀잇감을 가지고 놀 수 있는 곳이야."(p. 183)로 시작할 것을 제안했다.

제한 설정

이 장의 지침을 따른다면 놀이치료자는 제한의 필요에 대한 의식적인 결정을 하고 제한 설정을 미리 하기 전에 아동이 문제행동을 보일 때까지 기다릴 것이다. 그렇다면 이제 어떻게 제한을 할 것인가? 많은 전문가들은 '나' 선언문(I statement), 문제 해결, 혹은 명확한 단문선언을 포함한 많은 제한 설정의 방법을 제시한다. 그러나 가장 명확하고도 직접적인 제한 소통 방법은 Landreth(2002)가 제안한 ACT 모델이다. ACT 모델은 Landreth가 Ginott(1965)의 "감정은 인정되고 표현되어야 한다. 그러나 행동은 제한되어야 하고 방향이 바뀌어야 한다."(p. 111)는 철학에 기반을 두고 제한 설정에 대한 개념을 구체화시킨 것이다. Landreth의 모델을 살펴보면 A는 아동의 감정과 소원을 인정해 주므로 표현을 위한 하나의 출구를 허용하는 것이며, 치료자가 아동의 동기를 수용하고 이해한다는 메시지를 보내는 것을 의미한다. C는 분명하고 명확한 문장으로 제한을 소통하는 것이다. 그리고 T는 대체할 대안을 설정하여, 곧이어 아동의 행동 방향을 바꾸게 한다. 따라서 아동은 여전히 자신의 감정을 표현할 수 있으나 적절한 방법으로 그것이 가능해진다. 여기에 몇 가지 예가 있다.

- 수잔은 치료 진행 중간 즈음에 놀이치료실을 나가고 싶어 했다. 왜냐하면 치료자에게 최근에 산 포켓용 비디오 게임을 보여 주고 싶었기 때문이다. 치료자는 다음

과 같이 제한을 할 수 있다. "나에게 게임을 보여 주고 싶구나(감정 인정). 하지만 놀이치료실에서의 시간이 아직 20분이나 남았어(제한 소통). 우리의 놀이시간이 다 끝난 후에 내게 보여 줄 수 있어(대안 설정)." 그러자 수잔은 화가 나서 치료자의 얼굴로 공을 집어던지기 시작한다. 치료자는 다시 제한을 설정한다. "(너는) 내게 몹시 화가 난 모양이구나(감정 인정). 하지만 나는 물건을 집어던지는 대상이 아니야(제한 소통). 공은 보보에게 던질 수 있어(대안 설정)."

- 조나단은 이젤에서 그림을 그리다가 실수로 바닥에 물감을 흘리고 웃어댄다. 그러다가 의도적으로 바닥에 페인트를 들이붓기 시작한다. 치료자는 다음과 같이 제한을 설정한다. "바닥에 물감을 흘리는 것이 매우 재미있다고 생각하는 것 같구나. 하지만 바닥은 페인트를 붓는 곳이 아니야. (너는) 페인트를 싱크대에 부을 수 있어."

- 케이티는 모래상자에서 착한 동물이 나쁜 동물을 오지 못하게 하는 놀이 장면을 만들고 있다. 케이티는 치료실 선반에 있는 동물들에게 모래를 뿌리기 시작하며 접근하지 못하게 하려 한다. 치료자는 다음과 같은 제한 설정을 할 수 있다. "그 나쁜 동물들이 접근하지 못하게 하고 싶은가 보구나. 그러나 모래는 모래상자에만 있는 거란다. (너는) 모래를 모래상자 안에 던질 수 있어."

위의 각각의 예문들은 ACT로 어떻게 치료자가 아동의 감정과 의도를 이해하고, 분명하고 단호하게 제한을 선언하고, 아동의 하고자 하는 행동에 대한 방향을 바꾸는 대안을 설정하는지를 보여 준다. 아동의 감정을 인정해 주는 것을 통하여 아동은 자신의 마음을 표현할 수 있는 감정적 단어가 있음을 배우고 자신의 어떠한 감정이 행동과 연관이 있는지에 대한 자기 인식을 개발하는 기회가 된다. 제한을 소통하는 것으로 인해 아동은 자신에게 파괴적인 행동은 수용되지 않고 직면되는 안전한 환경에 자신이 있다는 것을 배운다. 또한 치료자는 대안 설정을 통해서 적절하면서도 여전히 표현이 허락되는 새로운 행동을 아동이 생각할 수 있도록 돕는다.

ACT 모델의 사용은 종종 아동이 자신의 개인적 필요를 채우기 위해 적절하지 않은 방법에서 적절한 방법으로 전환할 수 있도록 돕는 데 매우 효과적으로 사용된다. 가장 성공적으로 사용하기 위해서는 제한 설정에 다음과 같은 몇 가지 요소가 필요하다. 침착한 목소리 톤이 매우 중요하다. 제한 설정을 하는 과정 중에 아동이 상호작용에서 공포스럽거나 망설여지거나 힘에 대한 필요를 느낀다면, 이것은 매우 비효과적인 소통 방식이 될 것이다. 목소리 톤은 치료자의 태도에 영향을 받는다. 만약 치료자가 외적 압력이든 내적 부담감이든지 간에 아동의 행동을 제어하는 것이 자신의 임무라고 믿는다면, 치료자의 목소리 톤은 그러한 태도를 드러낼 것이다. 이것은 특히 힘이나 통제 경향에 민감한 아동을 대하는 경우에 더욱 그러하다. 아동중심 철학은 아동 스스로 자신의 행동을 바꾸거나 통제해야 하는 것을 배워야 한다고 주장한다. 그리고 궁극적으로 인간의 행동을 제어하는 데 물리적으로 통제를 가하는 것은 인간에게 (비록 어린아이라 해도) 한계가 있다. 그러므로 제한을 따를지 따르지 않을지는 항상 아동의 선택이 된다. 놀이치료자가 제한 설정을 할 때 이 철학을 적용하면 아동에게 제한 설정을 하는 과정은 훨씬 효과적이다. 제한은 놀이치료실에서 일상적으로 일어나므로 아동에게 제한에 대해 소통할 때는 매우 자연스럽게 해야 한다. 고등학교 기하학 시간에 나오는 비유를 빌리자면 제한 설정은 놀이치료에 이미 한 부분으로 주어진 것이나 마찬가지라고 본다. 제한은 치료자의 선택이나 규칙이 아니다. 제한은 다만 놀이치료실에 존재하는 것이며 놀이치료실에 처음 온 어느 누구든지 알 필요가 있다. 치료자의 업무는 아동에게 제한에 대한 소통을 하는 것이며, 제한을 따를 것인지에 대한 개인적 결정은 바로 아동에게 있다는 것을 깨닫는 데 있다. 제한 설정에 대한 이러한 태도는 치료자의 긴장을 풀어 준다.

다음 단계 : 선택권 제공하기

만약 ACT 모델에 있는 3요소 모두를 효과적으로 사용할 수만 있다면 대부분의 아동은 1~3번 정도를 반복하게 되면 제한을 따르게 된다. 그러나 ACT가 때로는 효과적이지 않을 때도 있어서, 치료자는 선택권 제공하기를 포함하는 제한 설정의 다음 단계로 이동해야 할 필요가 있다. 선택권 제공하기는 아동중심 철학과 일치하는데, 이는 아동이 제한을 따르지 않는다는 결정을 치료자가 알면 그다음으로 치료자는 그에 대한 결과를 제공함으로써 문제행동으로 말미암은 자연적 결과가 어떠한 것인지 아동이 깨닫도록 도움을 준다. 치료자는 아동에게 행동에 대한 자연적 결과를 의사소통하는 선택권을 제공한다. 대부분의 문제행동은 현저하게 ACT 모델을 사용하여 적어도 3번째 반복할 때쯤 되면 아동은 어떤 결정을 해야 할지에 대해 생각할 수 있는 시간을 갖을 수 있다. 3번씩 ACT 모델을 사용하였는데도 불구하고 아동이 제한을 따르지 않는다면 치료자는 선택권 주기의 방법을 사용할 수 있다. 다음은 ACT 모델과 선택권 제공하기를 모두 사용하여 아동이 어떻게 제한을 따르게 되었는지에 대한 예를 제공한다.

에릭 : (다트총을 들어서 치료자를 겨누고 다트를 쏜다. 그리고 씩 웃는다.)

놀이치료자 : 에릭, 총으로 나를 쏘는 것이 좋은가 본데, 나는 총으로 쏘는 대상이 아니야. 네가 쏘고 싶다면 보보를 쏠 수 있어.

에릭 : (치료자가 제한을 주는데도 여전히 다시 총을 장전한다. 치료자가 제한 설정을 마치자 마자 에릭은 다시 치료자에게 총을 쏜다.)

놀이치료자 : 나에게 총을 쏘는 게 재미있는가 본데, 나는 총으로 쏘는 대상이 아니야. 쏘고 싶으면 보보를 쏘거나 다른 놀잇감을 쏠 수 있어.

에릭 : (치료자가 제한을 주는데도 다시 총을 장전하면서 치료자를 향해 쏘려 한다. 하지만 이번에는 다소 주저한다.)

놀이치료자 : 네가 다시 나를 쏘는 것에 대해 생각하는구나. 하지만 나는 총으로 쏘는 대상이 아니야. 보보를 쏘든지 다른 놀잇감을 쏠 수 있어."

에릭 : (웃으면서 치료자를 향해 총을 쏜다.)

놀이치료자 : 에릭, 총으로 나를 쏘는 게 매우 재미있다는 것을 알겠구나. 하지만 나는 총으로 쏘는 대상이 아니야. 네가 나를 쏘는 것을 선택하면 너는 총을 가지고 놀지 않는 것을 선택하는 거야.

에릭 : (다시 총을 장전하더니 총을 겨누면서 놀이치료실을 돌아다닌다. 재빠르게 돌더니 치료자를 향하여 총을 쏜다.)

놀이치료자 : 에릭, 네가 나를 쏘는 것을 선택했을 때 너는 총을 가지고 놀지 않는 것을 선택했단다. 너는 총을 내게 주든지, 제자리에 갖다 놓을 수 있어. (치료자가 에릭에게 손을 내민다.)

에릭 : 다시 하지 않을게요.

놀이치료자 : 네가 다시 하지 않기로 결정했구나. 하지만 네가 나를 쏘기로 선택했던 그 순간에, 너는 더 이상 총을 가지고 놀지 않기로 선택한 거야.

에릭 : (애걸하는 목소리로) 아니예요. 이제 정말 다시 쏘지 않을 거예요. 약속할게요. 죄송해요.

놀이치료자 : 네가 미안해하는 게 보여. 하지만 네가 나를 쏘기로 선택했던 그 순간
　　　　　　에 너는 더 이상 총을 가지고 놀지 않기로 선택했어. 자, 나에게 총을 주든지
　　　　　　제자리에 놓아두렴.

에릭 : 한 번만요. 제발요. 다시 안 할게요. 자, 보세요. 이제부터 손인형에게 쏠게요.

놀이치료자 : 총을 사용하는 것에 대한 새로운 방법을 생각했구나. 하지만 네가 나를
　　　　　　쏘기로 선택했을 때 너는 더 이상 총을 가지고 놀지 않기로 선택했어. 자, 총
　　　　　　을 내게 주든지 제자리에 놓아두는 것을 선택할 수 있어."

에릭 : (놀이치료실 바닥에 총을 집어던지고는 다른 놀잇감을 향해 간다.)

놀이치료자 : 총을 바닥에 던지기로 결정했구나. (치료자는 총을 집어서 방해되지 않
　　　　　　는 곳에 치워 놓는다.)

이 장면은 제한 설정의 과정이 어떤 아동에게는 장시간 동안 천천히 이루어질 수 있
다는 것을 보여 주는 예이다. 제한 설정의 목표는 아동이 스스로 결정할 수 있도록 돕
는 것이지 단순히 행동을 멈추게 하는 것은 아니라는 것에 주목해야 한다. 따라서 지
속적인 인내심이 매우 중요하게 영향을 미친다. 모든 반응에 있어서 치료자는 아동의
감정, 의도 및 결정할 수 있는 능력을 인정해 주었으나, 분명한 제한과 아동의 행동에
대한 결과의 의사소통이 이루어져야 한다. 치료자가 선택권을 부여하는 제한 설정으
로 옮겨 가고 에릭이 자신의 행동에 대한 결과를 선택하면, 그 결과를 효과적으로 시
행하는 것은 치료자의 역할이다. 때로 이러한 과정은 놀이치료 시간 중 15~30분이나
소요될 때도 있다. 필자는 위와 같은 방식으로 여러 다른 행동을 취하며 놀이치료 시
간 모두를 사용했던 아동에 대한 경험이 여럿 있다. 예를 들면, 처음에 치료자에게 총
을 쏜 아동에게 선택권을 부여하고 그 결과에 따른 제한이 이루어졌는데, 그다음에 아
동은 치료자를 향해 공을 던졌고 이런 과정이 반복되는 것이다. 이런 경우에는 매우
당황하게 된다. 심지어 아동과 이렇게 시간을 다 써 버린다면 놀이치료에 어떤 가치가
있을까 의구심이 생긴다고 말하는 치료자를 만나기도 한다. 만약 아동이 수차례의 제
한 설정으로 모든 놀이치료 시간을 사용하는 것을 선택한다면 이것은 아동이 자기에
게 가장 문제가 되는 부분을 해결하기로 선택한 것으로 보고, 이는 놀이치료를 안전한
관계 안에서 자기를 표현하고 싶은 욕구과 그러한 표현의 제한에 대해 다시 논의해 보

는 환경을 만드는 것이다.

최종적 제한

효과적인 ACT 모델과 선택권 부여 사용 사이에서 필자는 거의 95%의 아동이 자신에게 도움이 되는 자기 향상 방법으로 반응한다고 보기 때문에 다른 결과로 진척해야 할 필요를 느끼지 않는다. 가장 마지막에 사용하는 제한 설정의 도구는 '최종적 제한(ultimate limit)'이다. 필자는 이 책에서 이 부분을 다루기가 망설여지는데, 이는 최후의 필사적 노력 끝에 사용될 뿐 아니라 이를 사용했을 때 필자는 개인적으로 그것을 치료자의 실패로 지각하기 때문이다. 최종적 제한은 제한을 따르지 않기로 선택했기 때문에 놀이치료 시간이 끝나기 전에 종료되는 경우이다. 최종적 제한에 해당되는 경우는 아동 자신이나 치료자에게 해를 끼쳐서는 안 된다고 하는 제한을 어겼을 경우이다. 보통 아동이 모래를 바닥에 던지거나 페인트를 칠하는 경우는 최종적 제한에 해당되지 않는다. 최종적 제한은 선택으로 제시되는데(앞에서 보았던 것처럼 아동이 여전히 제한을 지키지 않을 경우), 예를 들면 "만약 네가 공을 가지고 나를 치는 것을 선택하면 너는 오늘 우리의 놀이시간이 끝나는 것을 선택하는 거야."와 같을 것이다.

아동중심 놀이치료에서 최종적 제한을 매우 조심스럽게 사용하는 여러 원인 중에 하나는 그것이 아동과 치료자 관계의 깨어짐을 나타내기 때문이다. 치료자는 갑작스럽고 계획되지 않은 돌연한 방법으로 아동으로부터 분리되는 것이며, 어쩌면 치료적 관계에 해를 끼칠 수도 있다. 따라서 최종적 제한을 사용하지 않으려는 모든 노력과 창의성이 필요하다. 필자의 클리닉에서는 치료자에게 그 주의 슈퍼비전을 통해 최종적 제한까지 가게 된 모든 단계를 돌아보게 한다. 그러므로 치료자는 다시 발생할 수 있는 최종적 제한 설정을 가능한 사용하지 않고 문제를 해결할 수 있는 방법을 배우게 된다. 그러나 창조적인 놀이치료자라고 할지라도 최종적인 제한 설정을 사용해야 할 때가 있다. 이런 일이 발생될 때 치료자는 차분하게 제한을 이야기하고 제한을 따르지 않을 때의 결과에 대해 소통하도록 한다. 다음은 놀이치료자가 공 사용에 대한 제한을 네 번 한 이후에 선택권을 부여하였지만 아동이 공 사용을 계속하기를 원했던 경우이다.

놀이치료자 : 클라우디아, 만약 네가 공으로 나를 치는 것을 선택하면 너는 오늘 우리의 놀이시간이 끝마치는 것을 선택하는 거야.

클라우디아 : 맘대로 하시지요. (클라우디아는 치료자의 얼굴에 공을 던진다.)

놀이치료자 : 너는 오늘 놀이시간을 끝마치는 것을 선택했구나. (치료자는 일어서서 회기를 마치기 위해 문쪽으로 이동한다.)

클라우디아 : 난 안 나가요. 아직 시간이 남았다고요.

놀이치료자 : (놀이치료실의 문을 열면서) 놀이치료실을 떠나고 싶지 않은가 보구나. 하지만 네가 공으로 나를 치는 것을 선택했을 때 너는 지금 놀이시간이 끝나는 것을 선택한 거야.

클라우디아 : 그렇게는 안 될 걸요. 저는 안 나가요.

놀이치료자 : (놀이치료실의 문을 열면서) 놀이치료실을 떠나고 싶지 않은가 보구나. 그러나 네가 공으로 나를 치는 것을 선택했을 때 너는 오늘 놀이시간이 끝나는 것을 선택한 거야. 너는 다음 주 화요일에 다시 올 수 있어.

클라우디아 : 알았어요! (클라우디아는 화가 나서 쾅쾅대며 방을 나간다.)

놀이치료자 : (클라우디아와 대기실에 거의 다 왔을 때) 클라우디아, 다음 주 화요일에 만나자.

놀이치료자는 부모에게 클라우디아가 집에 갈 시간이 되었다는 것과 오늘의 상황을 설명하기 위해 이후에 전화를 하겠다고 약속한다.

최종적 제한을 얼마큼 사용해야 하는지 필자는 지난 15년 동안 수백 명 아이들의 놀이치료를 해오면서 고심해 왔다. 필자가 이제까지 최종적 제한을 사용한 횟수는 열 번 미만이다. 하지만 필자는 그때 그 제한이 필요했다고 본다. 슈퍼비전을 하다 보면 최종적 제한을 반복적으로 사용한 경우를 만난다. 이럴 때 필자는 치료자와 앞으로 최종적 제한을 사용하지 않기 위한 방법에 대해 창의적 토론을 열어 간다.

모든 것이 다 얽혔을 때

놀이치료자가 ACT 제한 설정의 각 요소를 완벽하게 수행했다 하더라도 아동이 문제행동을 더 나타내는 경우가 있다. 특히 아동이 파괴적이고 해를 끼치는 행동을 할 경우에는 더욱 문제가 된다. 여기에 필자의 경험에서 나온 몇 가지 예가 있다.

일곱 살 코너는 매우 심하게 학대를 받아 놀이치료에 의뢰되었다. 코너는 학교에서 아이들과 교사들을 공격하기 일쑤였다. 놀이치료 두 번째 시간에 갑자기 놀이치료실을 가로질러 뛰쳐나가더니 클리닉 안을 돌아다니기 시작했다. 놀이치료자는 곧 코너를 뒤쫓아 가서 놀이치료실로 돌아가기 위한 제한 설정에 들어갔다. 코너는 큰 소리로 욕짓거리를 해대었다. 예를 들면, "엿이나 먹으시지, 날 잡지 못해! 난 상관 안 해요."와 같은 말을 쏟아 내었다. 그러더니 갑자기 클리닉을 가로질러 각 상담실 문을 열기 시작했다. 치료자는 코너의 뒤를 따라갔지만 어떻게 해야 할지 막막했다. 다만 ACT 모델을 계속적으로 사용하는 것뿐이었다. 코너는 클리닉 안을 다니면서 욕설을 쏟아부었고 고래고래 소리를 질러댔다. 그때까지 코너의 어머니는 대기실에서 그 욕설을 다 듣고 있었지만 아무말도 하지 않았다. 10여 분 이후에 코너는 놀이치료실로 돌아가서 회기가 끝날 때까지 모든 놀잇감을 바닥에 던졌다.

다섯 살 타니카는 공격적인 행동 때문에 놀이치료에 의뢰되었다. 그녀의 어머니는 매우 수동적이었다. 타니카가 놀이치료자에게 모래를 집어던지기 시작했다. 놀이치료자는 제한을 설정했다. 그러자 타니카는 치료자에게 달려 들어 발로 찼다. 그러고는 놀이치료실 밖으로 뛰쳐나갔다. 마침 복도에는 다른 상담사가 지나가고 있었는데, 타니카는 여지없이 이 상담사를 몇 번 발로 차고, 대기실로 쏜살같이 달려갔다. 타니카는 아무 말도 하지 않고 타니카의 행동을 멈추려고 했던 어머니를 차기 시작했다. 놀이치료자는 타니카의 행동에 제한을 가했지만, 타니카는 멈추지 않았다. 이어 놀이치료자는 타니카의 어머니에게 타니카를 집으로 데려갈 것을 제안하였다. 어머니는 수긍하였고 화장실에 들렸다 가겠다고 하였다. 어머니가 화장실에 간 사이 타니카는 여전히 치료자를 발로 차는 것을 멈추지 않았다. 화장실에서 돌아온 어머니가 아이스크림을 사 주겠다고 하자 타니카는 어머니를 따라나섰다.

위의 두 사례는 사실상 거의 제한 설정이 불가능하여 상황을 접근하는 방법에 대한 치료자의 창의성이 요구된다. 하지만 위 두 사례에서 기억해야 할 것은 치료자가 아동에게 신체적 제압을 하지 않았다는 것이다. 신체적 제압은 클리닉 운영 법규에 어긋나

기 때문이다. 신체적 제압은 아동중심 놀이치료와 부합되지 않는다. 아동을 신체적으로 제압은 하지 않는다 해도 아동이 치료자에게 공격을 시작하면 아동과 적당한 거리를 유지하여 다치지 않도록 자신을 보호할 수 있다. 만약 아동이 곁에 있는 다른 사람을 공격한다면 치료자는 아동과 다른 사람의 중간에 서서 보호를 하도록 한다. 다행히도 아동은 보통 치료자보다 작기 때문에 아동과 다른 사람을 보호하는 데 이 방법을 사용할 수 있다.

그러나 이와 같은 사례는 예방을 하는 것이 가장 창의적인 해결책일 것이다. 아동이 이와 같은 터무니없는 행동을 할 때는 의도가 있다. 코너의 경우를 살펴보면 코너의 어머니는 코너와 똑같은 시간에 상담을 받고 있었다. 코너가 놀이치료실로 돌아가자 그녀의 어머니도 상담을 계속 받기 위해 상담실로 돌아갔다. 비록 코너가 클리닉 여기저기를 휘젓고 다녀 통제가 불가능한 것처럼 보였지만, 그는 확연히 어머니가 있는 상담실을 찾아 다니고 있었던 것이다. 다음 치료시간에 코너와 어머니의 상담사는 동시에 대기실로 들어왔고 서로 인사를 했다. 그리고 코너를 어머니가 상담을 받았던 방으로 데리고 가서 시계를 보여 주며 어머니가 몇 시에 마치는지를 알려 주었다. 상담사는 코너보다 어머니의 상담이 먼저 마쳐서 어머니를 대기실에서 기다리게 하였고 코너가 놀이치료를 마치고 나올 때 맞이하게 하였다. 이뿐 아니라 (물론 잘될 수 있을지 확신할 수는 없었지만) 코너가 놀이치료실에서 다시 나왔을 경우를 대비해서 2명의 직원을 클리닉 중간에 세워 두었다. 세 번째 치료시간에 코너는 놀이치료실 밖으로 뛰어나왔다. 그러나 곧바로 어머니가 있는 상담실에 들어가 어머니에게 안기더니 다시 놀이치료실로 돌아갔다.

타니카의 상황은 단순하지 않았다. 타니카는 어머니가 뭔가 강하게 반응하도록 만드는 것처럼 보인다. 그러나 타니카의 행동이 심해질수록 어머니는 더 거리를 두었고 결국 타니카의 요구는 관철되지 않았다. 놀이치료자는 놀이치료 시간 전에 타니카의 어머니를 먼저 만났다. 치료자는 놀이치료실 밖으로 뛰어나오면 타니카를 붙잡아 즉시 클리닉을 떠나는 것이 어머니의 책임이라는 것을 설명하였다. 놀이치료자는 어머니와 몇 개의 다른 시나리오(타니카가 클리닉을 떠나는 것을 포함하여)를 만들어서 역할 놀이를 하였다. 놀이치료자는 또한 타니카의 어머니가 행동으로 옮겨야 할 때는 신호를 주도록 하였다. 그 이후 두 번째 놀이치료 시간까지 타니카는 치료자에게 폭력적으로 거칠게 굴었다. 타니카는 어머니에 의해 클리닉에 온지 20여 분 만에 떠나야 했다. 놀이치료자의 지원으로 어머니는 타니카를 클리닉에서 데리고 나갈 수 있었다. 비록 두 번 다 그리 좋은 상황을 연출한 것은 아니었지만 말이다. 어머니가 타니카를 들어서 클리닉을 나가려고 하자 타니카는 큰 소리로 비명을 질러대었고 어머니를 발로 차기도 했다. 이렇게 2주 동안 타니카가 클리닉을 떠난 이후 타니카는 다음 놀이치료 시간뿐 아니라 종결할 때까지 놀이치료실을 한 번도 떠나지 않았다. 어머니가 타니카와 적극적으로 관계를 유지하면서 타니카의 행동이 통제가 되지 않을 때 제한을 설정하자, 타니카는 어머니로부터 자신이 필요로 했던 것을 얻게 된 것이다. 또한 타니카는 클리닉과 자신의 어머니가 자신의 행동의 결과로 치료시간을 끝낸다는 것도 배우게 되었다. 타니카는 놀이시간을 매우 좋아했기 때문에 치료자를 차거나 놀이치료실을 뛰어나가는 일을 하지 않는다면 전체 놀이 시간 동안 머물러서 놀이를 할 수 있다는 것을 곧 이해하게 되었다. 마지막으로 어머니가 타니카에게 한 신체적 제압에 관해 덧붙이자면, 비록 놀이치료자는 신체적 제압 관계에 들어가지 않지만 양육하는 부모가 때로는 아이들을 신체적으로 제압하는 것은 매우 자연스러운 일이다. 발달학적으로 신체적 제압은 유아(3세까지)를 양육하는 한 방법인데, 이를 통해 아동은 어른이 요청할 때나 자기 인식으로 스스로를 조절하는 것을 배우게 된다. 이러한 발달학적 단계를 거치지 않았을 때(타니카처럼), 부모는 신체적 제압의 필요성에 대해 배울 필요가 있고 이것을 어떻게 필요할 때만 사용하는지(예 : 오직 매우 극심한 행동일 경우) 그리고 신체적 제압 대신에 사용할 수 있는 다른 기술에 대해 배울 필요가 있다.

제한 설정에 대한 제언

이 장의 앞부분에서 언급한 것처럼 제한 설정은 놀이치료에서 가장 어려운 부분이지만 치료 과정에 반드시 필요한 부분이다. 제한 설정의 본질은 아동에게 직면을 요구하며, 설정된 제한에 대해서나 소통된 결과에 대해서는 일관적이어야 한다는 것이다. 제한 설정은 어떤 제한이 필요하고 언제 설정되어야 하는지, 그리고 최대의 효과를 위해서 가장 좋은 방법은 무엇인지를 고려하는 신중한 과정을 통해 접근하는 것이 성공을 위한 열쇠가 된다. 제한 설정에 성공했다는 것은 아동이 놀이치료자가 부여한 규칙에 굴복했다는 의미가 아니다. 성공이라는 것은 아동이 곰곰이 자신의 행동에 대한 결과를 생각하며, 자신의 필요에 대해 표현할 수 있는 자기 향상적 결정을 사려 깊게 선택하는 것으로 정의된다.

참고문헌

Axline, V. (1947). *Play Therapy*. New York: Ballantine.

Cochran, N., Nordling, W., & Cochran, J. (2010). *Child-centered play therapy: A practical guide to developing therapeutic relationships with children*. Hoboken, NJ: Wiley.

Ginott, H. (1965). *Between parent & child*. New York: Avon.

Landreth, G. (2002). *Play therapy: The art of the relationship*. New York: Brunner-Routledge.

Chapter 07

놀이치료의 주제

일단 놀이치료자가 놀이치료 기본 기술과 고급 제한 설정 기술을 숙련했다면 아동은 치료적인 놀이에 관여함으로써 놀이치료실 및 놀이치료자가 제공하는 환경에 반응하게 될 것이다. 치료적인 놀이는 여러 놀이행동의 유형을 통해 드러난다. 앞장에서 살펴보았듯이 놀이치료는 아동이 필요로 하는 놀이를 주도하도록 허용할 때 효과적이다. 아동은 자연스럽게 자신의 놀이가 내면 세계에 대한 개인적인 해석을 표현하도록 이끌 것이다. 아동은 이러한 표현 과정을 통하여 내면 세계를 보는 시각에 대한 이해를 넓히며 배워 갈 수 있다. 그리고 이러한 표현의 형태는 놀이치료에서 '주제'라고 정의된다. 놀이가 '아동의 언어'라는 정의로 돌아가 살펴본다면 놀이치료에서 표현된 주제란 아동이 그 언어에 부과한 의미라고 가정할 수 있다.

아동중심 놀이치료 접근에서 살펴보면 놀이 주제를 정하는 것은 아동과 현재의 순간을 중요시하는 치료자와 관련이 없는 산만하게 하는 작업이라고 여길지 모르겠다. 결국 아동중심 놀이치료란 놀이치료자와 아동 간에 형성되는 관계의 치료적 본질과 치료자가 제공하는 성장을 촉진하는 환경을 강조한다. 놀이 주제란 아동에 관한 치료자 자신의 의제에 따라 해석되는 것이라고 이해될 수 있다. 그리고 가장 효과적인 치료를 위해 누가 이끄는지에 대한 중심을 잃는다면 이는 위험 가능성이 만연하다. 따라서 놀이 주제를 파악하는 것은 놀이치료의 전문 기술이므로 치료자가 놀이치료에 대한 충분한 지식과 치료자 자신에 대한 인식, 아동의 인도를 따르기 위한 세심한 관심을 충분히 갖기 전에는 실행되지 않아야 한다. 치료자가 놀이치료의 주제를 파악하고 그 주제 안에서 놀이치료를 실행할 때는 슈퍼비전이나 자문이 매우 중요하다. 더 경험이 많은 다른 전문가의 의견을 들음으로써 놀이치료자는 하나의 시각에 고정되는 것을 피하고, 주제에 대한 다양한 가능성을 탐색할 수 있게 된다.

주제의 정의

놀이치료의 주제에 관한 문헌은 매우 적은 편이다. 이 장에서는 그동안 수천 회기의 놀이치료를 진행하고 슈퍼비전하는 것을 통해 얻은 필자의 경험을 토대로 놀이치료 주제에 대해 소개하고자 한다. 주제를 파악할 때 제일 먼저 구별해야 할 일은 놀이행동(play behavior)과 놀이 주제(play theme)의 차이를 이해하는 것이다. 놀이행동이란 아동이 놀이치료실에서 다양한 의미를 가지고 행하는 것을 말한다. 다시 말하면 놀이행동은 놀이치료실에서 아동이 실제적으로 행하는 행동을 말한다. 예를 들어, 남자아이가 놀이 선반에 있는 모든 놀잇감을 사방에 집어던진다고 해보자. 이것은 보통 공격적 놀이라고 말한다. 이 놀이 유형은 아동이 공격적으로 행동하는 것을 보여 주지만 아동이 그 공격성에 어떤 의미를 부여했는지는 설명되지 않는다. 치료자는 아동이 무엇인가 매우 격렬하게 표현하고 있고 제한 설정까지 할 필요가 있다는 것은 알지만, 아동의 행동과 표현의 목적에 대해서는 알지 못한다.

이와 반대로 놀이 주제는 아동이 자신의 경험에 부여한 의미를 소통하고자 하는 일관성 있는 은유이다. 놀이 주제는 치료자에게 아동의 내면에 내적 의미를 만드는 체계에 대해 알려 준다. 다시 공격적 놀이로 돌아가 보자. 치료자는 이 내담 아동이 감정을 거의 드러내지 않고 놀잇감을 던지며 "나한테 모두 주우라고 할 수 없어요. 나는 내가 원하는 것은 무엇이든지 할 수 있다고요."라고 말한다고 해보자. 이때 치료자는 아동이 환경에 대한 통제감을 갖기 위해 공격적으로 행동한다는 힘/통제(power/control)의 놀이 주제를 생각할 수 있다. 다른 예로 아동이 모든 놀잇감을 한 장소에 던지면서 크고 겁먹은 목소리로 "다시는 나를 잡지 못할 거예요."라고 말하는 것을 듣게 된다면 치료자는 이 놀이의 주제를 '보호(protection)'라고 명명할 수 있을 것이다. 비록 앞의 두 예에서의 놀이는 공격적이라 할 수 있지만 치료자는 놀이행동의 이면에 있는 더 폭넓은 의미를 파악함으로써 아동을 보다 더 잘 이해할 수 있다.

어떻게 주제를 선별할 것인가

주제를 선별하는 것은 종종 치료자에게 큰 도전이 된다. 놀이시간을 거듭할수록 아동이 자신을 점차 총체적으로 표현해 나감에 따라 놀이 주제는 마치 양파가 한 껍질씩 벗겨지듯이 하나씩 드러나기 시작한다. 주제를 선별할 때 도움이 되는 것은 아동에게 놀이치료는 성인의 상담(talk therapy)과 비슷하다는 것이다. 성인 상담의 첫 회기에서 내담자가 남편에 대해 매우 불편해하며 힘들다고 토로했다고 해보자. 그녀의 남편이 내담자의 필요를 이해하지 못하기 때문이다. 두 번째 회기에서 그녀는 자녀들이 자신을 이용하려 하며 자신에게 고마워하지 않는다고 했다고 하자. 이때 치료자는 자기애적인 내담자가 개인적 책임을 회피하려고 한다는 인상을 받을 수 있다. 세 번째 회기에서 상담자와 치료적 관계에서 안정감을 갖게 되자 내담자는 자신은 사랑하는 사람을 밀어낸다고 하였고 이는 예전의 관계에서 상처를 입었던 경험이 있어서 다시 상처를 입을지도 모른다는 공포 때문이라고 하였다. 세 번째 회기에서는 주제가 보다 깊이 드러난다. 비록 놀이치료에서는 전형적으로 이렇게 언어적 소통이 이루어지는 것은 아니지만 진행 방식은 매우 비슷하다. 아동이 치료자와의 관계에서 안정감을 느끼게 됨에 따라 내면 세계의 가장 본질적이고도 고유한 해석을 드러낸다.

치료자가 놀이 주제를 파악하는 데 도움이 되는 다음과 같은 특징 세 가지가 있는데, 앞의 두 가지는 놀이 회기에서 드러나고, 나머지 하나는 회기 밖에서 보여진다. 그 특징은 반복(repetition), 강도(intensity), 맥락(context)이다. 놀이행동의 반복은 한 회기에 몇 번씩 중복되어 나타날 수도 있고, 놀이치료를 진행하는 전체 회기 중에 반복되어 나타날 수도 있다. 두 경우 모두 아동이 중요한 문제를 해결하기 위한 작업을 하고 있음을 보여 주는 지표가 된다. 반복적인 놀이행동의 본질은 아동이 내면적인 고충을 표현하고, 가능하면 그 고충을 다루는 방법을 개발하기로 결심하였다는 것을 나타낸다. 놀이치료실에 들어오면 매번 같은 어미 사자와 새끼 사자를 선택하는 것도 반복의 예가 된다. 비록 어미 사자와 새끼 사자를 모래에, 때로는 인형의 집 등 여기저기로 이동시킨다 해도 치료자는 아동이 회기 때마다 이 두 동물을 선택할 것이라는 사실을 예상할 수 있다. 다른 예는 아동이 색칠을 시작할 때 종이에 물감 방울을 놓아서 형체가 없어지고 종이가 찢어질 때까지 지속하는 경우이다. 이러한 행동이 회기마다 약 5분씩 10회기 동안 일어난다고 해보자. 치료자는 치료의 변화나 진보를 결정하기 위해 그러한 반복의 빈도와 놀이행동의 시간을 기록할 필요가 있다.

주제를 선별하는 두 번째 지표는 놀이에서 아동이 보여 주는 놀이 강도의 수준이다. 강도는 치료시간에 놀이행동에 몰입한 정도나 에너지에 의해 구분할 수 있다. 아동이 표현하는 강도는 때로는 침묵이나 감정이 고조되어 드러나기도 한다. 자기 인식이 있는 치료자에게는 자신이 어떻게 느끼는지를 살피는 것도 강도를 결정하는 한 가지 방법이 된다. 놀이의 강도는 종종 치료자가 침묵하며 존중해야 할 필요를 느끼는 그러한 경건한 질적인(reverential quality) 순간을 내포한다. 아동의 중요한 놀이를 방해할지도 모른다는 두려움 때문에 그 강도를 중단하는 것에 머뭇거림이 있을 수 있다. 치료자와 주말 계획에 대해 이야기하던 수다스러운 여자아이가 갑자기 응급상자에만 몰입하여 놀면서 자신의 팔에 밴드를 붙이기도 하고 스스로 주사를 놓기도 한다고 해보자. 아동은 아무말도 하지 않지만 치료자는 언어적 반응이 아동의 놀이를 촉진하는 것이 아니라 방해한다는 것을 느낀다. 놀이치료실에서 아동의 특정한 놀이행동에 적용되는 반복과 강도는 하나의 놀이 주제가 드러나며 표현되고 있다는 것을 확인하게 해준다.

주제가 있는 놀이가 놀이치료실에서 일어나고 있다는 것을 인식한 치료자의 그다음 단계는 그것이 아동의 성장이나 삶의 맥락과 관련이 있다고 가정하는 것이다. 초기 발달, 성격 특징, 삶에서 일어난 중요한 사건 등 아동의 맥락에 대한 정보를 갖는 것은 놀이치료자에게 아동의 놀이를 이해하는 맥락을 갖도록 돕는다. 아동의 현 문제에 관한 배경적 정보를 아동, 부모 혹은 아동에게 중요한 다른 사람들로부터 얻는 것은 놀이치료자에게 가능한 주제를 충분히 탐색하게 하거나 치료자에 의해 이론화된 한 가지 주제의 가능성을 확인하도록 돕는다.

사례

여덟 살 남자아이의 사례이다. 회기가 진행되는 내내 아동은 거의 군인을 사용하여 전쟁 장면을 연출하며 놀았다. 놀이를 하면서 아동은 폭탄 소리를 내기는 하였지만 어떤 말도 하지 않았다. 회기의 중간 지점마다(반복) 아이는 모래상자에 만들었던 전쟁 장면을 다 치우고 커다란 거미와 뱀, 큰 돌고래와 작은 돌고래를 선택하였다. 그리고 큰 거미와 큰 뱀이 모래상자에 묻힌 채 100년마다 나오기를 기다리는 장면을 언어로 묘사하였다(강도). 100년째가 되자 '엄마' 돌고래가 '아기' 돌고래를 모래에 숨겼다. '아기' 돌고래가 숨어 있는 동안 뱀이 '엄마' 돌고래를 휘감아서 '엄마'는 꼼짝할 수 없었다. 그러자 거미가 나타나서 "엄마를 잡아먹자."고 하였다. 이내 뱀과 거미는 엄마를 잡아먹고, 엄마는 이들과 함께 모래 속으로 사라졌다. 이제 '아기' 돌고래가 모래 위에서 나오더니 엄마를 찾으면서 울기 시작했다. 더 이상 엄마가 거기 없다는 것을 보며 아동은 덤덤한 목소리로 "저런, 이제부터 아기는 혼자네요."라고 말했다. 놀이치료자로서 필자는 아동의 놀이를 보면서 놀이 주제 작업이 이뤄졌음을 알았지만, 완전한 이해를 위해서는 아동의 맥락을 아는 것이 필요했다. 아동의 어머니는 매우 심한 우울증을 앓고 있어서 삶의 에너지가 매우 적고 감정적으로 무덤덤하며 무표정하였다. 그녀는 또한 한 살짜리 아기와 에너지가 매우 많았던 두 살짜리 그리고 필자의 내담자까지 길러야 했다. 에너지가 매우 적었던 어머니는 아이들을 키우면서 매일 고군분투했다. 필자의 해석은 다음과 같다. 거미와 뱀은 내담자 아동의 두 어린 동생을 뜻하며, '아기' 돌고래는 내담자 아동 자신을 나타내는 것으로 보여진다. 그리고 '엄마' 돌고래는 내담자의 어머니를 뜻할 것이다. 해석을 정확하게 하려는 목적은 이것을 내담자나 어머니와 토론하기 위함이 아니라 자신의 두 어린 동생 때문에 어머니에게 버려졌다고 하는(내담자의 주제) 내담자의 깊은 감정을 이해하기 위함이다. 필자는 실제 놀이행동이 아니라 놀이 주제에 관하여 내담자와는 회기 내에서, 그의 어머니와는 부모 상담 시간에 다루었다.

놀이치료 주제 선별에 대한 이론적 근거

주제 선별의 주된 목적은 아동에 대한 주관적 경험을 갖는 놀이치료자에게 보다 나은 이해를 제공하기 위함이다. 주제 선별이 성공적으로 되면 놀이치료자는 아동이 표현하려고 시도했던 것에 대한 전적인 수용을 드러내는 걸 돕고자 치료 반응을 맞춤 제작하듯 할 수 있다. 치료자는 내담자들을 개념화(conceptualization)하기 위한 여러 가지 방법을 찾음으로써 집중적인 행동 계획을 개발한다. 주제는 아동을 더 깊이 개념화하는데 매우 도움이 된다. 개념화는 치료자가 반응할 때, 부모와 상호작용 할 때, 내담자가얼마큼 향상되었는지에 대한 진보를 결정할 때, 그리고 회기 노트를 쓸 때도 매우 유용하다.

주제와 관련된 반응

치료자는 놀이 주제에 대하여 제5장에서 논의한 기본적 언어 기술(basic verbal skill)의범주화를 사용함으로써 자신의 이해와 수용을 각각의 내담자에게 개인적이며 독특한방법으로 나타낼 수 있다. 필자는 치료 반응이 어떻게 주제 작업에 활용될 수 있는지를 보여 주기 위해 위의 사례와 기본 기술 반응을 통합해 볼 것이다. 앞 사례의 놀이행동을 통해서 살펴보면 필자는 아동의 버려짐에 대한 주제에 대해 다음과 같은 유형으로 반응할 수 있을 것이다.

> 내용 반영하기 : (아기 돌고래가 다시 나타나서 주위를 둘러볼 때) 아기 돌고래가 나왔지만 엄마는 없어졌구나.
>
> 감정 반영하기 : (아기 돌고래가 울면서, "엄마 어디 있어요?"라고 할 때) 엄마가 어디로 갔는지 몰라서 매우 겁이 나는구나.
>
> 의사결정 촉진하기/책임감 되돌려 주기 : (아동이 엄마 돌고래를 뱀과 거미와 함께 묻었을 때) 너는 엄마가 그들과 함께 떠나도록 결정했구나.
>
> 창의성, 자발성 촉진하기 : (거미와 뱀이 엄마를 삼키자) 너는 그들이 엄마를 데려갈 수있는 다른 방법을 찾고 있구나.
>
> 존중감 키우기 : ("저런, 이제부터 아기는 혼자네요."라고 아동이 말한 후) 너는 아기돌고래가 엄마 없이도 살아갈 수 있는 방법을 발견했구나.
>
> 관계 촉진하기 : (연속된 놀이가 끝난 후에) 너는 그가 엄마를 어떻게 잃게 되었는지를 내가 알기를 원했구나.
>
> 더 큰 의미 반영하기 : (돌고래가 밖으로 나온 이후에) 그 둘은 항상 엄마를 데려가는방법을 찾는 것 같고 그러면 아기 돌고래는 혼자 남게 되는구나.

필자가 놀이에 직접적으로 조대되지 않았기 때문에 관계적 반응은 적절하지 않을수도 있다. 필자는 아동이 의도적으로 자신의 이야기를 필자와 나누기를 원하며 필자가 듣기를 원한다고 생각할 때만 관계적 반응을 사용할 것이다.

위의 예로 든 반응들은 모두 버려짐의 주제를 여러 가지 방법으로 표현한 것이다. 이 반응의 초점은 다음을 전달하는 데 있다. 즉 아동이 치료자인 필자와 나누고자 하는 가장 중요한 의미는 자신이 어머니로부터 버려졌다는 감정으로 인하여 힘들다는 것과 치료자인 필자가 그것을 이해하고 있다는 것이다. 이러한 특별한 주제에 필자의 반응을 맞추는 것은 아동의 감정을 수용한다는 것을 표현하는 것이다. 아동의 기분을 좋게 만들려고 "엄마를 찾기 위해 무엇을 할 수 있을까?"라든지 "나는 엄마 돌고래가 아기 돌고래를 그리워하고 있다고 확신해."라고 말함으로써 아동의 경험을 부정하지 않도록 한다. 이러한 반응은 치료자로서 필자의 관심을 표현하는 것이지 아동의 필요를 나타내는 것이 아니다.

놀이 주제를 활용한 부모 상담

부모 상담에 관한 것은 제10장에서 집중적으로 다룰 것이다. 그러나 놀이 주제는 부모가 자신의 아이를 전적으로 이해하는 데 도움이 되는 유용한 도구로 제공되기 때문에 놀이 주제에 대한 선별은 부모 상담을 할 때 놀이치료자를 도울 수 있다. 부모에게 아동의 놀이 주제를 나누는 것은 놀이치료실 안에서 아동에 대한 비밀보장을 유지하면서 부모가 아동에 대해 알 수 있도록 돕는 것이다. 놀이 주제를 통해서 부모는 아동의 치료에 대한 진보를 알 수 있게 된다.

앞의 사례에서 필자는 아동의 어머니를 만났을 때 어머니의 어려움을 다룬 후, 아동의 고충으로 옮겨 감으로써 놀이 주제에 접근하였다. 상담이 시작되자 필자는 어머니에게 어떻게 지내는지 물어보았다. 그러자 그녀는 우울증으로 기분이 매우 가라앉아 있어서 어린 자녀들을 돌보는 데 매우 힘이 딸리노라고 대답했다. 우리는 그녀가 어떻게 자신의 상담시간에 우울증에 대해 이야기하고 약물치료를 위해 정신과 의사를 찾을 수 있는지에 대해 논의하였다. 필자는 그녀가 연락해 볼 수 있는 정신과 몇 군데를 소개해 주었다. 그리고 나서 그녀가 어린 두 자녀에게 이미 소진된 이후에 남아 있는 에너지로 필자의 내담자를 돌보는 것이 얼마나 힘들지에 대해 반영하였다. 그녀는 필자의 내담자가 매우 힘든 아이이기 때문에 될 수 있는 한 부딪치려 하지 않았고 결과적으로 대부분 그를 피했다는 것을 인정하였으며 동의하였다. 필자는 아동이 어머니가 주는 에너지와 시간이 매우 적다고 느낀다는 것이 놀이를 통해 드러낸다고 나누었다. 필자는 어머니에게 아동이 어머니가 더 이상 자신에게 줄 것이 없다고 생각하는 것 같아 보인다고 설명했다. 그러자 어머니는 울음을 터뜨리며 그것이 사실임을 인정하였지만 아동이 그와 같이 느꼈다는 것에 놀라워했다. 그녀는 아동이 거절감을 느끼지 않도록 자신의 감정을 숨겨 왔다고 털어놓았다. 우리는 어린 두 동생과 기진맥진한 어머니의 에너지 한계 속에서 내담자 아동과 단둘만 보낼 수 있는 방법에 대해 논의하였다. 지속적인 부모 상담을 통하여 우리는 어머니의 우울증 상태와 이것이 내담자에게 미치는 영향에 대해서 계속 나누었다. 우리는 어머니가 아동과 관계를 갖고 시간을 보낼 수 있는 능력에 대해 모니터링했으며, 짧더라도 효과적으로 함께 보낼 수 있는 간단한 방법을 모색하고자 하였다.

　놀이 주제를 사용하여 부모와 함께 작업하는 것은 여러 면에서 매우 유용하였다. 첫째, 놀이 주제는 필자로 하여금 (행동이 아닌) 감정에 대해 논의하도록 해준다. 필자는 내담자의 비밀보장을 깨뜨리지 않으며 내담자의 치료에서 가장 중요한 부분인 어머니에 대해 드러낼 수 있었다. 내담자의 놀이를 통하여 필자는 내담자의 두 동생이 어떻게 어머니를 지치게 했는지 볼 수 있었다. 놀이에서 아동은 어머니를 얼마나 무력한 존재로 인식하고 있는지를 인정하고 있었다. 필자는 매우 공감적인 이해를 가지고 내담자의 어머니에게 접근해야 할 필요가 있다는 것을 알았다. 그리고 지시적인 접근만 가지고는 그녀에게 도움이 되지 않는다는 것도 알고 있었다. 우리는 놀이 주제 작업을 계속하면서 어머니와 내담자의 필요를 모두 다룰 수 있었다. 흥미롭게도 필자의 내담자와 그의 어머니는 어머니의 상황에 대해 거의 동일하게 인식하고 있었다. 필자의 내담자는 놀이를 통하여 더 분명하게 그것을 표현했고, 어머니는 다소 주저함이 있었지만 언어로 표현했다. 내담자의 어머니는 내담자를 매우 사랑했지만 아들의 상황을 이해하는 것이 매우 부족했다. 어머니와 놀이 주제를 나누는 것은 어머니에게 내담자의 관점을 이해하도록 도왔다.

놀이 주제를 통하여 진보 결정하기

주제를 이해하고 나서 그 주제를 통해 아동의 놀이행동을 관찰하는 것은 놀이치료의 진보(progress)를 결정하는 데 도움을 준다. 진보에 대한 자세한 내용은 다음 장에서 다루겠지만 주제는 분명히 진보를 평가하는 데 한 역할을 차지한다. 비록 놀이행동이 매주 같아 보인다 해도 놀이치료자는 주제가 진보하는 것에서 차이점을 찾게 된다. 아동이 다른 어조로 말하고 있지는 않은가? 문제의 해결책이 있는가? 놀이행동의 강도에 차이가 있는가? 주제에 접근하는 데 시간이 더 걸리는가, 혹은 덜 걸리는가? 주제에 대한 언어화가 더 많은가, 적은가? 놀이 주제의 변화를 모니터링하기 위해서는 각 회기마다 비디오 녹화를 하는 것이 필요하다. 놀이치료자 또한 인간이기 때문에 기억력의 한계가 있기 마련이다. 비디오로 녹화된 것을 살펴보는 것은 아동 놀이의 차이를 이해하는 데 도움을 준다.

위의 경우 내담자는 엄마인형이 다른 두 동물에게 먹히고 한 동물이 버려지는 비슷한 놀이 장면을 몇 주 동안이나 반복하였다. 놀이 장면은 어미 동물이 자신과 그 전에는 버려지곤 했던 작은 동물을 보호하기 위해서 숨는 장면으로 드러났다. 이 놀이 장면도 몇 주 동안이나 계속되었다. 어미 동물은 안전하게 머무를 방법을 찾기 위해 애쓰는 것 같아 보였다. 언급했던 것처럼 아동은 놀이 회기마다 전쟁놀이로 시작하였고, 이와 같이 '버려짐 주제'의 놀이를 하기 전에 아동은 그 놀이를 전부 치웠다. 몇 주 동안 버려짐을 주제로 한 놀이가 계속된 이후, 아동은 두 가지 놀이행동을 보였다. 어미 동물이 새끼 동물과 동굴에 머무르고 있었다. 어미는 여러 방법으로 새끼를 데리고 나가서 그들을 죽이려고 찾는 군인들에 의해 완전히 둘러싸여 있었다. 그런데 갑자기 다른 색깔 옷을 입은 더 많은 군인이 이 군인들을 공격하기 시작했다. 아동은 기병의 노래까지 부르면서 군인들을 전략적으로 배치하였다. 기병대들은 모든 적군을 죽이고 어미와 새끼는 동굴에서 안전하게 빠져나오게 되었다. 아동은 이것이 놀이의 결말이라고는 말하지 않았지만, 이것이 그의 결말이라는 것이 필자에게는 선명했다. 그 후의 놀이시간 동안 아동은 계속적으로 놀이치료실을 아수라장으로 만드는 거미와 뱀을 가지고 놀았지만 더 이상 엄마와 아기인형을 가지고 놀지는 않았다.

매주 아동의 놀이를 관찰하면서 필자는 아동의 놀이 주제가 버려짐을 느끼던 것에서 어머니를 보호하려는 (그래서 어머니가 아동을 버리지 않게 되는) 방법을 찾는 것으로 진행되고 있는 것이 보였다. 놀이에서 이러한 변화는 여러 다른 방법으로 해석될 수 있겠지만 이 변화는 가정에서 아동의 공격성이 감소되고 어머니의 우울증상이 개선되는 일과 동시에 일어났다. 필자는 아동이 자신의 버려짐에 대한 주제를 해결하기 위해 놀이행동을 사용했으며, 어머니의 우울증에 대처할 수 있는 방법을 찾은 것으로 본다.

주제가 포함된 회기 노트 기록하기

놀이 주제가 파악되면 치료적인 회기 노트를 작성하는 데도 영향을 준다. 외부 자료를 위해서나 치료자가 다시 볼 때도 거의 아무 의미가 없어 보이는 단순한 놀이행동의 나열은 내담자의 진전을 파악하기 어렵다. 그러나 주제를 기록하면 내담자의 진보를 분명히 알 수 있다. 다음은 주제를 사용하여 회기 노트를 기록하는 방법을 간단히 보여주는 예이다.

> 3회기 : 아동은 어머니에 의해 버려진 감정과 관련된 놀이를 할 때 매우 강도 높게 표현하였다. 그는 이 유기된 감정을 자신의 어린 동생들과도 연결 짓는 것으로 보인다. 아동은 연결됨에 대한 소망이 매우 적은 것으로 보인다.
>
> 5회기 : 아동은 계속 어머니에 의해 혼자 남겨지고 버려진 것에 대한 두려움을 나타내었다. 아동은 자신이 혼자 남은 것은 자신의 어린 동생들 탓이라고 여기는 것 같아 보인다.
>
> 7회기 : 아동은 지난 회기와 비슷하게 버려짐에 대한 두려움을 보였다. 그러나 자신이 버려지지 않도록 보호하는 방법을 찾으려고 하는 것 같았다. 아동은 어머니의 정서적 상태를 이해하는 것으로 보인다.
>
> 9회기 : 아동은 어머니와의 관계를 보호하기 위해 여러 방법을 탐색하고 있다. 아동은 파괴적인 힘보다는 보호 자원을 공급하는 데 많은 시간을 할애하고 있다.

주제 사용의 주의점

주제에 대한 작업이 아동중심 놀이치료의 효과에 필수적인 것은 아니다. 놀이치료 과정에서는 치료자와 아동과의 관계가 가장 중요한 치료적 요인이 된다. 그러나 주제는 치료자에게 내담자를 보다 충분히 그리고 희망적으로 이해할 수 있도록 해주고, 더욱 깊이 있는 치료적 관계를 유지하도록 돕는다. 필자는 부모 상담을 할 때 주제를 사용할 수 있는 것에 매우 감사하게 생각한다. 그러나 주제를 탐색하는 것은 치료적 관계와 치료적 환경에서 이루어져야 한다는 것을 기억해야 한다. 주제 탐색 작업은 이러한 요소들을 대체하지 못할 뿐 아니라 오로지 그것을 증진시키는 데 사용되어야 한다.

치료자는 주제 작업의 분석적인 본질에 대해 주의를 기울여야 한다. 주제를 파악하는 것은 객관적인 치료적 시각으로 내담자에 대해 생각할 것을 요구한다. 주제는 인지적 과정이어서 놀이치료실에서는 거의 유익이 없다. 효과적인 놀이치료는 순간순간마다 내담자와 '함께함'이다. 만약 놀이치료자가 놀이 회기 중에 인지적인 개념화를 한다면 놀이치료자는 아동과의 관계를 놓쳐 버리는 위험에 빠질 수 있다. 내담자에게 주제 작업이 유익이 되게 하려면 치료자는 놀이치료실 밖에서 개념화하도록 한다. 치료자는 녹화된 비디오를 다시 보거나 자문을 통하여 놀이치료실에서 더 농축된 반응의 형태로 아동에게 효과적으로 활용될 수 있는 치료적 가설(thematic hypotheses)을 세우기 시작한다. 이러한 모든 '사고 과정'은 놀이치료실 외부에서 일어나게 되므로 치료자는 놀이치료실에 들어가는 순간마다 아동을 이해하고 수용할 수 있도록 준비하게 된다.

주제는 확정적인 구성 양식은 아니다. 주제는 내담자가 변화하고 유동적으로 되는 것과 마찬가지로 변화가 많고 유동적이다. 첫 회기에서 분명했던 주제도 다음 회기에서는 모호하게 나타날 수 있다. 치료자는 내담자가 공명하는 주제에 도달하기 위해 가설 검증에 유연성을 보여야 한다. 다시 말하면 슈퍼비전과 자문은 치료자와 내담자 관계에서 일어나지 않을 수 있는 대안적인 주제와 관련된 아이디어를 제공하는 데 매우 도움을 준다.

마지막으로 치료자로서의 사람은 주제를 개념화하는 데 영향을 미친다. 모든 인간과 마찬가지로 놀이치료자 또한 과거의 경험과 함께 어떻게 그 경험을 지각하였는기에 의해 영향을 받는다. 자기-인식을 하는 놀이치료자는 과거의 경험이 현재의 치료와 내담자의 문제를 개념화하는 데 영향을 미친다는 것을 인정한다. 자기-인식이 부족한 놀이치료자는 자신이 갖고 있는 문제의 주제를 내담자에게 전가하는 위험에 처할 수 있다. 필자가 슈퍼비전했던 한 놀이치료자는 한 달 동안 서로 다른 세 가지 사례를 가져왔는데 그녀는 각 아동이 모두 성폭행당했다는 것을 확신했다. 그러나 필자는 치료자와 녹화된 비디오를 함께 보면서 그녀가 아동 놀이의 상당한 부분을 투사함으로써 의미를 해석하고 있음을 보았다. 세 번째 사례의 비디오를 다 본 후에 필자는 그녀가 성학대에 집중하는 것과 내담자의 부모를 향해 보이는 확연한 분노에 대한 필자의 우려를 나누었다. 그녀는 자신이 어린 시절 성폭행을 당한 경험이 있다고 고백하였다. 사춘기 동안에는 심리치료를 받았지만 성인이 된 이후에는 상담을 받지 않았다고 하였다. 놀이치료자라는 새 직업을 통하여 과거의 문제가 다시 드러나게 되었고, 그녀의 지각은 내담자의 문제를 판단하는 데 영향을 미치게 되었다. 그녀는 상담훈련을 받는 것을 잠시 쉬기로 하고 자신의 치료를 시작하였다. 일 년 후 다시 복귀하였을 때 그녀는 치료자로서 자신의 역할을 훨씬 효과적으로 수행하였고, 전문적으로 과거의 경험이 그녀에게 영향을 미친다고 느꼈을 때는 그것에 대해 열린 마음으로 토론할 수 있었다. 이 경우는 상당히 어려운 사례였다. 필자는 다른 치료자들도 이보다는 덜하지만 자신의 문제를 아동에게 투사하는 경우를 목격한다. 예를 들면, 통제 문제를 가지고 있는 치료자가 아동의 주제를 치료자의 것과는 별개로 인정하는 대신에 내담자가 자신에게 개인적으로 도전한다고 믿기도 했다. 내담자의 주제를 파악하며 함께 작업을 해나갈 때 내담자에게 유익을 주고자 한다면 치료자에게는 유연성(flexibility)과 자기-인식이 요구된다.

행동과 주제

놀이 주제와 놀이행동 간의 분명한 차이를 구별하기 위하여 필자는 일반적인 주제와 행동에 대한 목록을 만들었다. 이것이 완벽한 목록은 아니지만 치료자가 주제를 파악하는 데 도움을 줄 것이다.

놀이행동의 예

공격성은 놀이행동의 대표적인 예이다. 공격적인 놀이는 놀이치료실에서 사물이나 사람에게 신체적으로 표출하고 행동하는 것으로 정의된다. 성적 놀이 또한 종종 주제와 혼동되는 놀이행동이다. 아이들은 놀이치료실에서 직접적으로 성적 행동을 하거나 놀잇감을 가지고 성적인 행동을 표현하거나 성적으로 선정적인 모습으로 치장을 하거나 춤을 추며, 또는 성에 대해 이야기를 하기도 한다. 그러나 이러한 구체적인 행동의 그 어떠한 것도 성적 놀이에 관련된 아동의 주제를 이해하는 데는 도움이 되지 못한다. 예를 들면, 어떤 다섯 살짜리 남아는 남자 어린아이 인형 위에 어른 남자 인형을 올려놓고 항문성교하는 모습을 표현했다. 이 행동은 이 남아가 발달 연령에 적합하지 않은

표 7.1 놀이행동의 예

탐색-놀이치료실에 있는 놀잇감 탐색하기	공격성	착한 아이 대 나쁜 아이
죽음	묻기	익사
화재(burning)	부수기, 고치기	청소하기
헝클어 놓음	파괴	가두기
구조작업	탈출	먹이고 잘 돌봐 주기
조직화	성적 행동	부모놀이
갈등	실패	성취
선물 주기/만들기	훔치기	비축하기
치료자와의 신체적 접촉	경쟁하기	

성적인 지식이나 경험에 노출되었다는 것을 시사한다. 놀이치료자는 현재 아동이 안전한 환경에 있는지 확인해야 한다. 그러나 주제적으로 놀이치료자는 놀이의 맥락에 대해 좀 더 알아볼 필요가 있다. 성교하는 인형놀이를 할 때 아동이 어른의 목소리를 흉내 내었는가? 아니면 아이의 목소리를 내었는가? 누군가가 다쳤는가? 누군가는 다른 사람이 아픈 것을 즐기고 있는가? 누군가가 중지하려고 필사적인가? 누군가가 우는가? 전적으로 침묵이 있는가? 이러한 맥락적 실마리는 아동이 하는 행동의 의미를 알아내는 데 도움을 준다. 이러한 성적인 경험을 통하여 아동은 자신을 공격자와 동일시하고 힘/통제의 주제를 가질 수도 있다. 혹은 자신이 도움을 받을 방법이 없다는 무력감/무망감의 주제를 가질 수 있다. 아동이 경험으로부터 의미를 얻는 것에는 셀 수 없는 많은 방법이 있겠지만 그중 놀이치료가 가장 효과적이 되기 위해서는 놀이치료자는 그것을 단지 성적인 놀이라고만 명명하지 말고 이러한 의미를 잘 파악하도록 해야 한다. 〈표 7.1〉는 몇몇 다른 주제를 나타내는 일반적인 놀이행동의 목록이다.

놀이 주제의 예

〈표 7.2〉는 놀이치료에서 나타난 일반적인 놀이 주제의 목록이다. 각 주제는 아동의 관점을 이해하는 데 도움이 되는 문장과 함께 기술되었다. 다시 말하지만 이것은 완벽한 목록은 아니며 이 이상의 주제가 놀이치료 회기에서 발견될 수 있다. 단지 이 표는

표 7.2 놀이 주제의 예

주제	내면적 서술
관계	우리가 연결되어 있다는 것은 내게 중요해요. 나는 당신/다른 사람들과 관계를 맺고 싶어요.
힘/통제	안전감을 느끼기 위해 나는 내 환경을 통제해야만 해요. 나의 가치를 나타내기 위해서는 당신과 다른 사람들을 통제해야 돼요.
의존	나 혼자서는 아무것도 할 수 없어요. 할 수 있는 능력이 없어요. 다른 사람들이 나를 도와주어야 해요.
복수	내가 가치 있다는 것을 느끼기 위해서 나는 다른 사람들을 아프게 해야 해요. 나에게 상처를 입히는 사람들에게 앙갚음을 해줘야 해요.
안전/보안	안전하게 머무르기 위한 방법을 찾아야만 해요. 모든 것을 안전하게 만드는 것은 내게 달려 있어요.
숙달	유능감을 느끼기 위해 뭔가를 성취해야만 해요. 가치롭기 위해서는 일을 잘 해야 해요.
양육	나는 다른 사람들을 돕고자 (뭔가) 주기를 원해요. 관계를 형성하기 위해 다른 사람들을 돌봐 주고 싶어요. 다른 사람들에게 베푸는 것은 내 자신에게 베푸는 것이라고 느껴요.
애도/상실	내게 중요한 대상이나 사람을 잃어버려서 상처를 받았어요. 내게 중요한 대상이나 사람을 왜 잃어버렸는지 알고 싶어요.
유기	혼자 버려졌어요. 나는 혼자예요.
보호	사람이나 무언가로부터 스스로를 보호해야 해요. 사람이나 무언가로부터 다른 사람들을 보호해야 해요.
분리	내게 중요한 사람이나 무언가로부터 분리되어서 상처를 받았어요. 내게 중요한 사람이나 무언가로부터 왜 분리되어야 했는지 알고 싶어요.
복구/수선	나는 상황이 어떻게 하면 더 좋아지게 할 수 있는지 알 수 있어요. 나는 상황이 더 나아지게 하는 방법을 만들 수 있는 능력이 있어요.
혼란/불안정	내 주위 환경 때문에 혼란스러워요. 어떻게 하면 내 환경이 질서를 갖게 될지 모르겠어요. 나의 통제 밖이에요.
완벽주의	가치 있기 위해서는 모든 것을 잘해야 해요. 만약 실수라도 한다면 나는 완벽한 실패자예요.
통합	나는 어떻게 선과 악이 함께 공존하는지 봐요. 내 인생의 여러 부분이 어떻게 어우러지는지 이해할 수 있어요.

표 7.2 놀이 주제의 예(계속)

주제	내면적 서술
절망/무망감	포기했어요. 더 이상 나에게(혹은 다른사람에게) 나아질 것은 아무것도 없어요. 나를 도와줄 사람이 아무도 없어요.
무능감	나를 돌볼 능력이 없어요. 다른 사람들이 나를 돌봐 주어야만 해요.
불안감	나는 세상과 나의 세계가 두려워요. 무가치해질까 봐 두려워요.
자급자족	아무도 필요 없어요. 내가 혼자 할 수 있어요.
회복탄력성	나는 상황을 더 낫게 만들 수 있어요. 나는 어려운 시간을 잘 견딜 수 있어요.

놀이치료자들에게 아동이 소통하고자 하는 내적인 언어를 이해하는 데 도움을 주고자 만든 것이다.

결론

이 장에서는 놀이치료에서 주제의 의미, 주제를 파악하는 방법, 그리고 주제를 사용하는 방법에 대해 논하였다. 또한 놀이행동(놀이치료실에서의 아동의 행동)과 놀이 주제(내면적 진술에 대한 의미 있는 은유)의 차이에 대해 살펴보았다. 놀이치료 주제에 대한 탐구는 실험적이다. 이 장에서는 필자의 생각과 경험을 좀 더 깊은 이해의 수준에서 나누었다. 놀이 주제는 숙련된 놀이치료자에게 아동에 대한 이해와 더불어 그 이해를 전달하는 종합적인 체계를 제공한다.

Chapter 08

진보와 종결

아동중심 놀이치료(CCPT)는 치료에 오는 모든 아동의 가치를 중요하게 여긴다. 아동은 환경 안에서 성장하는 자기감을 지닌 특별한 사람이다. 치료의 목적은 문제를 해결하려는 데 있는 것이 아니라 아동을 섬기고자 하는 것이다. 치료의 목적이라고 명명할 수 있는 이상적인 상태는 없다. 왜냐하면 인간중심 치료는 경험에 대한 개방성, 인식의 상태 안에서 살아가기, 그리고 유기체를 신뢰하는 것 등으로 특징지어지는, 전적으로 기능하는 과정을 중요하게 여기기 때문이다(Wilkins, 2010). 성숙과 변화에 끝이란 없다. 인간의 지속적인 성숙 과정에서 위와 같은 숭고한 신념을 유지할 수 있다는 것은 진보를 전통적인 의학적 모델 방법으로 측정한다는 것이 제한된다는 것을 의미한다. 변화를 측정하는 것은 CCPT에 있어서 어려운 일이다. 치료자가 치료 회기에서 질적인 변화를 느끼는 것을 경험한다 할지라도, 그 변화를 객관적인 증거로 제공하기에는 어려움이 있을 수 있다.

치료에 적용되고 있는 의학적 모델에서는 개입(intervention)을 하나의 문제 해결 방법으로 분류한다. 즉 내담자는 진단을 필요로 하는 어떤 증상을 가지고 치료에 오고 그 증상을 처치하고 나면 치료가 끝난다. 의학적인 모델은 인간중심 철학에 의해 거부되는데 왜냐하면 치료자는 증상이 아닌 사람과 함께 작업하기 때문이다. 게다가 의학적 모델이 감정, 생각, 행동적인 어려움의 개입에 있어서 효과적이라는 증거는 아주 드물거나 없다(Whitaker, 2010; Wilkins, 2010). 많은 치료적 접근법에 있어서 진단의 활용은 변화를 측정하는 도구로 사용된다. 치료자는 행동적 기준에 따라서 진단하기 때문에 진보는 증상이 완화되는 것을 관찰함으로써 결정된다. 인간중심 치료자는 진단의 과정을 내담자로서의 사람을 경감시키는 의학적 모델의 시도로 보기 때문에 그것을 삼가 왔다. 그러나 진단은 오늘날 정신건강 분야의 현실이므로 CCPT 치료자도 어떤 경우에는 진단을 하도록 요청받을 것이다. Wilkins(2010)는 진단과 평가에 대한 인간중심 접근을 다음의 세 가지로 요약한다. (1) 진단은 인간중심 치료와 관련이 없고 불필요하며 내담자나 관계에 있어서 해롭기까지 할 수 있다. (2) 진단은 오늘날 심리치료 분야에 있어서 현실이고 인간중심 치료자도 이 부분을 고려해야 한다. (3) 평가가 내담자에게 초점을 맞추고 내담자 자신에 대한 이해를 포함한다면 인간중심 치료에 있어서 이 부분은 유익일 수 있다. 그러므로 인간중심 치료는 진단의 과정(process of diagnosis)과 평가의 과정(process of assessment)에 차이를 둔다. 내담자의 경험과 진보에 대한 평가는 치료 과정에 유익이 될 수 있다.

놀이치료의 과정과 단계

놀이치료의 평가는 평가 과정이 인간중심 치료에서 묘사된 과정과 일치한다면 유익이 있다. 인간중심 치료를 사정하는 첫 번째 단계는 변화를 위한 여섯 가지 필요충분 조건을 평가하는 것이다. 놀이치료 시작 전이나 전체 과정을 통해서 치료자는 내담자와 치료자 간의 접촉의 수준, 내담자의 불일치성 정도, 치료자의 일치성 정도, 치료자의 공감에 대한 경험과 그에 대한 소통, 무조건적 긍정적 존중에 대한 치료자의 경험과 소통, 그리고 내담자가 치료자의 태도적 질(attitudinal quality)을 받을 수 있는 능력에 대해 평가한다. Wilkins(2010)는 치료자를 위한 구체적인 질문을 다음과 같이 제시한다(pp. 183-184).

1. 내담자와 나는 접촉을 성립하고 지속할 수 있는가?
2. 내담자는 치료를 받을 필요가 있으며 치료를 활용할 수 있는가? 즉 내담자는 불

일치의 상태에 있으며 취약하거나 불안한가?

3. 나는 내담자와의 관계에서 일치하는가?

4. 나는 내담자에 대한 무조건적인 긍정적 존중을 경험할 수 있는가?

5. 나는 내담자의 내적 참조 틀에 대해 공감적인 이해를 경험할 수 있는가?

6. 내담자는 나의 무조건적인 긍정적 존중과 공감을 적어도 최소한의 수준으로라도 인식할 것인가?

CCPT 치료자는 각각의 아동과 치료 전 과정에 걸쳐서 위의 여섯 가지 조건에 대한 평가를 지속할 것이다. 위의 조건에 대한 평가는 아동이 치료실 밖에서 문제행동이 증가하거나 후퇴하는 듯이 보일 때 특별히 더 중요하다.

놀이치료의 과정은 쉽게 정의되지 않는다. Rogers는 1942년에 치료자가 무엇을 제공하는지와 치료의 과정을 통해서 내담자로부터 기대될 수 있는 것에 대한 치료의 과정을 서술하였다. 이후에 Rogers(1961)는 내담자에게서 관찰된 성격 변화 단계를 정의하고자 시도하였다. Rogers(1942)는 언제 그리고 어떻게 변화가 일어나는지를 설명하는 인간중심 치료의 12단계 과정에 대해 발표하였다. Rogers는 경험으로부터 과정에 대한 개념화를 발달시켰고 이 과정의 각 단계는 서로 어우러질 수 있다고 설명하였다. 단계는 엄격히 순서에 따라 의도되어 일어난 것이 아니라 근접한 순서에 의해 발생된다고 하였다. 다음은 놀이치료에 적용할 수 있는 단계에 대한 설명이다.

1. 아동은 도움을 받고자 온다. 이것은 성인 상담에서 성인이 책임감을 가지고 변화를 위한 도움을 구하는 것으로 보일 수 있다. 그러나 아동 상담에서는 아동이 스스로 도움을 요청하거나 도움이 필요하다는 것조차 깨닫지 못하는 경우가 많다.

2. 도움의 상태를 정의한다. 놀이치료에서는 다음과 같이 구조화된다. "여기는 놀이치료실이야. 여기서는 놀잇감을 가지고 네가 원하는 여러 가지 방법으로 놀 수 있어."

3. 치료자는 최소한의 제한이 있는 허용적인 환경을 제공함으로써, 그리고 아동의 감정, 생각, 행동을 판단 없이 반영함으로써 감정의 자유로운 표현을 격려한다.

4. 치료자는 아동이 느낄 수 있는 따뜻함을 전달하고자 애쓰고, 아동의 부정적이거나 공격적인 행동 뒤에 숨어 있는 의미와 감정에 대해 반영함으로써 부정적인 감

정을 수용하고 인정하며 명확하게 한다.

5. 아동은 감정의 긍정적인 표현을 보여 주기 시작할 것이다. 이는 아동의 놀이나 언어에서 또는 치료자에 대한 돌봄의 표현에서 나타날 수 있다.

6. 치료자는 긍정적인 감정을 부정적인 감정과 동일하게 수용한다. 아동의 긍정적인 표현은 특별히 칭찬을 받지 않으나 대신 부정적인 감정과 동일하게 수용되고 성격의 중요한 한 부분으로 인정된다.

7. 이 단계에서는 내담자의 통찰력이 발달하고 자기 수용을 인정한다. 아동은 이 단계에서 창작물, 사건, 또는 실패에 대한 인정이나 인내심의 표현을 통해 증명되는 성장하는 자기-수용감을 수반한다.

8. 아동이 가능한 행동이나 결정의 과정을 명확히 한다. 놀이 장면에는 여러 가지 문제 해결이나 대처 기술에 대한 선택이나 표현이 포함된다. 때로는 아동이 놀이치료실 밖에서 그들에게 가능한 행동에 대해서 언어로 표현할 수 있다.

9. 아동은 놀이치료실 밖에서 긍정적인 행동을 표현하기 시작한다. 그러한 행동은 눈에 잘 띄지 않아서 종종 부모나 양육자가 깨닫지 못할 수도 있다(치료자는 부모가 놓친 행동에 대해 말할 수 있어야 한다). 아동은 집안일을 돕고자 한다거나 친구와 대화하려는 시도를 하기도 한다.

10. 아동은 자신을 수용하고 이해하는 과정을 지속한다. 이를 어른에 비한다면 통찰력으로 이해된다. 아동은 놀이와 행동 때로는 언어를 통해 자기-수용을 표현한다.

11. 긍정적인 행동은 놀이치료실 안팎에서 더 많이 나타난다. 특별히 결과에 대해 격려를 받는다면 아동은 더 긍정적인 행동을 하게 될 것이다. 아동과 치료자 간의 관계는 따뜻하고 상호적이다.

12. 아동은 여전히 치료자에 대해서 따뜻하게 느낌에도 불구하고 치료자와의 관계에 대한 필요가 감소하는 것을 경험한다. 아동은 놀이치료실 안팎에서 자신감을 경험하고 있다.

놀이치료의 과정을 평가하고 이해하기 위해 치료자는 아동과의 관계에 있어서 어떤 단계에 있는지를 결정하고자 한다. 과정에서 관계가 어디에 있는지를 아는 것은 치료가 어떻게 진보되며 아동이 관계에 대해 어떻게 반응하는지에 대한 정보를 제공한다.

Rogers(1961)는 더 나아가 내담자에게 일어나는 전체적인 변화의 발달을 서술하는 것에 집중함으로써 치료적 변화 과정을 이해하도록 공헌하였다. Rogers는 성격 변화의 일곱 가지 단계 과정을 기술하였는데 이것은 또한 놀이치료 아동에게 적용할 수 있다.

1단계. 아동은 방어적이고 변화에 저항적이다. 아동은 이러한 저항을 표현하는 몇 가지 행동을 나타낼 수 있는데, 예를 들면 놀이치료실에 가는 것과 치료실에서 놀기를 거부한다든지, 놀이치료실이나 자신, 치료자에게 해를 끼치는 공격성을 발산하는 등의 행동을 한다.

2단계. 아동은 다소 경직되고 탐색놀이를 할 수 있으며 상냥하게 대화하기 시작할 것이다. 아동은 영화나 비디오 게임, TV 쇼를 반복적으로 표현하는 놀이를 할 수 있으나 감정은 거의 표현하지 않는다.

3단계. 의미 있는 놀이에 관여하기 시작하나 아직도 정서적인 거리감을 두고 있다. 아동이 안전함을 느껴 가고 있는 이 단계에서는 놀이 중단(play disruption)이 종종 일어난다.

4단계. 회기마다 적어도 몇 분간 의미 있는 놀이를 일관성 있게 한다. 놀이에서 또는 치료자에게 감정을 표현한다. 치료자와의 관계가 친밀해질수록 치료자와의 언어소통도 증가한다.

5단계. 아동은 정기적으로 다양한 감정을 표현한다. 놀이는 자기주도적(self-directed)이고 자기 향상적(self-enhancing)으로 진전한다. 대처 기술과 의사결정 기술을 좀 더 자신 있게 활용한다. 아동은 행동에 대한 더 많은 책임감을 수용한다. 이 단계에서 종종 일어나는 일은 아동이 제한을 넘으려고 할 때 스스로 깨닫고 중지할 수 있게 되는 것이다. (아동이 모래상자에 4번째 양동이의 물을 부으려고 할 때) "아 참, 모래상자는 세 양동이의 물만 부을 수 있지. 이거 다시 싱크대에 갖다 부을게요."

6단계. 아동은 일치성을 향해 나아가고 다른 사람에 대한 무조건적 긍정적 존중을 표현한다. 성인에게 요구하는 행동이 줄어들고 자신에 대해 더 인내하는 모습을 보인다.

7단계. 아동은 전적으로 기능하는 자아실현적 개인으로 적절한 발달상의 제한은 있지만 다른 사람을 향해 무조건적 긍정적 존중을 보이고 공감하게 된다.

Wilkins(2010)에 의하면 1단계와 2단계에 있는 성인은 도움에 대한 필요를 인지하지 못하기 때문에 치료를 받지 않을 가능성이 많다. 3단계나 되어서야 성인은 치료를 시작할 것이다. 4단계와 5단계는 치료에 있어서 가장 활동적인 단계를 나타낸다. 6단계는 전형적으로 이전 상태로 돌아가지 않는 성격 변화의 시초를 나타낸다. 7단계에서 성인은 더 이상 치료자가 필요하지 않다. 이러한 요약을 아동에게 적용할 때는 조금 다를 수 있는데, 이는 아동이 부모나 양육자의 의뢰에 의해서 1단계부터 치료를 시작하는 경우가 많기 때문이다. 치료자는 아동이 관계 안에서 자연스럽게 안전함을 느끼고 조금 더 적극적이고 변화의 증거가 있는 단계로 나아가기 전까지 인내해야 할 것이다.

Clark Moustakas(1973)와 Louise Guerney(2001)는 아동중심 또는 관계 기반 놀이치료에 관련된 변화 과정 이론을 발달시켰다. Moustakas(1973)는 질적 분석을 통해 부적응 아동이 놀이치료에서 변화의 단계를 겪는 것을 관찰했다. Moustakas가 설명한 놀이치료 단계에 의하면 아동은 대부분 부정적이며 식별하기 어려운 감정을 가지고 놀이치료실에 온다. 시간이 지남에 따라 공격성은 더 두드러지고 직접적으로 표현된다. 분노는 점점 줄어들어 감정의 교차가 생기고 긍정적인 감정이 나타난다. 그리고 마침내 긍정적인 놀이와 연관을 맺고 긍정적 감정과 부정적인 감정을 균형적으로 표현한다. Moustakas의 이러한 이론은 공격적인 아동을 상담할 때 적용되며 제10장에서 더 자세히 다룰 것이다.

Guerney(2001)는 자신의 상담 경험 초창기에 놀이치료 단계를 포괄적으로 범주화하여 개발하였다. 후에 Guerney는 이 단계들을 워밍업(warm-up), 공격적(aggressive)이고 퇴행적(regressive), 그리고 숙련(mastery) 단계의 순서로 정의하였다. 워밍업 단계에서 아동은 놀이치료실, 치료자, 놀이치료의 구조에 자신을 적응해 간다. 그들의 놀이에는 집중이 덜하고 주저함도 보인다. 이 단계 동안 아동은 치료자와의 관계를 발달시키는 것에 집중하고 신뢰와 라포 형성이 이뤄진다. 공격적인 단계에서 아동은 적응의 단계를 넘어서서 회기에 집중한다. 그들은 주호소 문제와 연관된 치료적 이슈를 다루기에 충분한 안전함을 느낀다. 이 단계에서 아동의 공격적인 행동 표현은 최고점에 달한다. 공격적인 행동의 정도는 아동이 처음에 표현한 공격적인 행동의 시작 기준치에 달려 있다. 공격적이지 않던 아동이 약한 공격성을 표현하고, 공격적이던 아동은 이 단계 동안 파괴적 수준으로 공격성을 표현한다. 공격성의 표현은 아동이 치료적 관계에 있어서 안전함을 느끼고 있다는 증거이다. 퇴행적인 단계는 공격적 행동의 소멸이나 감소에 의해 알 수 있다. 아동은 자신의 나이보다 어려 보이는 퇴행적인 놀이행동을 보일 수 있다. 또한 양육을 받고 싶어 하거나 다른 사람들과 때로는 치료자를 양육하려는 놀이를 보이기도 한다. 이 단계의 아동은 치료자에게 의존하는 성향을 보이기도 한다. 마지막으로 숙련의 단계에서 퇴행놀이는 숙달행동이 나타나면서 점점 사라진다. 아동은 게임을 하면서도 정직하고 책임감 있게 놀이할 수 있다. 치료자에게 도움도 제공하려는 시도를 하기도 한다. 이 단계에 있는 아동은 놀이행동과 치료자와의 상호작용에 있어서 유능감의 주제를 표현한다.

Rogers, Moustakas, Guerney는 이 단계들이 모든 내담자에게 적용되는 것은 아니라는 것과 그것들이 획일적인 단계를 거쳐 발전되지 않는다는 것을 치료 과정의 이론에 대해 설명할 때 명확히 하고자 하였다. 인간중심 이론의 중요한 특징은 모든 내담자에게 오로지 하나로 설명되어 적용될 수 없다는 가설이다. 〈표 8.1〉은 놀이치료에 적용되는 네 가지 이론을 비교하고 대조할 수 있는 시각적인 표를 제시한다. 필자는 각각의 이론이 유용하고 어느 정도 각각의 방식대로는 정확하다는 것을 발견한다. 필자는 치료적 관계에서의 진보를 평가할 때 아동의 사례와 개인적인 상황에 근거하여 다른 단계 이론을 적용해 본다. 필자는 이것이 모든 놀이치료 관계에 적용할 수 있다는 것은 발견하지 못했으나 아동중심 놀이치료자로부터는 기대해 봄직하다.

진보 측정하기

지금까지의 내용을 요약하면 진보 측정의 첫 단계는 내담자의 변화에 관해 치료자가 인식할 수 있는 놀이치료의 과정과 이론을 이해하는 것이다. 하지만 한 이론이 개별 사례에서 일어나는 다양한 과정들을 정의할 수 있는 것처럼 보이지는 않는다. 그러므로 진보를 측정하는 것은 각 개개인에게 적용되어야 할 필요가 있기 때문에 더욱 도전이 된다. 치료자는 각 아동의 주호소 문제, 성격, 놀이와 언어를 통한 생각과 감정의 표현, 그리고 아동과 치료자 간의 관계를 개별적으로 고려해야 한다. 부분은 전인적인

표 8.1 인간중심 이론과 CCPT에서 보는 치료적 변화의 단계

Rogers(1942) (성인 상담을 위해 개념화함)	Rogers(1967) (성인 상담을 위해 개념화함) 내담자 :	Guerney(2001)	Moustakas(1973)
내담자는 도움을 받고자 온다. 도움의 상황이 정의된다. 상담자는 주호소 문제에 대한 감정이 자유로운 표현을 격려한다. 상담자는 부정적인 감정을 수용하고, 인정하고, 명확히 한다. 전적으로 부정적인 감정의 표현은 점차적으로 긍정적인 감정의 표현으로 이끈다.	방어적이고 변화에 저항적이다. 조금 덜 경직되어 보이고, 사람이나 외적인 사건에 대해 말한다. 자신에 대해 이야기하지만 객관적이다. 현재를 회피한다. 깊은 감정에 대해 이야기한다. 치료자와의 관계를 형성한다.	위명엄 • 아동은 놀이자료실, 치료자, 구조에 적응한다. • 아동은 치료자와의 관계를 형성한다. • 놀이에 집중이 덜하다. 공격적 • 아동은 증상들 기저에 있는 이슈들을 다룬다. • 최고조에 달하는 공격적인 행동을 보인다. 시작 기준치와 관련이 있다.	분산된 감정 • 감정은 분화되지 않고 대부분 부정적이다. • 감정이 확대되고, 일반화되고, 쉽게 자극되고 떠올려진다. 적절적 적대감 • 치료자와의 관계가 명확해지고 강하게 접수록 적대감의 태도는 점점 날카로워지고 더 구체적이게 된다. • 분노가 더 구체적으로 표현되고 특정한 사람에게 집중된다. • 내담자의 표현이 수용될수록 감정의 극심함이 누그러지고 아동의 전체적인 경험에 영향을 멀 미친다.

표 8.1 인간중심 이론과 CCPT에서 보는 치료적 변화의 단계(계속)

Rogers(1942) (성인 상담을 위해 개념화함)	Rogers(1967) (성인 상담을 위해 개념화함) 내담자 :	Guerney(2001)	Moustakas(1973)
상담자는 긍정적인 감정을 받아주고 인정한다. 내담자가 자신에 대한 수용과 이해를 경험한다. 가능한 결정과 행동에 대해 명확히 한다. 조금이지만 긍정적인 행동이 드러난다. 심도 깊은 통찰력이 발달이 있다. 내담자는 긍정적인 행동을 증가시킨다. 내담자는 도움의 필요를 덜 느끼게 된다.	현재의 감정을 표현한다. 자기 의사결정에 의존한다. 더 많은 책임감을 갖는다. 일치성을 향한 빠른 성장을 보인다. 다른 사람들에 대해 무조건적인 긍정적 존중을 보인다. 전적으로 자아실현을 하게 된다.	퇴행적 • 공격적인 행동이 감소되거나 없어진다. • 퇴행적인 행동이 나타난다. • 양육이나 의존성이 주제가 될 수 있다. 숙련된 • 퇴행적인 행동은 감소하거나 없어진다. • 숙련적인 놀이가 가장 많이 나타난다. • 아동은 판매함을 보이거나 지도자를 돌보기도 한다. • 아동이 유능감이 행동을 나타낸다.	분노 및 양가적 감정 • 분노는 여전히 구체적이나 양가적 다양성이 나타난다. • 놀이는 공격성과 좀 더 긍정적인 표현 사이에서 왔다 갔다 한다. 긍정적 감정 • 놀이가 좀 더 현실적이다. • 긍정적인 태도와 부정적인 태도가 더 구분된다.

방법으로 아동을 전체적으로 개념화하고 진보 과정을 인식하는 지침을 제공하는 데 사용된다.

놀이치료의 진보 측정을 위한 범주를 개발하고자 하는 초창기의 시도로 Haworth(1982)는 다음 지침을 제시했다.

1. 치료자에게 덜 의존하는가?
2. 다른 아동이 놀이치료실을 사용하거나 자신의 치료자를 만나는 것에 대해 덜 걱정하는가?
3. 아동은 한 사람이 가지고 있는 좋고 나쁜 것에 대해 볼 수 있고 수용할 수 있는가?
4. 인식, 흥미, 수용과 관련하여 시간이 지남에 따라 태도에 변화가 있었는가?
5. 놀이치료실을 정리하는 것에 대한 반응에 변화가 있었는가? 전에 꼼꼼하게 정리했다면 그것에 대해 덜 관심을 갖는가? 혹은 전에 헝클어 놓았다면 이제는 더 관심을 갖는가?
6. 아동이 자신을 수용하는가?
7. 통찰력과 자기 평가에 대한 증거가 있는가? 아동은 이전의 행동을 현재 행동과 비교하는가?
8. 언어화의 질과 양에 있어서 변화가 있는가?
9. 놀잇감을 향한 공격성이나 놀잇감을 가지고 표현하는 공격성이 줄었는가?
10. 아동은 제한 설정을 좀 더 순조롭게 수용하는가?
11. 아동의 예술적 표현 형태에 변화가 있는가?
12. 유아적이거나 퇴행적인 놀이를 하고자 하는 필요가 감소하였는가?
13. 쿠키를 급하게 많이 먹던 것이 조금 덜하는가? 이제 치료자에게도 좀 나눠 주는가?
14. 환상과 상징적 놀이가 줄고 창의적이며 건설적인 놀이가 좀 더 증가되었는가?
15. 공포의 강도와 횟수가 감소되었는가?

이런 질문을 통해서 Haworth는 어떤 아동은 한 방향으로 가기 원할 때 다른 아동은 또 다른 방향으로 가는, 즉 둘 다의 경우에 진보를 향하여 나아가는 아동의 개별성을 서술하려고 노력하였다. 개별성을 인정하는 이러한 예는 헝클어짐(messiness)의 예에서도 볼 수 있다. 소피아는 놀이치료에 오면 놀잇감을 하나씩 꺼내서 놀고 다른 것을 가지고 놀기 전에 그것을 제자리에 집어 넣는다. 소피아는 정확하게 원래 있던 자리에 놀잇감을 정리하려고 매번 애를 쓴다. 그림을 그릴 때는 절대 물감을 흘리지 않으려고 노력한다. 우연히 물감이 엄지 손가락에 조금이라도 묻으면 곧장 싱크대로 달려가 닦아 낸다. 소피아는 모든 것이 제자리에 있지 않으면 불안해 보인다. 매건은 놀이치료에 와서 선반에 있는 놀잇감을 다 내려 모래상자에 던진다. 그림을 그릴 때는 모든 물감을 다 섞어서 종이에 검은 색의 물감만이 남게 한다. 매건은 물감을 방에 튀게 하고 그림 그릴 때는 물감을 바닥에 흘린다. 그리고 그림이 그려진 종이 위에 풀을 다 풀어 놓고 모래상자에 넣으려고 하지만 제한 설정이 주어지면 잘 반응한다. 소피아와 매건은 개인적으로 진보를 측정하고자 하는 아동중심적 근거의 예가 된다. 소피아의 진보는 놀잇감에서 놀잇감으로 자유롭게 이동해 가며 놀 수 있는 능력에 의해 측정될 수 있다. 놀이치료실이나 자신이 조금 헝클어져도 괜찮다는 것을 표현한다. 소피아의 진보는 헝클어짐이 증가할 때 보인다. 매건의 진보는 자신의 놀이에 질서의식을 적용하는 능력에 의해 측정될 수 있다. 매건은 조직화 능력을 보일 것이고 자신을 전적으로 표현하는 것이 허용된 방법으로 놀이를 진행할 것이다. 매건을 위한 진보는 헝클어짐이 줄어들 때 알 수 있다.

개인적인 수준에서 진보를 측정하기 위한 하나의 방법을 찾고자, 필자는 놀이치료 회기에서 일어날 수 있는 놀이행동의 연속체를 개발하였다(그림 8.1). 놀이 회기에서 보이는 측정 가능한 특징과 행동은 극단적인 범주 간의 연속체에서 표시된다. 〈표 8.2〉는 양극단에 대한 범주와 설명을 기술한다.

양극단적인 특징을 기술하는 목적은 치료자를 위해 측정의 연속체를 제공하는 것이다. 각각의 특징을 위해 치료자는 개별 놀이 회기 안에서 아동의 놀이를 기반으로 연속체 안에서 아동을 평가한다. 아동은 자신에게 중요한 한 방향이나 다른 방향으로 움직일 것이라고 가정된다. 양극단의 연속체 가치에 대한 가정은 없다. 놀이치료자는 아동에게 도움이 되는 방향으로 이동함으로써 성장을 평가한다. 놀이치료 진보 워크시트(Play Therapy Progress Worksheet)(그림 8.1)는 놀이치료자가 한 양식으로 여러 회기를 평가하도록 돕는다. 치료자는 여러 회기를 평가함으로써 시간이 진행됨에 따라 놀이치료에서 나타난 아동의 진보적인 방향을 볼 수 있다. 〈그림 8.2〉는 완성된 놀이치료 이동/연령 : _____ 놀이치료자 : _____ 첫 회기 날짜 : _____ 오늘 날짜 : _____ 회기 # : _____

회기 내 진보 평가

놀이치료 진보의 연속체(각 회기의 특징을 회기 번호로 평가하라.)

공격적					공격적 행동 없음
자기주도적 놀이					놀이를 시작할 때 치료자를 의존함
낮은 에너지					높은 에너지
지속적인 놀이행동					지속적인 놀이를 하지 못하고 놀이 장면을 이어 가지 못함
파괴적					건설적
힘들어 놀음					정돈됨
많이 앉음					많이 없음
제한에 적절히 반응함					제한을 어김
놀이에 치료자를 포함함					혼자 놀기
치료자와 언어로 대화함					말이 없거나 치료자와의 상호작용 없이 서술적으로 이야기함
놀이에 주제가 나타나고 의미가 있어 보임					놀이가 기계적이고 의미가 없음
감정이 판촉되지 않음					감정의 강도가 표현됨
긍정적인 감정(웃음, 미소, 만족함)					부정적인 감정(분노, 울음, 슬픔)
연령에 적합한 놀이					퇴행적인 놀이
숙련 놀이					숙련 놀이 없음
좌절을 견디기 어려움					높은 수준의 좌절 견디기
놀이가 어려울 때도 계속 시도함					놀이가 어려워질 때 포기함

회기 밖 진보 평가

부모 이름 : ——————

다른 양육자 이름 : ——————

평가 : ——————	사전 날짜 : ——————	사후 날짜 : ——————	○ 표하기 : 향상	향상 없음	후퇴
평가 : ——————	사전 날짜 : ——————	사후 날짜 : ——————	○ 표하기 : 향상	향상 없음	후퇴
평가 : ——————	사전 날짜 : ——————	사후 날짜 : ——————	○ 표하기 : 향상	향상 없음	후퇴
평가 : ——————	사전 날짜 : ——————	사후 날짜 : ——————	○ 표하기 : 향상	향상 없음	후퇴
평가 : ——————	사전 날짜 : ——————	사후 날짜 : ——————	○ 표하기 : 향상	향상 없음	후퇴

그림 8.1 놀이치료 진보 워크시트

표 8.2 놀이치료 진보 특성의 연속체와 묘사

범주	높음	낮음
공격적	아동은 높은 수준의 공격적인 행동 보임	아동은 공격적 행동을 보이지 않음
자기주도적 놀이	자신감을 가지고 생각하며 계획적으로 놀이를 시작	전혀 놀이를 하지 않거나 놀이를 주도해 달라고 치료자에게 의존함
에너지	회기 전체를 통해 높은 수준의 에너지를 보임	놀이나 언어화에 에너지를 보이지 않음
지속적인 놀이행동	놀이에 집중되어 있고 전체적인 놀이 장면을 이어 나감	쉽게 산만해지고 몇 초나 일 분 이상하나의 행동으로 노는 것이 가능하지 않음
파괴적	놀이치료실, 놀잇감, 치료자에게 굉장히 파괴적임	건설적 놀이를 함
헝클어 놓음	매우 지저분하게 놀이함	매우 정돈된 놀이를 함
언어화	회기 동안 빈번히 말함	아무것도 말하지 않음
제한에 대한 반응	설정된 제한을 따름	치료자가 설정하는 모든 제한을 무시함
놀이에 치료자를 포함함	모든 놀이에 치료자를 포함함	아동이 혼자서 놀이함
언어화에 치료자를 포함함	전 회기를 통해 치료자와 언어로 상호작용함	치료자에게 직접 말하지 않음
의미 있는 놀이	놀이에 집중하고 몰입함. 놀잇감이나 언어로 적어도 하나의 일관된 주제를 표현함	놀이 장면에 관심을 보이지 않음
감정	전 회기 동안 강한 감정을 표현함	관찰 가능한 감정을 표현하지 않음
긍정적인 감정	회기 동안 긍정적인 감정 표현 (웃기, 미소, 만족)	회기 동안 부정적인 감정 표현 (분노, 울기, 슬픔)
연령에 적합한 놀이	아동의 연령에 적합한 놀이행동을 보임	퇴행적이거나 연령보다 어린 놀이행동을 보임
숙련	유능감을 나타내는 놀이행동을 함	숙련된 놀이는 보이지 않고 자신이 실패할 행동을 설정하기까지 함

표 8.2 놀이치료 진보 특성의 연속체와 묘사(계속)

범주	높음	낮음
불만/좌절	높은 수준의 좌절도 견딜 수 있음. 일이 어려워질 때도 조용하거나 지속적으로 시도함	어느 정도의 좌절이나 실패도 견디지 못함
노력	도전을 받을 때도 계속 시도함	놀이가 어려워지면 곧장 포기함

진보 워크시트의 예를 보여 준다. 코트니의 사례를 보면, 코트니는 10회기 동안 감소된 공격적인 행동, 더욱 지속적인 놀이, 더욱 건설적이고 정돈된 놀이, 제한 설정에 더 빈번히 반응하기, 더욱 의미 있는 놀이, 더욱 긍정적인 감정, 증가된 숙련 놀이, 높은 수준의 좌절 견디기, 그리고 덜 포기하는 행동을 나타냈음을 알 수 있다. 코트니는 자기 주도적 놀이, 에너지 정도, 언어적 빈도, 감정 보이기, 연령에 적절한 놀이를 일관적으로 보여 주었다. 코트니는 언어화와 놀이에 있어서 치료자를 포함하는 부분이 비일관적으로 다양하게 나타났다. 놀이치료를 시작할 때 코트니가 일관적이었는지 비일관적이었는지에 대한 관건은 치료자에게 문제가 되지 않았다. 그러므로 진보 평가에서는 문제가 제기되지 않았다. 〈그림 8.2〉는 놀이치료를 위한 개인적인 평가의 근원과 치료자가 진보에 대해 알게 되는 체계적인 방법에서 이것이 어떻게 적용될 수 있는지를 나타내 보인다.

진보 평가에 있어서 공식적 검사 활용

놀이치료 진보의 연속체는 진보를 측정하는 데 있어서 아동의 독특성을 고려하고 아동에 대한 전인적인 관찰을 통합하는 개별적인 모델을 제공한다. 그러나 전통적인 평가 방법은 합리적이고 객관적인 가치가 고려된 검사를 사용한다. 객관적인 특정 도구를 부정확하게 주관적인 개인에게 적용하는 것 때문에 평가의 방법은 인간중심 치료자에게 환영받지 않지만, Bozarth(1998)는 인간중심 평가에 대한 세 가지 조건을 기술하였다. 내담자가 검사받기를 요청함, 상담소의 규정이 내담자를 검사할 것을 요구함, 행동을 위한 결정을 고려할 때 검사가 내담자와 상담자에게 하나의 객관적인 방법이 됨이 그것이다. 아동중심 놀이치료에서 내담자는 좀처럼 검사받기를 요청하지 않을 것이며, 내담자와 상담자가 어떤 특별한 행동을 고려하기 위한 도구로 검사를 사용하는

이동/연령 : 코트니 윌리스　　놀이치료자 : 디 레이　　첫 회기 날짜 : 2011.9.10　　오늘 날짜 : 2011.12.15　　회기 # : 10

회기 내 진보 평가

놀이치료 진보의 연속체(각 회기의 특징을 회기 번호로 평가하라.)

공격적	1, 2	4	3, 5, 9	6, 7, 8	10			공격적 행동 없음
자기주도적 놀이	1, 2, 3, 4, 5, 8, 9, 10	6, 7						놀이를 시작할 때 치료자를 의존함
낮은 에너지					6, 8, 10	3, 5, 7, 9	1, 2, 4	높은 에너지
지속적인 놀이행동	9, 10	7, 8		6	4		1, 2, 3, 5	지속적인 놀이를 하지 못하고 놀이 장면을 이어 가지 못함
파괴적	1, 2, 3, 4	5		6, 7	8, 9, 10			건설적
헝클어 놓음	1, 2, 3, 4	5		6, 7, 8, 10		9		정돈됨
말이 많음	1, 2, 3, 4, 5, 6, 7, 8, 9, 10							말이 없음
제한에 적절히 반응함	9, 10		1, 6		4, 5		2, 3	제한을 어김
놀이에 치료자를 포함함		1	8, 9, 10	2	5	3, 4	6, 7	혼자 놀기
치료자와 언어로 대화함	8	10	7, 9	4, 5, 6	1, 2, 3			말이 없거나 치료자와의 상호작용 없이 서술적으로 이야기함
놀이에 주제가 나타나고 의미가 있어 보임	1, 2, 3, 5, 8, 9, 10	4, 6	7					놀이가 기계적이고 의미가 없음
감정이 판별되지 않음					5, 6, 10	7, 9	1, 2, 3, 4, 8	감정의 강도가 표현됨
긍정적인 감정(웃음, 미소, 만족함)	6, 7, 9, 10			8	4	5	1, 2, 3	부정적인 감정(분노, 울음, 슬픔)
연령에 적합한 놀이	1, 2, 3, 4, 5, 7, 9	8, 10			6			퇴행적인 놀이

숙련 놀이		9, 10		6, 7, 8		4	1, 2, 3, 5	숙련 놀이 없음
좌절을 견디기 어려움	1, 2, 3, 4		5, 8	6, 9	7, 10			높은 수준의 좌절 견디기
놀이가 어려울 때도 계속 시도함		10	6, 7, 9	5, 8			1, 2, 3, 4	놀이가 어려워질 때 포기함

회기 밖 진보 평가

부모의 보고 : 어머니는 가정에서 떼쓰는 행동이 줄었다고 보고함. 코트니가 집안일을 하고 싶다고 함. 일주일에 2번 정도 떼쓰기를 보이나 접수면접 시의 매일 떼쓰기에 비하면 줄어들음

다른 성인의 보고 : 학교 교사에 의하면 코트니가 교장실에 보내지는 사건은 없었지만 며칠에 한 번씩 교실에서 소리 지르거나 친구와 싸우는 것 때문에 행동 차트에서 색깔이 하나씩 밑으로 내려간다고 함

평가 : Parenting Stress Index CD **사전 날짜** : 2011.9.10 **사후 날짜** : 2011.12.15 ○ **표하기** : (향상) 향상 없음 후퇴

평가 : Child Behavior Checklist Agg **사전 날짜** : 2011.9.10 **사후 날짜** : 2011.12.15 ○ **표하기** : (향상) 향상 없음 후퇴

평가 : ____________ **사전 날짜** : ____________ **사후 날짜** : ____________ ○ **표하기** : 향상 향상 없음 후퇴

그림 8.2 놀이치료 진보 워크시트(완성본)

것도 드물 것이다. 하지만 CCPT 치료자는 많은 경우 검사를 요구하는 상담 환경에서 일한다. 어떤 상담 환경에서는 검사가 효과적인 치료의 증거를 제공하는 데 사용되기도 한다.

필자는 CCPT에 검사가 유용할 수 있다고 보여진다면 한 가지 조건을 더 첨가하고 싶다. 부모로부터 수집된 검사 자료는 부모와의 협력적인 관계를 형성하는 데 도움이 될 수 있다. 아동에 대한 대부분의 자료는 부모나 양육자에 의해 보고된 것이다. 그러므로 자료는 아동에 대한 정보를 제공할 뿐 아니라 부모에 대한 정보와 부모/자녀 관계에 대한 정보를 제공한다. 예를 들면, Parenting Stress Index(Abidin, 1995)는 아동의 어떤 행동이 부모에게 어려움을 주는지에 대해 질문한다. 결과는 아동의 어떤 행동이 걱정되는지를 보여 줄 뿐 아니라 어떤 행동이 부모에게 가장 어려운지에 대해서도 보여 준다. 이 검사지는 가족 역동과 부모/자녀 관계에서 드러나는 어려움을 부모가 어떻게 극복해 나가는지에 대한 단편을 보여 준다. 그리고 CCPT 치료자는 아동에게서 관찰될 수 있는 구체적인 변화에 대해 부모와 나누고자 할 때 이 자료를 사용할 수 있다. 대부분의 부모는 일상생활에서 부딪히는 어려움 때문에 아동에게서 일어나는 행동의 변화를 민감히 알아채지 못할 수도 있다. 하지만 행동에 대한 평가 측정을 통해 구체적으로 자극받을 때는 부모도 변화되는 점에 대해 보고할 것이다. CCPT 치료자는 검사 결과를 부모와 공유하므로 부모가 알아차리고 보고했던 변화를 서술하고 입증할 수 있다. 이것은 부모 상담에 있어서 효과적인 도구가 될 수 있다.

그러나 인간중심 개념에서 볼 때 검사는 치료적 결정을 할 때 독립적으로 사용되어서는 안 된다. 놀이치료 진보 워크시트(그림 8.1)는 진보를 결정하기 위한 세 부분의 접근을 제공한다. 처음 영역에서는 연속적인 변화에 대한 개인의 관찰적인 체계를 사용한다. 두 번째 영역에서 치료자는 치료실 밖에서의 행동과 관계를 기초로 한 변화를 알리기 위해 두 유형의 자료를 사용한다. 첫째, 놀이치료자는 아동의 일상생활과 관련된 부모나 다른 성인에 의해 보고된 변화를 기술한다. 둘째, 놀이치료자는 검사를 수행했던 시기 사이의 점수 변화에 대해 기술한다. 즉 진보가 있었는지, 또는 전혀 없었는지, 오히려 더 나빠졌는지에 대하여 말이다. 〈그림 8.2〉는 코트니의 놀이치료실 밖의 진보에 대한 예를 제공한다. 치료자는 코트니의 짜증이 줄어들었고 집안일을 돕는 것에 대해 긍정적인 행동을 보였다는 이머니의 보고를 기록하였다. 그러나 코트니는 아직 일주일에 2번 정도 짜증을 부리고 있다. 코트니의 선생님의 보고에 의하면 지난 보고 이후로 코트니를 교장실에 보낸적은 없었지만 아직도 종종 가벼운 문제행동을 보인다고 한다. 마지막으로 치료자는 Child Domain of Parenting Stress Index(PSI; Abidin, 1995)와 Aggression Subscale of the Child Behavior Checklist(CBCL; Achenbach & Rescorla, 2001)로 측정한 검사 결과를 적어 놓는다. 두 가지의 평가에 의하면 코트니는 진전을 보이고 있는 긍정적인 방향으로 움직여 가고 있다.

믿을 수 있는 검사 자료를 사용하는 것은 치료자가 전통적인 측정을 요구하는 환경에서 일할 때나 부모 교육과 지원을 위해 필요한 분야를 파악하여 부모 상담을 하고자 할 때 도움을 줄 수 있다. 〈표 8.3〉은 놀이치료에서 아동을 상담할 때 자주 사용되는 평가들의 목록이고 이는 자료 수집을 위해 사용될 수 있는 타당한 자료를 제공한다. 놀이치료 진보 워크시트는 치료자가 놀이치료의 진보와 효과와 관련된 개별적이고 동의된 결정을 할 수 있도록 질적이고 양적인 자료를 수집할 수 있는 형식을 제공한다.

종결

논의된 바대로 자아실현 경향성을 발산하도록 하는 것이 최고의 기능과 건강을 결정하게 한다는 것을 치료자가 믿는다면, 종결에 대해 결정하는 것은 도전이 된다. 많은 아동 상담자들은 객관적인 평가에서 특정한 증상이나 행동이 보통의 범주로 떨어지거나 사라질 때 치료의 종결을 지지한다. West(1996)에 의하면 치료자는 아동이 증가된 자신감 및 감소된 문제행동을 보이고 문제와 도전에 대해 현실적일 때, 그리고 학교와 친구 관계에서의 증진을 보일 때 종결을 고려할 수 있다고 하였다. 그리고 더 나아가서 회기에서 놀이가 나이에 적당하고, 조직적이며, 건설적이고, 치료자와 아동 간의 신뢰하는 관계가 있어야 한다고 설명하였다. 아동은 전체적인 행동의 총합 그 이상이기 때문에 CCPT에서의 종결은 놀이치료 회기, 가정, 그리고 학교에서 아동에 대한 총체적인 개념화를 모두 종합하는 전인적인 기준에 의해 결정한다. West(1996)는 치료 종결을 결정할 때 다음의 질문을 하도록 제시한다.

1. 아동이 가진 대부분의 주호소 문제에 진보가 있는가?

2. 아동의 기분은 더 나아졌는가?

3. 가정과 학교에서 잘 적응하는가?

4. 가족 배경에 대한 타당한 현실적인 이해를 가지고 있는가?

5. 다른 곳으로 의뢰하는 것이 유익할 것인가?

6. 놀이치료가 도움이 되지 않는가? 아동이나 양육자에 의해 거부되는가?

아동의 진보 평가와 West의 질문을 섞어서 사용하는 것은 치료자가 종결을 고려해야 하는지 아닌지에 대한 결과를 갖도록 도울 수 있다. 많은 CCPT 치료자는 합의하에 이루어지는 종결을 다행이라고 여긴다. 그러나 치료는 종종 치료자나 아동의 동의 없이 갑자기 종결되기도 한다. 갑자기 치료가 종결되면 아동은 당황하게 되고 때론 아동 자신이 뭔가를 잘못해서 그렇다거나 아니면 치료자가 더 이상 자신을 보고 싶어 하지 않는다는 해석을 하기도 한다. CCPT 치료자는 첫 번째 부모 상담을 할 때 종결에 대해 언급해야 하는데, 종결은 미리 준비되어야 할 필요가 있다는 것을 설명해야 한다. 아동이나 치료자가 동의하기 전에 부모가 종결을 결정한다면, 치료자는 부모를 설득하여 아동과 마지막 회기를 가질 수 있도록 노력해야 한다.

이상적인 사례는 아동이 회기 안에서 표현하고 건설적으로 놀이할 수 있을 때, 어른과 또래 및 치료자와 따뜻한 관계를 유지할 때, 또한 자아 향상적인 행동을 할 수 있을 때 자연스럽게 종결에 이르는 것이다. 종결이 적절한지를 결정하고자 할 때 치료자는 부모와 종결의 가능성에 대해 이야기 나눈다. 치료가 잘되어 가고 있을 때 부모는 종결하는 것에 대해 주저할 수 있다. 왜냐하면 아동이 퇴행하면 어쩌나 하는 걱정과 치료자를 더 이상 보지 못하고 지원을 받지 못하는 것에 대해 염려스럽기 때문이다. CCPT 치료자는 치료의 이러한 국면에서 부모에게 매우 지지적이어야 하고, 아동의 발달과 밀접한 연관성이 있는 부모의 성장에 대해서도 상기시켜야 한다. 치료자는 종결한 후에 다시 치료가 필요하다고 느껴진다면 다시 돌아올 수 있다는 것에 대해서도 이야기한다. 치료자는 마지막 회기의 3~4주 전부터 아동에게 종결에 대해 알린다. 더 긴 시간은 다가오는 분리에 대해 아동의 불안감을 증가시킬 우려가 있고, 연령이 어린 아동은 긴 시간에 대해 혼란스러워하기도 한다. 너무 짧은 시간은 아동으로 하여금 정서적 분리에 대하여 준비할 시간을 주지 못한다. 아동은 회기를 시작할 때 치료자에게 종결에 대한 정보를 들어야 한다. 그래야 치료자가 즉각적인 또는 잠시 지연되는 어떤 반응에 대해 관찰하고 지원할 수 있기 때문이다.

　놀이치료자는 종종 종결에 대한 아동의 반응에 놀라거나 때론 실망하기도 한다. 아동은 "알았어요."라고 대답하고 다시는 종결에 대해 묻지 않기도 한다. 마지막 회기에 슬픔이나 아쉬운 표현 없이 그저 간단히 손을 흔들며 치료자에게 인사를 하기도 한다. 이런 반응이 치료자에게는 슬플 수 있지만, 이러한 종결은 발달적으로 적절하다. 그리고 관계에 대한 간단한 끝맺음은 아동이 치료를 끝낼 때가 되었고 치료자에게 의존하는 것 없이 자아실현의 다음 단계로 진전할 준비가 되었다는 것을 나타낸다. 놀이치료자는 종결을 기념하기 위해 아동에게 무엇을 주어야 한다거나 무엇인가를 다르게 해야 하느냐고 질문하곤 한다. 다시 말하지만 CCPT에서는 아동이 이끈다. 만약 치료자가 종결을 기념하기 위해 무엇인가를 하고자 한다면 그것은 아동을 위해서가 아니라 전적으로 치료자를 위한 것이다. 반대적인 시나리오에서 보자면 아동이 치료자에게 무엇인가를 주고 싶어 할 수도 있다. 이런 경우에 아동이 먼저 "우리의 마지막 시간을 위해서 무엇을 줄까요?"라고 묻는다면 필자는 "나는 네가 만드는 건 무엇이든지 좋을 것 같은데."라고 대답할 것이다. 이 응답은 비지시적인 것에서 벗어나지만 치료가 마무리되어 가는 시점에서 필자는 일치성에 대한 필요가 비지시적인 것보다 더 중요하다는 것을 발견한다. 만약 아동이 치료 관계의 끝을 상징적인 토큰으로 축하하고 싶어 한다면 필자는 진심으로 같이 축하하고 싶다. 필자는 아동이 선물을 사오는 것에 대해서는 어떠한 격려도 하지 않지만, 만약 마지막 회기에 아동이 (비싸지 않고 작은) 선물을 가지고 온다면 아동의 마음을 존중하는 마음으로 선물을 받는다. 아동이 종결을 인정하든 인정하지 않든, 필자는 치료 종결 보고서를 작성하기 전에 아동의 파일을 다시 훑어보고 모든 자료를 읽어 보는 것으로 우리의 관계를 기념하는 시간을 갖는다.

표 8.3 아동 상담에서 자주 사용되는 평가

Attention Deficit Disorders Evaluation Scale Third Edition(ADDES-3)	Child Interpersonal Relationships and Attitudes Assessment(CIRAA)
저자 : S. McCarney 개요 : 교육가, 학교 심리학자, 심리학자, 소아과 의사, 의학 관련 전문가들로 하여금 학생의 행동을 관찰한 사람들이 제공한 정보로 아동과 청소년의 ADHD를 진단하고 평가하도록 돕는다.	저자 : R. Holliman & D. Ray 개요 : 아동의 자기-통제, 대인관계, 대처 기술, 그리고 내적 평가 소재와 관련된 결과와 진보를 측정하도록 설계된 도구이다.
Behavioral Assessment System for Children (BASC)	**Children's Depression Inventory(CDI)**
저자 : C. Reynolds & R. Kamphaus 개요 : 다양한 평가자들을 사용하여 아동과 성인의 정서와 행동을 이해하도록 도움을 주는 평가 척도이다. 척도는 교사 평가 척도(TRS), 부모 평가 척도(PRS), 성격에 대한 자기-보고(SRP), 학생 관찰 시스템(SOS), 구조화된 발달 역사(SDH)를 포함한다.	저자 : M. Kovacs 개요 : 아동의 인지적 · 정서적 · 행동적인 우울 증상을 측정한다.
Child Behavior Checklist/1.5-5/LDS & Child Behavior Checklist/6-18(CBCL)	**Children's Play Therapy Instrument(CPTI)**
저자 : T. Achenbach & L. Rescorla 개요 : CBCL/1.5-5/LDS는 문제, 장애, 아동에 대해 무엇이 가장 걱정이 되는지, 그리고 아동의 장점은 무엇인지에 대한 부모의 기술과 평가를 알 수 있다. CBCL/6-18은 부모, 가까운 친척, 법적 보호자가 아동의 능력 및 행동적 · 정서적 문제에 관련하여 평가한다.	저자 : P. Kernberg, S. Chazan, & L. Normandin 개요 : 진단과 진보 평가를 돕기 위해 놀이치료 회기에서의 활동을 측정하는 관찰 척도이다.
	Conners' Rating Scales-Revised(CRS-R)
	저자 : K. Conners 개요 : 관찰자 평가와 자기 보고 평가를 사용하여 ADHD를 평가하고 아동과 청소년의 문제행동을 평가하는 데 도움을 주는 척도이다.

표 8.3 아동 상담에서 자주 사용되는 평가(계속)

Developmental Assessment of Young Children(DAYC)	Gesell Developmental Observation(GDO)
저자 : J. Voress & T. Maddox 개요 : 다양하지만 서로 연관되어 있는 발달적 능력을 측정하기 위해 인지, 의사소통, 사회 정서적 발달, 신체적 발달, 적응적 행동을 포함한 일련의 다섯 가지 하위 평가 척도이다.	저자 : F. Ilg, J. Keirns, & S. Iba 개요 : 부모, 교육자, 다른 전문가들이 정상적인 성장 패턴에 대한 아동행동의 특징들을 이해하도록 돕는 종합적인 발달검사 도구이다.
Direct Observation Form(DOF)	Index of Teaching Stress(ITS)
저자 : S. McConaughy & T. Achenbach 개요 : 교실, 집단활동, 쉬는 시간과 같은 환경에서 관찰되는 특정 행동과 문제를 평가하도록 구성되어 있다.	저자 : R. Abidin, R. Greene, & T. Konold 개요 : 학생의 행동, 교수 과정에 대한 교사의 인식, 그리고 외부 지원에 대한 교사의 인식에 관하여 한 아동과의 상호작용에서 교사가 경험하는 스트레스에 대해 측정한다.
Eyeberg Child Behavior Inventory(ECBI)	Parenting Stress Index, 3rd Ed.(PSI)
저자 : S. Eyeberg & D. Pincus 개요 : 아동의 파괴적 행동과 그것이 발생하는 빈도를 측정하는 도구이다.	저자 : R. Abidin 개요 : 아동과의 상호작용의 결과로 부모가 경험하는 스트레스를 측정한다. 생후 1개월부터 12세까지 자녀를 가진 부모의 부모/자녀 관계 문제 영역을 알아보고자 한다.
Functional Emotional Assessment Scale (FEAS)	Piers-Harris Children's Self-Concept Scale, Second Edition(Piers-Harris 2)
저자 : S. Greenspan & G. DeGangi 개요 : 영아, 유아, 그들 가족의 정서적 기능과 사회적 기능을 관찰하고 측정하는 데 사용된다. 기능에 대한 관찰은 상호작용, 자기-조절, 문제 해결, 상상력, 그리고 가장놀이 등을 포함한다.	저자 : E. Piers, D. Harris, & D. Herzberg 개요 : 개인의 자기-인식에 대한 전반적인 관점을 제공하고 평가와 치료가 필요한 아동, 청소년을 분별하는 데 도움을 준다.

(계속)

표 8.3 아동 상담에서 자주 사용되는 평가(계속)

The Pictorial Scale of Perceived Competence and Social Acceptance for Young Children(PSPCSAYC)	Teacher Reprot Form/6-18(TRF) & Caregiver-Teacher's Report Form/1.5-5(C-TRF)
저자 : S. Harter & R. Pike 개요 : 인지적 및 신체적 유능감, 또래의 수용, 모성적 수용과 같은 네 가지 영역에서 아동이 인식한 유능감과 사회적 수용을 측정한다.	저자 : T. Achenbach & L. Rescorla 개요 : 어린이집과 학교 교사가 99문항과 더불어 문제 및 장애, 아동에 대해 무엇이 가장 걱정이 되는지, 그리고 아동의 장점은 무엇인지에 대해 서술한다. TRF는 아동의 학업 수행, 적응적인 기능, 행동적/정서적 문제에 대한 교사의 보고를 얻도록 구성되었다.
Self-Perception Profile for Children(SPPC)	**Trauma Play Scale(TPS)**
저자 : S. Harter 개요 : 아동의 학문적인 유능감, 사회적 수용, 운동적인 유능감, 외모, 행동 수행에서의 아동이 인식한 유능감을 평가하는 것이다. 자기 보고화된 개념 점수와 더불어 행정가들은 아동의 전반적인 자존감의 중심성을 확고히 구축하고자 각 영역에 대한 중요한 척도를 수행할 수 있다.	저자 : J. Findling & S. Bratton 개요 : 대인관계 외상을 경험한 아동의 놀이치료 행동에 대한 차이점을 포착하도록 설계된 관찰 척도이다.
Student-Teacher Relationship Scale(STRS)	**Revised Children's Manifest Anxiety Scale: 2nd Edition(RCMAS-2)**
저자 : R. Pianta 개요 : 갈등, 친밀함, 독립성과 함께 전반적인 관계의 질에 대해 한 학생과의 관계에 대한 교사의 인식을 알아봄으로써 학생/교사 관계의 패턴을 측정하는 것이다.	저자 : C. Reynolds & B. Richmond 개요 : 아동이 현재 경험하는 불안의 강도와 특징을 측정한다.

출처 : Table originally compiled by Dee Ray, Ryan Holliman, Sarah Carlson, and Teffrey Sullivan.

참고문헌

Abidin, R. (1995). *Parenting stress index* (3rd ed.). Lutz, FL: Psychological Assessment Resources.

Achenbach, T., & Rescorla, L. (2001). *Manual for the ASEBA school-age forms and profiles.* Burlington, VT: University of Vermont, Research Center for Children, Youth, & Families.

Bozarth, J. (1998). *Person-centered therapy: A revolutionary paradigm.* Ross-On-Wye: PCCS.

Guerney, L. (2001). Child-centered play therapy. *International Journal of Play Therapy, 10*(2), pp. 13–31.

Haworth, M. (1982). Assessment of individual progress. In G. Landreth (Ed.), *Play therapy: Dynamics of the process of counseling with children* (245–246). Springfield, IL: Charles C Thomas. (Reprinted from *Child psychotherapy: Practice and theory*, by M. Haworth, 1964, New York: Basic Books).

Moustakas, C. (1973). *Children in play therapy.* New York: Jason Aronson.

Rogers, C. (1942). *Counseling and psychotherapy.* Boston: Houghton Mifflin.

Rogers, C. (1961). *On becoming a person: A therapist's view of psychotherapy.* New York: Houghton Mifflin.

West, J. (1996). *Child centred play therapy* (2nd ed.). London: Hodder Arnold.

Whitaker, R. (2010). *Anatomy of an epidemic: Magic bullets, psychiatric drugs, and the astonishing rise of mental illness in America.* New York: Crown.

Wilkins, P. (2010). *Person-centred therapy: 100 key points.* New York: Routledge.

부모 상담

놀이치료자들은 부모나 법적 보호자와 조력하는 것이 아동 상담에 있어서 가장 어렵다고 이야기하곤 한다. 아동을 상담할 때 놀이치료자는 부모와 긍정적이고 협력적인 관계를 맺을 수 있어야 한다. 부모가 치료 과정에서 소외되고 비난받고 무시받았다고 느낀다면 대개 상담을 종료할 것이다. 옳고 그르다는 관점을 떠나서 부모에게는 그럴 수 있는 법적 권리가 있다. 그러므로 놀이치료자는 부모와 상담할 때 이러한 법적 권리를 인식하고 있는 것이 도움이 된다. 놀이치료자가 부모의 법적 권리를 존중하여 부모를 자연스럽게 창의적인 방법의 치료 과정에 참여시킴으로써 아동은 놀이치료를 지속할 수 있게 된다.

법적 권리는 아동에 대한 부모의 힘을 표명하기도 하지만, 놀이치료에 부모를 포함시키는 것에는 커다란 치료적 혜택이 있다. 우선 부모는 아동의 주된 양육자이다. 그들은 아동의 삶에 가장 중요한 대상이다. 아동의 삶에서 부모의 부재나 참여는 아동의 발달과 정서적 안정성에서 매우 중요한 역할을 한다. Axline(1947)은 부모의 참여가 없이도 놀이치료는 효과적이라 믿었고 또한 연구로 증명하였지만, 놀이치료에 부모가 참여하였을 때 더 효과적이라는 연구도 있다(Bratton, Ray, Rhine, & Jones, 2005). 부모 참여의 과정은 명확히 파악되지 않았다. 치료자가 부모자녀 관계를 증진함으로써 가족 체계에 변화를 촉진하기 때문인지, 아니면 부모가 치료자에게 배운 새로운 기술을 사용해서인지, 아니면 치료자에게 공급받는 정서적 지지로 인해 부모의 기분이 더 좋아지고 그것으로 인해 아동에게 더 나은 정서적 지지를 주는 것이 가능해져서인지, 아니면 다른 촉진적인 요인이 있는 건지 부모 참여가 왜 더 성공적인지에 대해서는 의문이 남아 있다. 어떻게 부모 참여가 도움을 주는지에 대해서는 아직 충분한 연구가 이뤄지지 않았지만 아마도 여러 가지 요인의 혼합으로 인한 유익이지 않을까 한다. 상식적으로 놀이치료자가 부모를 치료 과정에 포함시킬 수 있을 때 치료에 더 큰 변화가 있을 것으로 보인다.

부모와 성공적 치료 관계를 구축하기 위한 태도

부모와 함께 조력하기 위해서는 놀이치료자가 협력적인 관계를 위한 기본적인 태도를 가지는 것이 필요하다. 놀이치료자의 목적은 부모와 관계를 형성하는 것으로, 이는 부모가 수용받고 이해받고 안전하다고 느껴서 격려할 수 있고 기술을 배우며 양육 방식에도 변화를 가져올 수 있도록 하는 것이다. 다음의 태도는 협력적인 관계를 맺기 위해 중요한 부분이다. 이러한 태도는 부모가 아동에게 접근할 때 필수적이고 또한 지속적으로 필요할 것으로 보인다. 하지만 아동이 위험에 처했을 때 놀이치료자는 부모와 아동 간의 관계를 제한하는 역할을 해야 할 때도 있다.

1. **부모의 역할 존중하기.** 놀이치료자가 아동의 삶에서 부모의 역할을 가장 중요한 관계로 인정하는 만큼 놀이치료자는 더 효과적일 수 있다. 치료자가 아동에게 제공할 수 있는 것이 많음에도 불구하고 부모가 제공하는 것이 전반적인 아동 발달에 더욱 중요하기 때문이다.
2. **아동에 대한 부모의 지식 존중하기.** 매우 방임적인 부모라 할지라도 그들은 놀이치료의 효능성을 증진시킬 수 있는 놀이치료자가 알아야 하는 아동 발달과 아동에 대한 긴밀한 지식을 가지고 있다. 치료자는 아동 전문가이겠지만 부모는 치료에 오는 그 특정한 아동에 대한 전문가이다. 부모는 아동 발달에 대한 이정표와 아동의 삶에 존재하는 가족 붕괴 등과 같은 실제적인 정보뿐 아니라 아동과 어른의

관계적 요소 및 아동의 초기 성격 특징과 같은 지각적인 이해도 제공한다. 이러한 정보를 수집하는 것은 놀이치료자가 전반적으로 아동의 사례를 개념화하고 성장을 촉진할 수 있는 체계화된 개입 방안을 구체화하도록 돕는다.

3. **한 사람으로서의 부모에 대한 관심 갖기.** 심리적 외상을 초래하는 양육이나 결핍된 양육을 경험한 아동을 치료할 때 놀이치료자는 종종 그 부모에게 따뜻하거나 돌보는 태도를 다소 보이지 못할 수도 있다. 아동의 옹호자인 놀이치료자도 종종 아동에게 피해를 준다고 생각되는 부모를 향해 불만스럽거나 화가 나는 것을 경험한다. 그러나 놀이치료자가 이러한 감정을 극복하고 부모를 진정으로 돌보려고 노력한다면 놀이치료자는 더욱 효과적으로 개입할 수 있다. 기본 상담 과정에서 배웠듯이 사람은 자신이 보호받고 안전하다고 느낄 때 반응한다. 아동 상담을 해온 지난 시간을 통하여 필자는 대부분의 부모가 자신이 양육되어 온 방식보다 적어도 10%는 더 나은 모습으로 부모의 역할을 한다는 믿음을 갖게 되었다. 이것이 사실이라는 증거는 없지만 이 믿음은 필자가 부모를 그 모습대로 수용하고 긍휼한 마음을 갖게 함으로써 부모와 서로 협력할 수 있도록 했다.

4. **인내하기.** 부모와 놀이치료자의 관계는 놀이치료자가 인내의 태도를 유지할 때 증진된다. 놀이치료자는 즉각적으로 기술을 가르치고 문제를 해결해 줌으로써 가족 체계의 빠른 변화를 만들고자 하는 열정이 있을 수 있다. 그러나 부모의 속도에 맞춰서 일하는 것이 가장 효과적이다. 어떤 부모는 여러 번의 부모 상담을 통해 안전감을 느낀 후 변화하려는 노력을 한다. 어떤 부모는 큰 문제를 빨리 고치려고 서두르며 놀이치료자 또한 빠르게 반응하도록 압박을 가하기도 한다. 이러한 경우에 놀이치료자는 부모의 불만족스러운 과정에 대해 듣고 그것을 반영함으로써 부모와의 관계를 구축할 수 있다. 교육과 기술의 증진은 안전한 관계의 맥락 안에서 가장 효과적으로 이루어지기 때문이다.

5. **내담자로서의 아동에게 명확한 초점 맞추기.** 이 책에서 제시된 모델에서는 아동이 내담자이고 부모는 치료의 체계적인 파트너로 간주된다. 그러므로 이것은 가족 전체가 내담자가 되는 이론적 모델들과는 다른 철학을 갖는다. 부모 상담 모델에서 놀이치료자는 아동을 내담자로 정의한다. 이러한 명료성은 놀이치료자가 부모와 상담할 때도 그와 동일한 맥락에서 행동하게 한다. 놀이치료자와 부모 사이의 모

든 상호작용은 아동의 성장을 촉진하기 위해 시도되는 것이다. 이러한 접근으로 놀이치료자나 부모가 부가적인 도움의 필요를 확인하면(예 : 부모의 양육 방식에 영향을 주는 부모의 개인적인 어려움이나 여건 등) 놀이치료자는 부모가 개인 상담과 같은 서비스를 받을 수 있도록 다른 상담자에게 의뢰한다. 이것은 놀이치료자는 부모의 치료자가 아니라 아동의 치료자라는 것을 명확하게 하는 데 도움을 준다. 필자의 경험상 부모의 상담 관계로부터 얻는 성과는 부모가 지지받고 이해받는다고 느끼게 함으로써 이는 곧 양육과 자기 개념 문제와 관련된 그들의 정서에 영향을 준다는 것이다.

6. 전문가로서의 치료자. 아동중심 놀이치료(CCPT)에 의하면 치료자가 아동 및 부모와 형성하는 관계는 모든 변화를 위한 기본이다. 이러한 핵심 신념 때문에 부모/자문가의 역할에서 진정성, 수용성, 그리고 공감의 관계적 모델에서만 기초하여 행동해야 한다고 보는 놀이치료자도 있다. 이것이 놀이치료자 자문가의 가장 효과적인 역할인지에 대해서는 동의하는 바가 많지 않다. 어떤 부모는 자신과 치료자와의 경험을 자신과 아동의 관계에 적용하고 변화가 일어나는 경험을 통하여 이런 유형의 관계에 전적으로 반응할 수 있다. 그러나 부모는 관계적인 요소에 마음을 열기 위해 치료자가 보이는 외적인 자신감 또한 필요로 하는 듯하다. 즉 부모가 자신의 취약성과 어려움을 나눌 수 있을 만큼 안전하게 느끼도록 놀이치료자는 아동과 놀이치료에 관련한 지식과 경험을 보여 줄 수 있어야 한다. 분명하게 말하지만 필자는 부모에게 설교하고 조언을 주고 지시하라고 하는 것이 아니다. 부모가 그동안 부족했던 새로운 정보에 대해 마음을 열 때 발달적 지식, 아동의 전형적 행동, 또는 유사한 상황에서 효과적이었던 양육 기술과 같은 전문 지식과 기술을 부모에게 제공하라는 것이다. 많은 부모는 이런 유형의 전문성을 감사하게 생각하고 이는 놀이치료 과정에 대한 신뢰를 증진하도록 돕는다.

부모 상담 과정

부모 상담 모델은 자원을 제공하고 지식과 기술을 가르치며 진행 과정을 모니터링하려는 목적 아래 부모와 놀이치료자 간의 일관적인 접촉을 필요로 한다. 부모 상담의 빈도는 매 3주차나 5주차가 적당하다. 아동이나 부모가 상황적인 위기를 겪고 있거나 지원을 필요로 한다면 빈도는 더 잦아질 수 있다. 만약 어떤 부모가 매주 부모 상담을 요청한다면 이는 부모에게 개인적인 상담이 필요하다는 신호가 되기도 한다. 반대로 치료자는 5주가 지나도록 부모를 만나지 않는 것에 대해서도 경계해야 하는데 이는 부모가 치료적 과정에 참여하지 않는 시간이 너무 길기 때문이다.

부모 상담의 시간과 장소는 놀이치료자의 다양하고 개인적인 사례에 따라 다르다. 일반적으로 부모 상담은 30~50분 정도이다. 부모 상담 시간에 대해 결정할 때 가장 중요하게 고려해야 하는 것은 아동의 놀이치료 시간에 얼마나 영향을 주는지에 대한 것이다. 현실적인 이유 때문에 놀이치료자는 부모가 놀이치료실에 한 번만 올 수 있도록 부모 상담을 놀이치료 전이나 후로 잡는다. 이럴 경우 아동의 시간은 침해받기가 쉽다. 필자는 개인적으로 부모 상담을 최대 30분 정도 하는 것을 선호한다. 필자는 아동이 자신의 시간을 부모와 나누어 쓰지 않고 놀이치료를 받는 것이 중요하다고 믿기 때문에 놀이치료 회기를 마친 후 부모 상담을 한다. 부모가 상담시간을 연장하는 것을 선택한다면 부모나 치료자의 시간을 더 할애함으로써 아동의 놀이치료 시간은 방해를 받지 않도록 한다. 이상적으로는 부모 상담은 놀이치료 시간과 구분하여 아동이 없을 때 진행하는 것이다. 이렇게 하면 아동이 밖에서 기다리지 않아도 되고 방해도 덜 받게 되므로 놀이치료자는 부모와 전적으로 충분한 시간을 보내게 된다. 그러나 이것은 대부분의 경우 현실적으로 쉽지 않다.

아동의 유익을 위하여 놀이치료자는 아동의 삶에 관련된 중요한 양육자들을 상담에 모두 포함시킨다. 여기에는 친부모, 양부모, 입양부모, 양육권이 있는 조부모, 또는 중요한 다른 사람들이 포함된다. 이러한 목적은 아동이 가장 많은 시간을 함께 보내는 어른들을 치료 과정에 포함시키는 것이다. 그러므로 상담에 오는 참석자들의 형태는 다양할 수 있다. 어떤 상담에는 어머니와 양아버지가 오는 반면에 아버지와 양어머니가 오거나 어머니와 할머니가 함께 참여하는 경우도 있다. 놀이치료자에게 아동을 위한 치료 계획이 있듯이 각 사례의 필요에 따라 치료자는 부모 상담의 조직화된 계획 또한 가지고 있어야 한다.

다시 말하지만 부모 상담에 아동을 참여시키는 것과 관련하여 놀이치료자는 다르게 접근해야 한다. 전통적으로 부모 상담을 할 때 어린 아동은 포함시키지 않는다. 이는 부모 상담이 언어적인 의사소통을 중심으로 진행되고 어른들이 아동에 관해 이야기할 때 특히 3~6세의 아동에게 조용히 잘 앉아 있으라고 하는 것은 발달적으로 적합하지 않기 때문이다. 아동이 점점 성장함에 따라 부모 상담에 아동을 참여시키는 것을 고려할 수 있다. 특히 가족 문제 해결이나 가족의 치료적 활동을 위해서는 더욱 그러하다. 놀이치료자는 부모가 아동과 효과적으로 의사소통하는 능력이 있는지에 대해 고려해야 한다. 만약 부모가 아동을 부정적으로 공격하는 의사소통 방법을 가지고 있다면 부모 상담에 아동을 함께 참여시키기 이전에 놀이치료자는 부모에게 대화 기술에 대해 나누는 시간을 먼저 가져야 한다.

첫 회기 부모 상담

첫 회기 부모 상담은 한 가지 중요한 목적이 있는데 그것은 부모와의 관계 형성이다. 이를 통해 부모가 아동을 첫 번째 놀이치료 회기에 데리고 오는 것이다. 놀이치료자는 부모로 하여금 자신의 취약성을 드러내고, 정직하며, 배우고자 하는 의지를 갖고, 놀이치료 과정에 확신을 가지도록 돕는 안전한 관계의 시작을 위해 부모와 연합하여 치료 과정에 임한다. 첫 회기 부모 상담은 종종 길게 하는데 최소한 1시간이나 사례의 깊이에 따라 2시간으로도 연장될 수 있다.

부모는 심리적 외상을 경험했거나 중요한 갈등을 겪는 아동을 상담에 의뢰하므로 아동은 첫 회기 부모 상담에 참석하지 않는 것을 추천하는 바이다. 이것은 부모와 놀이치료자로 하여금 아동을 신경 쓰지 않고 자유롭게 필요한 이야기들을 나눌 수 있게 한다. 부모 상담을 성공으로 이끄는 몇 가지의 요인은 아동의 발달사에 대해 알기, 부모의 주호소 문제를 듣고 총체적으로 개념화하기, 놀이치료에 대한 정보 나누기, 종결에 대한 논의 등이 포함된다.

발달사. 대부분의 놀이치료자는 치료를 시작할 때 아동의 배경과 관련된 정보수집과 동의서를 받는 등의 비슷한 지침을 따른다. 이것은 대부분의 면허를 소지한 정신건강 전문가에게 윤리적이고 법적인 요구사항이다. 이와 더불어 놀이치료자는 내담자의 총괄적인 발달사를 알고 있어야 한다. 제2장에서 언급했듯이 발달에 대한 지식은 아동을 상담할 때 알아야 하는 기본적 요소 중의 하나이다. 놀이치료자는 아동의 일반적인 발달에 대해 알아야 할 뿐 아니라 각 내담 아동의 독특한 발달적 역사에 대해서도 자세하게 이해하고 있어야 한다. 발달사는 임신, 출산과 출생, 걷기, 말하기, 대근육 기술, 배변훈련, 읽기, 쓰기, 대인관계 형성 등 아주 중요한 발달적 단계나 사건을 포함한다. 치료자는 이러한 발달적 이정표를 아동의 삶의 맥락에서 이해해야 하는데, 특히 가족 구성원, 가족 이동, 출생과 사망, 그리고 다른 환경적 요인들은 더 중요하다. 이러한 형태의 자세한 역사를 이해하는 것은 놀이치료자로 하여금 아동 발달에 영향을 미쳤을 어려움과 요인에 대해서 이해하도록 돕는다. 〈표 9.1〉은 자세한 발달사에 대해 질문하는 실례를 제공한다. 이 표는 발달사를 위한 하나의 구조로서 제시된 것이지 부모 역사, 가정에 대한 정보, 진단과 약물치료 등에 대한 자세한 정보를 요구하는 접수면접지를 대신하지 않는다는 것을 유념하기 바란다.

놀이치료자는 현실적인 이유로 첫 회기 부모 상담을 발달사에 대해 인터뷰하는 것으로 시작한다. 발달에 대해 처음부터 중점을 두는 것은 부모로 하여금 놀이치료는 단순한 문제해결을 넘어서 아동 전체를 이해하고자 하는 과정이라는 메시지를 보내게 된다. 둘째로, 발달적 인터뷰는 전통적으로 해오던 아동의 문제에 집중하기보다는 아동의 성장에 초점을 맞추는 긍정적인 분위기를 마련한다. 그리고 다음으로 부모가 발달사에 관한 질문에 답하면서 아동에 대한 부모의 주호소 문제가 자세하게 드러난다. 놀이치료자가 발달사에 대한 인터뷰를 마치면 부모는 주호소 문제와 관련된 염려를 충분히 표현했을 것이므로 이것은 부모의 주호소 문제를 발견하게 되는 부모 상담의 두 번째 난계를 단축할 수 있게 한다.

부모의 주호소.   발달사에 대한 인터뷰 후에 놀이치료자는 아동에 대한 부모의 주호소 문제에 대해 다루어야 한다. 이 부분은 놀이치료자가 발달사를 알아보는 과정에서 드러났던 염려스러운 부분을 요약해 주고 다른 어려움이 더 있는지를 물어보며 시작한다. 부모의 주호소 문제를 명확히 하는 데 도움이 되는 또 다른 방법은, 치료의 결과로 부모가 무엇을 얻기를 원하는지를 질문하는 것이다. 부모의 기대에 대한 명료화는 부모에게 놀이치료를 소개하기 전에 특히 중요한 과정 중의 하나이다. 치료자는 부모에게 놀이치료 과정에 대해 설명할 때 이러한 기대감을 사용할 수 있다.

대부분의 경우에 부모의 주호소 문제는 아동의 주호소 문제와 일치하지 않는다. 이

표 9.1 발달사 질문지

1. 계획된 임신이었는가? 임신 중 마약이나 알코올 사용은 있었는가?
2. 진통이나 출산 과정에서 어려운 점이 있었는가?
3. 예정일에 태어났는가, 늦었는가, 아니면 조산하였는가?
4. 출생 후 아동은 병원에 얼마나 있었는가?
5. 출생 시 아동의 몸무게와 키는?
6. 아동의 아프가수치[1]는 무엇이었는가?
7. 출산 이후에 다른 어려움이 있었는가?
8. 수유에 어려움이 있었는가?
9. 신생아 때 아동이 얼마나 잘 잤는가? 현재 아동의 수면습관은 무엇인가?
10. 영유아기 때 아동과 돈독한 관계를 맺었다고 느끼는가?
11. 영유아기 때 아동의 기질은 어떠하였는가?
12. 유아기 때 아동과 상호작용한 사람은 누구인가? 혹은 누가 아동과 가장 많은 시간을 보냈는가?
13. 아동이 양육자와의 관계에서 단절을 경험한 적이 있는가?
14. 양육자들과 아동과의 관계에 대해 묘사하라.
15. 형제자매와 아동과의 관계에 대해 묘사하라.
16. 다른 아동과 비교할 때 아동의 발달에 있어서 다른 점이 있었는가?
17. 언제 아동이 앉기 시작했는가?
18. 언제 아동이 걷기 시작했는가? 다른 어려움은 없었는가?
19. 언제 아동이 말하기 시작했는가? 다른 어려움은 없었는가?
20. 언제 아동이 배변훈련을 끝냈는가? 그 과정을 묘사하라.
21. 현재 배변훈련에 관한 어려움을 경험하고 있는가?
22. 만 3세 이상인 아동의 경우,
    a. 숫자와 글자를 아는가?
    b. 읽을 수 있는가?
    c. 어느 수준으로 읽을 수 있는가?
    d. 읽기에 어려움이 있는가?
23. 만 3세 이상인 아동의 경우,
    a. 글을 쓸 수 있는가?
    b. 쓰기에 어려움이 있는가?
24. 신체활동은 어떻게 하는가? 하고 있는 운동이 있는가?
25. 만약 학교를 다닌다면 학교에서 어떻게 생활하고 있는가?
26. 교사와 같은 권위적인 대상과는 어떻게 지내는가?
27. 친구들이 있는가? 몇 명이나 있는가? 친구들과의 관계는 어떠한가?
28. 일상생활에서 아동과 상호작용하는 사람은 누구인가? 그 관계들을 묘사하라.
29. 아동기 동안에 이사를 몇 번이나 하였는가? 그 과정에 대해 묘사하라.
30. 아동이 몇 군데의 학교를 다녔는가? 각각의 전학 과정에 대해 묘사하라.
31. 가족, 친구, 애완동물 등을 잃는 중요한 상실을 경험한 적이 있는가?

---

1 역자 주 : Apgar score는 신생아의 심장박동수, 호흡 속도 등 신체 상태를 나타낸 수치이다.

는 치료자가 아동을 보기 시작하면서 선명하게 드러난다. 부모가 아동이 변화하기를 기대하는 부분과 아동이 놀이치료를 통해 변화하고 있는 것 사이의 불일치는 양쪽의 필요를 모두 다루기 위해 치료자는 전체적인 방법으로 개념화해야 한다. 이 부분은 이 장의 뒷부분에서 다시 자세하게 다룰 것이다. 지금 이 장에서 중요한 점은 치료자는 효과적인 치료적 관계를 형성하기 위해서 놀이치료의 처음 시작부터 부모의 기대감에 대해 예민하게 인식하고 있어야 한다는 것이다.

놀이치료 정의하기. 놀이치료자가 아동 발달사와 부모의 주호소 문제를 탐색하고 나면 놀이치료에 대해 설명하도록 한다. 이 과정은 놀이치료 과정에서 매우 중요한데 왜냐하면 대부분의 부모가 의심을 가지는 놀이치료의 효과에 대해 처음으로 알게 되는 시점이기 때문이다. 부모는 치료 과정에 대해 확신하지 못하기 때문에 놀이치료는 어떤 것인지, 놀이치료는 어떤 효과가 있는지, 그리고 각 아동이 필요한 것에 대해 구체적으로 어떻게 논의하는지를 설명할 때 치료자는 자신감을 가지고 임할 필요가 있다. 효과적인 놀이치료자는 두세 문장으로 된 놀이치료의 정의에 대해 암기함으로써 필요할 때 언제든지 말할 수 있어야 한다. 그리고 놀이치료자는 이 치료 과정을 설명할 때 각자 자신의 언어를 사용하여 정의할 필요가 있다.

Landreth(2002)에 의하면 놀이치료란 다음과 같다.

> 치료자와 아동 간의 역동적인 상호관계로서 놀이치료 과정 안에서 훈련된 치료자
> 는 선택된 치료적 놀잇감을 제공하여 아동에게 자연스러운 의사소통 방법인 놀이
> 를 통해 자신을 온전히 탐색하고 표현할 수 있도록 돕는 안전한 관계의 발달을 촉
> 진하는 역할을 하고 이것은 아동의 긍정적인 발달과 성숙을 돕는다(p. 16).

위의 글은 놀이치료의 정의에 대해 자세하게 서술하고 있지만 놀이치료자는 자신이 만나는 대상에게 맞도록 놀이치료의 정의를 수정하여 설명할 필요가 있다. 이 책의 전반에 걸쳐서 특정 대상을 위해 서로 다르게 표현된 놀이치료의 정의가 있다는 것을 알게 될 것이다. 부모는 보통 아동의 행동, 성취감, 또는 자신감에 중점을 둘 것이다. 또한 놀이치료자는 보통의 평균 어휘력을 포함한 부모의 교육 수준에 대해 알고 있어야 한다. 마지막으로 필자는 아동중심 놀이치료자들이 종종 "나는 아동이 ~하도록 허락

해요.", "나는 아동이 ~하도록 해요." 등의 표현을 사용함으로써 자신을 놀이치료 과정에 있어서 수동적인 참여자로 나타내는 것을 경험했다. 이런 소극적인 모습은 부모에게 신뢰를 주지 못하고 또한 놀이치료자의 역할을 과소평가하게 한다. 위의 문제점을 드러내는 다른 정의의 예는 다음과 같다.

> 놀이치료는 아동이 놀이와 놀잇감을 통해 자신을 표현할 수 있도록 돕는 아동 상담의 방법이다. 놀이치료를 할 때 나는 아동이 안전감을 경험하고 자신감을 갖는 것을 배우고 문제행동을 제한하고 자신의 가능성에 더 다가갈 수 있는 환경을 제공한다.

이것은 놀이치료의 목적을 진술하고 놀이치료의 설명을 시작할 때 사용되어야 하는 것으로는 그다지 좋은 정의라고 보기 어렵다. 정의를 진술하는 데 기술된 위의 목적들은 자기책임감, 자기 개념, 자기주도성, 자기 향상적인 의사결정, 내적 자기 평가와 같이 기본적인 아동중심적 개념을 표현하기 위한 문구와는 다르다.

놀이치료에 대한 다음의 서술은 아동중심적 개념을 특정한 부모의 주호소 문제와 통합하는 예이다.

첫 회기 부모 상담 시간에 데이비드의 부모는 데이비드가 가족들에게 보이는 공격성의 정도와 무례한 태도에 대한 우려를 표현했다. 그들은 데이비드를 '통제 불능', '다른 사람의 감정은 전혀 신경 쓰지도 않는', '책임감이라고는 전혀 없어 보이는 아동'으로 묘사한다. 이러한 주호소 문제를 듣고 놀이치료자는 놀이치료가 무엇이며 어떻게 놀이치료가 데이비드를 도울 수 있는지를 다음과 같이 설명한다.

놀이치료자 : 데이비드가 다른 사람들이나 가족들을 전혀 생각하지 않는다는 것에 정말 걱정이 많으시네요. 놀이치료에서 데이비드는 놀이와 놀잇감을 통해 자신을 표현할 수 있게 될 거예요. 놀이치료할 때 저는 아동이 안전감을 경험하고 자신감을 갖는 것을 배우게 하고, 자신의 문제행동을 제한하고, 자신의 가능성에 더 다가갈 수 있게 하는 환경을 제공해요. 즉 이것을 데이비드에게 적용해 본다면, 놀이치료에서 데이비드는 다른 사람들에 대한 관심을 표현하지 못하도록 막고 있는 것이 무엇인지에 대해서 온전하게

표현해 볼 수 있는 안전한 곳에 있다는 것을 의미하지요. 이러한 것을 자연스럽게 표현해 감에 따라 데이비드는 자신도 남을 돌볼 수 있고 관심을 표현할 수 있는 사람이라는 자기 개념을 발달시킬 수 있어요. 저는 데이비드가 이러한 표현과 기술을 연습할 수 있는 공간을 제공할 거예요. 이것은 데이비드가 스스로 통제 불가능한 행동을 제한하는 경험을 하게 될 것이고, 자신의 필요를 채우기 위한 더 나은 대처 방법을 배울 것이라는 뜻이지요. 물론 이런 목적이 언제 모두 성취된다고 말씀드릴 수는 없지만요. 데이비드와 제가 더 서로에 대해 알게 될수록 더 많은 정보도 얻게 되지요. 이것이 제가 데이비드에게 놀이치료가 어떻게 성공적으로 활용될 수 있는지 기대하는 바입니다.

효과적인 놀이치료의 설명과 정의를 제공하기 위한 묘법은 놀이치료자가 아동중심 놀이치료의 철학적 토대에 대한 지식을 갖고 있어야 한다는 것이다. 아동중심 놀이치료는 인본주의 이론에 입각하고 있기 때문에 내담자에 따라 구체적으로 묘사될 수 있다. 심각한 대인관계의 심리적 외상으로부터 피상적인 외현적 문제를 포함한 주호소 문제에 이르기까지, 아동중심 놀이치료는 놀이치료자가 어떻게 변화를 촉진하는지와 내담자가 어떻게 변화하는지에 대한 이해도를 제공한다(제3장 참조).

첫 회기 부모 상담에서 논의될 필요가 있는 다른 중요한 놀이치료의 부분은 비밀보장에 대한 필요, 부모의 일관성, 그리고 과정에 대해 예상되는 어려움을 포함한다.

비밀보장. 앞에서 강조되었듯이 놀이치료자의 내담자는 아동이다. 아동은 법적이고 윤리적인 제한 안에서 비밀을 보장받을 권리가 있다. 아동과 관련하여, 특히 어린 아동과 관련된 비밀보장의 개념은 어떤 부모에게는 이해되기 어려울 수 있다. 대부분의 법적 규정에 의하면 아동의 정신건강 비밀보장은 부모에게 속한다. 그러나 대부분의 윤리규정에 의하면 아동 상담 정신건강 전문가들은 아동에게 해롭지 않는 한 아동의 유익을 위한 비밀보장은 유지하도록 요구받는다. 다시 말하면 놀이치료실에서 아동의 언어적 · 비언어적 표현은 놀이치료자가 부모나 법적 권한자에게 그것을 드러내지 않는 것이 오히려 해롭다고 판단하지 않는 한 그 비밀이 보장된다. 비밀보장의 분명한 제한은 자신이나 타인에 대한 상해에 관한 폭로 또는 정보에 대한 법적인 요청이 있을 경우이다. 그러나 다른 많은 부분은 명확하지 않고 부모와 정보를 공유하는 것이 아동에게 유익한지는 치료자가 개인적으로 결정한다.

비밀보장 문제에 대한 해결은 내담자의 동의서로, 아동의 경우에는 동의서 승인에 기반을 둔다. 놀이치료자는 가능한 최대한도로 부모와 아동에게 비밀보장에 대해 분명하게 설명해야 한다. 비밀보장은 부모를 위해서 그들의 관점을 중심으로 논하는 것이 도움이 된다. 앞에서 언급했듯이 대부분의 부모는 자신의 아동을 위한 비밀보장의 가치를 이해하지 못한다. 놀이치료자는 아동이 다른 사람의 감정이나 옳고 틀린 규정을 신경 쓰지 않고 자유롭게 표현할 수 있는 안전한 환경을 가질 필요가 있다는 것에 대해 언급해야 한다. 이러한 안전한 환경은 아동에게 온전히 수용받는 느낌을 받게 하여 변화를 초래할 수 있다. 때로 부모들의 이해를 돕기 위해 사용되는 비유로, 부모 자신이 치료를 받으러 가서 개인적인 이야기를 전부 했는데 치료자가 그것을 배우자나 다른 중요한 타인에게 밝히는 것을 상상해 보게 하는 것이다. 이러한 비유는 대개 부모가 공감을 갖도록 하는 데 도움이 된다. 만약 부모에게 비밀보장에 대한 이해를 구축하고자 하는 모든 노력이 좌절된다면 놀이치료자는 처음 몇 주간은 치료 과정을 신뢰해 보도록 요청하고 아직도 여전히 비밀보장이 그들에게 어려움으로 남아 있는지를 살펴보게 한다.

부모의 일관성. 첫 회기 부모 상담에서 언급되어야 하는 그 외의 중요한 부분은 아동을 놀이치료에 데리고 오는 부모의 일관성에 대한 것이다. 이 개념은 짧게 진술될 수도 있는 것이지만 이것은 부모가 알아야 하는 중요한 정보 중 하나이다. 놀이치료가 효과적이기 위해서는 부모가 놀이치료에 아동을 정기적으로 데리고 오는 것에 협조적일 필요가 있다. 드문드문 치료에 오는 것은 아동의 진보를 방해하고 또한 발전 가능성에 대한 심각한 제한을 초래한다.

진보에 대한 어려움. 놀이치료자에게는 이미 알려져 있지만 부모에게는 그렇지 않은 놀이치료 가설이 하나 있는데 이는 "상황이 좋아지기 전에 더 나빠지기도 한다."는 개념이다. 놀이치료의 과정에 대해 Moustakas(1955)는 아동의 놀이와 표현이 치료의 처음 두 단계 동안에는 전형적으로 부정적이었고 집중적이지 않았다고 하였다. 최근 Ray(2008)도 놀이치료의 초기에 무언가 성과가 있기는 했지만 가장 초기 회기의 부모

보고에 의하면 더 악화된 행동도 보인다고 하였다. Axline(1964)에 의하면 놀이치료의 종결시점에는 커다란 성과가 있었지만 초기에는 아들의 행동이 치료를 시작한 후로 더 나빠졌다고 보고한 사례가 있었다. 이론적으로 Moustakas는 부정적인 감정에 대한 이런 표현을 진보의 한 과정으로 설명한다. 아동은 부정적인 감정이나 문제행동의 본질을 이해하지 못한다. 따라서 수용적인 치료적 환경에 놓인 초기의 반응을 보면 아동이 특정한 문제나 관계에 어떻게 초점을 맞추는지 깨닫기 이전이기 때문에 그저 에너지를 분별력 없이 쏟아 내는 것이다. 아동이 직접적으로 부정적인 감정을 표현하는 것을 배워 감에 따라 긍정적인 감정 또한 드러나게 되고, 최종적으로는 긍정적인 감정의 우세함이 더 만연해진다.

놀이치료자는 놀이치료 과정에 대한 이러한 교육이 어떻게 첫 회기 부모 상담과 관련이 되는지 의아해할 수 있다. 만약 부모가 이러한 정보에 대한 이해가 없다면 그들은 놀이치료가 효과가 없을 뿐 아니라 오히려 아동에게 해를 끼친다고 생각할 수 있다. 따라서 이 부분을 첫 회기 부모 상담에 다루는 것은 중요하다. 아동은 두 번째에서 네 번째 회기 이후에 부정적인 감정을 부모나 가장 가까운 사람들에게 강하게 드러내기 시작할 수 있다. 부모는 아동의 이러한 부정적인 표현이 나타나는 것을 보면 놀이치료가 실제적으로 아동을 개선시키는 것이 아니라 오히려 더 악화시킨다고 걱정한다. 일반적으로 부모는 이러한 정보를 놀이치료자와 전혀 나누지 않고 아무런 설명 없이 그냥 관계를 종결해 버린다. 놀이치료자가 취할 수 있는 좀 더 적극적인 접근은 이러한 상황이 놀이치료 초기에 일어날 수 있다고 미리 알려 주는 것이다. 이런 상황이 부모에게는 불안할 수 있지만 놀이치료가 효과적으로 잘 진행되고 있다는 신호로 볼 수 있다.

이러한 특별한 역동에 대한 사례는 현재 필자가 있는 상담 클리닉에서도 많이 일어난다. 놀이치료자가 이러한 과정을 부모 상담 시 일찍 설명하지 않을 때, 놀이치료자는 놀이치료가 얼마나 해로운지를 토로하는 부모의 불평스러운 전화를 받고 조기 종결을 당하기도 한다. 한 예로 놀이치료자가 이러한 가능성에 대해 첫 회기 부모 상담에서 설명했다. 2주가 지난 후 부모는 치료자에게 전화해서 고맙다는 말과 함께 어떤 효과가 있는지를 설명했다. 치료자가 부모와 이야기하는 과정에서 부모는 전에는 조용하고 수줍어하던 아동이 엄마에게 "나는 엄마가 싫어."라고 소리쳤다고 토로하였다. 엄마는 어떻게 이런 일이 일어날 것인지를 미리 알았는지 놀이치료자에 대해 놀라워했고 그 과정을 목격한 것에 전율을 느꼈다고 하였다. 놀이치료자는 좀처럼 그와 같은 열정적인 반응을 경험하지는 못하지만 말이다. 또한 그 아동은 가정과 회기 내에서도 긍정적이고 효과적인 진보를 지속적으로 보였다.

종결. 모든 치료와 같이 종결에 대한 논의는 상담의 시작에서부터 설명되어야 한다. 놀이치료자는 첫 회기 부모 상담 시 종결에 대해 짧게 언급할 필요가 있다. 어느 때는 부모가 먼저 아동이 좋아지기까지 얼마나 시간이 걸릴 것인지를 물어본다. 이것은 종결에 대해 논의하기 좋은 시점이다. 종결에 대한 토론은 자녀가 근본적으로 '뭔가 잘못되었다'거나 아동의 문제를 늘상 대면해야 하는 불안감으로부터 부모가 벗어나도록 돕는다. 종결에 대한 논의는 희망으로 이끌도록 한다. 놀이치료자는 가능한 모든 방면으로 부모에게 소망을 심어 주기를 원한다.

만약 부모가 놀이치료를 도움이 되지 않는다고 느껴 종결을 거론할 때 놀이치료자는 어떻게 하는 것이 가장 잘 종결하는 것인지에 대해 나누도록 도와야 한다. 놀이치료는 이런 면에서 성인 상담과 다른데, 성인이 상담을 종결하기로 한다면 그것은 자신의 삶에 대한 본인의 결정이다. 그러나 놀이치료에서는 성인이 아동을 위해 결정한다. 이것은 문제가 된다. 왜냐하면 아동이 놀이치료자와 강한 치료적 관계를 성립했는데 부모가 종결을 결정할 수 있기 때문이다. 그러므로 부모가 상담에 불만이 있을 상황을 고려한다면 종결에 대한 토론은 초기 부모 상담에서부터 시작할 필요가 있다. 모든 부모가 놀이치료나 치료자를 신뢰하지 않을 수도 있다는 것을 놀이치료자가 인정하고 이해하는 경우라면 이는 아동에게 도움이 된다. 하지만 놀이치료자는 아동을 위해서 치료적 관계를 적절하게 종결할 필요가 있다는 것을 강조해야 한다. 다음은 첫 회기 부모 상담에서 발생될 수 있는 종결에 대한 짧은 토의의 예이다.

부모 : 놀이치료를 얼마나 해야 하나요? 데이비드가 나아지려면 얼마나 걸릴까요?

놀이치료자 : 데이비드가 달라지는 것을 언제쯤 볼 수 있는지 궁금하기도 하고 이것에 대해서 계획하는 것이 가능하기를 바라시는군요. 제가 확실하게 말씀드릴 수 있는 것은 저도 데이비드에게 치료가 필요 없기를 지향하며 치료해 나

갈 거라는 부분이죠. 매 3주차나 5주차에 이렇게 같이 만나서 치료가 어떻게 진행되고 있고 어떤 진보가 있었는지에 대해 이야기 나눌 거예요. 데이비드를 위해 어떤 것이 최선인지 생각해 보기로 해요. 최종적으로 데이비드가 놀이치료를 계속할 것인지 아닌지는 어머니의 결정이에요. 그 결정을 도울 수 있도록 저와 견해를 나눌 수 있기를 바라고요. 어떤 이유에서든 데이비드가 보이는 진보나 치료에서 일어나는 일에 어머니께서 불만족하신다면, 그리고 제가 하는 것에 대해서도 뭔가 불편함이 있으시다면 저에게 꼭 말씀해 주시기를 부탁드려요. 어떤 경우에는 아동이 놀이치료를 통해 도움을 받지 못한다고 생각하시는 것도 이해가 되기 때문에 어머니와 제가 그런 부분에 대해 자유롭게 이야기를 나눌 수 있기를 바라요. 만약 종결하시기로 결정하신다면 어머님의 결정을 존중하고 이해할 겁니다. 하지만 어머니께서 저에게 종결에 대해 말씀해 주신 시간과 실제적인 종결 사이에 최소한 2회기 정도의 여유를 주시기를 부탁드립니다. 그 시간은 저와 데이비드가 치료적 관계를 적절하게 종결해서 어떤 치료적 손상도 일어나지 않도록 돕기 위해서입니다.

첫 회기 부모 상담 마무리하기. 앞선 첫 회기 부모 상담의 설명에서 볼 수 있듯이 이 시간은 부모와 놀이치료자가 긴 시간 동안 유익한 정보를 주고받는 상호작용이다. 부모는 아동의 배경, 발달, 부모의 기대에 대해서 정보를 나누고, 치료자는 놀이치료에 대한 정보를 나눈다. 이 모든 정보는 관계형성이라는 최종적인 목적의 맥락에서 주고받는다. 첫 회기 부모 상담에 대한 한 가지 주의점은 충고를 주려고 하거나 가르치려고 하지 않아야 한다는 것이다. 부모들은 종종 심각한 어려움을 호소하고 성실한 도움을 요청한다. 그들은 특별한 상황을 묘사할 것이고 어떻게 문제를 다루어야 하는지에 대해 물을 것이다. 아직 관계가 온전히 형성되지 않았기 때문에 첫 회기 부모 상담은 교육을 하기에 가장 적절한 시간은 아니다. 지속적으로 치료자는 부모 상담을 하면서 부모에 대한 치료자의 개념화를 기반으로 하여 부모에게 기술과 지식을 가르치는 시간을 갖게 될 것이다. 놀이치료자가 부모를 이해하고 부모와 견고한 관계를 가지고 있을 때 양육훈련에 대해 가르치면 더 효과적일 것이다. 첫 회기 부모 상담에서 교육을 하지 말아야 하는 다른 이유를 간단하게 말하면, 부모나 치료자 모두에게 너무 무겁고 압도적이기 때문이다. 부모가 도움을 요청한다고 해도 부모 상담을 이미 1~2시간을 해왔기 때문에 그 이상으로 하는 것은 지칠 수밖에 없다. 많은 정보가 오고 갔는데 거기서 더 지속하는 것은 오히려 나눈 것을 잃어버릴 수 있게 하기 때문에 효과적이지 않다. 그리고 아직 치료자가 아동을 만나지 않았기 때문에 양육훈련에 대한 정보는 효과 면에서 극히 제한된다. 부모의 도움 요청에 대한 하나의 예는 다음과 같다.

> 마음이 무겁고 어떻게 해야 할지 잘 몰라하시는 게 느껴져요. 제가 약속드릴 수 있는 것은 앞으로 몇 주간 어머니께서 가지고 계신 모든 어려움에 대해 같이 논의할 거라는 거예요. 하지만 지금은 제가 아직 데이비드를 만나지 않은 상황이라서 얼마나 도울 수 있는지 말씀드리는 것에는 제한이 있어요. 어려우시겠지만 몇 주를 좀 기다리시고 다시 만나서 이러한 이야기들을 하도록 해요.

지속적인 부모 상담

첫 회기 부모 상담은 대부분의 부모가 가진 주된 주호소 문제를 다루는 상당히 일관적인 구조에 의존한다. 그다음에 이어지는 부모 상담은 조금 더 복합적인데, 이는 특정한 부모가 가진 특별한 어려움에 대해 나누기 때문이다. 모든 사례에 들어맞는 지속적인 부모 상담의 구조를 제공하는 것은 어렵지만, 각각의 사례에 적용할 때 효과적이라고 할 수 있는 몇 가지 요소가 있다.

주호소 목록. 첫 회기 부모 상담 시간에 놀이치료자는 아동에 대한 부모의 주호소와 상담에 대한 기대를 명확히 한다. 다음의 목록은 지속적인 부모 상담을 설계할 때 도움이 된다. 놀이치료자는 부모와의 협력을 통하여 부모에게 가장 어려운 것이 무엇인지에 대해 우선순위화해야 한다. 놀이치료자가 어떤 문제나 문제의 우선순위화에 동의하지 않을 수도 있지만 치료자가 부모의 주호소에 대해 논할 때 부모 상담은 가장 효과적이다. 놀이치료자가 부모와는 다른 주호소 문제를 가지고 있다면, 부모의 주호소 문제와 통합하여 결국엔 복합적인 목적을 이룰 수 있도록 돕는다. 예를 들면 다음과 같다.

놀이치료자 : 데이비드가 가족을 존중하지 않고 다른 사람을 상관하지 않으며 공격

성을 보이는 등 몇 가지에 대한 어려움을 표명하셨는데, 이 중에서 어느 것이 가장 걱정이 되세요?

부모 : 제가 하라고 하는 것은 전혀 하지 않고 대들거나 저랑 싸우는 거요. 이것 때문에 집에서 늘 싸워요.

첫 부모 상담 회기에서의 이러한 상호작용을 통해 놀이치료자는 부모의 주호소를 듣는다. 첫 번째 놀이치료 회기에서 놀이치료자는 데이비드가 부모인형과 아동인형을 가지고 놀면서 서로에게 소리 지르고 서로를 방해하는 놀이를 하는 것을 관찰한다. 놀이치료자는 부모와 아동 간의 의사소통에 어려움이 있다는 것에 관심을 갖는다. 결과적으로 놀이치료자는 반영적인 경청 기술을 가르치는 것이 부모와 치료자 모두의 염려를 가장 잘 도울 수 있는 것이라고 결정한다. 두 번째 부모 상담에서 치료자는 교육적 측면을 다음과 같이 나눌 수 있다.

놀이치료자 : 저희가 지난번에 만났을 때 데이비드가 어머니께 순종을 안 하고 대들기만 한다는 부분에 대해 나눴었어요. 데이비드의 놀이 회기에서 제가 느낀 것은, 이 문제가 데이비드에게도 동일한 어려움으로 드러난다는 것이에요. 특히 이해받지 못하고 경청되지 못하는 부분에서요. 저는 이 문제에 대한 첫 번째 중재 방법으로 반영적 경청이라고 하는 기술에 대해 이야기 나누고 싶어요.

이제 놀이치료자는 아동이 말하거나 비언어적으로 감정을 표현할 때 그것을 어떻게 반영해야 하는지에 대하여 가르칠 수 있다.

부모의 주호소 목록은 치료자와 부모 간에 설정한 안건으로 부모 상담의 구조화를 도울 수 있다. 놀이치료자는 꾸준하게 부모가 현재 가지고 있는 목록에 대해 매번 점검하며 부모가 보고하는 것 외에 치료자가 보는 문제점도 목록에 추가한다. 놀이치료자는 부모가 호소하는 문제에 융통성을 갖는 것은 중요하지만, 매주 일어나는 자세한 상호작용에 따라 목록을 우발적으로 바꾸지 말아야 한다. 매주 주호소 문제가 변하게 두는 것은 부모 상담에서 위기양상을 드러나게 하는 것이고 이는 더 적절한 장기적인 목적을 성취하지 못하게 한다. 놀이치료자는 다음의 예처럼 그 주에 있었던 어려움에 대해 더 구체적으로 이야기하도록 도울 수 있다.

부모 : 이번 주에 데이비드는 통제 불능이었어요. 학교 선생님이 숙제에 F 학점을 주
었는데 소리를 마구 질러서 교무실로 보내졌고 거기서 의자를 집어 던졌어요.
데이비드를 데리러 학교에 갔을 때 저에게 '바보'라고 했고 숙제를 도와주지
않은 것은 다 제 잘못이라고 했어요.

놀이치료자: 정말 당황하셨겠어요. 데이비드에게 화가 정말 많이 나셨다는 게 느껴
져요. 우리가 같이 노력해 오고 있던 목표들, 즉 더 경청하기, 존중하기, 공격
적이지 않기에 대해 생각한다면 이 사건의 어느 부분이 어머니의 가장 큰 걱
정거리로 여겨지세요?

이러한 예는 부모에게 각각의 사건이 혼자 독립되어 있는 것이 아니라 치료적 목적
에 대한 전체적인 맥락 안에 함께한다는 것을 보도록 돕는다. 부모로 하여금 각각의
사건 그 이상을 보도록 돕는 능력은 희망을 갖도록 지원할 수 있다.

지속적인 부모 상담의 단계. 부모 상담은 이 장의 초반부에서 설명된 치료자의 태도, 부
모 상담에 의해 마련된 튼튼한 기반, 그리고 주호소와 관련하여 부모와 협동적으로 조
력할 것을 요구한다. 이러한 것이 있다면 놀이치료자는 지속적인 부모 상담으로 나아
가도록 돕는 하나의 구조를 따라갈 수 있다. 그 단계들은 부모와 체크인하기, 놀이치
료에서의 진보에 대해 알리기, 기술 개념을 하나씩 가르치기, 그리고 역할놀이 기술 개
념을 포함한다.

1단계 : **부모와 체크인하기.** 지속적인 부모 상담에서 첫 번째 단계는 치료자가 부모와
아동에게 어떤 일이 일어나고 있는지에 대해 체크인하는 것이다. 예를 들자면, "우리
가 지난번에 만난 이후로 어떻게 지내고 계셨어요?"라고 물을 수 있다. 이 질문은 치료
자가 부모에 대해서만 듣기 원한다는 뜻이 내포된 "어떻게 지내고 계세요?"라는 질문
과는 질적으로 다르다. 아동이 내담자라는 것을 기억한다면 관계나 아동, 또는 일어났
던 일들에 대하여 질문하는 것은 놀이치료자가 아동과 부모/자녀 관계를 돕는 일에 초
점을 맞추고 있다는 목소리를 내는 것이다.

질문을 듣자마자 부모는 중요한 사건이나 여러 가지의 소소한 문제점을 포함한 장
황한 이야기를 빨리 늘어놓는다. 1단계가 지속적인 부모 상담에 있어서는 가장 긴 단

계이다. 이때 놀이치료자는 부모 상담의 시간이 지지와 관계 구축을 위해 사용되어야 하는지 아니면 그다음 단계로 넘어가도록 도와야 하는지에 대한 치료적 판단을 할 필요가 있다. 이것을 결정하기 위해 놀이치료자는 아동 또는 부모와 관련된 사건의 중요도(아동 또는 부모가 그 사건으로부터 해를 입었는가? 혹은 심리적 외상을 입었는가?), 그 순간의 부모의 정서 상태(부모가 정서적으로 안정되어 있는가?), 또는 치료자/부모의 관계의 견고함(부모를 경청하고 지지하는 것이 다음 단계로 넘어가는 것보다 관계에 더 효과적인가?) 등 여러 가지 요인을 생각해야 한다. 놀이치료자는 아동을 지원하기 위해 먼저 부모를 지원하는 역할을 해야 하는 시간이 있다. 이것은 치료자의 의식적인 결정인데 이 역할을 너무 자주하거나 장기적으로 하지는 않도록 주의를 기울여야 한다. 오로지 부모 지지자의 역할만 한다면 이는 부모에게 개인 상담자가 필요하다는 의미이며 이것은 이 모델에서 놀이치료자의 역할이 아니다.

1단계에서 부모가 나눈 것에 대하여 놀이치료자가 그다음 단계로 이동하려는 계획을 하고 있다면 치료자는 부모의 이야기나 주호소를 반영하고 명료화하고, 지속되는 주호소 문제 목록을 통합시킴으로써 반응하도록 한다. 그러면 치료자는 부모를 2단계로 이끄는 것이다.

2단계 : 놀이치료의 진보에 대해 알리기. 2단계로 이동할 때는 다음과 같은 변화를 주는 문구가 필요하다. "데이비드에 대한 저의 경험에 대해 조금 이야기할게요." 또는 "데이비드에 대해 어머님과 같이 나누고 싶은 것이 몇 가지 있어요." 2단계로 진입하는 데 있어서 필요한 다른 방법 중 하나는 1단계의 주호소를 놀이치료 진보에 대한 설명과 연결하는 것이다. "어머니가 데이비드가 소리 지르고 의자를 던졌다고 말씀하셨을 때 저도 데이비드가 놀이 회기에서 그와 비슷한 충동적이고 공격적인 행동 유형을 목격했던 것에 대해 생각했어요." 2단계의 목적은 치료자의 관찰, 경험, 개념화, 또는 부모가 아동을 이해하는 데 도움이 될 만한 다른 정보에 대해 나누는 것이다. 2단계의 전제조건은 놀이치료자가 아동에 대해서 아동의 상황, 놀이치료실에서의 행동과 언어, 그리고 부모/자녀 관계에 대해 충분히 생각해 보는 것이다. 최선의 방법은 놀이치료자가 아동에 대해 전반적인 개념화를 하고 나서 부모에게 그것을 어떻게 전달할 수 있는지를 검토하는 것이다. 2단계는 제7장에서 다루었듯이 놀이 주제에 대한 분류를 하고 부모에게 그것에 대해 잘 설명하는 것으로 도움을 받을 수 있다. 놀이치료자는 2단계를 짧게 유지해야 하는데 왜냐하면 너무 많은 개념화나 놀이 주제에 대한 설명은 부모에게 부담스러울 수 있고, 놀이치료자는 부모가 2단계인 이 시기에서 중요한 정보를 획득하기를 원하기 때문이다. 다음의 예는 앞에서 설명했듯이 2단계로 옮겨 갈 때 변화를 주는 문구로 시작할 수 있다.

> **놀이치료자** : 어머님께서 데이비드가 소리지르고 의자를 던졌다고 말씀하셨을 때 저도 데이비드가 놀이 회기에서 그와 비슷한 충동적이고 공격적으로 행동하는 것을 목격했던 것에 대해 생각하고 있었어요. 데이비드는 자기가 원하는 대로 되지 않을 때 화난 것을 신체적으로 굉장히 소란스럽게 표현해요. 지금까지 놀이치료실에서는 이런 마음을 적절하게 표현하는 방법을 찾았지만, 가정이랑 학교에서는 이것이 어떻게 문제가 될지 알 수 있을 것 같아요. 데이비드는 자신의 감정을 외현적으로 표현하는 아동으로 보여요. 다시 말하면 데이비드가 감정을 느끼면 다른 사람들은 그것을 다 볼 수 있을 거라는 말이죠. 다음 몇 주 동안 어떻게 데이비드가 이런 감정을 더 바람직하게 표현할 수 있는지에 대해 더 이야기 나누도록 해요. 저는 우리가 제대로 가고 있다고 생각해요.

필자는 더 나은 이해를 위해 이 반응을 조금 더 자세히 설명하고자 한다. 처음 3회기 동안 데이비드는 블록을 자기가 원하는 방식으로 세울 수 없을 때 방을 가로질러 세게 집어던졌고, 검은 물감이 노란색으로 칠한 태양 위로 흘러내렸을 때 붓을 벽에 집어던지는 것과 같은 폭발적인 모습을 여러 차례 보였다. 이 두 사건과 다른 사건들에서 놀이치료자는 제한 설정을 했고 데이비드는 그 제한을 따랐다. 놀이치료자는 데이비드가 자신의 짜증과 화를 조절하는 것에는 어려움을 겪지만, 논리적인 제한이 제공될 때는 적절하게 반응할 수 있다는 것을 개념화하였다. 행복할 때 데이비드는 노래도 하고 옷도 입어 보고 말도 많이 한다. 놀이치료실에서 대부분의 행동이나 언어는 자신의 감정을 외현화할 필요에 의한 것이다. 아직 3회기밖에 되지 않았기 때문에 놀이치료자는 데이비드가 발달적으로 충동적이어서 환경에 대해 외양적으로 행동하고자 하는 욕구를 가지고 있는지, 힘과 통제가 필요해서인지, 신체적으로 표현하는 것밖에 몰라서인지, 아니면 다른 많은 가능성이 있는지를 결정하기가 어려웠다. 놀이치료자는 아직 확신할 수는 없지만 어느 정도의 가설을 가지고 있기 때문에 부모가 자녀를 더 잘 이해할 수 있도록 그것을 부모와 나누도록 한다. 데이비드가 감정을 외현화한다는 그 작은 사실 하나만으로도 부모의 이해도는 높아질 것이다. 이런 개념화가 행동적 문제를 해결하지는 않아도 부모/자녀 관계를 증진하고 부모를 격려하는 데 공헌을 한다. 이 설명에 대한 요점은 놀이치료자가 놀이 주제나 개념화를 아직 명확히 발견하지 못했다 하더라도 아동과의 경험에서 얻은 것을 나눔으로써 부모를 도울 수 있다.

놀이치료자는 1단계에서 시간을 너무 많이 사용했거나 아동에 대한 이해가 제한적이기 때문에 무엇을 나누어야 할지 자신이 없어서 2단계를 건너뛰고 싶은 마음이 들 수 있다. 필자는 2단계를 지나치려는 치료자들에게 주의를 요한다. 부모가 치료자의 지원과 이해를 고맙게 생각함에도 불구하고 부모는 또한 놀이치료자로부터 자신의 아동에 대해 배우기를 기대한다. 만약 놀이치료자가 회기를 통해 알게 된 놀이의 진보나 개념화에 대해 나누지 않는다면 부모는 놀이치료가 자신의 아동에게 도움이 되지 않는다고 느낄 수도 있다. 필자는 부모가 놀이치료자를 '좋아하기는 하지만' 어떻게 놀이치료가 자신의 아동을 돕고 있는지 한 번도 들어보지 못했기 때문에 치료를 종결하는 것을 보곤 했다.

3단계 : 한 번에 하나씩 기술 기반 개념 가르치기. 2단계는 부모와의 관계 구축과 아동이나 부모/자녀 관계를 이해하는 것에 초점을 맞추었다. 3단계는 부모 상담을 교육으로 이끈다. 부모는 종종 자신의 자녀와 긍정적인 관계를 만들 때 필요한 기술이 부족하다. 다음과 같은 말이 있지 않은가. "차를 운전하려면 면허증이 필요하지만 자녀는 누구든지 가질 수 있다." 대부분의 부모는 어떻게 부모가 되어야 하는지에 대한 교육을 한 번도 받아본 적이 없음에도 불구하고 잘할 것이라고 기대되는 통상적인 관념 때문에 이런 유형의 문구가 문화적으로 용납되어 왔다. 이러한 태도로 가질 수 있는 직업은 하나도 없는데 말이다. 그러므로 놀이치료자는 부모 상담을 기본적인 양육 의사소통 기술을 가르치는 기회로 사용할 수 있다.

그러나 놀이치료자는 부모에게 여러 가지 기술을 한 번에 가르치려고 시도하는 실수를 범하곤 한다. 2학년 아동에게 더하기, 빼기, 곱하기, 나누기를 한 달 만에 몽땅 가르치려고 하는 게 타당하겠는가? 놀이치료자는 의사소통을 위한 기본적인 기술이 가장 기초적인 것에서부터 더 어려운 것으로 나아갈 필요가 있다는 것을 안다. 부모는 자녀와의 관계를 증진하기 위한 구성요소로서 기술을 배울 필요가 있다. 이러한 기술을 가르치는 최종 목적은 부모의 기술이 증가할수록 아동의 문제행동이 감소될 것이고 전반적으로 부모와 자녀 간에 긍정적인 관계를 나타나게 하는 것이다. 천천히 꾸준히 가르치는 것은 부모가 배운 기술을 일상생활에서 아동과 상호작용할 때 적용하도록 하는 기반이 된다.

놀이치료자는 매번 부모 상담에서 한 가지 기술을 가르치는 것이 좋다. 한 번에 한 가지 기술을 가르치는 것은 부모 이해의 증진과 통합을 도모하고, 더 나아가서는 책임을 갖게 한다. 또한 한 번에 한 가지 기술에 대해서만 언급하는 것이 부모 상담의 시간적 제한에 있어서도 현실적이다. 대부분의 기술은 5~10분 사이에 가르칠 수 있고 더 많은 설명과 강의는 필요하지 않다. 매번 부모 상담에 있어서 기술 구축 단계는 이전의 부모 상담에서 배웠던 기술의 성취도를 점검하는 것으로 시작한다. 놀이치료자는 다음과 같이 말할 수 있다. "이번 주에 반영적 경청에 대해서 사용할 수 있으셨어요?", "어떻게 되었나요?", "예를 들어서 설명해 주실 수 있으세요?", "도움이 되었다고 생각하시나요?", "그렇게 했을 때 데이비드는 어떻게 반응을 하던가요?" 만약 부모가 그 기술을 잘 배우지 못했거나 사용하지 않았다고 생각한다면 치료자는 부모가 기술 사용에 자신감을 느낄 수 있을 때까지 다시 검토해 볼 수 있다. 만약 치료자가 보기에 기술이 잘 사용되었다면 그와 관련된 다른 기술을 가르칠 수 있다. 부모 상담 단계의 맥락에 따라 필자는 부모에게 도움이 된다고 발견한 기술 개념에 대해 목록화한다. 반영적 경청, 격려, 선택권 제공하기, 제한 설정, 문제 해결 등과 같이 대부분이 모든 놀이치료 사례와 관련됨에도 불구하고 어떤 것들은 특별한 경우에만 적용되기도 한다. 그리고 기술을 가르치는 순서도 치료자와 부모 간의 협동성에 달려 있다. 필자는 반영적 경청을 가장 먼저 모든 부모에게 가르치기를 추천하는 바이나, 그 이상에 대해서는 놀이치료자가 부모와 아동의 구체적인 필요를 고려해 결정할 수 있다.

4단계 : 역할놀이 기술 개념. 기술 개념을 가르칠 때 부모와의 역할놀이는 그 개념을 학습하는 데 필수적이다. 필자의 경험으로는 부모가 고개를 끄덕이거나 개념에 대해 이해하는 것처럼 보여도 정작 그 기술을 사용하려고 할 때면 제대로 사용하는 데 부족함을 보이곤 한다. 일반적으로 4단계에서 놀이치료자는 개념에 대한 2~3개의 시나리오를 주고 부모에게 아동과 부모의 역할을 모두 연기하도록 한다. 이는 구체적인 언어와 행동에 대한 시범을 보여 주는 것이다. 놀이치료자가 시나리오 역할을 하고 나면 다음은 부모가 참여할 시간이다. 놀이치료자는 부모에게 아동이든 부모든 더 쉬운 역할을 선택할 수 있게 한다. 놀이치료자는 가정에서 일어날 수 있는 시나리오들을 제공하고 부모가 아동과 부모의 역할을 다 해보면서 시나리오를 여러 차례 연기해 보도록 한다. 부모가 아동과 부모의 역할을 둘 다 해보는 것은 아동이 부모를 어떻게 생각하는지에 대한 공감을 증가시킨다. 그러면 치료자는 가정에서 기술이 활용될 수 있을 법한 전형적인 시나리오에 대해 말해 달라고 한다. 치료자와 부모는 둘 다의 역할을 연기해 본다. 놀이치료자가 아동과의 관계를 구축해 나감에 따라 역할놀이 시나리오는 더 강력해질 수 있는데, 이는 놀이치료자가 마치 아동이 행동하는 것처럼 정확히 반응할 수 있기 때문이다. 놀이치료자는 부모에게 이 기술을 한 주 동안 사용해 볼 것을 격려하고 다음 부모 상담 시에 다시 이야기 나눌 것이라는 것을 상기시키며 부모 상담을 끝내도록 한다. 만약 이 기술 사용에 대해 그것이 좋은 것이든 나쁜 것이든 논의하고 싶은 것이 있다면 전화해 달라고 격려한다. 마지막으로 놀이치료자는 다음 부모 상담 시간을 정해서 부모가 다음 만남에 대해 인지하도록 하지만, 아동의 삶과 치료가 유동적인 것만큼 융통성이 필요한 것 또한 인식하고 있도록 한다.

기술 개념

다음은 부모의 양육 기술과 부모/자녀 관계를 증진하는 데 도움이 된다고 밝혀진 개념에 대한 목록이다. 이 목록은 모든 것을 다 포함하지는 않지만 부모가 아동을 위한 성장환경을 개발하도록 돕는 CCPT 철학에 부합한다. 놀이치료자는 기술을 가르치기 위해 다양한 방법을 사용할 수 있다. 비디오, 유인물, 냉장고에 붙이는 것, 책 등은 부모가 배우도록 도울 수 있는 시각적인 방법 중의 예이다.

반영적 경청. 반영적 경청은 의도를 가지고 듣는 것과 들은 것을 가능한 정확하게 상대방에게 다시 언어로 되돌려 주는 것을 의미한다. 반영적 경청은 눈 맞춤, 방해를 제한하기, 말하고 있는 대상에게 집중하기를 포함한다. 다음은 필자가 부모에게 이 개념을 어떻게 가르치는지에 대한 예이다.

놀이치료자 : 반영적 경청에 대해 말씀드리고 싶어요. 이것은 저희가 부모님에게 가
르치는 첫 번째 기술 중 하나예요. 단순하게 들리지만 이것은 아동이 어머니
께 어떻게 반응하는지에 있어서 커다란 차이를 만든답니다. 반영적 경청을 사
용할 때 어머니는 아동에게 열심히 집중하셔야 하는데, 전화기를 내려놓고 컴
퓨터나 텔레비전 등 뭔가 집중을 방해하는 것은 끄고 아동을 바라봅니다. 아
동이 어머니께 말하고, 어머니는 아동을 보면서 듣는 겁니다. 아동의 말이 다
끝나면 아동이 뭐라고 말했는지를 요약하는 거예요. 다른 말로 하자면 어머니
가 아동이 말한 것을 들은 것에 대해 다시 이야기하는 것이고 더 짧게 할 수도
있어요. 예를 들자면, 만약 제가 "엄마, 난 학교가 싫어. 다시 돌아가고 싶지
않아. 나한테 강요하지 마세요."라고 했다면, 반영적 경청을 위해 저는 엄마
로서 아동이 학교에 가야 한다는 것과 이것이 문제가 될 수 있다는 것은 잊어
버리고 아동을 이해하려는 것에 집중할 거예요. 다음과 같이 말할 수 있어요.
"들어보니까 정말 학교에 가기 싫은 모양이구나." 그러면 무엇이 문제인지에
대해 아동이 더 이야기하는 걸 보게 될 거예요. 학교에 가도록 만들기 위해서
싸워야 하는 것 말고요. 몇 가지 예를 연습해 볼까요?

몇 가지의 예와 역할놀이 후에 다음과 같이 말한다.

놀이치료자 : 잘하시네요. 어머니가 제 이야기를 잘 들었다는 걸 보여 주려고 애를 쓰
셨어요. 만약 아동이 말을 하지 않을 때, 예를 들면 화가 나서 씩씩거리고 있
거나 뭔가를 집어던질 때도 이런 반영적 경청은 효과가 있어요. "너 정말 화
가 났구나."와 같은 말은 어머니가 이해한다는 것을 데이비드에게 알게 하죠.
"데이비드, 그거 다시 집어. 그리고 집에서 이렇게 아무거나 던지지마."라고
말하는 것보다 반영적 경청이 어떻게 다른 반응을 얻을 수 있는지를 보세요.
행동에 대해서는 잠시 후에 언제든지 다룰 수 있어요. 지금은 데이비드가 기
분이 좋은지 나쁜지에 대해 어머니가 알아차리고 있다는 것을 보여 주는 것이
좋아요. 만약 제가 집으로 돌아오면서 말하기를 "엄마, 우리 축구팀이 이겼어
요. 내가 마지막 골을 넣었다고요."라고 했다면 지금 제가 이렇게 느끼고 있

는지를 어머니가 이해한다는 것을 어떠한 반응으로 알려 주실 수 있겠어요?

앞에서 읽은 대로 이렇게 가르치고 역할놀이를 해보는 것(3~4단계)은 짧은 시간에 가능하면서도 중요한 개념을 포함하고 있다. 만약 부모가 역할놀이하는 것에 어려움이 있다면 다음 부모 상담으로 연장하여 가르칠 수 있다. 반영적 경청은 효과적인 의사소통에서 중요한 주춧돌이 되며 놀이치료자는 이 개념을 부모가 통합하는지 확인하는 것은 가치가 있다.

제한 설정. 부모에게 제한 설정을 가르칠 때는 놀이치료자가 배웠던 ACT 방법(Landreth, 2002)대로 부모를 교육하도록 한다. 제한 설정은 제6장에 자세히 설명되어 있다. 부모에게 제한 설정을 가르칠 때도 동일한 단계와 개념이 적용된다. 부모는 감정을 인정하는 것부터 시작해야 한다. 이 과정은 놀이치료자가 반영적 경청을 소개했을 때 시작되었기 때문에, 감정을 반영하는 것부터 시작하는 것의 가치를 부모가 이미 알고 있어야 한다. 두 번째 단계는 제한에 대해서 의사소통하는 것이다. 이 단계를 가르칠 때 놀이치료자는 부모로 하여금 가정에서 시행 가능하고 도움이 될 만한 제한에 대해 생각해 보고 도울 수 있다. 3단계는 수용 가능한 대안을 제시하는 것이다. 부모는 많은 경우 가정에서 하는 행동의 적절한 대안을 위해 놀이치료자의 도움을 필요로 한다. 제한 설정을 가르치는 것은 여러 번 역할놀이를 해보는 것과 가정에서 일어나는 전형적인 제한 설정 문제에 대해 ACT 모델을 적용해 보는 것을 필요로 한다.

이 개념을 부모가 가정에서 적절히 잘 사용하려면 한 번의 부모 상담보다는 더 많은 횟수를 필요로 할 수 있다. 제한 설정은 부모가 필요로 하는 중요한 기술 중 하나이지만 효과적으로 실행하기는 가장 어렵기 때문에, 놀이치료자가 기본 제한 설정을 성급히 다루고 더 고도의 제한 설정 기술로 넘어가는 것을 조심해야 한다. 사실상 어떤 아동은 좀 더 고도의 제한 설정 방법을 필요로 하지만, ACT 모델이 바르게 적용되기만 한다면 대부분의 제한 문제를 다룰 수 있기 때문에 그 특정 아동에게 다른 방법을 사용할 필요가 있다는 것이 증명되기 전에는 쉽게 그 단계를 뛰어넘지 않도록 한다.

자아 존중감 구축과 격려. 놀이치료자는 이 시점이 되면 놀이치료자가 배웠던 성장을 촉진하는 동일한 기술을 가르치고 있다는 것이 명백해진다. 놀이치료자는 가정에서 부모가 어떻게 성장환경을 촉진할 것인지를 가르치고자 그러한 기술들을 사용한다. 자아 존중감 구축과 격려에 대한 기술은 제5장의 놀이치료 기술 부분에서 다루었다. 대부분의 부모는 일반 서적이나 문화를 통해서 아동을 칭찬하는 것을 배워 왔기 때문에 격려의 개념이 새로우며 칭찬과 격려를 구분하는 것은 쉽지 않다. 놀이치료자는 특히 이 기술 개념을 가르칠 때 사용할 수 있는 실제적인 단어들을 제공하면서 가르치는 것이 도움이 된다. 격려를 위해 사용될 수 있는 "네가 ~하려고 정말 열심히 노력했구나.", "네가 ~한 것이 좋구나.", "네가 자랑스럽구나.", "네가 원하는 대로 되지는 않았지만 포기하지 않았구나." 등의 내용이 적혀 있는 유인물이 도움이 될 것이다. 부모에게 격려를 어떻게 가르칠 수 있는지에 대한 더 많은 자료는 Kottman(2003)과 Nelsen(2006)을 참고하기 바란다.

선택권 제공하기. 선택권 제공하기는 놀이치료 제한 설정(제6장)에서 숙련된 기술로 소개된 바 있다. CCPT에서 선택권 제공하기는 제한 설정의 한 부분으로 제시되곤 한다. 부모에게 가르칠 때 선택권 제공하기는 좀 더 확장된 방법으로 사용될 수 있다. 부모가 아동에게 선택권을 제공할 때 부모는 아동이 책임감과 결과에 대한 이해를 발전시키도록 돕는다. 선택권 제공하기는 아동에게 결정하기 기술을 배우게 하려고 유아기부터 시작할 수 있지만, 놀이치료에서 이것은 치료자에 의해 부모에게 새로운 기술로서 소개된다. 선택권 제공하기는 좀 더 나이 많은 아동에게 소개된다 하더라도 여전히 긍정적인 효과를 보이지만, 아동이 부모의 제한 범위 안에서 결정하는 새로운 방법에 적응하는 데는 시간이 조금 더 걸릴 것이다. 선택권 제공하기는 아동으로 하여금 간단한 결정과 관련된 선택하기로부터 시작해서 점점 복잡한 것으로 이동해 나가도록 돕는다. 부모에게 선택권 제공하기를 가르칠 수 있는 한 가지 방법을 다음에 소개한다.

> 놀이치료자 : 제가 보기에 어머니와 데이비드는 어머니의 규칙에 순종해야 할 때 갈등을 겪는 것 같아요. 제가 데이비드를 알게 되면서 관찰한 바에 의하면 데이비드는 통제력을 가지고 싶어 하는데 통제권이 없다고 느껴질 때는 소리를 지르거나 물건을 던지는 등 신체적으로 있는 힘껏 행사하는 듯해요. 어머니가 보고하신 비에 의하면 데이비드의 이 방법은 성공하고 있는 듯하네요. 왜냐하

면 주로 어머니가 방을 떠나시거나 포기하고, 울음을 터뜨릴 때까지 같이 소리를 지르곤 하셨다고 하니까요. 데이비드가 폭력을 사용하지 않고도 통제권을 가질 수 있고, 어머니 또한 데이비드와의 관계에서 어느 정도의 통제력을 다시 되찾는 것을 도울 수 있는 다른 방법이 있어요. 선택권 제공하기라고 불리는 건데요, 가정에서 데이비드에게 뭔가의 선택을 주는 것이 괜찮을 때를 생각해 보시기 바라요. 예를 들자면 다음과 같이 간단한 것들이요. "오늘 저녁으로 닭고기나 생선 중 어느 것을 먹고 싶니?" 또는 좀 더 복잡한 예를 들자면, "내일까지 해야 하는 숙제가 있지. 지금 하고 싶니 아니면 저녁 먹고 하고 싶니?" 중요한 건 어머니가 제공하는 선택사항들이 어머니께 전부 괜찮아야 한다는 거예요. 그래야 데이비드가 그중 어떤 하나를 골라도 동의할 수 있게 되죠. 이렇게 할 때 데이비드는 자신이 어느 정도 통제감을 갖는다고 느낄 것이고, 통제력을 취득하기 위해 신체적인 폭력까지 사용할 필요가 없다는 것을 배우도록 돕는답니다. 이는 또한 어머니로 하여금 부모답게 데이비드에게 적절한 선택사항을 만들어 주도록 돕지요. 게다가 데이비드는 자신의 선택에 대한 결과에 대해서도 배우게 될 거예요. 예를 들어, 방과 후에 곧장 숙제를 하기로 선택하는 것은 그날 저녁에 데이비드가 제일 좋아하는 텔레비전 프로그램을 보는 것을 선택하는 것과 같은 결과를 이끈다는 것처럼요. 하지만 저녁을 먹고 나서 숙제하기로 선택한다면 제일 좋아하는 프로그램을 보지 않는 것으로 선택하는 것과 같죠. 이런 것은 성인기를 준비하기 위해 우리가 하는 작은 선택에 해당됩니다. 우리는 스스로가 행동의 결과를 선택하고 있다는 것을 깨닫게 해주죠. 가정에서 데이비드에게 선택권을 줄 수 있는 예에 대해 생각해 볼 수 있으시겠어요?

선택권 제공하기는 부모와 자녀가 함께 조력하면서 쉽거나 어려운 상황에서 결정권 만들기가 어떻게 가능한지를 아동에게 가르치도록 돕는다. 이것은 또한 결과란 개인적인 선택에 따라 발생한다는 것을 아동에게 상기시킴으로써 부모는 그 부담을 덜 수 있다. 선택권 제공하기에 대한 더 자세한 사항은 Landreth와 Bratton(2005), Nelsen(2006)을 참고하기 바란다.

자유문구 또는 책임감 되돌려 주기.   책임감 되돌려 주기의 개념은 선택권 제공하기와 연관된다. 다시 말하지만 책임감 되돌려 주기는 놀이치료에서 배우는 기본적인 기술 중 하나로서 아동에게 "사람들은 가능성을 갖고 있고, 자기 향상을 추구하는 결정을 만들 가치가 있다."는 메시지를 전달하는 것을 목적으로 한다. Ginott(1965)은 이러한 반응을 자유문구(freedom phrase)라고 하였다. 자유문구란 "너에게 달려 있어.", "네가 결정할 수 있어." 또는 "그건 너의 선택이야."라는 표현을 포함한다. 자유문구는 아동이 특정한 상황에 대해 결정하는 것에 대해 부모가 동의한다는 뜻을 의미한다. "그래."라고 말함으로써 아동을 위해 결정해 주는 대신에, 부모는 아동에게 선택에 대해 책임감을 되돌려 주고, 그것으로 아동 내면의 자유감을 격려하는 것이다.

대화의 순환.   대화의 순환이란 개념은 아동과 어른(특히 부모와 교사) 간의 의사소통을 증진하는 방법으로 Greenspan(1993)에 의해 제시되었다. 대화의 순환은 부모와 아동 간의 대화의 패턴에 집중하는 반영적 경청의 확장된 개념이다. 이러한 의사소통의 방법은 대화의 새로운 가닥을 시작하는 것 대신에 대화를 열고 닫는 순환을 내포한다. 하나의 순환이 열리고 닫히기 위해서 아동이 한 주제에 대한 대화를 시작하면 부모는 그 주제에 대해 언급하거나 반영함으로써 직접적으로 반응하고, 아동은 다시 그 동일한 주제에 대해 반응한다. 이러한 패턴은 그 주제가 끝날 때까지 지속된다. 닫혀 있는 순환(closed circle)에 대한 예는 다음과 같다.

> 자녀 : 스티브와 카라가 오늘 학교에서 싸웠어요.
> 부모 : 그래? 뭔가 큰일 같구나. 무엇 때문에 싸웠는데?
> 자녀 : 카라가 축구할 때 스티브에게서 공을 빼앗으려고 해서 스티브가 카라를 찼어요.
> 부모 : 너는 그것에 대해 어떻게 생각했어?
> 자녀 : 나는 그 애들이 너무 그렇게 심각하지 않아도 된다고 생각했어요. 그냥 게임이잖아요.

위의 예는 전형적인 부모와 아동 간의 대화처럼 보이지만 많은 부모와 아동은 의미 있는 상호작용을 할 수 있을 만큼 대화에 집중하지 못한다. 전형적으로 문제를 지닌 관계가 어떠할시에 대한 예는 다음과 같다.

자녀 : 스티브하고 카라가 오늘 학교에서 싸웠어요.

부모 : 저녁에 뭐 먹을래? 네 형을 야구장에 데려다 줘야 해.

자녀 : 난 오늘 할 일이 너무 많아요. 난 텔레비전 보고 싶다고요. 게임에 안 갈 거예요.

부모 : 오늘 숙제 있어?

자녀 : 우리 선생님은 너무해. 바보 같은 숙제만 내준다고요.

위의 예에서 볼 수 있듯이 부모와 아동은 서로 대화하고 있는 게 아니라 상대에 의해 촉발된 자신의 개인적인 대화를 하는 듯이 보인다. 이런 예는 많은 가족들이 가지고 있는 스트레스에 비하면 이례적인 것이 아니다. 하지만 이러한 예는 어떤 것이 부모와 자녀 간에 실제로 관계를 맺고 서로를 이해할 수 있는 기회를 놓치는 것이며, 오히려 부적절하게 관계 맺는지에 대한 이해를 제공한다. 열고 닫는 대화의 순환을 가르치는 것은 부모에게 자신이 아동에게 어떻게 반응하는지를 보게 할 뿐 아니라, 좋은 의사소통의 패턴이 미래에 일어날 문제행동을 포함한 관계적 문제를 피하도록 어떻게 도울 수 있는지에 대한 중요성을 보도록 한다.

문제 해결 방법. 모든 가족은 문제 해결 방법이 필요하다. 문제 해결을 배우는 것은 기본적으로 인생 기술의 하나이지만, 대부분의 사람은 그것에 즉흥적이거나 계획성 없이 접근한다. 부정적인 부모/아동의 상호작용이나 심각한 아동 문제와 같은 큰 어려움이 일상 기능을 방해하기 시작할 때 부모는 그런 문제를 객관적으로 해결할 수 있는 기술을 가지고 있지 않다. 그러므로 감정이 뒤따르고, 문제들은 해결책 없이 증내되기만 한다. 문제 해결에 대한 실제적이면서도 효과적인 방법이 다음 문헌에 소개되었다. Nelson(2006) 그리고 Faber와 Mazlish(1999)는 문제 해결을 위해 자녀와 어떻게 협력적으로 조력할 수 있는지에 대해 부모를 위한 명확하고 구체적인 단계들을 제공한다. 놀이치료자는 어떤 문제 해결 방법이 그들에게 가장 효과적인지 확인할 필요가 있고, 부모에게 이런 방법에 대해서 정기적으로 가르칠 필요가 있다. 아동이 성장할수록 놀이치료자는 아동과 부모를 부모 상담 시간에 문제를 해결하는 과정에 참여시킬 수 있다. 이러한 방법은 부모가 가정에서 쉽게 활용할 수 있을 만큼 실제적이어야 할 필요가 있다. Faber와 Mazlish(1999)는 부모를 위한 문제 해결에 대한 여러 가지 단계를 소개한다.

1. 아동의 감정과 필요에 대해 이야기한다.
2. 부모의 감정과 필요에 대해 이야기한다.
3. 부모와 아동 모두 다 동의가 가능한 방법을 찾고 함께 생각해 본다.
4. 평가하지 않고, 가능한 모든 아이디어를 적는다.
5. 어떤 것이 좋고 싫은지에 대해 결정하고 실행 가능한 계획을 만든다.

아동이 구체적 조작기가 되는 만 7~8세 정도라면 상호협력적인 문제 해결 방안이 가장 효과적임에도 불구하고, 놀이치료자는 부모가 더 어린 자녀를 참여시키기 위해 그 과정을 수정할 수 있는 방법을 찾도록 도울 수 있다. 가족 문제를 접근함에 있어서 실행 가능한 과정을 가지고 있는 것은 특히 아동의 문제행동을 다룰 때 부모에게 자신감을 갖게 한다.

특별놀이 시간. 부모가 아동과 개인적인 시간을 보낼 뿐 아니라 아동이 주도하며 놀이하고 이끌게 하라는 부모를 향한 권고는 여러 문헌에서 언급되었다(Greenspan, 2003; Landreth & Bratton, 2005). CCPT의 견해에서 본다면 가장 효과적 부모개입 방법은 부모-자녀 관계치료(Child Parent-Relationship Therapy; Landreth & Bratton, 2005) 이다. 만약 놀이치료자가 부모-자녀 관계치료(CPRT)에 관심이 있다면 그것에 대해 배울 수 있는 문헌들은 다음과 같다(Bratton, Landreth, Kellam, & Blackard, 2006; Landreth & Bratton, 2005). 특정한 경우에 한해 CPRT가 가능하지 않거나 권장되지 않는다면 CPRT를 대신해서 부모와 아동 간의 특별한 놀이시간을 하나의 기술 개념으로 추천해 볼 수 있다. 놀이치료자는 부모가 아동과 다른 방해 없이 놀이에 집중하여, 반영적 경청 기술을 연습해 볼 수 있는 놀이시간을 짧게라도 가져 보는 것이 도움이 된다는 것을 발견할 것이다. 이 개념을 부모에게 어떻게 설명해야 하는지에 대한 예는 다음과 같다.

놀이치료자 : 가정에 실제로 많은 어려움이 있고 늘 뭔가 일어나는 것 같아 보여요. 이렇게 스트레스가 많은 환경은 데이비드가 자신의 삶에 대한 통제감을 갖는 것에 어려움을 줄 수 있어요. 저는 어머니께 뭔가를 하시라고 부탁드리려고 하는데 이것은 처음에는 어머니의 삶에 더 많은 스트레스를 부여하는 것처

럼 느껴질 수 있지만, 결국에는 오히려 스트레스를 줄이도록 도울 거예요. 이
번 주에 귀가하시고 나면 데이비드에게만 집중할 수 있는 15분의 시간을 따로
마련해 보세요. 이 시간 동안 데이비드가 놀잇감을 가지고 놀 때 그 옆에 앉
아 계시는 거예요. 앉아 있으면서 아동에게 집중하고 그동안 연습해 온 반영
적 경청 기술을 사용하세요. 그 시간은 온전히 데이비드를 위한 시간이 되는
거예요. 휴대전화, 텔레비전, 컴퓨터 또는 그 무엇이든 방해가 될 만한 것들은
다 꺼 놓으세요. 15분이 지나면 옷을 갈아입어야 한다든지 저녁을 지어야 한
다든지 하는 필요한 이유를 말하고 나오실 수 있어요. 하지만 데이비드에게
같이 시간을 보내 줘서 고맙다고 말하는 것을 잊지 마세요. 이번 주에 이렇게
해볼 수 있는 시간을 한번 생각해 볼 수 있으세요?

　연령이 더 많은 아동을 위해서 놀이치료자는 부모에게 아동이랑 같이 게임을 한다
든지 디저트를 함께 만든다든지 뭔가 아동이 평상시에 즐겨 하는 것을 함께해 보라고
제안할 수 있다. 단 한 가지 규칙은 부모는 아동에게 집중해야 하고 반영적 경청 기술
을 사용해야 한다는 것이다. 일대일의 시간을 갖는 것은 아동으로 하여금 자신이 부모
에게 중요한 존재라는 것을 느끼게 해주고, 또한 부모는 아동에게 뭔가를 하게 하거나
무엇에 대해 말해야 한다는 압력 없이 자녀와 함께하는 것이 즐겁다는 것을 배우도록
하는 데 도움이 된다.

역할놀이 또는 연습. 놀이치료자가 역할놀이를 통해 부모에게 기술을 가르쳐 감에 따라
부모는 역할놀이의 가치를 깨닫는 것을 배우게 될 것이고, 또한 견고하게 기술을 구축
하게 될 것이다. 이러한 기술은 부모/놀이치료자 관계에서부터 부모/아동 관계로까지
일반화될 수 있다. 부모로서 자녀가 어떤 새로운 기술을 배우기 원한다면 문제가 발
생하기 전 스트레스가 낮은 상황에서 이러한 새 기술을 함께 연습해 볼 수 있다. 예를
들면, 아동이 아침에 일어나는 것이 어렵다고 할 때 아동이 다른 활동이나 스트레스
로 혼란스럽지 않은 오후나 저녁시간을 이용해서 아침에 일어날 때 활용할 수 있는 새
로운 방법을 역할놀이로 해볼 수 있다. 부모에게 역할놀이를 가르치기 위해 놀이치료
자는 자녀와의 사이에서 경험하는 가장 지속적인 문제행동의 목록을 부모에게 작성해

보라고 할 수 있다. 그러고 나면 놀이치료자와 부모는 아동의 어려움을 다루는 새로운 방법에 대해 역할놀이를 어떻게 해야 하는지에 대해 연습해 본다. 행동을 변화시킬 수 있는 효과적인 역할놀이는 낮은 스트레스, 많은 연습(아동이 새로운 행동을 보일 때까지 역할놀이를 지속), 빈번한 반영적 경청, 그리고 가능한 제한 설정이나 선택권 제공하기와 같은 것을 필요로 한다. 특정한 문제행동에 대한 역할놀이의 예는 제10장에서 다루어진다.

참고문헌

Axline, A. (1947). *Play Therapy*. New York: Ballantine.

Axline, A. (1964). *Dibs: In search of self*. New York: Ballantine.

Bratton, S., Landreth, G., Kellam, T., & Blackard, S. (2006). *Child-parent relationship therapy treatment manual: A 10-session filial therapy model for training parents*. New York: Brunner-Routledge.

Bratton, S., Ray, D., Rhine, T., & Jones, L. (2005). The efficacy of play therapy with children: A meta-analytic review of treatment outcomes. *Professional Psychology: Research and Practice, 36,* 376–390.

Faber, A., & Mazlish, E. (1999). *How to talk so kids will listen & listen so kids will talk*. New York: Avon.

Ginott, H. (1965). *Between parent & child*. New York: Avon.

Greenspan, S. (1993). *Playground politics: Understanding the emotional life of your school-age child*. Reading, MA: Addison-Wesley.

Kottman, T. (2003). *Partners in play: An Adlerian approach to play therapy* (2nd ed.). Alexandria, VA: American Counseling Association.

Landreth, G. (2002). *Play therapy: The art of the relationship* (2nd ed.). New York: Brunner-Routledge.

Landreth, G., & Bratton, S. (2005). *Child-parent relationship therapy: A 10-session filial therapy model*. New York: Routledge.

Moustakas, C. (1955). Emotional adjustment and the play therapy process. *Journal of Genetic Psychology, 86,* 79–99.

Nelsen, J. (2006). *Positive Discipline*. New York: Ballantine.

Ray, D. (2008). Impact of play therapy on parent-child relationship stress in a mental health clinic setting. *British Journal of Guidance and Counselling, 36,* 165–187.

Chapter 10

놀이치료실 안팎에서의 공격성

공격적 행동은 놀이치료에 있어서 특별히 흥미로운 부분이다. 어린 아동은 본성적으로 공격적인데 나이가 들어 감에 따라 더욱 생산적이고 자기 고양적인 행동에 공격적인 에너지를 쏟아붓기 시작한다. 아동 발달 이론들에서 언어적 표현의 성장은 아동이 스스로를 폭력적 행동을 통해서 표현하고자 하는 욕구를 감소시킨다고 가정한다(Dionne, 2005). 놀이치료자는 발달학적으로 적절한 공격적 행동과 기능을 방해하는 것으로 보이는 공격적 행동 간의 차이를 설명하는 것이 쉽지 않다.

아동중심 철학에 있어서 아동은 자기 향상적인 감정, 생각, 행동으로 진보하는 전체론적 유기체(holistic organism)로서 성장한다. Rogers(1989)는 '사람'을 다음과 같이 요약한다.

사람은 기본적으로 신뢰할 가치가 있고 가장 심오한 특징은 발달, 분화 및 협력적 관계로 향하는 인류의 일원으로, 그의 삶은 근본적으로 의존에서 독립으로 이동하는 경향을 지니고 있다. 사람의 충동성들은 자연스럽게 자기-규제라는 하나의 복합적이고 변화하는 패턴으로 조화를 이루는 경향이 있다. 그와 같은 총체적인 인격은 자기 자신과 자신의 종을 보호하고 향상시키는 경향이 있으므로 아마도 더 나은 진화를 향해 진전할 것이다(pp. 404-405).

이러한 관점은 놀이치료자들에게 아동의 공격적 행동을 아동의 더 위대한 자아실현과 기능을 향해 이동하려는 시도로 볼 수 있도록 격려한다.

공격성을 향상성(enrichment)을 향한 움직임으로 보는 시각은 현재의 문화, 즉 아동의 공격적 행동은 저지되고 중단되고 억눌려야 하는 행동으로 간주되는 현재의 문화에 역행하는 것이다. 두 살짜리 유아가 유치원에서 다른 아동을 때리거나 물었을 때, 가장 일반적인 반응은 퇴학의 위협이다. 아동이 가진 행동의 의도를 수용하고 좀 더 긍정적인 표현으로 방향을 전환하도록 돕는 것 대신, 어른들은 공격적인 행동을 임상적 진단이 필요한 것으로 명명하고 표현을 하려는 아동의 욕구에 대해서는 책망한다.

사회학습 이론가들은 공격적인 행동은 학습되는 것으로, 수용되고 계속적으로 노출될수록 공격성은 증가하여 폭력행동으로 이어진다고 주장한다. 그리고 힘, 즐거움, 혹은 내면적 억제를 경감시키는 긍정적인 경험들을 통해서 허락된 공격성은 증가하게 될 것이라고 기대한다(Schaefer & Mattei, 2005). 어떤 놀이치료자는 놀이치료실에서 아동이 공격성을 표현하는 것에 반대한다. 이는 만약 공격성이 허용될 경우 그 강도가 증가되어 놀이치료실 외부에서도 공격성이 증가되는 행동으로 이어질 것이라 믿기 때문이다(Drewes, 2008). 따라서 이들은 아동이 공격적 행동을 시도하지 않도록 하기 위해 놀이치료자가 아동에게 공격적 대안 표현 형식을 가르칠 필요가 있다고 제안한다.

공격적 행동과 놀이의 발달

걷는 것과 말하는 것이 아동 발달의 한 부분으로 배우고 연마되는 기술인 것처럼 적절한 공격성의 표현 또한 발달에 필요한 기술이다. 아동은 18개월경에 밀기, 때리기, 차기, 그리고 던지기와 같은 공격적 행동을 확연히 보이기 시작한다(Peterson & Flanders, 2005). 공격적인 행동은 발달 초기에 발생하며 감정과 욕구에 대한 정상적인 표현으로 보인다. 발달학적 패턴을 고려할 때 공격성은 대부분 취학 전 아동 행동의 일부이긴 하지만, 대다수의 아동은 초등학교를 졸업할 즈음 신체적 공격의 사용을 멈추게 된다(Archer & Cote, 2005). 미취학 아동의 연령대에서 나타나는 대부분의 갈등은 한정된 자원에 대한 경쟁과 관련이 있다. 공격적 행동은 유치원에서 최고조에 이르렀다가 이후 시간이 흐르면서 점차적으로 감소한다(Peterson & Flanders, 2005). 아동은 시간이

지남에 따라 신체적인 공격성과 폭력성이 감소한다. 대부분의 아동은 유치원과 6학년 사이에 신체적 공격성이 감소하는 곡선을 보인다(Archer & Cote, 2005).

공격적 행동과 관련된 성별의 차이 또한 발달에 있어서 분명하게 나타난다. 발달 초기에 남아는 여아보다 더 공격적인 성향을 보이고 이러한 차이는 아마도 선천적일 수 있다는 것을 보여 준다. Archer와 Cote(2005)의 연구에 따르면 남아가 다른 아동을 빈번하게 때릴 가능성이 여아에 비해 2배 가까이 높았다. 성별의 차이는 초기 발달에는 존재하지만 차별화된 사회화의 결과로 생기는 것으로는 보이지 않는다. 하지만 여아는 남아보다 보통 공격적인 행동을 자제하거나 조절하는 방법을 좀 더 빠르게 배우는 것 같다(Archer & Cote, 2005).

Archer와 Cote(2005)는 공격성의 발달에 대해 수천 명의 아동을 상대로 연구하였고, 아동이 시간이 지남에 따라 더욱 공격적이 된다는 것을 나타내는 어떤 통계적인 근거는 없다고 결론지었다. 사회학습 이론은 아동이 폭력적인 텔레비전 프로그램, 공격적인 역할모델 혹은 일탈한 또래와 같은 사회적 영향의 노출을 통해 더욱 공격적이 될 것이라고 기대한다. 만약 공격성이 누적된 사회적 영향의 결과라면 Archer와 Cote는 통계적으로 유의한 아동의 집단은 초등학교 재학기간 동안 신체적 공격성을 사용하기 시작했던 아동일 것이라 기대하였다. 그러나 그들은 그러한 집단을 발견할 수 없었다. 추후 폭력적 행동의 위험을 가졌던 아동의 대다수는 이미 유치원에서 높은 신체적 공격성을 보이고 있었다(Archer & Cote, 2005).

이 연구는 유치원생이 어느 누구보다 폭력적일 수 있다는 것을 의미한다. 그리고 이러한 의미의 반은 사실이다. 이 연구에 따르면 유치원생은 모든 발달 단계 중에서 가장 공격적인 행동을 보인다. 하지만 의도성 및 계획성이 부족하고, 무기에 대한 접촉 기회가 적기 때문에 유치원생의 행동이 가장 폭력적이라 볼 수 없다. 이들의 행동은 전형적으로 충동적이고 즉흥적인 감정이나 욕구를 표현하기 위한 것이다. 공격성을 통해 자기 자신을 표현하기를 지속하는 아동이 나이가 들어감에 따라 계획을 세우는 능력과 무기에 대한 접근 기회를 얻게 된다. 그러므로 그들의 공격적 행동에 대한 결과는 더욱 문제가 될 수 있다.

정상적인 발달에 의하면 아동은 공격적인 행동을 포함하지 않는 적절한 방법 안에서 자신의 욕구를 표현할 수 있는 대처 기술을 개발한다. 그러나 때로는 발달 경로에 있어서 어려움이 나타나고 공격적인 행동이 감소하기보다는 지속적으로 증가한다. 종종 아동의 행동이 공격적일 때 그들의 표현은 분노 폭발로 잘못 받아들여진다. 하지만 필자의 경험에 의하면 공격성은 분노와 극히 적게 연관되어 있다. 대신에 자기 자신이나 혹은 환경에 대해서 힘과 통제에 대한 내적인 감각과 더 높이 연관되어 있다. Oaklander(1988)는 공격적 행동이란 분노의 직접적 표현이 아니라 실제 감정의 굴절 (deflections of real feeling)이라고 개념화하였다. 종종 공격성은 환경에 대처할 능력이 없을 때나 혹은 부정적이기는 하나 성인이 반응하는 유일한 방법으로 사회적 유대를 확립하려는 시도에 의해 시작된다. Eastman(1994)은 공격적인 행동이 상태와 통제의 감각을 감소시키려고 위협하는 것들에 의해 촉발되는 것이라고 하였는데, 예를 들면 자신이 원하는 대로 할 수 없을 때, 학급 규칙을 준수해야 할 때, 혹은 지루한 과제를 완수해야 할 때와 같은 자신의 권력 기반에 도전하는 것에 의해 촉발된다는 것이다.

공격성의 중재

전문가들은 공격적인 행동의 발달을 조절하는 내적 · 외적 과정을 규명하였다(Peterson & Flanders, 2005). 이 과정은 동물과 인간 모두에게서 관찰되었다. 공격성을 조절하는 내적 과정은 선천적인 특성으로 분류되는 공감이다. 다른 사람들의 감정과 생각을 동일시하는 능력은 공격적인 욕구를 가라앉힌다. 공격성을 조절하는 사회적 과정은 지배-계급 구조와 관련되어 있다. 사회적 과정에 있어서 인간은 소속에 대한 원초적 욕구를 가지고 있고, 사회적 수용에 기반하여 공격적인 행동을 제한하거나 증가시킨다.

놀이치료에서의 공격성

공격적인 성향을 생산적인 기능으로 승화시키기 위해 필요한 공격성과 이에 수반되는 기술 및 과정은 아동 발달 문헌 도처에 기록되어 있다. 놀이치료에 있어서 논란의 소지가 많을 것으로 보이는 것은 놀이치료에서 공격적인 표현에 대한 욕구이다. 아동중심 접근법에서 공격성의 표현은 자기의 모든 측면을 인식으로 가져오게 하는 욕구로서 수용되고 이해되는 것으로 본다. 다음 내용은 발달 경로에 대한 아동중심 관점을 설명한 것이다. 발달 초기에서 아동은 자신의 욕구나 감정을 강력한 방법으로 표현할 필요를 가지는데, '자기 목소리를 듣게 하기 위해' 공격적인 행동과 같은 방법을 선택한다. 이것은 언어의 제한된 능력으로 과자를 달라고 요구하지 못하는 2세의 유아에게서 혹은 요구가 거절될 것이라고 인식하는 아동에게서 발견된다. 즉 2세의 유아는 다른 아이에게 달려가 아이를 밀어내고 과자를 가져간다. 이것은 전 세계 2세 유아들의 매우 일반적이고 전형적인 행동이다. 그렇다면 각각의 아동에게 있어 매우 특별한 것이라 할 수 있는 것은 아동의 행동에 대한 다른 사람들의 반응이다. 예를 들어, 아동이 울기 시작하면 어른은 소리를 지르거나 아동을 혼내기 위해 밀어붙이는 것과 같은 무수히 많은 반응을 한다. 각각의 경우에 아동은 공격적인 행동과 관련된 메시지를 내면화한다. 내면화된 메시지는 "내가 다른 사람을 다치게 하면 나도 다치게 될 거야." 혹은 "내가 다른 사람을 밀면 내가 다른 사람을 배려하지 않는다는 것을 보여 주는 거야." 혹은 "내가 원하는 걸 갖기 위해서는 다른 사람을 밀쳐야만 해." 등이 될 수 있다. 어떠한 메시지였든지 간에 그것은 공격성의 역할에 관한 아동의 내면화된 메시지가 된다. 빈번하게 공격성을 보이는 아동은 공격적인 행동 자체가 아니라 공격적인 행동을 유발시키는 욕구가 문제라는 신념을 가지고 행동한다. 이러한 신념은 '내 욕구가 잘못된 것이다' 혹은 '내 감정은 잘못된 것이다'와 같은 왜곡된 자기관을 갖게 하고 수많은 역기능적 행동 패턴에 이르게 한다. 아동중심 놀이치료에서는 공격적인 아동을 위한 목적은 공격성 뒤에 숨은 욕구의 표현을 촉진하는 것이다. 놀이치료에 의뢰된 아동은 자신의 욕구와 공격적인 행동 간의 혼돈을 오랫동안 경험하여서 그 둘 사이를 구분하지 못한다. 그 결과 공격적인 행동을 자신의 감정이나 소원을 표현하기 위한 자동적인 반응으로 사용한다. 아동은 욕구를 가지는 것과 그 욕구를 공격적으로 표현하는 것의 차이를 인식하지 못한다. 그러므로 이들에게 있어서 욕구를 표현하기 위한 다른 방법을 가지고 문제를 해결하는 것은 매우 어려운 일이다.

정신건강 개입의 효과성은 치료자가 아동의 공격성 표현에 대한 욕구를 수용하고 자기 향상의 목적으로 공격성을 표현하는 것을 격려할 수 있는 환경을 조성하는 데 달려 있다. 이러한 이해를 기초로 아동중심 놀이치료는 첫 단계로 공격적인 행동 뒤에 숨겨진 아동의 욕구를 드러낼 수 있도록 공격성을 표현하는 것을 허락한다. 왜냐하면 아동은 욕구와 행동을 구별하지 못하기 때문에, 놀이치료실에서 아동이 공격적으로 행동하는 것을 허락하는 것은 아동에게 욕구가 가치 있는 것이라는 메시지를 전달한다.

먼저 치료자에 의해 이러한 자기의 측면이 이해되고 가치 있다고 받아들여지게 되면 아동 또한 자신의 이러한 부분을 수용하고 가치 있게 받아들이기 시작할 것이다. 이것이 놀이치료실에서 공격성을 중재하는 공감의 역할이다. 자아실현의 원칙(CCPT의 초석)에 근거하여 아동은 추후에 자신의 욕구를 표현하기 위해 자연스럽게 더 많은 자기 향상의 방법을 찾을 것이다. 수용하고 이해하고 공감하는 어른이 존재할 때 아동이 다른 환경에서와 다르게 표현하게 된다는 것은 공격성의 표현과 관계의 질을 설명한다(Trotter, Eshelman, & Landreth, 2003). 공격성에 대한 이러한 이론은 긍정적 측면에서는 낭만적일 수 있지만, 현실적으로는 받아들여지기 어려운 경우가 종종 있다.

CCPT 치료자들이 공격적인 아동을 성공적으로 치료하는 과정을 위해 시간을 들일 때 아동의 행동은 치료적 관계를 위협하고 공격성의 강도나 빈도가 증가되기도 한다. 어떤 아동은 자기 자신이나 치료자 혹은 다른 사람에게 대단히 공격적이라서 좌절스러울 정도까지 놀이치료의 제한을 위반하려고 밀어붙인다. 공격적으로 행동하는 아동은 세상에 대처하는 방법으로서 안전감을 갖기 위하여 자기-방어 기제에 의존한다. 치료적 관계의 친밀감에서 위협을 느끼는 아동은 치료자가 자신의 행동을 변화시키려 한다고 생각하기 때문에 치료자에게 저항적이고 의심이 많을 것이다. 아동은 이와 같이 익숙하지 않은 관계의 질을 협박이라고 지각할 것이다. 그러므로 처음에는 치료적 관계가 공격성에 대한 외부적 자극이 될 수 있다(Johnson & Chuck, 2001). 많은 놀이치료자는 신체적 공격성을 드러내는 아동에게 적절하게 반응하는 것에 어려움을 겪는다(Johnson & Chuck, 2001).

Moustakas(1973) 그리고 Mills와 Allan(1992)은 놀이치료실에서 공격적인 아동과의 활동 과정을 묘사했다(표 10.1). Moustakas(1997)는 전형적으로 산만하고 미분화된 강한 감정을 지닌 정서적으로 불안한 아동이 놀이치료실에 들어오는 것을 관찰하였다. 아동이 치료자와 신뢰를 쌓음에 따라 분노, 적대감, 공격성은 특정 개인과 직접적으로 관련하여 더욱 집중되어 나타날 것이다. 이러한 감정을 치료자가 수용할 때 아동의 감정은 강도가 약해지고 아동의 행동에 영향을 덜 미치게 된다. 때로는 긍정적인 표현이 공격적인 놀이와 뒤섞여 나타나기 시작한다. 놀이치료의 마지막 단계에서 아동의 놀이는 더욱 긍정적인 감정의 특성을 갖게 되고 놀이는 좀 더 현실적이 된다. Mills와 Allan(1992)은 Moustakas와 유사한 과정을 묘사하지만, 첫 단계에서 치료자에 대한

표 10.1 공격적인 아동을 상담할 때의 놀이치료 단계 이론

단계	Moustakas(1973)	Mills & Allan(1992)
1단계	분산된 감정 : 감정은 분화되지 않고 대체로 부정적이다. 감정은 악화되고 일반화되며 쉽게 자극되고 유발된다.	수용적인 환경과 관계의 확립 : 치료자는 공격적인 놀이에 대한 아동의 욕구를 수용한다. 아동은 불안하다. 치료자는 제한을 설정한다.
2단계	직접적인 적대감 : 치료자와의 관계가 뚜렷하고 강화될수록 적대감의 태도가 점점 날카로워지고 구체화된다. 분노는 점점 직접적으로 표현되어 특정 개인과 관련된다. 이러한 표현이 수용됨에 따라 감정은 강도가 약해지고 아동의 총체적인 경험에 영향을 덜 미치게 된다.	제한-시험 : 아동은 최소한으로 견딜 만한 행동을 하면서 치료자의 수용성을 시험한다. 아동은 양가감정을 경험한다.
3단계	분노와 양가감정 : 분노는 여전히 구체적이나 다양한 양가감정이 나타난다. 놀이는 공격성과 좀 더 긍정적인 형태의 표현 사이를 왔다 갔다 한다.	실행 단계 : 아동은 치료자와의 상호작용이 좀 더 증가하고 높은 자신감을 나타낼 수 있다. 공격적인 행동은 감소한다.
4단계	긍정적인 감정 : 놀이는 좀 더 현실적이 된다. 긍정적인 태도와 부정적인 태도가 더욱 분리된다.	종결 : 아동은 공격적인 행동에서 사회적으로 수용 가능한 행동으로 이동한다. 예민성이 증가할 수 있다.

아동의 불안을 주목하였다. 아동이 새롭게 경험한 치료자의 수용은 불안의 원천이 되고 아동은 치료자의 신체적인 근접을 견디지 못한다. 치료자는 안전함을 촉진하기 위해 제한을 설정하고, 아동은 이러한 성인과의 관계의 생소함으로 인해 혼란스러워하고 제한을 시험함으로써 치료자에게 반응한다. 치료자가 수용과 제한 설정을 지속함에 따라 아동은 상호작용적 놀이에 더 많이 참여하고 공격적인 놀이에는 덜 참여하게 된다. 위와 같은 놀이치료 과정에 대한 묘사는 공격적인 행동을 감소하는 데 있어서 아동과 치료자의 관계가 지니는 치유적 요소를 강조한다.

놀이치료실에서의 공격성 촉진

놀이치료실에서 공격성의 표현을 허용하는 첫 번째 단계는 광범위한 표현을 촉진하는 놀이 도구를 제공하는 것이다. Kottman(2003)은 공격성을 표현할 수 있는 놀잇감을 사용할 때 다음과 같은 혜택이 있다고 제안한다. 아동은 분노, 공포와 같은 감정을

표현하고, 공격성을 상징적으로 표현하는 방법을 배우며, 힘과 통제라는 문제를 탐색할 수 있으며, 스스로를 위험으로부터 상징적으로 보호하고, 유능감을 구축한다. 또한 아동 스스로를 안전하게 지킬 수 있는 방법을 탐색하여 안전한 환경 속에서의 자기 통제력을 발달시킬 수 있다. 치료자는 아동의 결정에 의해 다양한 방법으로 사용될 가능성을 기반으로 하여 놀잇감을 선택한다. 역사적으로 공격성을 표현하기 위해 분류된 특정한 놀잇감이 있고, 이는 놀이치료실에서 여러모로 쓸모가 있다. 이러한 놀잇감에는 펀칭백, 무기(총, 칼, 검 등), 장난감 병정, 고무 방망이, 플라스틱 방패, 수갑 그리고 밧줄 등이 포함된다(Kottman, 2003; Landreth, 2002). 이러한 놀잇감이 놀이치료실에 있는 것은 공격성을 적절하게 표현하는 데 매우 중요하다. 인형과 봉제 동물인형으로 가득 채워진 놀이치료실은 총과 칼로 가득한 놀이치료실이 양육의 표현을 제한하는 것과 마찬가지로 아동의 공격성 표현을 제한한다(Trotter, Eschelman, & Landreth, 2003). 놀이치료실에 인형, 젖병, 봉제 동물인형만 있고 공격적인 놀잇감이 없다면 아동은 공격적인 충동 혹은 감정을 표현할 수 없다는 메시지를 받게 된다. 그리고 매우 공격적인 아동에게 이 메시지는 "이 놀이치료실에는 나를 위한 공간이 없다."로 내면화된다.

치료자는 놀이치료실에서 공격적인 행동을 허락하고 수용하는 목표를 두고 치료하면서 아동의 충동적인 행동이 마치 판도라의 상자를 여는 것과 같을 것이다. 이 책의 제한 설정에 관한 장을 참조하면, 아동중심 놀이치료의 지침은 감정은 항상 수용되지만 모든 행동이 다 허용되는 것은 아니라는 점을 적용하고 있다. 놀이치료자(Willock, 1983; Moustakas, 1973; O'Connor, 1986)는 놀이치료실에서 발생하는 침 뱉기, 차기, 때리기, 욕하기, 물기, 소리 지르기, 다트 총 쏘기, 물건 던지기, 죽이기/죽는 장면 연출하기, 물건 부수기 등의 다양한 공격적인 행동을 인정한다. 대부분의 공격적인 아동은 이러한 행동이 한 번으로 끝나지 않는다. 어떤 아동은 한 회기 동안 한 가지 공격적 행동에서 다른 공격적 행동으로 옮겨 가기도 하므로, 치료자의 지속적인 제한 설정이 요구되기도 한다.

모든 아동과 마찬가지로 공격적인 아동도 제한 설정에 꽤 적절히 반응한다. 제6장에 소개된 제한 설정 과정을 이러한 아동에게 적용할 수 있다. 첫 번째 단계는 ACT 초기 제한 설정을 제공하는 것이다(Landreth, 2002). 여기에는 아동의 감정을 인정하는 것, 명확한 제한을 이야기하는 것, 그리고 표현을 위한 대안행동에 초점을 두는 것이 포함된다. 두 번째 단계는 선택권을 제공하는 것으로, 이것은 매우 드물게 사용되지만 회기를 끝내야 하는 최종적 제한을 할 때 사용되기도 한다. 제한 설정을 지속적이고 일관적으로 사용하면 아동의 공격적인 감정과 욕구에 대한 적절한 표현 과정에 궁극적으로 영향을 줄 것이다.

공격성에 대한 치료자 반응

공격적인 아동이 놀이치료를 할 때 효과적인 촉진을 가장 방해하는 요소는 아마도 한 사람(person)으로서의 치료자 자신일 것이다. 아동의 공격적 행동은 놀이치료자에게 부정적인 감정, 즉 무능하고 무력하며 호감을 주지 못한다는 등의 감정을 불러일으킬 수 있다. 이러한 감정은 결과적으로 치료자에게 분노 혹은 두려움을 초래할 수도 있을 뿐만 아니라 종종 치료자에게 큰 도전이 된다.

공격적인 아동과의 놀이치료 초기 단계는 아동과 치료적 역할에 대한 치료자의 신념 체계를 탐색하는 것이다. 다음은 치료자가 어려움을 겪을 때 필자가 탐색하도록 돕는 공통된 신념을 소개하고 있다.

1. 나의 임무는 아동을 기분 좋게 만드는 것이다.
2. 아동을 만날 때마다 내 아동은 놀이치료를 시작했을 때보다 기분이 좋아져야만 한다.
3. 아동은 규칙을 따라야만 한다.
4. 아동은 방해를 최소한으로 하며 규칙을 따라야만 한다.
5. 만약 아동이 규칙을 따르지 않는다면 내 임무는 규칙을 강요하는 것이다.
6. 나는 아동의 행동을 통제할 힘을 가지고 있다.
7. 만약 내가 아동의 행동을 통제하지 못한다면 나는 무능하다/실패자이다.

이러한 것은 단지 놀이치료자만의 공통된 신념이 아니라 일반적으로 아동과 관련된 성인의 공통된 신념이기도 하다. 이 신념 중 어떤 것이든 동의하다 보면 아동중심 놀이치료에서 특히 공격적으로 행동하는 아동을 치료할 때 도전으로 이끌다 저항에 부딪히게 된다. 반복적인 언급이겠지만 CCPT는 문제행동을 왜곡되거나 인식되지 못한 욕구와 감정의 결과라는 것을 인정하므로, 모든 욕구와 감정을 표현할 수 있도록 촉진한다. 그러므로 행동은 표현이며 행동은 효과적인 치료자에 의해 개념화되어야 한다. 행동을 멈추게 하는 방법이나 행동을 변화시키는 방법에 집중하는 대신, 아동중심 놀이치료자는 아동의 의도와 어떻게 그 의도를 적절히 표현하도록 촉진할 것인가에 집중한다. 물론 제한 설정이 적절한 표현을 돕기도 하지만, 치료자의 가장 중요한 목표는 표현을 허용하는 것이다. 위에 열거된 가능한 신념에 대한 또 다른 도전은 그러한 신념이 실제적으로 적용될 때 일어난다. 왜냐하면 아동을 신체적으로 강압하지 않는 한 제한을 따르도록 '만들' 방법은 없기 때문이다. 제한을 따르는 것은 각 개인이 하는 개별적인 선택이다. 치료자의 역할은 제한을 제공하는 것이지만 그 제한을 벗어나지 않는 것에 대해 결정하는 것은 아동의 역할이다. 치료자가 표현을 촉진하는 역할과 제한 집행에 대한 실제적인 한도를 인정하는 역할을 수용할 때, 치료자는 공격적인 아동을 돕는 것에 효과적일 것이다.

치료자가 공격적인 아동을 치료하는 것과 관련된 태도 및 신념체계를 탐색하였다면, 제한 설정 절차를 따르는 것은 치료자에게 덜 감정적이고 더 성공적인 결과를 초래해야 한다. 하지만 치료자는 계속해서 인내심을 가져야 할 필요가 있다. 아동이 자기에 대한 새로운 내적 표상과 타인과 관련된 자기를 형성하려는 시도는 복잡하고 느린 과정일 수 있다(Mills & Allan, 1992). 그 과정을 증진시킬 공격적인 아동과의 치료에 도움이 되는 추천사항은 다음과 같다.

지속적으로 공감하라. Miller와 Eisenberg(1988)는 공감을 "다른 사람의 감정과 일치하는 정서를 대신 경험"(p. 325)하는 것이라고 정의했다. 공감한다는 것과 공격적 행동의 표출 간에는 부정적 관계가 존재한다. 공격적인 아동을 효과적으로 다루려면 공감적 이해는 필수요소이다. 치료자는 아동의 공격적인 행동 뒤에 숨겨진 의미를 이해하고 이를 표현해 줌으로써 공감을 표현한다. "이것은 너에게 매우 새로운 것이고 무섭구나." 혹은 "너는 어떻게 해야 할지 모르겠다고 느끼는구나." 등을 포함한다. 감정 반영은 비록 공감을 전달하는 유일한 수단은 아니라 할지라도 공감적 태도를 전달하는 데 유효하다.

아동의 의도를 살피고 반응하라. 놀이치료자는 아동의 의도를 탐색해야 한다. 아동이 표현하려고 노력하는 것은 무엇인가? 이것은 질서, 힘, 숙달, 자기감 혹은 다른 사람과의 연결에 대한 욕구인가? 아동에게는 매우 많은 의도가 있다. 그러나 치료자의 역할은 아동을 개별적 개인으로서의 가치를 부여하고 개별적 욕구에 반응하는 것이다. 감정과 욕구를 반영하는 것은 공감과 이해를 모두 전달하려는 두 가지 목적을 갖는다.

인내하면서 제한 설정을 지속하라. 제한 설정은 공격적인 아동과 상담할 때 소모적일 수 있다. 필자는 제한 설정이 치료자 반응의 80%를 차지하고 있는 회기를 경험하고 목격했다. 언급했듯이 아동의 자기 재구성 과정은 느릴 수 있다. 효과적인 치료자는 그 과정을 신뢰하고 진보가 나타날 때까지 반복적으로 제한을 설정한다. 치료자에게 도움이 될 만한 조언은 진보하는 데 얼마큼 걸렸는지를 기록해 놓는 것이다. 어떤 아동의 제한 설정에 대한 반응이 80%에서 70%로 되었다면 이것은 주목할 만한 성과이고 치료자는 이를 축하할 만하다. 공격적인 아동에게 제한 설정할 때는 ACT 단계가 빠르게 진행되어 치료자에게는 최종 제한만 남을 때도 있다. 그러므로 치료자는 인내심을 가지고 일관성 있게 반복적으로 이 과정의 속도를 늦추는 것이 중요하다.

선택의 결과를 일관성 있게 따르라. 제한 설정에 관한 선택권 제공하기는 제6장에서 자세히 설명하였다. 공격적인 아동에게 선택권 제공하기를 사용할 때 치료자는 그 결과대로 수행하는 것에 대해 일관적이어야 함을 유념해야 한다. 아동이 선택을 하자마자 치료자는 그 결과를 시행하는 것에 대한 책임이 있다. 아동이 치료자를 회유하여 결과를 변경하려고 시도할 때 치료자는 일관성을 유지할 필요가 있다. 결국 이것은 아동에게 세상은 우리의 선택에 기반을 둔 예측 가능한 결과들로 이루어진 안전한 장소라는 것을 보여 주게 된다.

목소리를 점검하라. 필자는 효과적인 제한 설정에 있어서 치료자가 하는 가장 해로운 한 가지 행동은 어조라는 것을 자주 목격한다. 치료자는 두려움과 불안함 때문에 상황을 대처할 때 나약함 또는 취약성을 나타내거나 혹은 통제욕구를 전달하는 어조를 사용할 수 있다. 그러나 제한은 최대한 객관성을 가지고 설정되어야 한다. 특히 공격적인 아동은 억양에 민감하여 실제로 한 말보다 어조에 더 많이 반응한다. 치료자는 아동이 제한을 따르는 것이 안전하다는 것을 믿게 하기 위해서는 자신감과 객관성을 전달해야만 한다.

절대적으로 필요한 경우가 아니라면 아동에게 신체적으로 접촉하지 마라. 앞에서 공격적인 아동을 상담하는 과정에서 제한 설정 단계는 빠르게 진행되어 소진될 수 있다는 것을 언급했다. 아동의 공격적인 행동과 말이 격렬해짐에 따라 치료자는 쉽사리 아동과의 신체적 충돌에 처할 수 있고 아동을 신체적으로 통제할 필요를 느끼는 자신을 발견할 수 있다. 이러한 상황에서 아동을 향한 어떠한 신체적 움직임도 아동에게는 위협으로 해석될 수 있다. 누구나와 마찬가지로 위협을 느낀 아동은 자신을 방어하려는 시도로 대응할 것이고, 이것은 종종 방어적이라기보다는 공격적으로 보인다. 제한 설정 상황에서의 아동을 향한 신체적 움직임은 오직 아동 혹은 다른 사람이 실제 위험에 처하게 될 때만 행해져야 한다. 이것은 뛰거나 소리 지르는 것을 포함하지 않는다. 필요하다고 생각되면 치료자는 자신의 신체를 방어용으로만 사용해야 하고, 신체적 제지를 위한 공격용으로 사용해서는 안 된다. 치료자와 아동 사이의 부정적인 신체적 상호작용은 치료적 과정에 파괴적이며, 그것은 회복하는 데 오랜 시간이 걸린다.

방지! 방지! 방지! 신체적 충돌의 대안으로서 예방적 방지(preventive containment)는 종종 공격적인 아동에게 도움이 된다. 아동은 또한 상황이 통제 아래 있다고 여겨지는 물리적 환경에서 편안함을 느끼는 경향이 있다. 예를 들어, 이러한 아동은 활짝 열린 공간을 어려워하지만, 둘러싸인 방은 일종의 편안함을 제공한다. 필자가 이와 같이 말하는 것은 그동안의 경험과 관찰 이외에는 아무런 증거를 갖고 있지 않다. 공격적인 아동이 개방된 공간에 있을 때는 혼란스럽고 안전하지 않다고 느끼는 것 같지만, 작은 방에서는 더 차분해보인다. 더 작다고 말하는 것은 벽장을 언급하는 것이 아니라 4개의 벽으로 이루어진 방을 의미한다. 그러므로 만약 치료자가 아동이 자주 공격적인 행동을 한다는 것을 인식한다면 가능한 한 가장 질서정연한 방법으로 구체적인 목적지를 갖고 아동이 놀이치료실을 들어오고 나갈 수 있는 계획을 세우는 것이 최선이다. 대기시간과 이동하는 시간은 공격적인 아동에게는 취약한 부분이므로 최소한으로 사용되어야 한다.

공격적인 아동의 부모와 조력하기

아동이 영아기 및 유년기에 받은 양육의 질과 그들의 공격적 행동의 출현과 연장 사이에는 결정적 관계가 있다는 것이 연구에 의해 밝혀졌다(Mills & Allan, 1992). 공격적인 아동을 치료하는 과정에는 시간이 걸린다. 치료 진행의 정도는 공격적인 행동에 대한 아동의 감정의 깊이와 욕구에 영향을 받는다. 대부분의 아동에게 있어서 안전한 환경을 조성하는 것은 상당히 빠르게 이루어지지만, 공격적인 아동에게 있어서는 때때로 더 오랜 시간이 걸린다. 필자는 8~10회기까지 공격성 이외에 다른 어떤 놀이에도 참여하지 못했던 소수의 아동과 놀이치료를 했던 경험이 있다. 그 치료 과정을 신뢰하는 시간 동안 부모는 놀이치료 과정에 대해 종종 불안을 느끼곤 한다.

지속적인 부모 상담을 통해 부모가 계속 집중하고 고무되도록 돕는 것이 중요하다. 놀이치료자는 아동의 작은 진보를 기입해 두었다가 부모 상담 시 그것을 언급하면서 부모도 가정에서 변화를 찾아보도록 도와주어야 한다. 왜냐하면 공격적인 아동이 일으키는 많은 행동은 불편함을 주고 파괴적이기 때문에 부모는 진보의 신호가 느리게 나타나는 것을 잘 알아차리지 못한다. 신호, 즉 하루 이틀 간격으로 공격적인 반응이 행동으로 진행되다가 줄어든다거나, 극도로 성질을 부리는 데 이르는 속도가 느려지는 것 등을 말한다. 혹은 성공적이지는 못하나 작은 행동이라도 긍정적으로 부모에게 반응하는 시도를 해보는 것이다. 그런데 이와 같은 것들은 그동안 좌절감을 느낀 부모에게는 종종 간과되곤 한다.

부모 상담을 위한 조언

1. 지속적인 상담. 놀이치료자는 3~5회기마다 부모 상담을 진행해야 한다. 그리고 공격적인 아동을 위해서는 최소한 3주에 한 번은 부모 상담이 이루어져야 한다. 아동이 공격적으로 행동할 때 부모는 부가적인 지원을 필요로 한다.

2. **부모에게 아동의 행동을 정상화하라.** 아동의 공격적 행동이 도전적이고 때때로 심각한 결과를 가져온다 할지라도 부모는 아동이 괴물이 아니며 다른 아동과 완전히 다르지 않다라는 사실에 대해 확인받을 필요가 있다. 놀이치료자는 아동의 의도나 동기를 설명하여 부모를 도와줄 수 있다. 또한 놀이치료자에게는 그러한 행동이 새로운 것이 아니라는 사실로 부모를 안심시키는 것도 도움이 된다. 제6장에서 살펴보았던 제한 설정의 예, 즉 공격적 행동으로 인해 클리닉에서 물리적으로 분리되었던 한 소녀에 대한 사례에서, 놀이치료자는 그 사건 이후에 부모에게 전화를 걸어 다음과 같이 말하였다. "오늘 힘드셨을 거라는 걸 압니다. 타니카는 꽤 공격적이었지요. 하지만 제가 말씀 드리고 싶은 것은 이 부분은 우리가 대처할 수 있도록 준비한 부분이고, 우리가 치료했던 공격적인 아동 중에서 이런 행동을 한 것이 타니카가 처음은 아니라는 사실입니다. 우리는 타니카가 스스로를 표현하는 데 더 알맞고 적절한 방법을 발견할 수 있을 때까지 지속적으로 지원할 것입니다." 이러한 표현은 부모에게 놀이치료자가 자신들과 함께 전면에 서 있다는 것과 아동이 통제 불가능한 이질적 개체가 아니라는 사실을 알게 해준다.

3. **문제 해결에 관여하라.** 놀이치료자는 매주 부모가 묘사하는 위기를 해결할 준비를 해야만 한다. 부모가 특정 사건을 인용할 때 놀이치료자는 그 사건을 세세하게 살펴봄으로써 추후에 부모가 해결할 수 있도록 도울 수 있어야 한다. 모든 것이 나아질 것이라고 공허하게 부모를 안심시키는 것이나 불평만 하고 가는 상담 대신에, 어떻게 부모가 적극적인 방법으로 아동의 행동을 다루는지를 돕는 것이 부모 상담의 초점이 되어야 한다.

4. **부모 상담 시 가정 내 활용을 위해 역할놀이를 사용하라.** 공격적인 아동의 부모는 특히 자녀가 공격적인 행동을 할 때 어떻게 개입해야 할지 모른다는 것에 특별히 민감하다. 이들은 일반적으로 분리와 단절 혹은 아동과의 힘 대결로 대응할 것이나 이는 더 많은 공격성으로 이어질 뿐이다. 부모는 놀이치료자로부터 아동이 정기적으로 공격적인 행동을 할 때 다르게 반응하는 방법에 대한 도움이 필요하다. 다음의 과정은 '적극 실천(Active Practice)'의 내용이며, 이 단계들은 Levy와 O'Hanlon(2001)에 의해 academy로 서술되었던 절차를 수정한 것이다. 이것은 아동의 문제행동을 다루기 위해 아동중심 철학에 적합하도록 수정되었고 이러한 접

근법은 부모 상담과 관련된 제9장에서 잠시 언급하였다.

a. 역할놀이는 부모가 아동이 공격적이고 무례하다고 여겼던 하나의 구체적인 사건을 따른다.

b. 부모와 아동 모두가 편안함을 느끼는 차분한 시간대를 선택한다.

c. 특정한 사건의 처음부터 끝까지 재연하도록 한다.

d. 감정을 반영함으로써 공감하는 상태를 유지하되 바라던 결과가 나타날 때까지 견고하게 한다.

e. 부모는 경험이 성공적이며 즐거울 수 있도록 차분함을 유지한다.

다음은 역할놀이 기술을 사용한 구체적 사례이다.

사건: 등교 준비. 대부분 아침에 발생하는 대표적인 사례이다. 오늘 아침 제이크의 어머니는 그를 깨우려고 노력했다. 친절하게 알려 주는 것에서부터 소리 지르고 협박하는 데 이르는 몇 차례의 시도 이후에도 제이크는 일어나지 않았다. 결국 어머니는 힘으로 제이크를 침대에서 끌어냈다. 제이크는 소리를 지르고 발로 차고 욕을 했다. 이후 어머니와 제이크는 등교 준비를 위해 옷을 갈아입는 것을 두고 싸웠다. 제이크는 어머니가 제이크를 10분 늦게 학교에 태워다 줄 때까지 고래고래 소리를 질렀다. 적극적인 실천을 위한 단계는 다음과 같다.

1. 저녁에 제이크는 TV를 보거나 컴퓨터 게임을 하고, 밖에 나가서 놀거나 혹은 또 다른 조용한 활동을 하고 있다. 어머니 또한 다음 몇 분 동안 스트레스 없이 차분하다.

2. 어머니는 제이크에게 말한다. "오늘 아침에 우리에게는 문제가 있었지. 좀 더 나은 해결을 위해 연습이 필요해. 우리가 성공적으로 연습하고 나면 너는 TV를 다시 볼 수 있어."

3. 어머니는 다툼이나 소리 지르는 일 없이 제이크가 침대에서 일어나서 옷을 입고 양치질을 해야 한다는 것을 간단히 설명한다.

4. 어머니는 제이크에게 침대로 가서 불을 끄고 정상적으로 아침에 일

어나는 것을 시작해 보도록 요청한다.

5. 어머니는 밝은 어조로 말한다. "좋은 아침이야. 제이크, 일어날 시간 이야."

6. 제이크가 부정적으로 반응할 때마다 어머니는 반영하며 제한을 설정하고 다시 시작한다.

7. "너는 우리가 연습하고 있다는 것에 화가 나는구나. 하지만 나는 네가 소리 지르는 대상이 아니야. 침대로 가서 다시 시작하는 것이 필요하겠다."

8. 어머니는 제이크가 아침 일과를 성공적으로 완료할 때까지 계속한다. 이것은 꽤 오랜 시간이 걸릴 수도 있다. 어머니는 차분한 상태를 유지하고 제이크에게 필요 이상으로 과제를 상기시키지 않도록 한다.

9. 연습이 한 번이라도 성공적으로 마친다면 어머니는 처벌이나 훈계를 하지 않고 다음으로 넘어간다.

10. 다음 날 아침, 어머니는 "좋은 아침이야. 제이크, 일어날 시간이야." 라고 말하면서 하루를 시작한다.

11. 만약 제이크가 침대에서 일어나 다소 불협화음을 내더라도 일과를 해낸다면 '적극 실천'이 효과가 있는 것이다.

12. 만약 제이크가 공격적 행동을 한다면 이와 같이 스트레스를 받는 아침시간을 최소한의 공격성과 분노로 지나가도록 노력한다. 어머니와 제이크가 차분해지면 그날 오후에 적극 실천 과정을 다시 반복한다.

적극 실천은 시간 투자가 필요하고 부모의 인내심을 시험한다. 부모는 변화가 일어날 때까지 적극 실천 과정을 지속하기 위해 지원과 격려를 필요로 한다. 힘과 통제에 대한 욕구가 상당히 많은 아동에게 적극 실천은 오랜 시간 동안 성공적이지 못한 것으로 보일 수도 있다. 하지만 만약 부모가 이를 객관적이면서도 배려하는 상태로 유지하며 계속한다면 적극 실천은 아동의 행동뿐만 아니라 부모/아동 관계의 향상에 도움이 될 것이다.

공격성과 놀이치료에 관한 연구

CCPT가 공격적 행동을 감소시키는 데 효과적이라는 주장은 예비 연구에 의해 뒷받침되었다. Sloan(1997)은 다음과 같은 연구를 실시하였다. 공격성을 불러일으키는 놀이치료에 11명의 아동이 참여하였고 다른 아동 11명은 전통적인 놀이치료에 10회기 동안 참여하였다. 이후 공격성을 불러일으키는 놀이치료에 참여했던 아동은 전통적인 놀이치료를 받았던 아동과 비교해 볼 때 놀이치료실에서 더 많은 공격성을 보이지 않았다는 것을 발견했다. Kot, Landreth, Giordano(1998)는 12회기의 개별 CCPT에 참가했던 11명의 아동이 통제 집단인 11명의 아동보다 놀이치료 후 공격성을 덜 표출했다는 것을 발견했다. 아동의 공격적 행동에 초점을 둔 초기 연구 중의 하나인 Schumann(2010)은 교사와 부모에 의해 공격적 문제행동으로 의뢰된 유치원에서부터 4학년에 재학 중인 37명의 아동을 연구하였다. 부모 혹은 교사에 의해 검사된 BASC(Behavioral Assessment System for Children) 평가에서 참가자들의 공격성 하위척도는 위험하거나 혹은 임상적으로 유의미한 것으로 나타났다. 20명의 학생이 12~15회기의 CCPT에 참가하였다. 17명은 근거 기반 프로그램으로 알려진 세컨스텝 폭력 예방 프로그램 학교용(Second Step Violence Prevention Program for schools)을 사용하는 소집단 가이던스에 12~19회기 동안 참여하였다. 결과는 두 집단 모두 부모와 교사에 의해 측정된 BASC의 공격성 하위 척도와 교사보고 양식 TRF에서 중간 효과크기(medium effect size)로 통계적으로 유의하게 공격성이 개선되었으며, 부모에 의해 보고된 BASC와 CBCL(Child Behavior Checklist)에서는 작은 효과크기(small effect size)로 개선되었음이 밝혀졌다. Ray, Blanco, Sullivan, Holliman(2009)은 교실에서의 공격적인 행동으로 인해 교사에게 의뢰된 41명의 아동을 대상으로 연구하였다. 치료 집단은 일주일에 2회씩 14번의 CCPT를 받았다. 통제 집단은 대기 명단에 올랐고 아무런 치료도 받지 않았다. 부모는 통제 집단보다 치료 집단에서 공격성이 중간 정도의 크기로 감소되었다고 보고하였다(N=32) 교사들은 두 집단 모두가 시간이 흐르면서 현저히 개선되었다고 보고했다(N=41). 사후 비교분석에서 CCPT에 배정된 아동은 공격적 행동에 있어서 통계적으로 유의미한 감소를 나타낸 반면 통제 집단에 배정된 아동은 통계적으로 유의미한 차이를 드러내지 않았다

결론

공격성은 아동 발달의 정상적인 부분이고 낮은 연령의 모든 아동에게서 전형적으로 표현된다. 아동은 연령이 높아지면서 타인에게 공격적으로 행동하지 않으면서 자신의 욕구를 충족시키는 능력을 발달시킨다. 그럼에도 불구하고 어떤 아동은 자신의 필요를 충족시키기 위해 필수적인 기술을 배우거나 활용하지 못하고 공격적인 행보를 지속한다. 놀이치료는 아동이 자신의 해로운 행동을 제한하면서 공격성에 대한 자신의 동기를 표현하도록 돕는다. 아동의 표현과 치료자의 공감 및 수용을 통해 아동은 본질적으로 자신의 세계 안에서 좀 더 자기 향상적인 방법을 향해 진전할 것이다. CCPT 분야는 이론과 연구를 통해 아동이 놀이치료에서 제공되는 조건을 경험함에 따라 공격적인 행동이 감소한다는 것을 입증하였다.

참고문헌

Archer, J., & Cote, S. (2005). Sex differences in aggressive behavior. In R. Tremblay, W. Hartup, & J. Archer (Eds.), *Developmental origins of aggression* (425–443). New York: Guilford Press.

Dionne, G. (2005). Language development and aggressive behavior. In R. Tremblay, W. Hartup, & J. Archer (Eds.). *Developmental origins of aggression* (330–352). New York: Guilford Press.

Drewes, A. (2008). Bobo revisited: What the research says. *International Journal of Play Therapy, 17,* 52–65.

Eastman, M. (1994). *Taming the dragon in your child.* New York: John Wiley & Sons.

Johnson, S., & Chuck, P. (2001). Play therapy with aggressive acting-out children. In G. Landreth (Ed.), *Innovations in play therapy: Issues, process, and special populations* (239–255). Philadelphia: Taylor & Francis.

Kot, S., Landreth, G., & Giordano, M. (1998). Intensive child-centered play therapy with child witnesses of domestic violence. *International Journal of Play Therapy, 7,* 17–36.

Kottman, T. (2003). *Partners in play: An Adlerian approach to play therapy* (2nd ed.). Alexandria, VA: American Counseling Association.

Landreth, G. (2002). *Play therapy: The art of the relationship* (2nd ed.). New York: Brunner-Routledge.

Levy, R., & O'Hanlon, B. (2001). *Try and make me.* New York: Rodale.

Miller, P., & Eisenberg, N. (1988). The relation of empathy to aggressive and externalizing/antisocial behavior. *Psychological Bulletin, 103,* 324–344.

Mills, B., & Allan, J. (1992). Play therapy with the maltreated child: Impact upon aggressive and withdrawn patterns of interaction. *International Journal of Play Therapy, 1,* 1–20.

Moustakas, C. (1973). *Children in play therapy.* New York: Jason Aronson.

Oaklander, V. (1988). *Windows to our children.* Highland, NY: The Gestalt Journal Press.

O'Connor, K. (1986). The interaction of hostile and depressive behaviors: A case study of a depressed boy. *Journal of Child and Adolescent Psychotherapy, 3,* 105–108.

Peterson, J., & Flanders, J. (2005). Play and the regulation of aggression. In R. Tremblay, W. Hartup, & J. Archer (Eds.), *Developmental origins of aggression* (133–157). New York: Guilford Press.

Ray, D., Blanco, P., Sullivan, J., & Holliman, R. (2009). An exploratory study of child-centered play therapy with aggressive children. *International Journal of Play Therapy, 18*(3), 162–175.

Rogers, C. (1989). *The Carl Rogers reader.* New York: Houghton Mifflin.

Schaefer, C., & Mattei, D. (2005). Catharsis: Effectiveness in children's aggression. *International Journal of Play Therapy, 14,* 103–109.

Schumann, B. (2010). Effectiveness of child centered play therapy for children referred for aggression in elementary school. In J. Baggerly, D. Ray, & S. Bratton (Eds.), *Child-centered play therapy research: The evidence base for effective practice* (193–208). Hoboken, NJ: Wiley.

Sloan, S. (1997). Effects of aggressive therapeutic play: Does it increase or diminish spontaneous aggression? (Doctoral dissertation, Alfred University, Alfred, NY, 1997). *Dissertation Abstracts International, B 59/07,* 3677.

Trotter, K., Eshelman, D., & Landreth, G. (2003). A place for BoBo in play therapy. *International Journal of Play Therapy, 12,* 117–139.

Willock, B. (1983). Play therapy with the aggressive, acting-out child. In C. Schaefer & K. O'Connor (Eds.), *Handbook of play therapy* (387–411). New York: John Wiley & Sons.

Chapter 11

집단 놀이치료

집 단 놀이치료는 개별 놀이치료에서 요구되는 것 이상으로 놀이의 과정과 아동에 대한 헌신의 수준을 요구한다. Slavson(1999)은 자신의 글에서 다음과 같이 강조한다.

> 다른 아동의 존재로 인해 자극되는 불안과 어른을 향한 적대감으로 아동들이 서로에게 제공하는 지원은 한 아동이 놀이할 때는 좀처럼 보기 어려운 정도의 과잉행동과 파괴적인 행동을 내포한다(p. 25).

집단 놀이치료는 숙련된 놀이치료자의 노련한 기술을 필요로 한다. 개별 놀이치료는 치료자에게 치료적 과정의 다양한 요인들을 통제하는 자유로움을 가능하게 한다. 치료자는 환경을 제공하고 개인 아동에게 어떻게 반응할지에 대해서도 결정할 수 있다. 상호작용 또한 예측이 가능한데 이는 치료자가 자신의 반응이 아동에 의해 어떻게 수용될 것인지도 예상할 수 있기 때문이다. 하지만 집단 놀이치료의 양식은 치료자가 통제할 수 없는 인간 접촉의 불가피함도 수용할 것을 요구한다. 집단 놀이치료는 놀이치료에 대한 치료자의 전문성을 요구할 뿐 아니라 타인과의 상호작용을 촉진하는 능력과 안전한 수준의 수용도에 대한 전문성까지 필요로 한다. 집단 놀이치료는 놀이치료자에게 도전적인 환경이다. 즉 아동 간에 일어나는 긍정적이고 부정적인 상호작용에 대해 편안하게 느낄 것과 아동이 서로에게 치료적 조력자가 될 수 있다는 믿음을 갖는 것, 또한 개별 놀이치료에 필요한 그 이상의 기술을 갖추고 있을 것을 요구하기 때문이다. 개별 놀이치료와 비교했을 때 놀이치료자의 자신감은 집단치료에서 발생하는 활동의 수준이 조금만 증가해도 흔들린다. 놀이치료자는 개별 놀이치료와 비교했을 때 통제의 부족, 치료적으로 반응하는 데 있어서의 어려움, 내담자와의 친밀감 감소 등을 느끼기도 한다. 이러한 어려움을 이겨 내기 위해서 놀이치료자는 개별치료 방법을 능가하는 치료적 효과를 인정함으로써 집단치료의 가치에 대해 받아들일 필요가 있다.

집단 놀이치료의 유익

집단 놀이치료가 모든 아동을 위한 것은 아님에도 불구하고 어떤 아동에게는 치료적 양식으로서 집단 놀이치료를 통해 향상되는 유익이 있다. 다음은 집단 놀이치료의 특성이다.

1. 아동의 안정 수준. 다른 아동이 함께 있기 때문에 새로운 환경에서 낯선 어른(치료자)과 함께 있음으로 해서 느낄 수 있는 불안을 줄일 수 있다(Ginott, 1961). 다른 아동이 존재하는 것으로 인해 더 쉽게 놀이치료 환경에 들어올 수 있다.

2. 아동의 참여. 아동이 서로를 관찰하고 상호작용함에 따라 아동은 그 환경이 제공하는 허용감을 발전시켜 간다. 이러한 허용감의 수준은 치료 과정에 더 빨리 참여하도록 돕는다(Sweeney &Homeyer, 1999).

3. 대리 · 유도적인 카타르시스. 다른 아동이 노는 것을 관찰함으로써 아동은 정서적으로 자극을 받아 자신의 과거나 현재의 어려움을 표현하기도 한다(Ginott, 1961). 성인의 집단치료와 비교한다면 한 성인이 내면의 갈등 문제를 이야기할 때 다른 집단원들도 비슷한 감정이나 경험을 나누기 시작하는 것과 유사하다. 이러한 비슷한 과정은 집단 놀이치료에서 특정한 놀잇감이나 놀이 주제에 대해 표현하는 것으로 나타난다.

4. 대리 · 직접적인 학습. 모든 집단치료에서 경험되듯이 내담자는 서로를 통해 배운

다는 유익을 갖는다. 집단 놀이치료에서 아동은 개인이나 집단의 목표를 달성하기 위해 서로 간의 문제를 해결하는 것을 배우고, 자신이 원하는 것을 다른 아동으로부터 얻지 못하는 것을 통해 문제 대처 기술을 배운다. 이러한 배움의 경험은 집단 놀이치료에서 배웠던 새로운 기술을 실행에 옮기는 현실 세계로까지 이전된다(Ginott, 1961).

5. **치료자의 관찰을 위한 기회.** 종종 개별 놀이치료에서 보면 아동은 놀이 주제나 활동을 통하여 진보를 나타내고, 이는 치료자에 의해 관찰된다(Ginott, 1961). 하지만 부모는 여전히 학교나 가정 등에서 부정적인 영향을 미치는 사회적 기술의 부족에 대해 보고할 것이다. 놀이치료자는 아동의 사회성 부족이나 다른 사람이 있을 때 나타나는 불안의 증후를 오직 아동과 타인의 상호작용을 관찰할 때만 알 수 있다. 집단 놀이치료는 놀이치료자가 아동을 이러한 환경에서 총체적으로 볼 수 있도록 돕는다.

6. **현실 평가와 제한 설정.** 집단 놀이치료는 상호작용 기술을 필요로 하는 사회의 축소판 역할을 한다. 집단 놀이치료라는 안전한 환경 안에서 부정적인 경험이 일어날 때 어떻게 해야 하는지 새로운 행동 대처 방법을 연습해 볼 수 있다(Sweeney & Homeyer, 1999).

7. **긍정적 상호작용.** 집단 놀이치료는 아동이 서로 간의 긍정적인 상호작용을 경험할 수 있는 환경을 제공한다(Ginott, 1961). 놀이터에서 아동은 상호작용하지 못하고 그냥 떠나 버리든지 싸우거나 놀리는 등을 통한 부정적인 상호작용을 할 수 있다. 그러나 놀이치료자의 도움을 받는 집단 놀이치료의 환경은 아동이 신체적인 근접거리에 남아 있으면서 치료자가 표현하는 두려운 감정이나 생각에 대한 반영을 들을 수 있게 한다. 깨달음을 통한 상호작용은 또래들과의 긍정적인 경험을 증가시킬 것이다.

집단 선정

대부분의 아동이 개별 놀이치료의 효과를 누릴 수 있는 반면에, 모든 아동이 다 집단 놀이치료에 적합한 것은 아니다. 극단적인 공격성처럼 집단에는 위배되는 성격이나 행동 특성을 나타내는 아동이 있다. 게다가 성적으로 학대받은 아동처럼 또래 아동이 경험하는 것보다 훨씬 더 많은 외부세계를 경험한 아동은 놀이치료실을 자신의 경험을 표현하고자 사용할 것이기 때문에 집단 안에 있는 그와 비슷한 경험을 하지 않은 다른 아동에게 불안감을 조성할 수 있다. 그러나 성공적인 집단 형성을 위한 필수적인 한 가지 일반적인 기준이 있다. Slavson과 Schiffer(1975)는 다른 사람들과 상호작용하기 위한 가능성이라고 표현하면서 이를 '사회적 배고픔(social hunger)'(p. 107)이라고 명명하였다. Ginott(1961)의 정의에 따르면 "사회적 배고픔이란 또래에게 수용받고자 하며, 그들이 하는 것처럼 행동하고 옷을 입고 이야기하며, 집단 안에서 자신의 자리를 획득하고 유지하고자 하는 개인적인 바람이다. 그리고 또래 수용에 대한 답례로서 아동은 행동을 변화하고자 동기화된다."(p. 17)고 하였다. 집단 놀이치료를 시작하기에 앞서 치료자는 집단 구성원이 될 수 있는 가능성을 가진 아동 각각의 사회적 인식 수준에 대해 평가하고 수용을 위해 행동을 변화하려고 하는 의지가 어느 정도인지 알아야 한다. 개별 아동의 사회적 상호작용 및 수용의 관계에 대한 인식 없이는 집단 놀이치료의 양식은 덜 효과적인 결과를 초래할 것이다. 사회적 배고픔에 대한 평가를 안내하는 질문은 다음과 같다.

1. 다른 아동의 존재에 대해 어느 수준까지 관심을 기울이는가?
2. 다른 아동의 행동에 대해 어느 수준까지 관심을 기울이는가?
3. 다른 아동과 상호작용하려고 어느 수준까지 시도하는가?
4. 다른 아동의 관심을 얻고자 어느 수준까지 자신의 행동을 변화시키려고 하는가?
5. 다른 아동과 상호작용하기 위해 어느 수준까지 자신의 행동을 변화시키려고 하는가?
6. 다른 아동의 승인을 얻고자 어느 수준까지 자신의 행동을 변화시키려고 하는가?

만약 위의 질문에 대한 대답이 '꽤 높은 수준'이라면 그 아동은 집단치료가 유용할 수 있다는 사회적 배고픔의 신호를 보여 주고 있는 것이다. 치료자는 보다 지속적인 시각에서 각 질문에 대한 아동의 수준을 평가하도록 한다. 표현된 사회적 배고픔이 어느 정도인지 그 전제적인 수준을 기반으로, 치료자는 집단의 적합성에 대한 다른 요인들로 옮겨 가기에 앞서 아동이 집단 놀이치료에 필요한 기본 요인을 경험하고 있는지를 결정하도록 한다.

집단 놀이치료에 적합하지 않을 듯한 사례들이 있음에도 불구하고 어떤 아동을 언제 배제하는지를 결정하는 엄격히 정해진 규칙을 목록화하는 것은 어려운 일이다. 대신에 치료자는 집단의 적합성을 결정하고자 다양한 부분을 고려하도록 한다. 집단의 적합성을 결정할 때 가장 효과적인 방법은 아동과 개별 놀이치료 회기를 진행해 보는 것이다. 다음의 요건은 집단 놀이치료에 아동이 적합할지를 결정하는 데 필요한 것이다.

연령. 놀이치료 분야에서 아동에게 합리적인 선택이 되는 집단 놀이치료 개입을 위한 연령에는 다양한 견해가 있다. 연령이 낮을수록 아동은 사회적 배고픔의 신호를 덜 드러내기 마련이다. 특히 다른 아동에 대해 잘 인식하지 못하는 듯하다. 아동 발달은 초기에 주변에 있는 타인들의 관찰에 의해 눈에 띄고 이후에는 다른 아동의 행동을 관찰하는 것으로 이동하며, 또한 다른 아동과 놀고 싶어 하는 바람으로 진전하여 결국에는 타인의 행동을 기초로 놀이행동을 변화하고자 하는 것까지 나타난다. 어린 아동은 종종 다른 아동의 존재나 행동에 대해 잘 알아차리지 못한다. 만 4~5세의 아동을 보더라도 다른 아동이 놀고 있는 것을 보기는 하지만, 자신과는 아무 관련을 짓지 못하므로 변화의 요인으로 연결되지는 않는다. 미취학 아동의 집단에서 자주 볼 수 있듯이 한 아동이 하모니카를 가지고 놀 때 다른 아동은 인형을 가지고 논다. 만약 두 아동이 서로 관여하지 않는다면 자연적인 상호작용은 거의 일어나지 않을 것이다. 하지만 이것이 어린 아동에게 늘 적용되는 것은 아니다. 어떤 아동은 더 어렸을 때부터 다른 사람들에게 관심을 보이고 자신이 원하는 것을 갖기 위하여 사회적 기술을 연습하기 시작한다. 위의 예를 살펴보면, 인형을 가지고 놀던 아동이 인형 대신에 하모니카를 가지고 놀고 싶어 할 수 있다. 그래서 다른 아동에게 가서 자기도 놀 수 있는지 물어보며 웃음을 지어 보이거나, 그 아동이 노는 것을 쳐다보기도 하고, 또는 그 아동의 손에서 하모니카를 빼앗을 수도 있다. 물론 이런 모든 행동은 기술의 수준이 다르지만 욕구를 채우고자 사회적으로 행동할 필요를 인식함에 따라 이루어진다. 집단 놀이치료가 적절하다고 여겨지는 연령은 정확히 정해져 있지 않다. 좀 더 연령이 높은 아동이 사회적 배고픔을 보인다고 알려져 있으며, 이는 정상발달 범위 안에서 본다면 절정에 달하는 시기는 만 11~12세 정도이다. 이때의 아동이 가장 강하게 사회적 배고픔을 보인다.

만 7~12세 정도의 아동인 경우 개별 놀이치료 후 집단 개입이 필요할 때 치료자는 이러한 발달에 관한 지식을 사용할 수 있다.

　공격성.　공격성을 표출하는 아동은 집단 놀이치료에 적합하지 않다는 것이 일반적인 신념으로 자리 잡아 왔다. 집단을 위한 결정적인 표준 요건을 정하는 것은 놀이치료자에게 별로 도움이 되지 않는다. 공격성과 관련된 요건은 공격적 행동과 관련된 아동의 수준 그리고 그 행동이 발생된 전후 맥락적 배경의 정도가 고려되어야 한다. 공격적인 행동을 해오던 배경을 가진 아동도 집단치료 개입으로부터 매우 큰 유익을 받을 수 있다. 다음의 질문은 치료자가 집단의 적합성에 대해 평가할 때 도움을 줄 수 있다.

1. 아동은 전형적으로 누구와 있을 때 공격적인가?
2. 아동의 전형적인 공격적인 행동은 무엇인가? 물건을 던지는가 아니면 자신이나 타인을 다치게 하는 행동을 하는가?
3. 아동이 어느 수준까지 공격성을 표출하는가? (예 : 다른 아동을 때리고 도망가기, 어른이 개입하기 전까지 다른 아동의 목을 조르기 등)
4. 어느 맥락에서 아동이 공격성을 표출하는가? 자기가 원하는 것을 갖고자 할 때, 또는 어른에게 협박을 받을 때, 아니면 아무 때나, 또는 자극을 받는 것 같지 않을 때도 공격성을 표출하는가?

　자신이 원하는 대로 하거나 무언가를 소유하고자 할 때 밀고 때리고 왕따시키는 아동과 그런 행동에 별로 겁먹지 않는 아동은 함께 집단 놀이치료를 하는 것이 적합할 수 있다. 집단 놀이치료에서의 상호작용은 아동으로 하여금 자신이 원하는 것을 갖고 친구 관계를 유지하기 위해서는 특정한 사회적 기술이 필요하다는 것을 배우도록 돕는다. 극단적으로 폭력적이거나 타인을 심각한 수준으로 상해를 입혔던 경험이 있는 아동은 집단 놀이치료에 적합하지 않다. 이러한 아동은 개별 놀이치료를 받을 필요가 있고 치료자는 아동이 자신을 표현할 수 있는 통제된 환경을 제공하도록 한다. 소수의 친구를 가지고 있고 부모에게만 공격성을 표현하는 아동이 있다면 그 아동은 부모와의 관계에서 힘과 권력을 얻고자 하는 필요를 표출하는 것이기 때문에 집단 놀이치료를 위한 좋은 지원자가 된다. 집단 놀이치료는 공격적인 방법으로 통제하고자 하는 아동의 필요를 자극하지 않으면서 사회적 기술의 부족함과 관련된 문제를 언급하는 장이 된다.

애착. 유아기 외상이나 방임으로 낮은 수준의 애착을 보이는 아동은 처음에는 집단 놀이치료에 적합한 대상이 아니다. 이런 아동은 한 성인과의 장기적인 관계를 통해 유아기 외상을 극복하는 것이 도움이 되며, 또한 일관성 있는 한 성인과의 안전한 관계를 발전시켜 나가는 것을 배운다. 애착 문제를 가진 아동이 집단에 배치되는 것은 예상할 수 있듯이 부담과 불안을 조장한다. 집단은 불신에 대한 문제가 강화되고, 아동은 안전감을 구축하고자 철회하거나 또는 환경에 대해 공격적으로 행동하는 반응을 보일 수 있다. 그러나 유아기 심리적 외상이나 방임을 경험했다 하더라도 개별 놀이치료를 먼저 받은 아동은 집단 놀이치료가 유익할 수 있다. 아동이 한 성인과 안전한 애착을 형성할 수 있게 되면 집단 놀이치료는 다른 아동에게 애착을 확장해 보는 경험을 제공할 뿐 아니라 전에는 부족했던 기술을 연습할 수 있는 기회를 제공한다.

성적 학대. 애착과 관련한 어려움을 지닌 아동처럼 성적 학대를 경험한 아동 또한 처음에는 개별 놀이치료를 하는 것이 도움이 된다. 성적 학대와 관련된 혼란은 일관성 있고 치료적인 한 성인에 의해 제공되는 안전함 속에서 가장 잘 표현된다. 성적 학대를 받은 아동은 놀이치료에서 학대에 대한 구체적인 행동을 표현하거나 학대에 대한 그들의 견해를 표현하곤 한다. 이러한 과정에서 또래와의 상호작용은 오히려 성적 학대를 경험한 아동에게는 지장을 초래하며 아동이 전적으로 표현하는 것을 멈추도록 한다. 게다가 성적 학대를 받은 아동은 또래 아동에 비해 필요 이상의 성적 지식을 가지고 있다. 한 아동이 성에 대한 지식이나 경험이 없는 아동에게 성적인 지식에 대해 이야기한다면, 이는 커다란 충격과 불안을 조성할 수 있다. 그러나 개별 놀이치료를 먼저 경험한 아동은 다른 아동의 성적인 학대 유무에 상관없이 또래 사회성 개발을 지원하는 목적을 지닌 집단 놀이치료를 통해 또래와 상호작용함으로써 상당한 유익을 얻을 수 있다.

사회적 · 관계적 이슈. 일반적인 상식으로 집단 놀이치료는 또래와의 사회성 문제를 경험하는 아동에게 가장 적합하다는 것을 알 수 있을 것이다. 친구가 없거나 또래 관계에 문제를 일으키는 아동이 집단 놀이치료의 최우선적인 후보자이다. 특히 친구 관계는 아동이 점점 성장하면서 중요한 요인이 되기 때문에 친구 관계를 맺고 그것을 지속하는 능력을 키우는 것은 아동의 발달에 있어서 꼭 필요한 부분이다. 이러한 아동에게 집단 놀이치료란 다른 아동과 한 공간에 같이 있으면서 자연스럽게 발생하는 상호작용과 사회성 기술을 연습할 수 있는 기회가 마련된 구조적 환경을 제공한다. 촉진적인 놀이치료자가 있음으로 해서 집단의 아동은 다른 아동과 그들의 필요, 그들의 감정이나 생각, 그리고 상호작용을 지속하기 위해 어떻게 행동해야 하는지에 대한 부분을 더 잘 인식하는 것을 배운다.

집단의 구성

놀이치료자가 한 아동을 집단 놀이치료에 좋은 후보라고 결정했다면, 그 아동을 다른 아동과 짝짓는 것은 가장 중요한 부분이 된다. 다시 말하지만 집단 구성에 대한 정확한 규칙을 나열하고자 하는 것은 도움이 되지 않는다. 어떤 치료자는 "강한 의지를 가진 아동은 강한 의지를 지닌 아동과 짝지어 줘야 한다."고 하고 "수줍어하는 아동은 활달한 아동과 짝지어 줘야 한다."고 한다. 필자의 경험에 의하면 집단 구성에 대한 규칙은 찾기가 어렵고 각각의 경우에 따라 다른 결정을 해야 한다. 놀이치료자가 아동을 집단 구성원으로 맺어 주고자 할 때의 가능한 고려사항을 논의하자면 다음과 같다.

집단 내 아동의 수. 아동중심 집단 놀이치료는 집단원 개개인의 전적인 움직임과 의사결정을 허용한다. 각각의 아동이 있기 때문에 언어적·비언어적 놀이행동, 다른 아동과의 관계, 그리고 치료자와의 관계가 있다. 놀이치료실에서의 이러한 행동과 관계들은 셀 수 없을 만큼 많은 모습으로 동시에 나타난다. Ginott(1961)과 Axline(1969)은 치료자 1명과 5~8명의 아동이 함께하는 놀이치료 집단의 예를 추천하고 설명한 바 있다. 그 축어록은 흥미진진하고 그러한 크기로 집단을 촉진하는 것에 대한 장점을 나타낸다. 그러나 여러 가지 원인을 고려하여 필자는 아동중심 집단 놀이치료는 2~3명의 아동으로 제한될 때 가장 효과적이라고 생각한다. 놀이치료실의 크기를 포함하여 집단원의 숫자를 정하는 데는 현실적인 요소가 뒤따른다. 아동은 한 방에서도 자신의 놀이를 확장할 수 있도록 다른 아동으로부터 떨어져 있을 수 있는 공간이 필요하다. 둘째로 여러 집단원의 일정을 짜는 것은 생각보다 쉽지 않고, 놀이치료자가 집단 개입을 하는 것은 어려워지곤 한다. 집단원들이 많을수록 더 많은 일정 짜기가 필요하기 때문이다. 집단원의 숫자를 제한하는 것은 놀이치료자가 너무 압도당하지 않고 가치 있는 중재를 제공하도록 돕는다. 특히 집단 크기가 3명을 넘어갈 때는 다양하게 나타나는 모든 역동에 치료자가 전적으로 반응하는 것을 어렵게 한다. 아동이 서로에게 치료적 조력자의 역할을 하고 치료자 혼자만이 환경의 촉진자가 아님에도 불구하고, 치료자가 진정성과 공감, 무조건적인 긍정적 존중을 포함하는 태도를 제공하는 것은 아주 중요하다. 치료자에게 2~3명의 아동보다 더 많은 아동이 있을 때 다수와의 관계적 상호작용, 다양한 소리, 활동의 정도는 치료자가 위와 같은 태도를 제공하는 것에 있어 어려움을 초래할 수 있다.

성별 구성. 성별과 나이는 서로에게 본질적으로 연결된 고려사항처럼 보인다. 4~5세의 어린 아동에게 성별은 놀이와 언어화에 있어서 큰 문제가 되지 않는다. 여아와 남아는 방해하지 않고 서로 잘 섞이는 듯하다. 어린 아동은 성별의 차이뿐 아니라 아동 간의 차이 또한 더 잘 수용한다. 아동이 점점 더 나이가 들고 성별의 패턴에 대해 익숙해질수록 놀이와 언어적 표현에서의 차이는 더 뚜렷해지고 강해진다. 물론 이것은 모든 남아와 여아의 경우는 아니고 단지 일반적인 관점이다. 연령이 높은 아동일수록 반대 성별의 아동이 있을 때 더 어색해하고, 특히 놀이행동 유형과 관련될 때 더욱 그러하다. 남아는 공격적이고 상징적인 놀이행동의 유형에 있어서 여아가 보이는 차원을 넘어서는 경향이 있다. 여아는 연령이 높아짐에 따라 광범위하게 언어화를 사용하는 반면에 남아는 종종 언어화를 적게 하고 행동화한 표현을 더한다. 이러한 차이 때문에 6세 이상의 아동은 동일한 성별끼리 집단에 배정한다. 동일한 성별의 집단은 성별이 혼합된 집단과 비교할 때 집단원들 간에 더 많이 수용하고 이해하고 표현할 것이다.

연령. 개별 아동이 집단 개입으로부터 유익을 얻을 것인지 아닌지를 생각할 때 아동의 연령은 하나의 고려 요건으로 언급된 바 있다. 치료자가 집단에 적합한 아동의 연령에 대해 결정하였다면 그 아동과 함께할 다른 아동의 가장 효과적인 연령에 대해서도 고려하여야 한다. 가장 잘 알려진 지침은 1년 미만의 차이를 가진 아동과 함께 집단을 만드는 것이다. 아동은 다른 아동과의 관계에 있어서 상하계급이 있는데, 이때 연령이 리더십과 수용에 있어서 결정적인 주된 요인으로 작용한다. 비슷한 연령대의 아동을 같이 묶는 것이 연령 차이에 따라 나타나는 내재적인 불평등을 피하게 한다. 한 살 차이에 대한 지침은 필자의 경험에서는 성공적이었고 효과적이었다. 그러나 예외도 많이 있을 수 있다. 연령이 더 높지만 수줍어하고 왕따의 경험을 한 아동이 있다면 연령이 더 낮아도 수용적이고 다른 아동의 자존감을 세우는 데 도움이 될 수 있는 특성을 지닌 아동과 함께 집단을 만들 수도 있다. 더 어리지만 충동적인 아동은 연령이 더 높은 아동과 상호작용하면서 성숙해질 수 있다. 치료자는 어떤 연령 제한과 상관없이 두 아동 모두의 특별함을 고려할 수 있어야 한다.

형제자매. 형제자매 집단은 집단 놀이치료에 있어서 특별한 사례이다. 형제자매를 같은 집단에 배치하는 결정에 적용할 만한 지침은 별로 많지 않다. 형제자매 놀이치료 집단은 종종 성별과 연령에 있어서 혼합적이다. 형제자매의 경우 집단의 적합성을 결정하기 위해서 명확한 의사결정 과정이 필요하다. 주호소 문제의 본성은 형제자매 집단을 구성하는 적절한 고려사항이다. 형제자매 간 경쟁이나 격한 싸움은 아동과 부모 간에 일어나는 개별적인 관계의 부족으로 추적될 수 있다. 애착 대상(부모)과의 개인적인 관계를 획득하고자 고군분투하는 아동을 집단에 배치하는 것은 애착 대상(치료사)과의 관계를 위해 또 경쟁해야 하므로 적합하지 않다. 이런 유형의 주호소 문제는 개별적인 개입과 부모 개입을 필요로 한다. 형제자매를 위한 또 다른 주호소 문제들은 가족의 심리적 외상 경험이다. 아동이 학대를 경험했거나 부모에 의한 학대, 방치, 유기를 목격했을 수 있다. 이러한 경우에 형제자매 집단 놀이치료는 효과적인 개입이 될 수 있는데, 왜냐하면 형제자매 간의 강력한 지원 시스템을 구축하면서 치료자와 함께 심리적 외상에 대한 정도와 반응을 표현할 수 있는 안전한 환경이 제공되기 때문이다. 집단 놀이치료자는 형제자매 집단의 적합성을 아동 개인과 가족의 필요를 고려하여 구성해야 한다.

성격적·행동적·문화적 특징. 집단 구성에 있어서 가장 어려운 부분은 아동의 성격적·행동적·문화적인 특성을 전부 고려해야 한다는 것이다. 너무 공격적인 아동인가? 너무 위축된 아동인가? 활동적인 아동이 수줍은 아동의 참여를 도울 것인가, 방해할 것인가? 부모가 없는 아동은 서로를 도울 것인가 아니면 그들 자신의 슬픔의 세계로 빠져들 것인가? 2명의 아프리카계 미국인 아동과 1명의 히스패닉 아동이 집단 구성원이 되었을 때 인종으로 인한 차이가 있을 것인가? 가난한 아동은 부유한 아동을 이해할 수 있을 것인가? 이러한 것들은 치료자가 아동을 집단으로 구성할 때 스스로에게 물어볼 수 있는 질문의 유형이다. 그 대답은 개인마다 다양할 것이다. 필자는 다음의 질문이 이러한 의사결정에 있어서 도움이 된다는 것을 발견했다.

- 한 아동이 다른 아동의 발달을 맞춰 갈 수 있는가? 즉 한 아동의 어떤 특징이 다른 아동에게 모델이 될 수 있는가?
- 한 아동이 다른 아동에게 완전히 압도적일 것인가? 한 아동의 공격성이나 우울과 같은 특성이 너무 강해서 다른 아동이 그런 환경에서 자신을 차단해 버릴 우려가 있는가?
- 인종, 언어, 사회경제적 수준과 같은 문화적 차이를 접할 때 한 아동의 배경이 기본적으로 너무 다른 경우 집단으로 구성하면 그 아동은 사회적 관계 맺기를 철회할 것인가? 예를 들면, 한 아프리카계 미국인 아동이 항상 아프리카계 미국인 아동과만 상호작용했다면 이 아동은 2명의 백인 아동과 1명의 백인 치료자와 관계를 잘 맺을 수 있을까? 아니면 이러한 구성이 아동이 자신을 표현하는 것을 방해할 것인가?

집단 놀이치료의 과정

집단 상담과 관련된 전문적인 접근과 이론적 배경이 다양하게 존재한다. 대다수의 집단치료의 방향을 살펴볼 때 집단의 경험을 구조화함으로써 내담자들은 불안함을 덜 느끼고, 더 빨리 상호작용하고, 최종 복적인 집단의 응집력을 이끌고자 하는 욕구를 느낀다. 집단 놀이치료의 중심은 항상 개별 아동이다(Ginott, 1961). 아동은 독립적으로 놀든지 함께 놀 자유가 있다. 개별 놀이치료에서처럼 치료자는 회기의 전 과정을 통해 아동을 개별적으로 따라간다. 만약 집단 목표나 규칙이 있어야 한다면 치료자에 의해서가 아니라 집단원들에 의해서 정해져야 한다. 다른 아동이 존재하는 것과 아동 간의 상호작용이 일어난다는 것은 집단 놀이치료의 치료적인 요인으로 간주되고, 이는 특히 높은 수준의 사회적 배고픔과 연관될 때 더욱 그러하다.

집단 놀이치료에서 치료자가 응집력을 위해 구조화하지 않는 두 가지 이유는 다음과 같다. 집단에서도 개인에 중점을 둔다는 첫 번째 이유는 아동중심 집단 놀이치료가 인간중심 이론에 기초하고 있기 때문이다. 집단 리더는 다음과 같은 촉진적인 행동을 시범으로 보인다. 집단 구성원들에게 자율성을 부여하고, 아동이 자신을 전적으로 표현할 수 있도록 자유로운 분위기를 제공하며, 배움을 촉진하고, 독립성을 자극하고, 아동의 창의력을 수용하고, 책임감을 전적으로 되돌려 주며, 피드백을 주고받고, 자기-평가를 격려하고 의지하며, 다른 사람들의 발전과 성취를 함께 기뻐한다(Bozarth, 1998). 각각의 아동은 자기실현화 경향성의 발전을 위한 선천적 잠재력을 가지고 있고, 이는 자신과 타인을 향한 생산적인 접근을 가능하게 한다. Rogers(1970)는 집단의 과정이 치료자의 말과 행동보다 더 중요하다고 언급하며, 구체적인 치료적 반응을 넘어 태도적 질에 대한 필요를 강조하였다. 사실 치료자가 상상하고 있는 특정 목적을 성취하기 위해서 집단을 이끌거나 구조화해야 한다고 느낄 때 그 집단의 과정을 간섭하곤 한다. 집단원들은 그들이 아무리 아동이라도 치료자의 역할과는 다르게 서로에게 자신만의 방법으로 치료될 수 있는 능력을 가지고 있다. 서로를 향한 아동의 접근은 진솔하고 자연스럽게 느껴진 공감의 모습으로, 특히 아동의 배경적 상황, 성격 유형, 주호소 면에 있어서 서로가 유사하다고 느꼈을 때는 더욱 그러하다. '전문가' 치료자로서 한 아동과 연결되려는 그 공감적인 역할과 노력은 아동에게 전적으로 자연스러운 것이다.

응집력에 초점을 두지 않는 두 번째 이유는 아동이 발달상으로 자연스럽게 자기중심적인 경향이 있기 때문이다. 자유롭게 놀 수 있는 기회가 제공될 때 아동은 자신의 방향으로 움직여 간다. 사회적 배고픔의 수준과 나이에 따라서 다른 아동의 세계로 들어갔다 나왔다 하지만, 아동은 자기주도성(인간중심 치료의 목표)을 유지하기를 선호한다. 응집력 구축을 위해 집단을 구조화하려는 치료자의 노력은 '성인처럼' 놀아야 하는 것처럼 아동에게는 인위적으로 느껴질 것이다. 구조화를 더욱 제공하는 것은 그 구조를 유지하기 위하여 치료자가 더 많은 제한과 교육을 하며 유연성이 감소된다는 것을 의미한다. 치료자의 지시가 증가할수록 아동의 주도는 줄어든다. 아동에게 자연스러운 것인 상호작용과 서로 같이 놀이하는 것은 이제 솔직하지 못한 것이 되어 버리고 아동을 위해서가 아니라 치료자를 위한 것이 된다. 아동은 자연스러운 상호작용과 그로 인한 결과에 대해 경험하는 것을 중단하고 사회적 기술을 키우는 자연스러운 기회들을 포기한다. 예를 들어, 집단 놀이치료에 있는 아동이 둘 다 같은 놀잇감을 갖고 싶어서 승강이를 하고 자신들의 방법을 사용해서 해결 방법에 도달했다고 한다면 그 과정은 학교 놀이터로까지 확장될 수 있다. 치료자가 해결을 위해 몇 가지 사회적 기술을 가르치려고 개입할 때 아동은 종종 하라는 방법대로 따르기는 하지만 회기 내의 권위적 대상을 위해 그들이 해야만 한다고 느끼는 것과 내일 당장 학교 친구들과 상호작용하는 것과는 연결점을 찾지 못한다.

집단 놀이치료에 대한 문헌은 부족한 실정이다. 생각하건데 그 이유는 아동중심 집단 놀이치료가 광범위하게 많이 사용되는 것이 아닐뿐더러 사용된다고 해도 개별 아동 안에서 변화를 위해 일어나는 과정들이 정확하지 않기 때문인 듯하다. 집단 놀이치료가 광범위하게 사용되지 않는 것은 단지 아동의 시간을 다 맞추기가 어렵다는 이유만이 아니라 다양한 이유 때문이라고 생각한다. 그 다른 이유들은 특수 고려사항을 다루는 뒷부분에서 언급된다. 한 개입 방법을 많이 사용하지 않을 때 그 개입을 사용하여 일어나는 과정을 이해한다는 것은 어려운 일이다. 집단 놀이치료가 이러한 경우이다.

집단 놀이치료의 과정을 이해하고자 하는 가장 좋은 방법은 Rogers(1970)의 encounter group에 대해 살펴보는 것이다. Rogers는 특히 성인과의 집단 경험에 대해 말하였지만 그가 언급한 집단 패턴의 과정은 아동의 집단 놀이치료의 역동에도 적용될 수 있는 듯하다. 그 과정은 다음과 같다. (1) 집단은 책임의 방향성이 없기 때문에 떼를 지어 서성이는 듯하고, (2) 개인적인 표현이나 탐색에 대한 초기 저항이 있으며, (3) 과거 정서 경험에 대한 표면적인 표현이 뒤따르고, (4) 안전감 구축을 위해 다른 집단원들에 대한 부정적인 감정을 표출하고, (5) 개인적으로 의미가 있는 것을 표현하고 탐색하기 위한 안전감을 구축해 가며, (6) 이는 집단에서 즉각적인 상호적인 감정의 표현으로 이끌고, (7) 집단에서 치료적 능력이 발달하고 조장되며, (8) 자기-수용과 변화의 시작을 조성하여, (9) 깨어진 부분을 철저히 조사하기 위해, (10) 개인적인 피드백을 초청하고, (11) 직면하게끔 이끌고, (12) 집단 회기 밖에서도 조력적인 관계를 형성할 수 있으며, (13) 기본적인 만남(다른 사람으로의 진정한 경험)이 일어나고, (14) 이는 긍정적인 감정의 표현을 격려하고, 마지막 단계인 (15) 집단에서의 행동적인 변화로 가까이 가도록 돕는다(Rogers, 1970).

이 과정이 아동 집단에게는 너무 깊은 차원으로 느껴지지만 이런 패턴으로 아동의 과정에 적합한 다른 표현을 쓰자면 다음과 같다. 아동은 집단 놀이치료에 (1) 방향성이 부족한 채 들어오고 자신이나 다른 아동에게 가장 쉽다고 생각하는 것을 놀이하고,

(2) 자신에게 의미 있는 사건이나 생각에 대해 표현하는 것은 아주 미약하고, (3) 자신에게 언어화는 구체적인 사실에 대해서만 이루어지며("우리 엄마는 감옥에 있어."), (4) 다른 구성원들 간의 상호작용이 일어나기 시작하며 이는 부정적인 상호작용도 발생시킬 수 있고(예 : 놀잇감 가지고 싸우기 또는 놀이에 대한 이야기 전개), (5) 놀이행동과 이야기 전개는 그 아동이 현실에서 어려워하는 문제를 표현하기 시작하며, (6) 자신에 대한 생각과 감정을 놀이로 표현하고, (7) 집단에 있는 다른 아동이 자신의 실제 모습을 보도록 하며 자신의 모습이 드러남에도 불구하고 수용감을 표현하고, (8) 감정과 사고를 모두 포함하여 자신을 전적으로 수용하는 방향으로 움직여가는 결과가 일어남으로써, (9) 아동은 긍정적이고 부정적인 특징을 드러낼 수 있는 자기가 될 수 있으며, (10) 다른 아동과의 상호작용도 증가하고, (11) 아동 간의 진실한 반응이 있고, (12) 치료 회기 안에서와 밖에서 따뜻함과 우정이 증가하며, (13) 서로에 대한 전적인 수용이 있고, (14) 느낀 것에 대해 서로를 향한 긍정적인 감정을 표현하는 것이 가능해지고, (15) 우정을 지속하고자 하는 목적 아래 행동의 변화가 일어난다. 이러한 패턴은 집단이 그들 자신의 방향으로 전진할 수 있도록 허락되었을 때, 그 과정이 일어날 수 있도록 충분한 시간을 제공받았을 때, 그리고 집단이 치료자에 의해 간섭받지 않고 촉진되는 경험을 했을 때 보인다.

집단 놀이치료 사례

필자가 이 장에서 언급했듯이 집단 놀이치료 과정의 특징을 나타내는 어떤 사례를 선택한다는 것이 참 어렵다는 것을 고백할 수밖에 없다. 필자의 경험을 비추어 볼 때 각 아동에 대한 무조건적인 긍정적 존중을 제공하며 자아실현 경향성을 발산해 내도록 집단의 과정을 신뢰하고 있었던 것을 가장 잘 보여 줄 수 있는 한 사례를 소개하려고 한다.

필자가 처음 제이콥을 만났던 것은 3월이었고 그는 1학년이었다. 필자가 자문위원으로 있는 지역사회의 한 초등학교 상담교사가 전화를 해서 제이콥을 의뢰하였다. 그는 유치원을 시작한 이래로 학교에서 말을 해본 적이 없는 선택적 함묵증 아동이라고 했다. 2년 동안 학교에서는 여러 기술을 다 활용하며 제이콥이 말을 하도록 노력했지만 허사였다고 하며, 제이콥에게 놀이치료를 해줄 수 있으면 좋겠다고 하였다. 제이콥의 아버지와 어머니를 만났는데 그들은 걱정이 태산 같았다. 그들에 의하면 제이콥은 집에서 말을 아주 많이 하는데 학교에 들어서는 순간 또는 학교와 관련된 누군가를 만나는 순간 입을 다물고 아무 얘기를 하지 않는다는 것이다. 제이콥의 발달사를 탐색해 가면서 부모는 발달 단계에 있어서 어려움이 있었던 것들을 보고하였다. 제이콥이 9개월 때 어머니가 젖을 떼려는 시도에 제이콥은 우유병을 완강하게 거부했고 결국 탈수 현상으로 병원에 입원하기까지 했다. 제이콥은 걷기 시작했을 때 머리를 부딪히며 넘어졌고 그 후로 6개월 동안 걷는 시도를 하려 하지 않았다. 성장하면서 그의 완벽주의 성향은 점점 더 강해져서 자신의 기준에 미달된다고 생각하는 미술작품들은 모두 파괴해 버렸고 공격적인 떼쓰기 행동을 보였다. 제이콥은 일곱 살밖에 되지 않았는데도 불구하고 미술에 굉장한 재능이 있는 아이였다. 제이콥은 작품이 완벽해질 때까지 그 나이 또래가 할 수 있는 시간 이상을 그림 그리기에 열중하며 보냈다. 제이콥은 유연성이 부족했고 완전히 문을 닫아 버리는 식으로 어떤 변화든 부정적으로 반응했다. 부모와 필자는 제이콥의 발달사와 현재의 상황을 통해 볼 수 있듯이 범불안장애의 완벽주의와 유연성이 없는 특성들에 대해 논의하였다.

학교에서 있었던 일들에 대하여 제이콥의 어머니는 언제 그가 말하는 것을 그만두었는지 또는 학교에서 한 번이라도 말을 하긴 했었는지를 기억하는 것이 어려웠다. 어머니는 유치원 선생님이 학교에서 제이콥이 자신과 친구들에게 말을 하지 않아서 걱정된다고 이야기했던 것을 기억했다. 1학년 때 제이콥의 선생님은 어머니가 학교에 오면 제이콥이 말을 한다는 것을 발견해서, 일주일에 3번씩 어머니가 학교에 오게 하고 그 시간에 제이콥이 읽기과제를 하도록 해서 제이콥의 읽기 능력을 측정할 수 있었다. 경제적인 여건 때문에 직장을 다녀야 했던 제이콥의 어머니에게 일주일에 여러 시간을 직장에서 떠나 학교에 온다는 것은 어려운 일이었다. 또한 이 방법은 제이콥이 사회성 발달이나 다른 문제를 해결하는 데 도움이 되지 않았다.

필자는 즉각적으로 필자가 속해 있는 상담 클리닉에서 제이콥과 개별 놀이치료를 시작했다. 제이콥은 놀이치료실에서도 말하지 않았지만 손가락으로 지적한다든지 몸으로 표현하는 의사소통은 꽤 하는 편이었다. 그림도 많이 그렸고 필자에게 무언가에 대해 말하려고 할 때는 단어를 적곤 했다. 제이콥은 즉각적으로 놀이치료실에 있는 두

인형을 마음에 들어 했는데, 하나는 비디오 게임 주인공이었던 마리오였고, 다른 하나는 공주이자 용사였던 제나였다. 놀이에서 마리오는 종종 어려움에 빠졌고 그럴 때마다 제나가 와서 구해 주며 어려운 환경에서 빠져 나갈 방법을 가르쳐 주곤 했다. 회기가 끝날 때마다 제이콥은 칠판에 '멈춤과 저장'이라는 비디오 게임에서 사용하는 용어를 써 놓고 다음 주에 와서도 지속하고 싶어 하는 것을 표현하곤 했다. 그다음 회기를 시작하면서는 '게임 지속'이라고 써 놓곤 했다. 제이콥과 필자는 몇 달간 일주일에 한 번씩 개별 놀이치료를 지속했다. 제이콥은 학교에 2개월가량 더 다녔고 그러고 나서 여름 방학을 맞이했다. 여름 동안에는 일주일에 두 번씩 만났는데, 긴장이 풀린 듯한 신체 표현이나 증가된 비언어적 의사소통을 통해 놀이가 그에게 꽤 즐거운 것이라는 것을 알 수 있었다.

가을에 2학년을 시작했을 때 필자는 제이콥의 어머니에게 그가 학교에서 말을 하고자 하는 의사가 있는지는 확실하지 않다고 말했다. 예상대로 제이콥은 10월까지 학교에서 그 누구하고도 이야기하지 않았다. 11월에 어머니는 제이콥이 가정에서 더 편안해 보이고 덜 불안해하고 완벽주의적인 행동도 덜하며 짜증 내는 행동도 줄었다고 보고했다. 그러나 제이콥의 선생님은 걱정이 많다고 전했는데, 왜냐하면 곧 3학년에 올라갈 것이고 3학년 반 배정에 필요한 학교 성적을 평가할 정확한 방법이 없기 때문이었다. 필자는 제이콥의 놀이치료를 학교 환경으로 옮기는 것이 좋겠다고 제안하였고 제이콥의 어머니에게 제이콥이 선택한 아동과 함께 놀이치료를 할 수 있도록 허락을 구하였으며 제이콥의 어머니는 이에 동의하였다. 다음 회기에서 필자는 제이콥에게 혹시 놀이치료에 같이 왔으면 하는 친구를 선택할 의사가 있는지를 물었다. 같은 학년에 있는 아동이라면 누구든 괜찮고 그 아동의 부모님에게 같이 놀이치료에 와도 되는지를 묻고 싶다고 했다. 바로 다음 날 제이콥의 어머니는 필자에게 전화를 해서 제이콥이 한 아동을 선택했는데 그 아동은 제이콥과 한 번도 같이 놀거나 집에서 이야기해 본 적도 없어서 조금 걱정이 된다고 했다. 제이콥과 그 아동은 서로 이야기해 본 적이 한 번도 없었기 때문에 제이콥의 어머니는 이것이 도움이 될지 자신이 없는 듯했다. 이상한 선택인 듯 보이는 것에 필자도 동의했지만, 필자는 제이콥의 어머니에게 (또한 내 자신에게도) 제이콥의 선택을 믿어 보고 한 번 시도해 보자고 하였다. 필자는 그 아동뿐 아니라 그 아동의 부모와도 이야기하였는데, 그 부모는 자신의 자녀는 아무런 문제가 없다는 것을 강조하면서 놀이치료에 합류하는 것에 대해서는 괜찮다고 하였다.

에론이라고 하는 새 아동이 놀이치료실에 왔을 때 필자는 그 아동이 있어서 기뻤다. 에론은 말도 많이 하고 놀이하는 것을 좋아했다. 놀이치료에 대해 관심이 많았고 즉각적으로 제이콥과 함께 놀려는 시도를 하였다. 말을 하지는 않았지만 제이콥은 에론에게 모든 놀잇감을 보여 주었고 마리오와 제나에 대한 놀이를 이끌려고 하였다. 첫 번째 집단 놀이치료는 잘되는 듯했고 긍정적인 변화를 기대하게 되었다. 두 번째 회기에서 이상한 일이 발생했다. 에론이 말하는 것을 멈춰 버린 것이다. 그 회기 동안 제이콥과 에론은 말을 한마디도 하지 않았지만 같이 놀았다. 필자는 에론에게 선택적 함묵증의 모습을 촉진한 건 아닌지 하는 가장 심난한 결과가 상상되자 걱정이 많이 되었다. 그다음 주 동안 필자의 철학과 놀이치료에 대한 접근에 대해 내내 질문을 하면서 의심하는 마음과 두려움에 대해 탐색하였지만, 필자는 이 개입 방법을 지속하면서 어떻게 진행되는지 지켜보기로 결정하였다. 3~4번째 회기에서도 대화는 없었지만 놀이는 변화하기 시작했다. 두 아동은 같이 마리오를 어려움에 빠지게 하는 장면을 연출하는 데 열심이었다. 에론은 마리오의 조수인 요시의 역할을 맡았다. 제이콥은 마리오를 위험한 상황에 집어 넣었고, 에론은 요시가 되어 그를 돕기 위한 방법을 찾곤 했다. 이러한 광경이 집중적으로 일어날수록 제이콥은 제나 인형을 찾는 것을 멈추었다. 자신이 그러고 있다는 것을 전혀 모른 채 제나를 가지고 노는 것을 멈추었다. 회기가 끝날 때마다 제이콥은 여전히 '멈춤과 저장'이라고 쓰고 퇴실하였다.

5회기 때 에론이 다시 말을 하기 시작했다. 왜 말을 하지 않았는지에 대한 설명은 없었다. 그냥 자연스럽게 제이콥의 비언어적 의사소통에 언어로 대답하고 이야기했다. 8주 후에 제이콥의 어머니는 필자에게 만남을 요청했다. 제이콥의 어머니는 굉장히 들떠 있었는데 그녀의 보고에 의하면 선생님이 학교 놀이터에서 제이콥이 이야기하는 것을 보았다는 것이었다. 에론에게 속삭이는 목소리로 이야기하는 것을 목격했다는 것이다. 그 후 몇 주간 이런 일이 더 빈번히 일어났고, 제이콥이 이제는 다른 친구들하고도 말을 한다고 하였으며, 또한 선생님에게도 말을 건네려고 한다는 것이었다. 10회기때 두 아동은 마리오가 곤경에 빠지는 장면을 놀이했다. 이번에는 마리오가 다른 사람의 도움 없이 혼자 어려움을 헤치고 나왔다. 마리오가 안전하게 되자 두 아동은 전체 놀이를 다 부수는 것으로 축하하는 행동을 했다. 제이콥은 크게 '게임 끝'이라는 글자를 썼다. 에론은 안도감과 열정을 가지고 "이제 다 끝났어."라고 언어적 표현을 하였다. 필자는 다음 회기에서 종결에 대해 이야기하였고 그 후로 2번 더 만났다. 이 마지막 2회기 동안 선생님은 제이콥이 다른 아동처럼 말을 많이 하고 학급에서도 전적으로 참여한다고 보고하였다.

이 시기 즈음에 학기는 끝나 가고 있었고 필자가 이사를 가게 되었다는 것을 제이콥의 어머니에게 전달하였다. 필자는 어머니에게 제이콥이 이런 발달을 거쳐 가면서 불안함을 경험할 수 있고 새로운 환경이 다른 불안한 행동을 야기할 수도 있을 것이라는 것에 대해 이야기 나누었다. 필자는 가을에 제이콥이 새로운 학교로 간다는 것에 대해 걱정이 되었고, 새로운 환경에서 제이콥이 다시 선택적 함묵증의 증상으로 되돌아갈 수도 있다고 설명했다. 어려움에 봉착하면 언제든지 전화해도 좋다고 하였다. 9월 초에 제이콥의 어머니가 음성메시지를 남겼는데, 다른 말은 아무것도 하지 않았고 단지 전화를 부탁한다는 말만 하였다. 필자는 즉각적으로 최악의 상황을 상상했고 제이콥이 새 학교에서 다시 말을 하지 않기 시작했다고 추측하였다. 필자가 다시 전화했을 때 제이콥의 어머니와 통화가 되지 않았다. 걱정이 많이 되었기 때문에 필자와 친분이 있는 교장이 재직 중인 그 학교에 전화를 걸었다. 교장 선생님도 제이콥의 상황에 대해 알고 있었고 어머니를 통해 제이콥과 필자의 치료적 관계를 알고 있었다. 학교상담사와 연결이 안 되자 필자는 교장 선생님과 통화할 수 있는지 물었다. 교장 선생님과 연결되었을 때 필자는 제이콥이 학교에서 어떻게 지내고 있는지에 대해 묻자, 그녀는 "믿지 못하겠지만 제가 방금 식당을 돌아다니며 그 아이를 보고 왔어요. 제가 뭘 해야 했는지 아세요? 제이콥에게 좀 조용히하라고 말했다니까요. 친구들과 말을 너무 많이 해서요." 전화를 끊으며 우리는 둘 다 웃었고, 나중에 제이콥의 어머니에게 전화가 다시 와서 제이콥이 학교에서 얼마나 잘 지내고 있는지, 자녀의 변화에 자신이 얼마나 행복한지에 대해 이야기하였다.

이 사례에서 여러 부분이 중요하다고 생각된다. 첫째, 제이콥은 자기 혼자 상황에 대처해야 한다는 내적 두려움과 불안함을 전적으로 표현할 수 있었던 환경에 반응하였다. 자신을 구출해 주는 의미로 제나를 사용하였는데 이를 모성애적 구원자처럼 보았던 것 같다. 둘째, 집단 놀이치료가 제공되었을 때 제이콥은 치료적으로 누가 가장 자신에게 적합할지에 대해 그 어떤 어른들보다 잘 알고 있었다. 필자는 현재까지도 제이콥이 어떻게 알았는지는 모르겠지만, 직관적으로 그는 여러 면에서 정상적인 발달을 하고 있었고 자신을 최대한 수용해 주었던 아동을 선택했던 것이다. 셋째, 에론은 제이콥이 변하는 데 필수적인 모든 조건을 제공할 수 있었다. 그는 직관적으로 말을 줄이는 것을 통해 공감과 수용을 제공했다. 그리고 마지막으로 구조화된 설계가 아니라 집단의 과정을 통해 제이콥은 자기 존중감을 발전시킬 수 있었다. 그는 어떻게 자신을 구해야 하는지를 알아낼 수 있었고, 관계들을 통해 그것을 해야 할 필요가 있었다.

집단 놀이치료와 관련된 특수 고려사항

이 장의 초반부에서 논의되었듯이 집단 놀이치료는 놀이치료자에게 새로운 두려움, 위협, 도전적인 경험뿐 아니라 자신에 대해 의심을 초래할 가능성을 가지고 있다. 치료자는 치료에 필수적인 태도적 질을 제공하는 것과 간단한 문제 간에 갈등을 경험할 수 있는데, 즉 소음/어질러짐의 수준에서부터 상호작용을 통제하는 능력의 부족이나 집단의 과정에서 아동이 서로의 필요를 제공하기 시작할 때 소외된 느낌과 같은 좀 더 개인적인 문제에 이르기까지 아주 다양하다. 다음은 수년간 필자가 집단 놀이치료자와 함께 일하면서 관찰했던 몇 가지 도전적인 부분이다.

　　소음과 어질러짐. 　　대부분의 놀이치료자는 개별놀이 환경에서 놀이치료실의 소음과 어질러짐에 대해 다루는 것을 배웠음에도 불구하고, 집단 놀이치료를 시행할 때 이 부분은 그 강도가 더해지며 가끔은 치료자를 불편히게 하는 요소이기도 하다. 치료자는 소음과 어지러짐의 수준에 따라 산만해지기 때문에 회기 내에서 아동과 현재에 머무르기 어려울 수도 있다. 이러한 문제는 치료자가 놀이치료실을 치울 수 있는 충분한 시간을 갖는다든지 집단에서 사용할 때 특별히 더 어질러지는 특정한 미술재료들을 바꿔 놓는다든지 함으로써 문제를 해결할 수 있다. 이런 간단한 해결방안이 도움이 되지 않는다면, 놀이치료자는 어질러짐에 관한 자신의 개인적인 편안함의 수준과 이런 문제에 영향을 주는 가정 환경, 현재 생활에 미치는 영향에 대해 탐색할 필요가 있다.

　　매칭과 타이밍. 　　집단 놀이치료에서는 많은 상호작용이 일어나기 때문에 치료자는 적절한 에너지와 반응의 수준을 유지하는 것이 어렵다는 것을 경험한다. 특히 처음 집단 놀이치료를 해보는 치료자는 아동 간의 상호작용 수준 뒤에서 지쳐 버린 자신을 인식할 수 있고, 회기 안에서 즉각적이고 자발적일 수 있는 자신의 능력에 대해 의문을 갖게 될 것이다. 이런 문제는 치료자가 일반적인 활동에 덜 반응하고 긴급한 상호작용에 더 반응하는 것을 배우는 경험을 통해 사라질 수 있다. 집단을 지속적으로 경험하고 녹화된 회기 장면을 다시 보며 반응에 대해 슈퍼비전을 받는 것은 치료자가 치료 과정의 순간순간에 반응하는 능력을 키우도록 돕는다.

통제 문제.　통제에 대한 욕구는 아마도 놀이치료자가 경험하는 가장 위험한 성격 욕구 중 하나이지 않은가 싶다. 만약 놀이치료자가 통제에 대한 강한 욕구가 있다면 이러한 욕구는 개별 놀이치료에서도 도전을 받겠지만, 집단 놀이치료에서는 더 많은 어려움을 겪을 수 있다. 놀이치료자가 환경, 상호작용, 그리고 아동의 놀이를 통제하려는 욕구를 보여서 결국 치료자가 원하는 결과로 유도한다면, 놀이치료가 아동이 지향하는 더 유익한 방향으로 진전되는 것이 차단되기 때문에 부정적인 영향을 받을 수 있다. 집단 놀이치료에서 아동은 이러한 통제에 대한 욕구를 그들의 놀이, 활동 수준, 제한 깨뜨리기, 치료자에 대한 태도, 그리고 치료의 중심을 '승리'에 두는 파괴적인 행동을 하면서 직접적으로 도전할 것이다. 궁극적으로 치료자가 통제를 위해 아동과 직접적으로 맞부딪힐 때 결국 모두 잃게 되고 치료적 과정은 치료적이지 않게 된다. 놀이치료 과정에서 제한은 필수적이긴 하지만 아동을 통제하기 위한 것이 아니라 아동을 위한 치료적 과정의 증진을 위해 치료자는 제한을 필수적으로 설정해야 한다. 슈퍼비전에서 필자는 많은 놀이치료자가 집단 과정에서 통제에 대한 자신의 문제를 드러내고 효과적인 치료를 하는 능력에 영향을 미치는 것을 보아 왔다. 이것을 문제로서 인식할 때야 비로소 치료자는 통제의 문제와 관련한 개인적인 갈등뿐 아니라 전문적인 목적의 맥락 안에서 자신의 욕구를 직접적으로 다루는 능력에 대해 탐색하게 된다.

제한 설정.　집단 놀이치료에서 가장 어려움이 많은 부분이 제한 설정이라는 사실은 그리 놀랄 일이 아니다. 아동이 많을수록 제한에 대한 필요와 그것을 어떻게 설정할 것인지에 대한 어려움을 갖게 된다. 집단 놀이치료에서 제한 설정과 관련한 일반적인 어려움은 다음과 같은 것이다. "개별 놀이치료와 비교할 때 이러한 행동은 집단 놀이치료에서 괜찮은가?", "제한의 필요성이 드러날 때 어느 수준까지 허락해야 하는가?", "문제 해결을 위해 어느 정도의 책임을 그들에게 맡길 것인가 아니면 그들을 위해 제한을 설정할 것인가?", "1명 이상의 아동이 있을 때 제한을 어떻게 시행할 것인가?" 위의 질문에 대해서는 특정하게 정해진 대답이 없고 경우마다 다를 것이다. 이러한 질문을 하는 치료자들의 기본적인 메시지는 "통제를 잃어버리고 전혀 치료적이지 않게 될까 봐 두려워요. 이런 일이 일어나지 않도록 하려면 어떻게 해야 하는 건가요?"일 것이다. 놀이치료자는 여기서 자신감과 유능감, 그리고 무조건적 긍정적 존중과 관련된 태도적 질에 대한 자신의 신념을 탐색하고 있는 것이다. 이런 질문과 탐색의 시기에는 자문이 아주 중요하다. 집단 놀이치료에서 제한 설정은 활동 자체가 빠르게 전환되고 다른 사람을 다치게 할 가능성이 더 크기 때문에 치료자가 속히 반응할 것을 요구한다. 자문과 더불어 가장 좋은 결과를 위해 가능한 시나리오에 대해 브레인스토밍을 해보는 예방적인 작업도 도움이 될 것이다.

철학적 도전. 제한 설정에 대한 문제는 아동의 자기주도적인 경향에 대한 치료자의 신념과 직접적으로 연관된다. 긍정적으로 자기주도적으로 행동하려는 아동의 능력에 대한 신념 대 아동을 안내하고 싶어 하는 욕구에 대한 질문을 실험하려고 한다면, 집단 놀이치료실보다 더 나은 실험실은 없다. 아동중심 놀이치료자에게 이는 특별히 중요한 관건이다. 특히 개별 놀이치료에서 아동중심 놀이치료자는 아동이 긍정적인 결과를 위해 행동을 지향해 나갈 능력이 있다고 믿는다. 그러나 집단 놀이치료에서 놀이치료자가 두 아동이 신체적으로 싸우는 가운데 들어가서 말려야 할 때 이러한 신념 체계는 도전을 받는다. 치료자는 문제 해결 방식을 소개하는 욕구에 관해서든지 혹은 아동이 자신의 긍정적인 본성에 따라 자기실현 경향성을 향해 움직여 가면서 대처 기술을 개발할 때까지 그러한 공격성을 허락하든지에 대한 결정을 내려야 한다(신체적 공격이 있을 때 여전히 그 사이에 들어가려 하면서 말이다). 숙련된 놀이치료자는 아동에 관한 신념 체계를 탐색하고 명료화하기 위한 기회로 집단 놀이치료 경험을 활용하고 이것은 치료자가 변화를 위해 더 효과적이며 강력한 조력자가 되도록 돕는다.

치료자의 역할. 놀이치료자가 되기로 선택한 치료자는 종종 아동을 위해 치료적 변화의 조력자가 된다는 것에 매력을 느끼곤 한다. 놀이치료자는 종종 내담 아동과 친밀하고 가까운 관계를 성립하는데, 왜냐하면 때로 아동은 치료자만 자신의 세계를 보도록 허락하기 때문이다. 집단 놀이치료에서 치료적 양상은 각각의 아동을 위해 변화의 기제 역할을 하는 다른 아동의 존재와 그들과의 상호작용에 의존한다. 치료자는 빈번하게 아동이 새로운 대처 기술을 개발하고 표현할 때 '뒷좌석'에 앉아 있을 것이다. 물론 집단 놀이치료자가 아동 간의 상호작용을 촉진하고 환경을 제공하는 중요한 역할을 함에도 불구하고 개별 놀이치료에 비하면 직접적인 상호작용과 참여는 제한적일 수밖에 없다. 일반적으로 치료자는 이러한 역할에 실망하기도 해서 개별 놀이치료에서처럼 친밀한 관계를 갖는 것을 더 좋아하기도 한다. 이러한 문제가 있을 때 숙련된 놀이치료자는 자신의 개인적인 필요와 놀이치료에서 채움을 받고자 하는 동기의식, 그리고 이러한 필요가 놀이치료자로서 자신의 능력에 어떻게 부정적인 영향을 미칠 것인지에 대해 탐색하도록 한다.

결론

Ginott(1961)는 "놀이치료 특히 집단 놀이치료는 치료자의 안정감을 시험하고 또한 가장 수용적인 성인이라도 인내의 한계를 시험해 볼 수 있는 기회를 제공한다."(p. 128)고 하였다. 숙련된 놀이치료자는 표현이 수용받는 환경을 부여하고 집단 놀이치료의 가치와 유익을 인식할 뿐 아니라 아동 간 집단 과정의 효과적 촉진을 위해서 개인적 에너지와 헌신이 요구된다는 것을 이해한다. 집단 놀이치료는 각각의 아동이 피드백, 수용, 지지를 제공할 수 있는 다른 아동과 함께하면서 자신의 강점과 자기-존중과 관련된 어려움에 대해 표현할 수 있는 기회를 제공한다. 집단 과정을 통하여 아동은 또래와의 상호작용이 있는 전형적인 아동기 환경의 축소판을 통해 환경과 자기-존중 간의 일치성을 구축해 갈 수 있다. 숙련된 놀이치료자는 집단 구성원들이 자신과 집단을 위한 방향을 선택할 수 있는 환경을 제공하는데, 이는 그러한 환경이 자아실현 경향성이 일어나도록 이끌 것임을 알기 때문이다. 변화를 위해 필수적인 치료적 질을 경험하고 의사소통하는 것은 개별 놀이치료와 비교해 볼 때 집단 환경에 있는 치료자에게는 더욱 도전이 되는 부분이다. 집단 개입을 추구하는 숙련된 놀이치료자는 진솔하게 개인의 에너지를 조율하며 전체로서의 집단과 아동 개개인에 대한 공감과 무조건적 긍정적 존중을 경험하는 것에 중점을 둔다.

참고문헌

Axline, V. (1969). *Play Therapy*. New York: Ballantine Books.

Bozarth, J. (1998). *Person-centered therapy: A revolutionary paradigm*. Ross-on-Wye: PCCS Books.

Ginott, H. (1961). *Group psychotherapy with children*. New York: McGraw-Hill.

Rogers, C. (1970). *Carl Rogers on encounter groups*. New York: Harper & Row.

Slavson, S. (1999). Play group therapy for young children. In D. Sweeney, & L. Homeyer (Eds.), *Handbook of group play therapy: How to do it, how it works, whom it's best for* (24–35). San Francisco: Jossey-Bass Publishers. (Original work published 1948.)

Slavson, S., & Schiffer, M. (1975). *Group psychotherapies for children: A textbook*. New York: International Universities Press.

Sweeney, D., & Homeyer, L. (1999). Group play therapy. In D. Sweeney, & L. Homeyer (Eds.), *Handbook of group play therapy: How to do it, how it works, whom it's best for* (3–14). San Francisco: Jossey-Bass Publishers.

Chapter 12

학교 놀이치료

놀이치료는 발달학적으로 초등학교 연령의 아동에게 매우 선호되는 상담 양식이다. 학교에서 종사하는 많은 정신건강 전문가들은 학업, 정서, 행동적으로 어려움이 있는 아동에게 서비스를 제공한다. 전형적으로 학교는 정신건강 전문가를 오로지 아동의 학업 성공을 위해서 고용하는 경향이 있다. 따라서 놀이치료자가 학교에서의 놀이치료를 정당화하기 위하여 놀이치료 개입을 학교생활의 성공과 연결하는 것은 필수적이다. 일반적으로 정서적이며 행동적인 요소는 학업의 진보를 가져다줄 수도 있고 그렇지 않을 수도 있다고 이해되고 있다. 놀이치료자는 정서적 건강과 학업적 건강 사이에 관계가 있음을 강조해야 할 것이다.

미국에서 아동을 위한 정신건강 서비스의 필요는 위기라고 불려 왔다(Committee on School Health, 2004 ; Mellin, 2009). 선행 연구에 의하면 아동이 정신건강 서비스를 받는다면 대부분 학교에서 받을 가능성이 크다고 한다(Foster, Rollefson, Doksum, Noonan, & Robinson, 2005 ; Rones & Hoagwood, 2000). 미국상담학회, 미국학교상담학회, 학교심리학자학회, 학교사회복지학회(2006)는 학교에서 아동이 정신건강의 돌봄이 필요하다는 것을 증거에 근거하여 개입할 것을 요청했다. Gilliam(2005)에 의하면 유치원생들의 퇴학 비율은 취학 아동보다 더 높았고, 이는 아동의 사회정서적 필요에 대한 관심 부족이 원인이라고 발견하였다. 더 나아가 초등학교 아동은 학교에서 결석, 정학, 퇴학 등으로 학교생활이 더 만족스럽지 않음을 보였다(National Center for Children in Poverty, 2006).

역사적으로 놀이치료자는 아동이 보다 안전하게 느끼고, 학교와의 긍정적인 관계를 형성하며, 내적인 방해를 덜 받으며 더 자유롭게 배울 수 있는 환경을 조성하는 것을 근거로 학교에서의 성공과 놀이치료 간의 관련성을 설명했다. 아동이 자기 자신을 수용하고 긍정적인 자기-존중을 개발해 가면 다른 사람들에게 배우는 것에 더 개방적일 것이다. Landreth(2002)는 학교 놀이치료의 목적은 "학교에서 제공되는 배움의 경험이 유익할 수 있도록 준비되게 돕는 것"(p. 148)이라고 주장하였다. Axline(1949)은 놀이치료와 아동 지능 간의 긍정적인 관계에 대한 초기 연구에서, 놀이치료는 아동에게 지능을 표현하는 데 방해가 되는 정서적 제한을 극복하게 하며 총체적 잠재력을 발현하게 한다고 언급하였다.

학업적 증진을 측정한 아동중심 놀이치료의 초기 연구는 놀이치료가 IQ 지수와 교실에서의 학업 능력을 높여 준다고 보고하였다(Axline, 1949; Dulsky, 1942; Mundy, 1957; Shumkler & Naveh, 1985). 게다가 연구자들은(Newcomer & Morrison, 1974; Siegel, 1970) 놀이치료 이후에 학습장애를 지닌 아동의 운동 기능이 눈에 띄게 증가되었으며 학습장애는 감소되었다고 밝혔다. 과거 10년 동안 놀이치료 연구는 파괴적인 행동적 문제에 집중적인 관심을 가지고 연구해 왔으나 지능이나 학업 성취에 관한 연구는 발표되지 않았다. Ray와 Bratton(2010)은 놀이치료 연구의 종속 변수로 학교에서의 행동적 문제에 중점을 둔 것에 의문을 품게 되었다. 왜냐하면 아동중심 놀이치료는 아동의 내면 세계에 중점을 두는 것이기 때문이다.

최근 몇몇의 아동중심 놀이치료(CCPT) 연구는 초등학교에서 실시되었고 이는 일관적으로 학교 현장에 놀이치료를 도입하는 패턴을 보였다(Fall, Balvanz, Johnson, & Nelson, 1999; Fall, Navelski, & Welch, 2002; Garza & Bratton, 2005; Muro, Ray, Schottelkorb, Smith, & Blanco, 2006; Ray, 2007; Ray, Blanco, Sullivan, & Holliman, 2009; Ray, Schottelkorb, & Tsai, 2007; Schottelkorb & Ray, 2009; Schumann, 2010). 이 연구들의 주제는 아동의 외현적 행동과의 관계, 특히 ADHD, 공격성, 교사/아동 관계에 대한 것이다. 특히 최근에 Blanco(2010)는 학업 성적이 좋시 않은 1학년 아동

을 대상으로 놀이치료의 효과를 연구하였다. 그는 1학년 학생들이 16주 동안 아동중심 놀이치료를 받은 이후에 놀이치료를 받지 않은 학생들보다 학업 성취의 진보가 뛰어났음을 보고하였다. 이 연구는 이번 세기에 처음으로 시도된 놀이치료와 학업 성취에 관한 연구이다. Bratton(2010)은 21개의 아동중심 놀이치료 연구를 조사한 이후에 놀이치료가 학교 환경에서 아동의 발달학적 필요에 부응하며, 다문화와 위기 집단에 성공적으로 적용되었다고 발표하였다.

학교 놀이치료 정의

놀이치료가 학교에서 사용될 경우 지역과 학교의 차이에 따라 놀이치료라는 용어에 대해 고려하게 된다. 특히 학교 상담 분야에서 '치료'라는 단어는 그리 환영받는 용어가 아닌데, 이는 상담 회기(counseling session) 대 치료 회기(therapy session)에서 발생하는 행동들 간의 차이와 관련하여 추측하는 인위적인 발상 때문이다. 놀이치료의 확고한 정의를 유지하기 위해서는 어느 경우에든 '놀이치료'라는 용어를 사용하기를 바란다. 그러나 학교가 단지 용어를 문제 삼아 놀이치료를 거부한다면 '놀이와 함께하는 상담(counseling with toys)'이나 '놀이상담(play counseling)' 등과 같은 용어를 사용하는 것도 바람직할 것이다.

　앞에서 강조했던 것처럼 학교에서 놀이치료를 하는 목적은 학생들이 학업을 하는 데 유익을 주기 위함이다. 그러므로 학습적 진보와 놀이치료가 연관된 정의를 사용하는 것을 매우 권하고 싶다. 예를 들면,

　　저(학교 상담사)는 상담사와 아동 간의 관계를 기초로 놀잇감을 가지고 상담을 하고자 합니다. 초등학교 연령의 아동은 언어로 자신의 문제를 표현하는 것이 쉽지 않아서 아동이 학습에 어려움이 되는 문제를 다룰 수 있는 놀이 환경을 제공함으로써 그 과정을 촉진하고자 합니다.

　혹은

　　놀이치료는 놀이라고 하는 아동의 자연스러운 언어를 사용하여 아동을 상담하는 양식입니다. 저는 아동이 자신을 어떻게 보는지와 환경 안에서 어떻게 기능하는지

간의 관계를 탐색할 수 있는 환경을 조성합니다. 놀이치료를 통하여 아동은 사회적 대처 기술, 책임감, 의사결정 기술, 그리고 자기 조절을 배우게 되고 행동이 향상되며 학습이 가능하게 됨으로써 성공적인 학교 생활을 하게 될 것입니다.

위의 예에는 다음과 같은 중요한 몇 가지 요소가 있다. 첫째, 아동이 놀잇감을 가지고 놀 것이라고 하는 놀이치료에 대한 매우 분명한 설명이 있다. 둘째, 아동은 언어로 표현하는 것보다 놀이를 통하여 더 잘 표현할 것이라고 하는 발달학적 요소가 강조되어 있다. 셋째, 위의 두 예시에서 '촉진'이라는 단어를 통해 볼 수 있듯이 상담자의 함축된 활동적 역할이 있다. 이것은 부모, 교사, 그리고 행정가들에게 놀이치료자가 개입을 할 때 적극적인 역할을 한다는 것을 알리는 데 도움이 된다. 그리고 마지막으로 학업, 학습, 책임감, 자기 조절 등과 같은 일반적인 학교 언어를 사용하여 학교 환경에 적합하게 연관을 갖도록 한다. 학교 언어를 사용함으로써 놀이치료자는 학생의 학업적 성공을 위해 전체 팀의 일원으로 일한다는 메시지를 전달하게 된다. 이러한 요소들이 포함된 정의는 학교 관계자들에게 이해되고 사용될 때 필수적이다.

학교 놀이치료의 이론적 근거

학교에서 놀이치료를 사용하는 근거는 어느 환경에서든지 놀이치료를 사용하는 이론적 근거와 비슷하며, 이 책 전체에서 자세히 다루어졌다. 다만 학교 놀이치료는 아동의 학업 향상과 정서적 개입의 필요와 관련이 있다는 점이 독특하다. 다시 말하지만 학교 언어를 사용하여 이론적 근거를 사용하는 것이 도움이 된다. 학교 상담을 위한 미국학교상담학회에서 제시한 모델(American School Counselor Association National Model)은 가이던스 교육과정(Guidance Curriculum), 개별 계획안(Individual Planning), 반응 서비스(Responsive Service)와 체계적 지원(System Support)의 네 가지 요소를 포함하고 있다(American School Counselor Association, 2005). 반응 서비스는 학교 상담에서 학생의 즉각적인 필요, 주호소 및 일반적인 상담을 포함한다. 반응 서비스인 놀이치료는 비언어적 세계에서 더 익숙한 반응을 하는 아동의 즉각적인 필요에 반응하는 발달적으로 적절한 방법이다. 놀이치료의 목적은 아동이 보다 건강한 자아상 갖기, 자신의 한계 및 행동 결과에 대해서 수용하기, 좀 더 자신과 자신이 한 행동에 대해서 책임을 갖기, 좀 더 독립적이며 자립적이 되기, 자신을 좀 더 신뢰하기, 조절감 갖기, 그리고 다양한 대처 기술 익히기 등이다.

학교 행정가와 조력하기

학교에서 놀이치료 프로그램을 시작하기 위해서는 학교장과 같은 행정 지도자를 만나야 한다. 필자는 학교장을 처음 만날 때 놀이치료에 관한 대화로 시작하기를 권한다. 학교 구조에서 상담자는 보통 학교상담자의 업무를 결정하는 중요한 역할을 하는 교장에게 보고를 한다. 첫 만남에서 놀이치료에 대한 대화는 학교 상담자에게 학교장이 놀이치료에 대한 지식뿐 아니라 놀이치료에 대해 개방되어 있는지에 대해서도 알려 주는 시간이 된다. 학교장에게 놀이치료를 설명할 때는 놀이치료를 매우 신비한 특별한 기법으로 표현하지 않도록 한다. 앞에서 다룬 학교 놀이치료의 정의처럼 놀이치료는 아동에게 가장 적합한 상담의 한 기법이며 놀이치료는 상담 프로그램의 한 요소인 반응 서비스에 해당된다고 간단하게 설명한다. 놀이치료만을 지나치게 강조하면 학교장은 상담자가 학교 상담 프로그램의 다른 의무들은 소홀히 하지 않을까 하는 염려를 할 수 있다. 따라서 학교 상담자는 놀이치료는 단지 여러 종합적인 학교 상담 프로그램들 중 하나라고 강조할 필요가 있다.

학교에 종사하는 다른 정신건강 전문가들은 학교장 이외의 다른 권위자와 만남을 가질 수도 있는데, 역시 첫 만남 때도 학교 행정가와 함께 놀이치료에 대해 대화를 나누는 것이 바람직하다. 모든 학교 직원이 같은 목적을 가지고 일하며 이 목적을 향한 방법에 대한 지원이 있을 때 학생들은 혜택을 받게 된다. 학교 상담자, 사회사업가, 심리학자, 계약 치료자에 이르기까지 놀이치료가 학업 성취의 향상을 위해 사용되기 위해서는 행정가들과 처음 시작할 때부터 지속적인 소통이 있어야 한다.

행정가로부터 지원을 받는 또 다른 방법은 그들에게 선행 연구, 평가 계획 그리고 평가 자료를 포함하여 놀이치료를 지원하는 자원을 공급하는 것이다. 제15장은 지난 80년 동안 놀이치료를 연구한 연구 요약이 들어 있다. 이 요약은 놀이치료 효과성의 증거를 제공하기에 학교 기반 놀이치료자에게 도움이 될 것이다. 필자는 간단하게 개요를 첨부하여 놀이치료자가 학문적으로도 수월하게 접근할 수 있도록 하고자 하였다.

평가 계획은 학교에서 놀이치료에 대한 지원을 확보하기 위한 중요한 부분이다. 학교라는 환경은 단지 학교 정신건강 개입에 대한 지원뿐 아니라 학교에서 지향하는 목표에 공헌할 수 있는 개입의 사용을 더 중요하게 여기기 때문에 증거를 입증해야 한다는 부담이 따른다. 놀이치료자는 평가 계획을 세워서 종결할 때까지 그들이 하는 일을 계속 개발하여 학교의 비전과 연결시킬 수 있어야 한다. 놀이치료자는 아동이 놀이치료에 참여했을때 놀이치료의 진보를 결정하는 방법을 가지고 있어야 한다. 그 방법 중 일부가 제8장에 수록되어 있다. 학교에서는 성적, 교사 보고, 표준화 평가, 훈육 의뢰(discipline referral), 심리/사회적 검사들을 포함한 특정한 평가 방법이 사용된다. 성적과 표준화된 학습 평가는 놀이치료가 진전되고 있다고 보기에는 낮은 지표에 속한다. 성적은 주관적이기도 하고, 시험을 치루는 시간과 점수를 모두 수집하여 성적을 내는 시간에는 차이가 있기도 하고, 지연될 수도 있기 때문이다. 훈육 의뢰에 대한 자료는 보통 주 정부 교육위원회에서 요구되는 것인데, 비교적 쉽게 평가할 수 있는 방법이다. 훈육 의뢰 자료는 훈육 문제로 인해 아동이 교실에서 몇 번이나 떠나야 했는지에 대한 자료를 포함한다. 이 자료에는 학교 행정가에게 한 교내 의뢰나 혹은 더 나아가 아동을 대안학교로 보내거나 정학을 주는 것처럼 학교에서 취한 결정이 표시된다. 놀이치료는 아동의 행동과 자기 조절에 영향을 미치기 때문에 놀이치료를 하는 동안 아동을 위한 훈육 의뢰는 꽤 줄어들 것이다. 이뿐 아니라 훈육 의뢰는 학교의 구조화된 자료모집 과정을 통하여 수집되기 때문에 이 자료는 객관적이고 근거를 바탕으로 하는 자료로 고려된다. 훈육 의뢰에서 보이는 향상은 잠재적으로 학교장에게도 영향을 미친다. 왜냐하면 훈육 문제를 처리하는 시간이 짧을수록 아동을 지도하는 시간이 증가한다는 증거가 되기 때문이다. 심리 검사는 또한 특히 교사에 의해 보고된 아동의 행동 문제가 감소되었거나 학습을 방해하는 우울증상이 증가되었다고 하였을 때 유용한 평가 자료가 된다. 마지막으로 학교는 종종 교사에 의해 보고된 간단한 평가질문지에 의존하는 경향이 있다. 이와 같은 질문지는 학교 정신건강 전문가들에 의해 학교에서 특별하게 아동에게 어려움이 될 수 있는 문제를 중심으로 5~10개 정도의 질문으로 만들어 놀이치료를 시작하기 전/후로 사용한다. 비록 이러한 평가 유형이 경험적으로 충분하게 유효하다고 보기는 어렵지만 학교 놀이치료 프로그램의 효과성의 증거가 필요한 학교 관계자들에게는 도움이 될 것이다.

교사와 조력하기

일반적으로 놀이치료를 시행할 때 부모가 아동이 놀이치료에 참여하게 하는 하나의 관문이 되는 것처럼, 교사도 학교에서 아동을 위한 핵심적인 연결점이 된다. 아동은 교사와 하루에 적어도 6~8시간 정도 함께하기에, 아동의 삶에 매우 중요한 성인이다. 이런 면에서 부모나 일차 양육자는 두 번째 서열이 되는 셈이다. 더구나 교사야말로 아동에게 정신건강 개입이 필요하다는 것을 제일 처음으로 알아차릴 수 있는 성인이다. 아동을 잘 치료하기 위해서 교사와 긍정적인 관계를 개발하는 것이 놀이치료자의 의무일 것이다.

교직원 연수 기간 동안 교사를 위하여 놀이치료를 소개하는 시간을 갖을 수 있다. 놀이치료자는 새 학년을 시작하기 전 교직원 연수 기간 동안 발표할 수 있는 시간을 예약해 놓도록 한다. 보통 행정가들은 학기 초 연수 시간을 중요하게 여기기 때문에 놀이치료자는 그 시간을 확보하기 위하여 매우 강력하게 요청해야 한다. 그럼에도 불구하고 시간을 얻기가 어렵다면, 적어도 30분 정도 발표할 수 있는 시간을 얻도록 적극적으로 주장해야 한다. 학기 시작 전 아동과 어떠한 개인적 상호작용도 하기 전인 이때가 바로 놀이치료의 정의와 근거를 교사에게 알려야 하는 타이밍이다. 놀이치료자는 또한 의뢰의 과정과 아동 개인의 사례를 어떻게 다룰 것인지 그 과정에 대하여 소개하도록 한다. 이때 놀잇감을 보여 주는 것도 좋은데, 이것은 교사에게 놀이치료가 무엇인지에 대한 명확한 개념을 갖게 하는 데 도움이 된다. 놀이치료자는 해마다 교사에게 평가 자료를 제공하므로 놀이치료 프로그램을 지원할 수 있어야 한다. 이때는 놀이치료가 교사의 역할에 어떠한 도움이 되었는지에 대해서도 설명할 수 있다. 〈그림 12.1〉은 평가 결과 자료지인데, 이것은 교사와 행정가에게 주는 것이다. 이 예를 활용하여 놀이치료자는 치료에 참여했던 아동이 교실에서 공격적인 행동이 감소되었다고 교사 스스로가 보고했다는 것을 강조할 수 있다.

교사의 지원을 받는 다른 방법은 의도적으로 놀이를 매일의 학교활동에 통합시키는 것이다. 놀이치료자는 교직원 연수 때마다 5~10분 정도 집단 놀이활동을 주도할 수 있다. 구조화된 놀이활동은 비록 인간중심의 접근은 아니지만 교사가 학교 환경을 즐거워하고 편안해지는 것을 통해 놀이의 중요성을 강조한다. 어떤 놀이활동은 더 나은

학교에서 공격성을 보이는 아동의 놀이치료
2009~2010년도

아동 인원수　프랭클린초등학교＝35,　링컨초등학교＝14

성별과 인종

학교	프랭클린	링컨
남	25	12
여	10	2
흑인	6	1
백인	16	7
히스패닉/라틴계	11	4
혼혈	2	2

교사의 보고에 의한 공격성 하위 척도

교사들은 놀이치료에 참여한 학생들이 교실에서 현저하게 공격성이 감소하였다고 보고하였다.

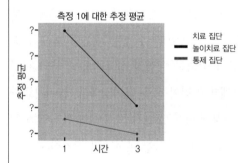

치료 집단	사전 평균	사후 평균
놀이치료 집단	68.84	66.00*
통제 집단	65.55	65.00

부모의 보고에 의한 공격성 하위 척도(아동행동 체크리스트)

놀이치료에 참여한 아동의 부모는 통제 집단보다 평균적으로 아동의 공격행동이 감소하였다고 보고하였다.

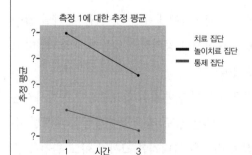

치료 집단	사전 평균	사후 평균
놀이치료 집단	67.87	65.13
통제 집단	61.76	60.59

그림 12.1 학교 자료 샘플

의사소통과 감정의 표현으로 나아가게 할 수 있다. 교사가 이렇게 놀이를 경험하였을 때 그들은 놀이치료 프로그램이 아동을 위해 운영되고 있다는 것에 고마워할 수 있다. 학교 놀이치료자는 교사가 잠시 들렸을 때도 만져 볼 수 있도록 작은 모래상자나 손인형과 같은 놀잇감 재료를 제공하도록 한다. 이러한 재료는 또한 교사의 긴장감을 완화시켜 주고 놀이가 치료의 성격을 가지고 있다는 것을 경험할 수 있는 것을 보여 줄 수 있는 방법이 된다. 학교 상담사로 있었을 때 필자의 작은 모래상자는 교사에게 매우 인기가 있었다. 많은 교사는 잠시 방문하여 상자 위에 놓여 있는 피규어를 재배치하거나 대화를 시작하기도 하였다. 그러자 몇몇 교사의 책상에 작은 모래상자가 놓여지기 시작하였다.

일단 교사가 놀이치료 프로그램을 지원하기 시작하면 놀이치료자는 교사들과 계속적으로 의사소통을 하면서 프로그램의 생명력을 유지해야만 한다. 교사가 아동을 놀이치료에 의뢰할 때 놀이치료자는 즉시 교사에게 반응을 보이고 그들의 우려하는 부분에 대해 이야기 나누도록 한다. 이후 놀이치료자는 아동과 어떻게 만날 것인가에 대한 계획 등에 대해서 교사에게 알린다. 어떤 때는 놀이치료 대기자가 많은 관계로 아동을 만나는 것이 몇 주 동안 지체될 수 있다. 이러한 경우 놀이치료자는 교사에게 언제쯤 아동을 만날 수 있을 것인지에 대해 알려 주도록 한다. 놀이치료자가 아동과 치료를 시작하면 교사와의 만남은 치료 개입에 있어 매우 중요한 부분이다. 놀이치료자는 비밀보장을 유지하면서 아동의 진보에 관해 정기적으로 교사와 면담을 한다. 면담을 할 때는 지지적이여야 하며, 특히 교사가 아동에게 어떻게 해야 하는지에 대한 가능한 제안을 하도록 한다. 다음은 놀이치료 3회기를 마친 이후에 놀이치료자와 교사의 면담을 인용한 것이다.

놀이치료자 : 스미스 선생님, 마이클에 대해 확인해 보고 싶어서 다시 한 번 뵙고 싶었습니다. 오늘까지 마이클을 3번 만났는데요. 마이클은 선생님이 우려했던 몇 가지 행동을 하고 있었어요. 이제 마이클을 좀 더 알게 되는 것 같아요. 최근에 교실에서 눈에 띌 만한 행동이 있었나요?

교사 : 선생님이 마이클을 상담하기 시작하셔서 매우 기뻐요. 마이클은 여전히 자기가 원하는 대로 되지 않을 때는 폭발을 하곤 하지요. 어제 다른 학생이 제 책

상에 있는 노란 지우개를 가지고 오려 하자 마이클이 소리를 질렀어요. 마이클은 자기가 가지고 오고 싶어 했어요. 결국 교실의 뒤편에 따로 떨어져 있는 책상에 앉힐 수밖에 없었지요.

놀이치료자 : 그렇군요. 저도 마이클이 쉽게 흥분하여 화를 내는 것을 보게 되요. 제가 "마이클, 네가 원하는 것을 갖지 못하였을 때 정말 화가 나는구나."라고 반영해 주면 곧 잠잠해지는 것 같아요.

교사 : 제가 "마이클, 화 좀 그만 내."라고 하면 소란을 더 피우는데, 그렇게 해서 잠잠하게 할 수 있다는 것이 믿어지지가 않는군요.

놀이치료자 : 어쩌면 "네가 상당히 화가 난 모양이구나."라고 조용히 말하는 것이 마이클이 실제로 좀 잠잠해지는 데 도움이 되는 것 같아요. 교실에서도 이렇게 해보는 것이 도움이 되지 않을까 하는데요.

교사 : 글쎄요. 한 번 해보지요.

놀이치료자 : 어떻게 되는지 알려 주세요. 제가 이해하기에는 선생님이 다른 아이들도 함께 신경을 써야 한다는 부분이 마이클에게는 참기 어려운 부분인 것 같아요. 다음 두어 주 동안 계속 마이클을 주시하고 관찰해서 선생님과 확인하도록 할게요.

위의 대화 내용을 살펴보면 놀이치료자는 교사와의 대화에서 교사가 우려한 부분을 이해하고 있는 것부터 시작한다. 또한 놀이치료자는 교사가 아동으로 인해 당황한 부분을 이해하고 교사의 역할에 대해 공감한다. 교사가 해볼 만한 여러 가지를 추천하는 대신, 놀이치료자는 간단히 자신이 아동에게 한 것에 대해 나눈다. 보통 교사들은 교사가 아닌 사람이 교실에서 일어나는 일에 대해 추천하는 것을 못 견뎌 하는 경향이 있다. 교사가 잘 듣기를 바란다면 놀이치료자는 교사에게 도움이 될 수도 있고 그렇지 않을 수도 있는 아이디어에 대해 부드럽게 이야기해야 한다. 비록 학교 상담사가 학교의 전문 상담자라 해도 교사가 담당하는 학급의 전문가인 것처럼은 하지 않아야 한다. 마지막으로 놀이치료자는 교사와 다시 만날 시간에 대해서 언급함으로써 학생과 교사에 대한 지속적인 지원을 재확인시키도록 한다. 교사와 이러한 대화를 하는 데는 5분도 채 걸리지 않는다. 아동의 상황이 나빠지면 교사와의 면담시간이 자연스럽게 늘어나게 되지만 바쁜 교사의 일정을 고려하고 존중한다면, 교사와의 면담시간을 짧게 자주 하는 것이 효과적이다.

교사가 학생을 의뢰하여 놀이치료를 시작하게 되었을 때 일반적으로 학교에서 놀이치료자와 교사 사이에서 발생할 수 있는 일이 있는데, 그것은 교사가 아동을 놀이치료에 보내는 것을 거부하는 것이다. 이러한 상황에서 교사의 생각은 비슷하다. "오늘 학생의 행동이 영 나쁘고 학습을 제대로 하지 않는군. 놀이치료실에 갈 자격이 없어.", "이렇게 형편없이 행동을 한 이후에 놀이로 보상받는 것을 허락할 수 없어." 이와 같은 상황에 대한 첫 번째 개입은 예방이다. 놀이치료자가 놀이치료에 대해 교육을 했거나 놀이를 교사와의 상호작용에 통합했고 교사와 정기적으로 소통을 했었다면, '오늘은 놀지 못한다'고 하는 이런 일은 보다 적게 발생할 것이다. 그러나 때로는 놀이치료자가 이러한 모든 예방책을 사용했다고 하더라도, 교사들은 여전히 아동의 행동이 나쁠 경우에 놀이를 하러 간다는 것에 매우 부정적으로 반응한다. 놀이치료자는 이러한 상황에 대해 교사들에게 매우 적극적으로 반응해야 한다. 그리고 아동의 행동이 그러할 때조차 놀이치료에 오는 것이 어떤 도움이 되는지에 대해서 지속적으로 말해야 한다. 다음은 이와 같은 상황에 대한 간단한 대화 내용이다.

놀이치료자 : (교실에 도착함) 안토니아를 데리러 왔는데요.

교사 : (매우 화가 난 목소리로 교실 앞에서 전체를 향하여) 오늘 안토니아는 놀이하러 못가요. 오늘 교실에서 소리를 질러서 안토니아의 쉬는 시간을 줄여야만 했지요. 그런데 이제 공부도 안 하려고 하네요.

놀이치료자 : (교실 앞에서) 매우 힘든 날이셨겠네요. 복도에서 잠깐 이야기할 수 있을까요?

교사 : (매우 귀찮아하면서 복도로 나옴) 오늘같이 저런 행동을 하는 날에는 놀이치료실에 보낼 수 없어요.

놀이치료자 : 오늘 안토니아가 많이 힘들게 했나 봅니다. 많이 힘드셨겠어요.

교사 : 말도 마세요. 오늘은 어떤 보상도 안 돼요.

놀이치료자 : 놀이치료실에 오는 것은 마치 상을 주는 것처럼 보일 수도 있지요. 그런데 안토니아가 이렇게 교실에서 화를 계속적으로 낸다거나 고집을 부리면

서 공부하기를 원하지 않는다거나 하는 교실에서 일어나는 문제를 해결해 나

가는 데 실제적으로 도움이 되는 시간이에요. 놀이치료 시간은 더 좋은 태도

를 가지고 재정비해서 교실에 다시 들어갈 수 있는 시간이 되지요.

교사 : 전혀 그렇지 않은 것 같아요. 오늘 안토니아가 벌써 얼마나 많은 규칙을 위반

했는지 몰라요.

놀이치료자 : 어떤 면에서 이것은 선생님께는 옳지 않은 일인지도 모르겠어요. 그러

나 지난주에 우리가 이야기했을 때 안토니아의 이러한 행동이 놀이치료를 시

작한 이후로 줄어들었다고 말씀하셨지요. 만약 이렇게 놀이치료가 비일관적

이거나 보상 체제로 사용된다면 저는 아마 안토니아의 진보가 부진해질 것이

라고 생각되요.

교사 : 알았어요. 좋아요. 데리고 가세요.

이 상황에서 교사와 놀이치료자 사이의 상호작용은 놀이치료자의 편에서 몇 가지
의도적 특징을 가지고 있다. 첫째, 놀이치료자는 전체 아이들이 있는 앞에서 아동을
다그치거나 아동을 혼내기 위해서 그런 대화를 사용하던 교사를 빠르게 밖으로 불러
냈다. 둘째, 놀이치료자는 교사의 감정과 자신이 옳다고 생각하는 것을 인정하므로 교
사를 이해하려고 하였다. 셋째, 놀이치료자는 교사의 감정을 공감한 이후에 놀이치료
시간의 필요에 대해 매우 강력하게 주장함으로써 놀이치료를 중단할 수 없음을 밝혔
다. 넷째, 놀이치료자는 놀이치료를 정규적으로 받을 때의 혜택을 지적하고 빠지게 되
었을 때의 결과에 대해 지적하였다. 이와 같이 조용하게 감정을 반영하고 설명을 하므
로, 놀이치료자는 목표에 부합될 때까지 교사를 설득시키거나 교사가 생각을 바꾸게
할 수 있다. 필자는 이러한 경우에 놀이치료자가 스트레스를 덜 받는 상황에서 교사와
의사소통을 다시 시도함으로써 놀이치료자와 교사와의 관계를 돈독히 할 것을 강력히
추천하는 바이다.

부모와 조력하기

비록 학교라 해도 아동의 참석 여부 결정은 부모에게 달려 있다. 학교 놀이치료자는

보통 다른 놀이치료자보다 부모를 만날 수 있는 기회가 적다. 그러나 놀이치료자와 부모의 긍정적인 관계는 놀이치료를 진행하는 데 매우 중요하다. 학교 놀이치료자는 특별히 부모를 처음으로 만나는 때나 놀이치료의 지지를 얻기 위한 방법을 찾으려고 할 때 매우 신중해야 한다.

놀이치료를 처음 시작할 때는 부모로부터 상담 동의서를 받아야 한다. 학교 환경은 부모 동의서를 얻는 데 있어서 다양한 요구사항과 과정을 거치는데 이것은 학교 놀이치료자의 몫이다. 〈그림 12.2〉는 학교 상담사가 놀이치료를 할 때 필요한 동의서 샘플

부모님께,

안녕하세요? 제 이름은 디 레이입니다. 저는 프랭클린초등학교의 학교 상담사입니다. 제가 부모님께 이 편지를 쓰는 이유는 부모님이나 부모님의 자녀가 저희 초등학교에서 하는 상담 프로그램에 참여하는 것을 동의하셨기 때문입니다. 첨부한 안내서에서 보셨듯이, 저는 놀이치료를 통해서 상담을 하고 있습니다. 놀이치료는 아이들에게 자연스러운 언어인 놀이를 통하여 상담을 하는 것입니다. 놀이치료를 진행하면서 저는 부모님의 자녀를 매주 또는 이주일에 한 번씩 만날 것이며 정서적 · 행동적 기능 면의 향상을 목적으로 아동의 놀이를 촉진할 것입니다.

상담 관계는 비밀보장을 기본으로 하므로 상담 시 아동이 저와 나눈 정보는 비밀이 보장됩니다. 그러나 아동이 자신을 해하거나 다른 사람에 의해 해를 당할 경우 혹은 법적으로 요구될 경우는 제외합니다.

저는 귀댁의 자녀가 놀이치료를 하는 동안 질문이 있으시다면 매우 기쁘게 부모님을 만날 것입니다. 비록 귀댁의 자녀가 말하고 행동한 세부적인 모든 것을 전부 나눌 수는 없지만, 자녀의 문제와 진보에 관해서는 함께 논의할 수 있습니다.

상담이나 귀댁의 자녀에 관해 질문이 있으시면 전화 주십시오. (940) 555-2055.

- -

나는 이 상담 동의서를 읽었고 이해합니다. 그리고 프랭클린초등학교에서 실시하는 상담 프로그램에 우리 아이가 참여할 수 있도록 동의합니다.

아동 이름 _____

부모/법적 양육자 서명 _____ 날짜 _____

그림 12.2 상담 동의서

이다. 학교는 건강보험 의무 규정에 해당되지 않기 때문에 학교 상담의 동의서는 다소 형식적이지 않으나 여전히 비밀보장이 제한될 경우와 서비스에 대한 설명을 포함하여 동의서에 필요한 주요한 요소를 포함해야만 한다.

학교 놀이치료자는 또한 안내서를 의사소통의 매체로 활용할 수 있다. 안내서는 특히 놀이치료를 정의하고 설명하는 데 매우 유용하다. 〈그림 12.3〉은 학교 상담 안내서의 샘플인데, 특히 학교 상담사에 의해 놀이치료가 시행되고 있음이 강조된다. 안내서는 개발하여 학교에 배포하거나 웹사이트에 올려 놓으면 쉽게 접할 수 있다. 학교 상담 프로그램과 놀이치료에 관한 정보를 받은 부모를 안심시키고 소통하는 것은 결국 부모가 학교 상담자나 놀이치료자의 역할을 이해하는 데 도움을 준다. 그리고 이것은 결국 잠재적으로 아동을 돕는 데 이바지한다.

부모, 교사, 행정가에게 놀이치료실을 보여 주는 것은 관계자들이 놀이치료 과정을 직접 경험할 수 있도록 해주는 것과 같다. 오픈 하우스처럼 부모가 저녁에 학교를 방문하는 교사를 만나거나 학부모 단체 회의를 하는 날, 놀이치료자는 놀이치료실을 개방하여 둘러보도록 할 수 있다. 필자는 유치원 교실처럼 놀이치료실의 놀잇감 섹션에 이름을 붙여 놓을 것을 제안한다. 양육 놀잇감을 모아 놓고 이름표를 붙이고, 실제 생활 놀잇감 및 공격성 놀잇감도 같은 방법으로 한다. 다른 놀잇감들도 마찬가지이다. 각 놀잇감에 왜 그러한 이름표가 붙여졌는지에 대한 설명은 간단하게나마 제5장에서 다루었다. 이 시간 동안 놀이치료자는 놀이치료 도구와 과정에 대한 질문에 답변할 수 있도록 준비해야 한다.

많은 지역에서 학교 놀이치료자는 부모의 동의 없이 놀이치료를 먼저 실행하는 것이 허락된다. 비록 이것이 처음에 아동을 만날 때 가져다주는 커다란 자유도 있겠지만 아동이 놀이치료를 시작한 이후에도 부모와 연락을 하지 못하였다면, 다음 회기가 진행되기 전에 가능하면 신속히 부모를 만날 수 있기를 권한다. 놀이치료를 시작하는 아동은 종종 매우 좋아서 흥분하고 열정적으로 자신의 경험에 대하여 말할 수 있다. 아동이 부모의 동의 없이 놀이치료에 참석했다는 것을 부모가 알게 되면 부모는 상당한 우려를 금치 못할 것이다. 놀이치료가 시행될 것이라고 하는 언급은 놀이치료자가 부모에게 해야 할 몫이지 아동이 할 일이 아니다. 놀이치료자는 놀이치료를 시작할 때 가능한 한 빨리 부모를 만나 동의서를 받음으로써, 아동이 계속적으로 놀이치료를 받을

프랭클린초등학교 상담 프로그램

프랭클린초등학교에 오신 것을 환영합니다. 제 이름은 디 레이입니다. 저는 프랭클린초등학교의 상담가입니다. 저희 프랭클린초등학교에서는 학생들이 정서적으로도 편안하고 학교 생활도 잘할 수 있도록 다음과 같은 서비스를 제공하고 있습니다.

- 놀이치료는 정서적 및 행동적으로 여러 어려움을 겪는 학생들을 돕습니다.
- 집단 놀이치료는 학생들이 사회성 기술을 기우도록 돕습니다.
- 학급 가이던스 프로그램은 모든 프랭클린 학생들에게 사회적·정서적 교육을 제공합니다.
- 부모 교육은 학생들이 보조자로서의 역할을 지원합니다.

놀이치료

아동은 때로 슬프거나 화나고 혼란스러울 때가 있습니다. 아동이 기분이 나쁠 때는 학습을 잘 수행할 수가 없습니다. 아동은 수업 중에도 집중하는 데 어려움을 갖게 마련이요. 혹은 수업행동을 제대로 마칠 수 없을 때도 있습니다. 또한 아동은 교양 선생님과 교사에게 혼나는 행동들로 인해 고군분투 할 수도 있습니다.

놀이치료는 아동의 자연스러운 언어인 놀이를 통하여 아동이 소통하는 것을 돕는 상담 양식입니다. 성인이 자신의 감정을 말로 표현하는 것과 마찬가지로 아동은 종종 놀이를 통해서 자신의 감정을 표현합니다.

놀이치료를 통해서 학교 상담가는 학생이 자기 자신을 바라보는 방법과 자신의 환경에서 행동하는 방법 사이의 연결점을 탐색할 수 있는 환경을 촉진합니다. 또한 아동은 대처 기술, 책임감, 의사결정 기술 및 자기통제를 개발할 것입니다. 그리고 이것은 아동이 학교 생활을 더욱 성공적으로 하는 데 도움을 줄 것입니다. 놀이치료는 학교에서 아동이 학습에 더욱 집중하고 더 나은 학습을 할 수 있도록 돕기 위하여 제공됩니다.

학급 가이던스 프로그램

학교 상담가는 학기 중에 여러 차례 각 학급을 방문할 것입니다. 이 방문을 통하여 학교 상담가는 사회성 기술, 학교폭력, 안전하게 자신을 지키는 방법 및 긍정적으로 결정하기 등과 같은 수업을 진행할 것입니다. 학급 가이던스 프로그램의 목적은 프랭클린초등학교의 모든 학생에게 예방 교육을 제공하는 것입니다.

부모 교육

학교 상담가는 학기 중에 부모 교육 프로그램을 운영합니다. 이러한 프로그램은 학기 초에 부모님들의 필요를 파악하는 설문조사에 기초해서 이루어집니다.

질문이나 의견이 있으신 분은 다음으로 연락 바랍니다.
학교 상담가. 디 레이
(940) 555-2055
Dee.ray@franklinelementary.sch

그림 12.3 학교 상담 안내서 샘플

수 있도록 해야 한다. 가정으로 보내는 개인 서신 또한 매우 추천할 수 있는 방법이다. 첫 만남 이외에 학교 놀이치료자는 놀이치료를 하는 동안 부모와 정기적으로 접촉하도록 시간을 계획한다. 학교에서는 종종 부모 상담이 매우 불규칙하게 되어 대부분 전화 상담을 하기도 한다. 이때 놀이치료자는 적어도 5~6주에 한 번은 부모를 직접 만나거나 전화를 통해서라도 상담을 할 수 있도록 모든 노력을 기울여야 한다. 정기적 상담은 오해의 소지를 줄이고 단지 놀이치료에서뿐 아니라 학교에서 아동의 진보에 부모를 참여시킬 수 있게 한다.

공간과 놀이 도구

이상적인 놀이치료실에 필요한 놀잇감과 장소에 대해서는 제5장에서 다루었다. 물론 이상적인 놀이치료실을 학교에 만드는 것은 쉽지 않은 일이다. 그러나 다행히도 놀이치료는 다양한 크기의 방에서도 효과적이다. 놀이치료실의 중요한 특징은 놀잇감을 놓을 수 있는 선반과 자유롭게 움직일 수 있는 공간이 (적어도 어떤 특정한 공간이라도) 있어야 한다. 가장 적절한 특징은 물을 사용할 수 있는 싱크대와 카펫이 깔려 있지 않은 바닥, 그리고 내구성이 있는 페인트로 칠한 벽면이다. 다시 말하지만 이러한 것은 이상적인 조건이다. 학교 놀이치료자는 회의실, 책으로 둘러싸인 방, 카페테리아 무대의 뒤, 혹은 이동식 건물에서도 놀이를 성공적으로 촉진할 수 있다. 학교 상담자는 전형적으로 사무실을 갖게 되는데, 어느 경우는 작은 방을 갖기도 하고 또 어떨 때는 큰 방을 갖기도 한다. 작은 공간일 경우에 학교 상담사는 놀잇감을 배열하는 것부터 시작해서 창의적이어야 한다. 놀잇감을 놓아 두는 선반은 아동의 손이 닿을 만한 곳에 있어야 하고 여전히 아동이 움직일 수 있는 바닥 공간이 있어야 한다. 책상이 있는 방은 아마도 다른 공간보다 창의적으로 만드는 데 제한적이다. 회의실 책상은 보통 아동이 공작품을 만드는 책상의 2배 정도의 크기이다. 만약 학교 상담사가 교실을 사용할 수 있도록 배정받았다면(매우 드문 행운에 속하지만) 교실의 공간을 구분하기 위한 선반이나, 칸막이를 사용할 수 있다. 한 예로, 책꽂이는 교실을 동등하게 4개의 공간으로 구분할 수 있게 해준다. 따라서 책상을 놓는 영역, 놀이치료 영역, 생활지도 영역, 그리고 회의를 할 수 있는 영역으로 사용할 수 있다.

그러나 많은 학교 놀이치료자는 한 장소로 정해진 것이 아닌 여러 장소를 이동하며 놀이치료를 한다. 따라서 놀이치료자가 어떤 장소에서든지 놀이치료를 할 수 있는 이동용 놀이치료실(portable playroom)이 개발될 필요가 있다. 놀잇감들은 바퀴가 달린 큰 토트백이나 플라스틱 가방에 넣어 보관할 수 있다. 치료를 시작할 때는 아동이 들어오기 전에 놀잇감을 빼서 체계적으로 배열한다. 만약 놀이치료자가 순회 상담사라면 효과적인 놀이치료를 하기 위하여 몇 가지 중요하게 고려해야 할 사항이 있다. 첫 번째는 환경과 관련하여 아동에게 일관성을 제공하려는 시도이다. 비록 놀이치료를 빌린 교실에서 단지 30여 분 정도 하는 것이라 하여도 아동이 놀이치료를 했었던 교실에서 계속적으로 놀이치료를 할 수 있어야 한다. 이렇게 놀이치료 환경을 일관적으로 제공하는 것은 아동에게 안전감의 메세지를 전달하는 데 도움이 된다. 이것은 결국 놀이치료의 효과성을 높인다. 학교 순회 놀이치료자에게 있어서 두 번째 고려사항은 비밀 유지이다. 놀이치료에서 사용했던 장소와 시간은 오직 아동과 놀이치료자의 것이여야 한다. 만약 놀이치료자가 카페테리아 무대 뒤에서 놀이치료를 하게 된다면 놀이치료자는 행정 담당이나 관리 직원이 그 시간에 그 공간을 사용하지 않으므로 다른 학생들이나 직원들이 회기 내에서 일어나는 일을 들을 수 없도록 해야 한다.

임상 환경이나 학교 환경에서 활용하는 놀잇감은 동일하다. 이에 대해서는 제5장에서 살펴보았다. 특별히 학교 놀이치료 환경에서의 놀잇감은 공격성 놀이감을 포함하여 연령 범위대가 넓어야 한다. 초등학교의 경우 놀이치료자는 5~12세까지의 아동과 놀이치료를 한다. 따라서 놀이치료실은 같다고 해도 사용되는 놀잇감은 연령의 여러 범위를 포함할 수 있어야 한다. 예를 들면, 다섯 살 된 아동은 우유병을 많이 사용하지만 열두 살 된 아동은 그렇지 않을 것이다. 그리고 풀이나 반짝이는 표현재료가 고학년들에게는 유용할 수 있지만 여섯 살 된 아동에게는 재미로 쏟아붓거나 문지르는 것이 고작일 수 있다. 학교 놀이치료자는 재료를 조직화하여 연령군으로 나누고 그에 따라 놀이치료의 일정을 짜는 것이 효과적이다. 일부 어떤 표현재료는 캐비닛에 보관하여 월요일이나 화요일에 4~5학년 학생들을 만날 때 사용하도록 한다. 또한 어떤 놀이 카트는 유치원생이나 1학년들을 치료하는 수요일이나 목요일에 내어 놓기도 한다. 초등학교에서 효과적인 놀이치료를 위해서는 공간과 재료를 다양하게 사용하는 것이 중요하다.

학교에서의 공간과 재료에 대한 논의는 공격적인 놀잇감에 대한 언급이 없이는 완결되지 않는다. 필자의 경험으로 학교에서는 임상적 다른 환경보다 공격적 놀잇감을 포함시키는 데 어려움이 있다. 학교에서 발생하는 폭력에 대한 공포로 교사, 부모, 행정가들은 장난감 총, 칼, 밧줄 혹은 수갑조차도 제공하는 것에 대해 부정적이다. 숙련된 놀이치료자는 공격적인 놀잇감에 대한 학교의 반응에 대해 그것을 사용하는 것에 대한 지지적인 원리와 예를 준비함으로써 반응할 수 있어야 한다. 예를 들면, "총은 사회에서 공격성을 표현하는 최종적 형태를 대표하며 아동에게 무력감과 분노를 표현할 수 있는 상징적 방법을 제공합니다.", "밧줄은 종종 치료자와의 친밀감을 소통하는 데 사용되고 관계의 가치를 표현하는 데 유용한 재료입니다."와 같이 설명할 수 있다. 일단 놀이치료자가 공격적인 놀잇감에 관한 우려에 대해 확신 있게 설명하였는데도 불구하고 여전히 반대한다면, 놀이치료자는 다소 공격적 상징이 적지만 아이들의 요구에 부합하는 놀잇감으로 대치하도록 한다. 예를 들어, 총 대신 몇몇의 두꺼운 스틱과 줄을 사용한다거나 수갑이나 밧줄 대신 줄넘기를 사용할 수 있다. 이런 환경에서의 놀이치료자는 창의적이 되어야 한다.

학교 환경에서 놀이치료 개입의 조직화

학교 환경의 독특한 점은 모든 학교에 놀이치료의 혜택을 받을 수 있는 아동이 수백 명 혹은 수천 명임에도 놀이치료를 제공하는 정신건강 전문인은 1명 혹은 2명에 불과한 점이다. 잘 알다시피 대부분의 아동이 정서적·행동적 문제가 있어서 놀이치료가 필요한 것이 아니다. 그러나 많은 아동은 놀이치료의 경험으로부터 혜택을 받을 수 있다. 학교 놀이치료자로 필자는 얼마나 많은 아동이 놀이치료를 할 수 있는지를 결정해야 할 때 압도당하곤 하였다. 학교 상담사는 학교의 사회복지사나 심리학자의 역할처럼 놀이치료 이외에도 여러 가지 일을 감당해야 한다. 놀이치료는 학생의 전체 숫자를 고려해 볼 때 비교적 적은 숫자에게만 제공된다. 학교 상담의 역할과 놀이치료 개입 제공을 결정하기 위해서 필자는 종합적인 방법은 아니더라도 순서적으로 아동을 치료할 수 있는 적어도 하나의 구조를 제공하는 우선순위 체계를 만들었다. 〈표 12.1〉은 이런 의사결정 구조를 위한 일반적 단계에 대해 목록화한 것이다.

표 12.1 학교 놀이치료 일정의 우선순위 단계

1단계	가능한 놀이치료 회기 수를 계산한다.
2단계	의뢰된 모든 아동의 이름을 기록한다.
3단계	교사와 부모의 보고 및 학교 서류를 포함하여 아동에 대한 정보를 수집한다.
4단계	학교 밖에 있는 상담센터나 복지관으로 의뢰 가능한 아동이 있는지 결정한다.
5단계	사례의 심각성과 학교생활 실패 가능성의 위험에 따라 아동의 순서를 정한다.
6단계	가능한 회기시간을 기반으로 아동이 집단 및 개별 놀이치료를 받는 일정을 짠다.
7단계	진보를 결정하기 위해 6회기 이후에 각 아동을 평가한다.
8단계	아동이 6회기 내에 합당한 진보를 보였다면 치료를 종결한다. 순차적으로 다음에 있는 아동을 일정에 포함한다. 만약 아동이 타당한 진보를 보이지 않았다면 6회기를 더 진행한다.

　학교 상담을 하기 전에 임상환경의 경험이 있었던 필자의 배경 때문에 필자는 대기자 명단을 만드는 것을 선택했다. 필자는 달력에 한 주에 놀이치료를 할 수 있는 시간을 계산하였다. 계산을 해보니 한 번에 30분씩 일주일에 12번의 치료를 할 수 있었다. 이것은 필자가 12명의 아동에게 개별 놀이치료를 하거나 집단 놀이치료를 한다면 더 많은 아동을 만날 수 있다는 것을 의미하였다. 그 당시 필자가 있던 학교에는 650명의 학생이 있었는데, 적어도 50명의 학생에게 집중적인 개입이 필요한 것으로 확인되었다. 교사와 부모의 보고, 그리고 아동의 행동과 의뢰의 기회가 부족한 경우를 기반으로 해서 필자는 우선순위로 50명의 학생을 뽑았다. 이러한 학교 우선순위 체계를 사용해서 대안학교로 보내질 위험이 있는 학생들을 목록 위쪽에 기입하였다. 반면 정서적이며 환경적 문제를 가진 학생들은 아래쪽에 기입하였다. 개별 놀이치료와 집단 놀이치료의 일정을 통하여 필자는 매주 18명의 아동을 치료하였다. 필자의 목표는 18명의 아동에게 6시간씩 치료하는 것이었으며, 종결 전에 재평가하는 것이었다. 아동이 종결을 하면 필자는 대기자 명단에 있던 그다음 아동으로 옮겨 갔고 그 아동을 치료 일정에 포함하였다. 놀랍게도 이러한 체계는 효과적이어서 결과적으로 한 해 동안 50명을 포함해서 그 이상의 학생들에게 치료시간을 제공할 수 있었다. 예상했던 것처럼 5명의 학생은 일 년 내내 치료시간을 갖게 되었다. 왜냐하면 이들의 정서와 행동의 문제는 심

각한 수준이었고, 이들의 부모는 학교 외부에서 치료를 받을 수 있을 만한 형편이 되지 못했기 때문이다.

필자는 상담자로서 필요한 놀이치료 서비스를 제공하는 것에 제한을 느꼈다. 그러나 유일한 학교 정신건강 상담자로서 적어도 많은 아동에게 혜택이 돌아가게 하기 위하여 이러한 우선순위 구조를 사용하였다. 놀이치료자는 또한 전통적인 방법으로 일주일에 1번씩 치료 하는 것 대신 일주일에 몇 번씩 할 수도 있다. 최근 학교 놀이치료 연구에서는 8주 동안 일주일에 2번씩 하는 것이 16주 동안 일주일에 1번씩 하는 것보다 더 효과가 있다고 밝혔다(Ray, Henson, Schottelkorb, Brown, & Muro, 2008). 일주일에 1번 이상씩 하게 되는 것은 제한된 시간 내에서 놀이치료에 집중함으로써, 학교 놀이치료자의 일정에 또한 도움이 될 수 있다.

학교에서 일하면서 가장 긍정적인 면 중 하나로는 학교 외부의 임상적 환경과 비교할 때 종결에 관한 과정을 들 수 있다. 학교 환경에서는 학생에게로의 접촉이 가능하기 때문에 종결은 임상적 환경에서보다 다소 수월하게 접근될 수 있다. 종결 과정은 관찰 가능한 아동의 진보를 기반으로 하여 놀이치료자가 판단한다. 어떤 경우에 놀이치료자는 종결 후에 심각한 어려움이 관찰될까 봐 종결하는 게 위험하다고 느낀다. 학교 상담의 장점은 놀이치료자가 종결한 이후에도 아동을 쉽게 관찰할 수 있다는 점이다. 만약 종결을 서둘러 한 경우라면 놀이치료자는 신속히 다시 아동을 놀이치료에 복귀시키므로 피해를 줄일 수 있다. 학교에서는 여름 방학을 종결의 계기로 사용하고 싶은 유혹이 들 수도 있다. 다른 임상 환경과 마찬가지로 종결은 관찰 가능한 치료적 요소에 근거하여야 하며, 이것은 제8장에서 다루었다. 종결에 관한 결정은 시간에 대한 임의적인 지표에 근거해서는 안 된다.

치료적 조건

학교에서 일관성을 지키지 않고 놀이치료를 하는 것은 아마도 위협에 가까운 일일 것이다. 임상 현장에서 고려해야 하는 필수 요소, 즉 출석, 시간을 지키는 것, 비밀 유지 및 외부 방해요소를 감소시키는 것 등은 아동의 존중과 자율성이 덜 대우받게 되는 학교환경에서 소홀히 다뤄질 수 있다. 학교 놀이치료자가 다른 임상환경의 놀이치료자와 마찬가지로 예정된 놀이치료 시간에 놀이치료를 하는 것이 일반 상식이다. 아마도 어떤 독자들은 당연한 일을 왜 이렇게 강조하는지 의아할 수도 있다. 그러나 필자의 경험에 의하면 학교에서의 치료 회기는 구조적인 면에 있어서 임상적 환경과는 꽤 다르다는 것을 발견했다. 학교 상담사는 아마도 교사 회의에 소집될 수도 있고, 예정된 놀이치료 시간에 참여하지 못할 수도 있다. 학교 심리학자가 아동의 심리 평가를 한 번 더 하려고 해서 다른 아동과의 예정된 놀이치료 시간이 취소될 수도 있다. 때로 놀이치료자는 아동을 예정된 시간보다 한두 시간 이후에 만나려는 시도도 한다. 지역 사회나 개인 상담센터에서 정신건강 전문인으로서 이와 같이 아동을 다루었다면 결코 성공을 장담할 수 없는데도 학교 환경의 이러한 차이는 필자를 매우 당혹시켰다. 그러나 어떤 면에서 이러한 부분은 학교에서 용납되는 행위가 되었다. 물론 필자는 이러한 행동이 아동을 존중하지 않는다는 메시지를 전달하며 전문가로서 과히 참을 수 없는 행동이라고 느낀다. 학교 놀이치료자는 예정된 놀이치료 시간에 치료를 할 수 있도록 최대한 노력을 해야 한다. 이러한 놀이치료자의 행동은 치료적 변화의 주춧돌이 되는 치료자와 아동 간의 신뢰적 관계를 증진시킨다. 만약 예상치 못했던 일 때문에 치료를 할 수 없게 되면 놀이치료자는 아동과 개인적인 접촉을 통해서 일정을 다시 잡아야 한다. 이러한 행동은 내담자를 존중하는 최소한의 행동이다.

　일관성을 위협하는 또 다른 요소는 비밀 유지의 부족과 회기가 방해받는 것을 통제하기 어려운 것이다. 비밀 유지는 직접 아동과 관계가 있는 것으로 모든 정신건강 전문기관의 윤리적 지침이다. 학교라는 환경은 정보를 공유하여 비밀 유지가 어려운 곳으로, 놀이치료자가 아동의 상담시간에 일어난 세세한 일을 공유하지 않을 때는 홀로 있는 것처럼 느껴질 수 있다. 다시 말해서 아동이 상담 관계를 신뢰하는 능력은 상담의 성공에 있어서 중요하며, 상담자의 행동은 이러한 신뢰를 반영한다. 놀이치료자는 단지 아동의 정보를 비밀로 유지하는 것뿐 아니라 어떤 환경에서는 비밀보장이 제한되는 경우가 있다는 것을 인식함으로써 놀이의 비밀보장을 책임져야 한다. 만약 놀이치료자가 카페테리아 무대 커텐 뒤에서 놀이치료를 한다면 치료자는 치료시간 동안 그곳에는 아무도 없음을 확인해야 하고, 마땅히 그렇게 해야 할 책임이 있다. 만약 놀이치료를 이동식 교실에서 다른 활동과 나누어 사용한다면 옆 공간을 아무도 사용하지 않는 것을 확인해야 한다. 창문은 닫혀 있어야 하며 놀이치료실 문은 '방해하지 마세요'라는 표시를 걸어 놓아야 한다. 학교에서 놀이치료를 할 경우는 특히 방해받을 경우가 많다. 벽 위에 붙어 있는 스피커, 교실과 사무실 전화, 그리고 열려 있는 문 등 실제적인 방해물이 계속적으로 작용한다. 학교 놀이치료자는 가능한 외부 방해를 축소시키기 위해 안내문과 일정을 표시하므로 사무실 행정 직원 및 교사와 소통할 수 있는 규칙을 개발하도록 한다.

아동을 교실과 놀이치료실 사이를 이동하게 하는 것은 놀이치료자에게는 매우 큰 도전이 될 수 있다. 비록 아주 어린 아동이라 할지라도 학교 환경에 매우 빠르게 적응하여 다른 교실로 이동하는 것을 편안해한다 할지라도 치료자가 놀이치료를 위해서 교실로 직접 가서 아동을 데려올 것을 권장한다. 아동을 데려오는 것은 여러 방면에서 이점이 있다. 첫째, 놀이치료 시간임을 알릴 수 있게 된다. 둘째, 아동을 데려오는 것은 교사, 아동, 놀이치료자 간에 회기에 대한 적절한 시간 또는 '오늘은 놀지 않음'의 시나리오처럼 오해가 발생하는 일을 경감시킨다. 그리고 마지막으로 아동을 데리러 가는 것은 놀이치료를 시작하기 전에 아동과 이동하면서 짧지만 대화할 수 있는 시간을 가지게 함으로써 놀이치료자가 준비하는 시간이 된다.

놀이치료를 마치기 전에 시간이 끝나 가고 있다는 것을 알리는 것은 놀이치료가 이루어지는 모든 환경에서 중요한 요소이지만, 특히 학교 환경에서는 더욱 그러하다. 학교에서 아동이 놀이치료 시간을 끝마칠 때 아동은 수업을 위해 교실로 돌아가야 한다. 따라서 5분이나 1분 전에 놀이치료가 끝날 것을 미리 알려 주는 것은 아동이 놀이치료실과 다른 높은 기대치가 있는 교실로 다시 돌아가는 것을 준비할 수 있는 시간을 준다. 어떤 경우에 아동은 정서적으로 매우 몰입된 놀이시간을 가질 수 있는데, 그러고 나서 다시 수업 분위기로 돌아가는 것은 과히 쉽지 않을 수 있다. 필자의 경험에 의하면 아동과 학교 주변을 함께 걷거나 교무실에 아동을 심부름 보내는 것 등이 아동을 학교 환경으로 되돌아가게 하는 데 도움이 된다는 것을 알게 되었다. 이뿐 아니라 필자는 종종 아동과 복도를 걸어가면서 "수학 숙제는 얼마나 어려웠니?" 혹은 "이번 주에 받아쓰기 시험이 있니?"와 같은 학업에 관한 대화를 시작한다. 이러한 대화는 아동이 되돌아가야 하는 교실 환경에 더 잘 집중할 수 있도록 돕는다. 한번은 아버지가 권총으로 머리를 쏘아 자살한 것을 목격한 남자 아동과 놀이치료를 한 적이 있었다. 놀이치료 시간에 이 아동은 총을 몇 번이나 자신을 향해서 들었다 다시 내려놓았다. 마치기 5분 전에 시간이 5분만 남았음을 알리자 아동은 다트총을 들더니 자신의 머리에 총을 쏘았다. 그리고 넘어지더니 회기가 끝날 때까지 조용하게 그냥 바닥에 누워 있었다. 말할 것도 없이 이 아동을 그냥 교실로 돌려보내는 것은 문제가 될 것이다. 치료시간이 끝나자 아동은 활기차게 일어나서 놀이치료실의 문을 나섰다. 필자는 그 아동과 같이 걸어가면서 서로 좀 떨어져 있는 두 교사에게 서류를 갖다 드리라고 요청하였다. 서류를 전달하는 데는 약 10여 분이 걸렸는데, 이 시간 동안 우리는 앞으로 볼 수학 시험과 곱하기가 얼마나 힘들었는가에 대해서 나누었다. 교실에 도착할 즈음에 아동은 교실로 복귀하는 데 준비가 된 듯하였다.

회기 기록하기와 교육적 계획

아동중심 놀이치료의 인본적 특성 때문에 어떤 놀이치료자는 학교에서 필수사항인 행동 기록에 관한 문서 작성을 포함하여 아동의 행동을 강조하는 것을 어려워한다. 학교 상담 분야에서는 역사적으로 회기를 기록하는 것을 기피해 왔다. 상담의 비밀보장이라는 특성 때문에 학교 상담사들은 가능한 학교 담당자들이나 부모에 의해 노출이 덜 되도록 회기 노트를 기록하지 않는 것이 격려되어 온 듯하다. 그러나 모든 자격관리위원회를 비롯하여 현재 학교 임상에서는 적어도 학생들을 위해서 회기를 기록할 것을 격려하거나 요구한다. 교육 기록은 연방 정부 권한 아래 열람할 수 있으며 주 정부는 교육 기록의 정의를 결정하는 권한이 있기 때문에 학교 놀이치료자는 특별한 놀이행동이나 언어적 표현의 세세한 내용은 피하고, 기본적인 노트만 기록할 것을 여전히 권한다. 학교에서의 상담을 기록하는 목적은 서비스를 실행하고 진보하고 있음을 나타내는 것이다. 그리고 이러한 목적은 짧은 회기 기록으로 이루어질 수 있다. 〈표 12.2〉는 학교 놀이치료 회기를 기록한 예이다.

학교 놀이치료 회기를 기록하는 데는 다음과 같은 네 가지 주요한 특징이 있다. 첫째, 관찰된 사실을 명료하게 기록해야 한다. 둘째, 간결하게 쓰고 불필요한 세부사항은 기재하지 않도록 한다. 셋째, 아동의 진보에 대해 중점을 두는데 이것은 교육적 목적과 관찰된 행동 사이의 균형에 의해 결정된다. 그리고 마지막으로 언어적 표현이든 놀이든 해석은 피하도록 한다. 또한 사용한 놀잇감을 적어 넣는데, 이것은 학교 담당

표 12.2 놀이치료 회기 기록의 예

2010. 3. 5	마커스는 30분 동안 개인 상담에 참여하였다. 마커스는 상담 진행시간 동안 꽤 부산스러웠다. 공격적인 행동에 대해 다루었고 좀 더 적절한 방법으로 대처하는 법을 배우는 시간을 가졌다(보보, 다트, 인형).
2010. 3. 21	마커스는 30분 동안 개별 상담에 참여했다. 마커스는 약간의 감정을 보였고, 이번 주는 잘 지내고 있다고 했다. 마커스는 대처 기술을 교실 경험에 통합하는 듯했다(인형, 보보, 모래).

자나 법률계 사람에게는 아무 의미가 없지만 놀이치료자에게는 다음 회기가 시작될 때 아동의 놀이를 연속적으로 따라가는 것을 기억하도록 하는 데 도움이 된다. 이렇게 기록하는 것은 아동의 놀이치료 출석뿐 아니라 진보를 아는 데 매우 도움이 된다. 그러나 아동이나 아동과 치료자의 관계에 해를 끼치게 되는 비밀 유지의 정보는 누설되지 않도록 해야 한다.

교육이나 행동계획안은 학교에서 일반적으로 사용하는 방법이다. 교육계획안은 이미 학교에서 널리 사용되고 있기 때문에, 놀이치료자는 놀이치료의 목적을 학교 문화와 통합하는 것을 배움으로 유익을 얻을 수 있다. 통합의 과정은 아동중심 철학과 그 원리를 버리지 않고도 가능하다. 교육과 행동계획안은 놀이치료자에게 분명하고 세부적이며 측정 가능한 언어를 사용할 것을 요구한다. 놀이치료는 아동이 평가로부터 자유롭고 자기 평가 능력을 개발할 수 있는 환경 제공을 열망함에도 불구하고, 행동계획안은 이러한 환경의 유형을 제공하는 결과를 반영할 수 있다. 놀이치료자가 놀이치료에 관한 지식을 사용한다면 아동을 위해 틀에 박히지 않는 행동계획안을 개발할 수 있다. 〈표 12.3〉은 교육계획안에 대한 예시이다.

〈표 12.3〉의 예시를 살펴보면 빌리는 1년의 평가 기간 동안 놀이치료에 매주 참석할 것이다. 이 기간 동안에 빌리를 위한 첫 번째 목표는 적절한 방법으로 분노를 비롯한 부정적인 감정을 표현하는 것이다. 아동중심 놀이치료에서는 분노를 적절하게 표현하는 방법으로 펀칭백을 치거나 놀이치료 시간 동안에 소리를 지르거나 자신이 그린 그림을 찢는 등 다양하게 표현하는 방법이 있다. 적절하게 놀이치료를 개입하였을 때는 이러한 목표에 도달할 가능성이 높아 성공적일 수 있다. 두 번째 목표로 빌리는 일 년 동안 3번은 분노를 자기 주장의 형태로 표현할 수 있어야 한다. 다시 말하면 이러한 목

표 12.3 교육/행동계획안 예시

단기 목표	숙련 수준	평가 과정
1년의 평가 기간 동안 빌리는 상담사와 일주일에 1번씩 부정적인 감정을 적절하게 표현한다.	80%	상담자 관찰, 아동과의 대화 (회의)
1년의 평가 기간 동안 빌리는 교실에서 3번씩 자기 주장 선언을 통해 분노를 적절하게 표현한다.	80%	교사의 관찰

표를 성취하는 것은 때로는 빌리에게도 적절하게 자신을 표현하는 것을 깨닫게 하는 데 이로울 것이다. 이러한 목표를 달성하기 위해서 교사는 아동의 행동을 관찰하고 빌리가 하는 긍정적인 행동을 알아차리고 격려해 주는 것이 필요하다. 놀이치료자가 행동적인 언어를 구사하는 것을 배우는 것은 놀이치료를 행동에 중점을 두는 학교 문화의 일반적인 운영기준에 통합하도록 도울 수 있고, 이는 제약이 있는 환경에서 아동에게 인간적인 선택을 제공하는 데 이바지한다.

결론

학교에서 놀이치료를 하는 것은 도전이 될 수 있으나 놀이치료자는 놀이치료가 필요한 아동에게 온종일 개입이 가능하다는 드문 기회를 제공받는다. 학교 놀이치료자는 아동을 놀이치료에 일관성 있게 참석하게 하는 부모의 능력이나 부모 상담 참여 여부에 의존하지 않는다. 그 대신 학교 놀이치료자는 아동이 하루에 6~8시간을 보내는 학교라는 기존의 환경에서 아동에게 필요한 정신건강 서비스를 제공하기 위한 자연스러운 환경을 활용한다. 학교는 아동을 돕기 위해 놀이치료자에게 자신의 신념과 임상을 교육적, 심리적, 행동적, 그리고 정서적 지원을 전달하는 체계적 방법으로 통합할 수 있는 팀 접근을 제공한다. 아동은 학교 환경에서 자기 존중의 발달을 도모하는 놀이치료 프로그램에 참여할 수 있다. 학교 놀이치료자는 때로 아동의 개인적 요구가 무시될 수 있는 환경 안에서도 치료적 관계의 중요성을 통하여 변화를 위한 필요충분 조건을 제공하는 매우 특별한 위치를 가진 사람이다.

참고문헌

American Counseling Association, American School Counselor Association, National Association of School Psychologists, & School Social Work Association of America. (2006). *Removing barriers to learning and improving student outcomes: The importance of school-based mental health services.* Retrieved from American Counseling Association website: http://www.counseling.org/PublicPolicy/TP/ResourcesForSchoolCounselors/CT2.aspx?

American School Counselor Association. (2005). *The ASCA national model: A framework for school counseling programs* (2nd ed.). Alexandria, VA: American School Counselor Association.

Axline V. (1949). Mental deficiency: Symptom or disease? *Journal of Consulting Psychology, 13,* 313–327.

Blanco, P. (2010). Impact of school-based child-centered play therapy on academic achievement, self-concept, and teacher-child relationships. In J. Baggerly, D. Ray, & S. Bratton (Eds.), *Child-centered play therapy research: The evidence base for effective practice* (125–144). Hoboken, NJ: Wiley.

Bratton, S. (2010). Meeting the early mental health needs of children through school-based play therapy: A review of outcome research (17–58). In A. Drewes, & C. Schaefer (Eds.), *School-based play therapy* (2nd ed). Hoboken, NJ: Wiley.

Committee on School Health. (2004). School-based mental health services. *Pediatrics, 113*(6), 1839–1845.

Dulsky, S. (1942). Affect and intellect: An experimental study. *The Journal of General Psychology, 27,* 199–220.

Fall, M., Balvanz, J., Johnson, L., & Nelson, L. (1999). The relationship of a play therapy intervention to self-efficacy and classroom learning. *Professional School Counseling, 2,* 194–204.

Fall, M., Navelski, L., & Welch, K. (2002). Outcomes of a play intervention for children identified for special education services. *International Journal of Play Therapy, 11*(2), 91–106.

Foster, S., Rollefson, M., Doksum, T., Noonan, D., & Robinson, G. (2005). *School mental health services in the United States, 2002–2003.* DHHS Pub. No. (SMA) 05-4068. Rockville, MD: Center for Mental Health Services, Substance Abuse and Mental Health Services Administration.

Garza, Y., & Bratton, S. (2005). School-based child-centered play therapy with Hispanic children: Outcomes and cultural considerations. *International Journal of Play Therapy, 14,* 51–71.

Gilliam, W. (2005). *Prekindergartens left behind: Expulsion rates in state prekindergarten programs* (FCD Policy Brief Series 3). Retrieved from Foundation for Child Development website: http://www.fcd-us.org/usr_doc/ExpulsionCompleteReport.pdf

Landreth, G. (2002). *Play therapy: The art of the relationship* (2nd ed). New York:

Brunner-Routledge.

Mellin, E. A. (2009). Responding to the crisis in children's mental health: Potential roles for the counseling profession. *Journal of Counseling & Development, 87,* 501–506.

Mundy, L. (1957). Therapy with physically and mentally handicapped children in a mental deficiency hospital. *Journal of Clinical Psychology, 13,* 3–9.

Muro, J., Ray, D., Schottelkorb, A., Smith, M., & Blanco, P. (2006). Quantitative analysis of long term play therapy. *International Journal of Play Therapy, 15,* 35–58.

National Center for Children in Poverty. (2006). *Children's mental health: Facts for policymakers.* Retrieved from National Center for Children in Poverty website: http://www.nccp.org/publications/pub_687.html

Newcomer, B., & Morrison, T. (1974). Play therapy with institutionalized mentally retarded children. *American Journal of Mental Deficiency, 78,* 727–733.

Ray, D. (2007). Two counseling interventions to reduce teacher-child relationship stress. *Professional School Counseling, 10,* 428–440.

Ray, D., Blanco, P., Sullivan, J., & Holliman, R. (2009). Child-centered play therapy with aggressive children. *International Journal of Play Therapy, 18,* 162–175.

Ray, D., & Bratton, S. (2010). What the research shows about play therapy: Twenty-first century update. In J. Baggerly, D. Ray, & S. Bratton (Eds.), *Child-centered play therapy research: The evidence base for effective practice* (3–33). Hoboken, NJ: Wiley.

Ray, D., Henson, R., Schottelkorb, A., Brown, A., & Muro, J. (2008). Impact of short-term and long-term play therapy services on teacher-child relationship stress. *Psychology in the Schools, 45,* 994–1009.

Ray, D., Schottelkorb, A., & Tsai, M. (2007). Play therapy with children exhibiting symptoms of attention deficit hyperactivity disorder. *International Journal of Play Therapy, 16,* 95–111.

Rones, M., & Hoagwood, K. (2000). School-based mental health services: A research review. *Clinical Child and Family Psychology Review, 3*(4), 223–241.

Schottelkorb, A., & Ray, D. (2009). ADHD symptom reduction in elementary students: A single case effectiveness design. *Professional School Counseling, 13,* 11–22.

Schumann, B. (2010). Effectiveness of child-centered play therapy for children referred for aggression. In J. Baggerly, D. Ray, & S. Bratton (Eds.), *Child-centered play therapy research: The evidence base for effective practice* (193–208). Hoboken, NJ: Wiley.

Shmukler, D., & Naveh, I. (1985). Structured vs. unstructured play training with economically disadvantaged preschoolers. *Imagination, Cognition, and Personality, 4*(3), 293–304.

Siegel, C. (1970). The effectiveness of play therapy with other modalities in the treatment of children with learning disabilities (Doctoral dissertation, Boston University, 1970). *Dissertation Abstracts International, 48,* 2112.

Chapter 13

지역사회와
개인 상담센터에서의 놀이치료

놀이치료는 여러 가지 다양한 임상 현장에서 활용되는 정신건강 양식 중 하나이다. 다양한 현장의 모든 부분을 망라하는 것은 이 책에서 논의하고자 하는 영역을 넘어서기 때문에 이 장에서는 지역사회와 개인 상담센터에 대해서만 언급하고자 한다. 놀이치료자는 아동뿐 아니라 성인도 상담해야 하는 환경에서 일한다. 놀이치료는 종종 법적·의학적 자문과 같은 다양한 서비스가 제공되는 환경에서 이루어지기도 한다. 놀이치료자는 아동을 돕기 위해 효과적 방안을 제공하는 조직적인 토대 안에서 일을 하며 환경을 구조화할 것을 요구받는다. 아동중심 놀이치료는 철학적으로 의학적 모델이 치료 개입으로 사용되지 않는 환경에 더 잘 일치한다. 그러나 현실적으로는 CCPT 치료자들도 진단하고, 치료 계획을 만들고, 행동적인 결과에 따라 치료를 모니터링하도록 요구되는 상황에서 일할 것이다. CCPT 치료자는 의학적 모델의 방법으로 치료하는 것에 동의하지는 않을지라도 인본주의에 기반한 원리와 실제를 의학적 모델의 보고서 형식과 어떻게 통합할 수 있는지를 이해함으로써 궁극적으로 아동을 옹호할 수 있다.

환경

제5장에서 놀이치료실에 필요한 공간과 놀잇감에 대해 다루었다. 지역사회 환경에서 일하는 놀이치료자는 놀이치료실 외에도 대기실, 가족 놀이치료실, 평가 실시를 위한 공간, 화장실, 그리고 내담자 파일을 보관하는 공간 등 여러 방면에 대해 생각하여야 한다. 단순히 성인 상담만 하는 공간을 만드는 것에 비하면 놀이치료를 하기 위해서는 면밀하게 고려해야 할 것들이 있다.

대기실. 대기실은 대부분의 정신건강 센터의 가장 기본이 되는 공간이다. 일반적으로 성인을 위한 공간으로 편안한 의자, 램프, 잡지들을 구비한다. 놀이치료를 위한 대기실을 마련하는 데는 다음과 같이 고려해야 할 사항이 있다. 대기실은 아동에게 놀이치료 회기 전이나 부모가 부모 상담을 하는 동안 편안하고 흥미를 느낄 만한 공간이어야 한다. 놀잇감은 유아에서 청소년 전기에 이르기까지 다양하게 제공되어야 한다. 그러나 가짓수와 특별함에 대해서는 제한이 필요하다. 만약 대기실에 놀이치료실에는 구비되어 있지 않은 매우 흥미진진한 놀잇감들이 많다면 아동이 놀이치료실에 들어오는 것이 어려워질 수도 있다. 대기실이 많은 아동으로 붐빌 때 텔레비전에 다시보기 기능이 있다면 유용하게 사용될 수 있다. 아동이 시청할 때는 일반적인 채널이 아닌 아동의 연령대에 맞는 프로그램을 보여 주도록 한다. 뉴스나 어떤 특정한 광고 영상 또는 쇼 프로그램을 틀어 놓는 것은 아동에게 방해가 될 수 있다. 아동이 활용할 수 있도록 다시보기 버튼은 잘 표시되어 있어야 하나 가장 이상적인 것은 부모가 상담 중일 때 베이비시터를 두거나 봉사자가 아동과 함께 있도록 한다. 현실적으로 놀이치료자가 이렇게 하기 어려울 때는 양방경을 설치하여 부모가 상담실에 있으면서도 대기실에 있는 아동을 감독하게 할 수 있다.

놀이치료자는 대기실의 크기와 구조화를 중요하게 고려해야 한다. 너무 작은 공간은 부모나 아동에게 답답하고 불편하게 느껴지며 아동이 움직이기에 제한이 있다. 특히 너무 크고 개방되어 있는 공간도 주의를 요한다. 많은 경우 놀이치료에 오는 아동은 움직임과 소리, 공간에 예민하다. 아동은 너무 크고 개방되어 있는 공간에 있을 때 불안해하거나 혼란스러움을 경험할 수도 있다. 사람들의 대화나 텔레비전 소리가 크고 여러 아동이 한꺼번에 대기실로 들어온다면 아동은 소란스럽게 하거나 방어적인 행동을 보이기도 한다. 극단적으로 예민한 아동은 환경이나 다른 아동에게 공격적인 행동을 보이는 반응을 할 수도 있다. 입구와 출구가 명확한 공간이 대기실로는 가장 적당하다.

　대기실과 관련된 마지막 고려사항은 상황에 제약받지 않고 기다릴 수 있는 시간이 어느 정도인가 하는 것이다. 아동은 명확하게 공간과 움직임에 대한 욕구가 있다. 아동이 오랜 시간 동안 제약을 받아야 한다면 당연히 부정적으로 반응할 것이다. 필자의 상담센터에서는 아동과 부모 모두가 안정되고 수용받고 환영받는 환경을 제공하려고 애쓴다. 그 결과로 어떤 부모님은 일찍 도착하기도 하고 회기가 끝나고도 더 남아 있다 가기도 한다. 개인적으로 전화를 하거나 아동이 대기실에서 놀고 있을 때 책을 읽거나 센터 직원과 이야기를 한다거나 하는 것이 전형적인 모습이다. 또한 놀이치료자가 놀이치료 이후에 부모 상담을 한다든지 형제들을 곧바로 상담하는 일정을 잡기도 한다. 아동은 부모가 상담 중인 경우에도 대기실에서 한 시간 또는 그 이상을 기다리게 되기도 한다. 필자의 경험에 의하면 아동은 성공적으로 기다릴 수 있는 시간은 30분 정도이다. 이 시간이 지난다면 당연히 아동의 발달 단계가 그러하듯이 지루해하거나 안절부절하고 가만히 있지 못할 것이다. 치료자는 아동이 대기실에서 기다리는 시간이 최소한이 되도록 하고, 부모가 좀 더 도움이 필요하거나 휴식시간이 필요하다고 파악된다면 이 문제는 부모 상담 시간에 다루어져야 한다.

　상담실.　놀이치료를 하는 치료자는 아동 상담을 할 때 여러 가지 치료를 위한 다양한 공간이 필요하다. 3~10세 정도의 아동에게 적합한 놀이치료실이 구비되어야 한다. 연령이 낮은 아동을 위한 놀이치료실과 연령이 높은 아동을 위한 활동치료실을 모두 구비할 수 있는 놀이치료자는 참으로 행운이다. 이 밖에 심리 평가를 실시할 수 있는 공간을 갖추도록 추천한다. 자극적인 자료나 벽에 그림이 많이 붙어 있는 공간은 심리 평가 시 오히려 방해가 될 수 있기 때문이다. 놀이치료자가 인지적 또는 심리적 평가를 실시해야 할 때도 있는데 책상과 의자가 구비된 작은 방도 이런 경우에는 유용하다. 놀이치료자는 적어도 방 하나는 부모 상담이나 가족치료를 할 수 있도록 마련하는 것이 좋다. 놀이치료실은 가족치료를 할 때 적당하지 않을 수도 있는데 가족이 제공된 구조적인 활동에 참여할 때 놀잇감들이 아동의 집중을 방해할 수 있기 때문이다. 가족치료에는 의자가 있거나 바닥에 앉을 공간이 충분하고 미술활동들을 벽에 붙여서 함께해 볼 수 있는 큰 공간이 가장 적당하다. 놀이치료자 슈퍼바이저라면 양방경이 있거나 회기가 녹화될 수 있는 환경이 필요하다.

화장실. 다른 치료를 할 때와는 다르게 놀이치료자는 화장실에 대해 각별히 고려해야 한다. 화장실은 놀이치료실 근처에 있어야 한다. 아동은 많은 경우 정말 급한 순간에 이르기까지 화장실에 갈 필요에 대해 잘 인식하지 못하기도 한다. 화장실은 놀이치료실에서 쉽게 갈 수 있는 곳에 있어야 한다. 가장 이상적인 것은 화장실이 딸려 있는 방을 놀이치료실로 선택하는 것이지만 때로는 복도에 있는 화장실이 선택할 수 있는 유일한 것일 수도 있다. 화장실 안에 있는 기구들도 고려되어야 하는데, 예를 들면 불을 켜고 끄는 스위치나 손을 씻고 비누와 휴지를 사용할 때 성인의 도움이 없이도 아동이 스스로 할 수 있어야 한다. 화장실 안에는 변기를 위한 칸막이가 있어서 치료자가 아동을 화장실 안까지 데려다줄 수 있어야 한다. 한 공간에 변기와 세면대가 함께 있는 것은 치료자가 밖에서 기다려야 하므로 3~5세의 아동을 상담할 때는 바람직하지 않다. 놀이치료자는 아동이 화장실에 갈 때 부모에게 도움을 요청할 것인지 아닌지에 대해 개별적으로 결정해야 한다. 회기 중간에 아동을 화장실에 데리고 가는 것뿐 아니라 아동이 부모를 만나 도움을 받고 다시 부모와 떨어져서 회기에 들어가는 것 모두 방해의 요소가 될 수 있다. 부모에게 도움을 요청하는 것은 아동이 치료자와 반대의 성별일 때는 빈번하게 발생하며 이것은 가장 적합하다고 보여진다.

파일 저장 공간. 모든 정신건강 전문가가 그렇듯이 놀이치료자도 내담자의 파일을 보관하기 위해 안전하고 비밀이 보장되는 장소를 가지고 있어야 한다. 내담자 파일은 다른 사람들이 볼 수 없도록 잠겨 있어야 한다. 근무시간 외에 용역 청소원들이 청소를 하는 사무실이라면 놀이치료자는 파일 캐비닛이 잠겨 있는지 꼭 확인해야 한다. 성인 상담과 비교할 때 아동 상담에서 특별히 고려해야 하는 것은 파일을 보관하는 공간이 더 넓을 필요가 있다는 것이다. 주 법(state law)에 따라 다르지만 어떤 치료자는 아동의 18세 생일이 지나고도 특정한 기간 동안 아동 상담 기록을 보관해야 하는 곳도 있다. 즉 대부분의 아동 상담자들은 거의 20년 이상 기록을 보관해야 한다는 뜻이고 이는 당연히 공간의 부족을 초래할 수 있다. 기술 면에서 숙련된 놀이치료자는 컴퓨터 기록(digital record)을 많이 사용하기도 하는데, 이는 기록 보관 문제에 있어서 도움을 주지만 타인에 노출되거나 기록 유실로부터 보호하기 위한 차원에선 고려사항을 숙지

해야 한다.

놀이치료 임상 마케팅

놀이치료 임상에 대한 마케팅은 일반인들에게 놀이치료가 무엇이고 그것이 어떻게 유익한 것인지에 대해 교육하는 것이 포함된다. 테크놀로지는 놀이치료자가 정보를 공유하도록 도울 수 있는 다양한 도구를 검소하거나 비싸지 않게 제공한다. 놀이치료자는 지역사회 강연과 광고뿐 아니라 소셜 네트워크 서비스나 인터넷 마케팅과 같은 현대적인 방법을 사용하기 원할 것이다.

강연과 워크숍. 지역 마케팅을 위한 가장 좋은 방법은 소속된 지역사회에서 강연하는 것이다. 이러한 강연은 놀이치료자와 미래의 내담자 간의 개인적인 상호작용을 가능하게 한다. 이들은 또한 놀이치료자가 놀이치료 분야의 전문가로 인식되도록 하는 기회를 제공한다. 수많은 단체가 특히 양육과 관련된 분야의 저명한 연사들을 찾곤 한다. 강연의 기회를 찾는 놀이치료자라면 강연 주제를 간단한 개요와 함께 목록을 만들어 놓기를 추천하는 바이다. 놀이치료자가 단체에 연관된 지역사회 회원들을 만난다면 고려해 볼 만한 주제 목록을 전해 줄 수 있다. 교회, 학교, 어머니 집단, 남성 동호회, 상공회의소 등과 같은 단체는 미래의 연설 장소가 될 수 있다. 창의성이 마케팅에 있어서 중요한 부분이다. 예를 들면, 체중조절 지원 집단에서 놀이치료자는 과식으로 이끄는 부모의 스트레스를 어떻게 줄일 수 있는가에 대한 간단한 세미나를 제공할 수도 있다.

개인적인 네트워킹. 개인 놀이치료 센터를 시작할 때 치료자는 먼저 아동과 관련되어 있는 지역사회 구성원들을 만나기 원할 것이다. 선물 바구니를 지역사회 소아과에 가져 가는 것은 병원 직원들을 만나는 하나의 좋은 방법이며 담소를 위해 잠시 머무를 수 있는 이유가 된다. 아동과 관련된 다른 지역사회 구성원은 어린이집 교사들, 학교 행정 직원, 놀잇감 상점 관리자, 치과 의사, 치과교정 전문의, 작업치료자, 비디오 게임 소매업자 등이 포함된다. 놀이치료의 의뢰에 있어서 특히 도움이 되는 사람들은 지역사회의 학교 상담사 집단이다. 학교 상담사들은 의뢰가 가능한 자원에 대해 지속적인 필요를 느낀다. 만약 어느 놀이치료자가 평판이 좋은 전문가라고 느껴진다면 그들은 열정적으로 부모를 치료자에게 보낼 것이다.

　　안내서와 전단지 마케팅 방법.　놀이치료자는 꽤 많은 돈을 안내 자료에 투자한다. 인터넷을 사용하는 것이 비싸지 않게 광고하는 방법이 되기도 하지만, 냉장고에 붙이거나 꽂아 놓을 수 있는(뭔가를 기억하기 위해 여전히 부모가 많이 사용하는 일반적인 방법) 안내서는 실제적으로 손에 잡히는 마케팅 도구이다. 안내서나 전단지에 놀이치료자는 임상 영역(scope of practice)에 대해 구체적으로 기술해야 한다. CCPT 치료자는 아동중심 철학에 적합한 정의를 제공할 뿐 아니라 부모에게 도움이 될 수 있도록 구체적으로 적도록 한다. 꼬리표 붙이기(label)와 진단에 의해 주도되는 문화이기 때문에 CCPT 놀이치료자는 자신의 서비스가 부모의 주호소 문제에 도움을 줄 수 있다는 것을 부모가 이해하도록 명확히 할 필요가 있다. 예를 들어, 잘 고안된 안내서는 치료자가 효과적인 개입을 제공할 수 있는 주의집중 어려움, 공격성, 우울과 같은 분야의 구체적인 주호소 증상들을 기술하고 있어야 한다. 놀이치료학회(Association for Play Therapy, APT)는 놀이의 목적, 놀이치료의 효과, 그리고 놀이치료가 유익했던 구체적인 문제를 설명한 자료를 웹사이트[1]에서 제공하고 있다. APT가 아동중심을 기반으로 하고 있지는 않지만 놀이치료자는 이런 자료를 기초로 해서 마케팅을 위해 자신만의 자료를 만들 수 있다.

　　비디오와 웹사이트 마케팅.　현대 기술은 디지털 도구를 사용해서 놀이치료자가 놀이치료에 대해 설명하고 놀이치료가 무엇인지를 알릴 수 있도록 돕는다. 대다수의 놀이치료실과 센터들은 웹사이트로 자신의 센터에 대해 광고하며 미래의 내담자들에게 많은 정보를 제공한다. 필자의 클리닉에서는 행정직원과 일부의 치료자들이 놀이치료에 대하여 설명하도록 교육하는 것에 있어서 어려움을 겪어 보았기 때문에 아동과 부모에게 놀이치료에 대해 소개할 수 있는 방법이 필요했다. 필자는 놀이치료를 설명할 목적으로 짧은 영상을 만들었는데 이는 일반적으로 놀이치료에 대해 마케팅할 때 도움이 되는 도구가 된다는 것을 깨달았다. 이 영상의 제작은 짧은 스크립트와 필자 남편의 미술 분야의 재능, 비디오 카메라의 사용, 그리고 필자의 컴퓨터에 이미 장착되어 있던 소프트웨어를 활용하였다. 첫 번째 것은 **부모를 위한 놀이치료 소개 영상**인데 아동중심 놀이치료에서 무슨 일이 일어나며 이것이 아동에게 어떻게 도움이 되는지에 대한 간단

1　http://www.a4pt.org/ps.playtherapy.cfm

한 설명이다. 부모를 위한 놀이치료 소개 영상[2]은 유튜브에서 찾아볼 수 있다. 두 번째 것은 **아동을 위한 놀이치료 소개 영상**인데, 첫 번째 부모 상담 후 아동에게 놀이치료를 시작하기 직전에 놀이치료를 소개하기 위해 제작된 것이다. 아동을 위한 놀이치료 소개[3]는 유튜브에서 찾아볼 수 있다. 〈표 13.1〉과 〈표 13.2〉에 두 영상에 대한 스크립트를 적어 놓았다. 이 장에서 두 영상에 대한 논의를 하는 것은 다음과 같은 두 가지의 목적이 있다. 첫째는 테크놀로지에 대한 광범위한 자원 없이 적은 기술적 지식만 갖고도 놀이치료를 마케팅할 수 있다는 것을 보여 주기 위함이다. 둘째는 이 영상들은 놀이치료자가 놀이치료를 소개하고자 할 때 자신의 웹사이트에 링크로 사용하도록 하기 위함이다. APT 역시 놀이치료자가 도움을 받고 활용할 수 있는 전문적인 영상을 제작하였다. 그 영상은 웹사이트[4]에서 볼 수 있다.

　인터넷 네트워킹.　네트워킹 웹사이트는 놀이치료자에게 중요한 자원이 된다. 그것은 적은 자원을 가지고도 자신의 센터를 마케팅할 수 있는 방법을 제공한다. 내담자가 될 가능성이 있는 사람들이나 의뢰를 하는 사람들은 인터넷에 접속하는 것이 가능할 뿐 아니라 사회적으로 전문적인 네트워킹 사이트를 통하여 의사소통한다. 놀이치료자가 자신의 자격이나 개인의 센터에 관하여 마케팅할 수 있는 사이트는 무한한 듯하다. Psychology Today[5]는 치료자를 위한 디렉토리를 제공하는데 여기에 치료자는 자격과 치료에 대한 자신의 방향성에 대해 기입해 놓을 수 있다. 전문가들이 사용할 수 있는 인기가 있으면서도 치료자가 많이 사용하는 전문적 네트워킹으로 적절해 보이는 것은 LinkedIn[6]이다. 사회적 네트워킹은 Facebook 사이트[7]가 대표적이고, 많은 비지니스들은 Facebook을 마케팅의 용도로 사용한다. 그러나 사회적 네트워킹은 비밀보장을 보호받지 못하는 내담자와 상담자 간의 의사소통을 초래할 수도 있기 때문에 놀이치료자는 사회적 네트워킹 사용의 제한을 고려해야 한다.

2　http://www.youtube.com/watch?v=Onn_qF4pZ9Q

3　http://www.youtube.com/watch?v=fmKxvTtSWoc

4　http://www.a4pt.org/why.cfm

5　http://www.psychologytoday.com

6　http://www.linkedin.com

7　http://www.facebook.com

표 13.1 부모를 위한 놀이치료 소개 영상 스크립트

안녕하세요. 저는 디 레이 박사입니다. 저는 놀이치료자이고요, 놀이치료에 대해 잠시 말씀드리고 싶습니다.

아마 여러분의 자녀에 대해 걱정하고 계실지도 모르겠네요. 아이가 슬퍼하거나 화를 내거나 혼란스러워할 수도 있겠죠. 아니면 당신이 이해할 수 없는 일들을 하고 있을 수도 있고요.

저희는 아동이 놀이를 통해 자신의 감정 또는 걱정을 표현한다고 믿습니다. 여러분이 자신의 감정을 이야기로 풀어내듯이 아동은 놀이를 통해서 감정을 표현합니다.

놀이치료자는 당신을 만나 당신 자녀의 문제에 대해 나눌 것이며 놀이치료에 대해 설명할 것입니다.

그리고 나서 놀이치료자는 매주 당신의 자녀를 놀이치료실에서 만날 것입니다.

놀이치료실에서 놀이치료자는 자녀의 감정을 반영하고 자녀가 긍정적인 자기주도성을 개발하도록 도울 것이며, 대처 기술을 구축하기 위해 부적절한 행동은 제한을 설정할 것입니다.

놀이치료자는 이와 같은 것들을 행함으로써 당신의 자녀가 자신의 감정을 본인에게 실질적으로 도움이 되는 수용적인 방법으로 표현하는 것을 배우도록 돕게 됩니다. 그러는 사이에 당신은 자녀의 행동이 변화하는 것을 보게 될 것입니다.

놀이치료를 얼마나 오랫동안 해야 하는지에 대해서 알 수 있는 방법은 없습니다. 아동마다 다르기 때문입니다. 치료가 어떻게 진행되는지 어떤 진보가 이루어지는지를 공유하기 위해 놀이치료자는 지속적으로 당신에게 최신 정보를 제공할 것입니다.

당신은 언제든지 도움을 받고 싶은 영역이나 어려움들에 대해 나누기 위해 놀이치료자와 만나자고 요청하실 수 있습니다.

만약 질문이 있다면 꼭 놀이치료자에게 물어보시기 바랍니다.

놀이치료에서 곧 당신을 만날 수 있기를 바랍니다.

행정적 과업

진단.   진단은 내담자를 명명하려고 고안된 방법이며 사람으로서의 내담자의 가능성을 제한하고 내담자를 증상의 복합체로만 보게 하기 때문에 CCPT는 진단의 사용을 지지하지 않는다. 그러나 앞에서 언급되었듯이 CCPT 치료자는 정신건강 분야에서 보편적으로 사용되고 있는 의학적 모델에 대한 현실을 부인하는 꿈의 세계에서 일하고 있지는 않다. 그러므로 어떤 환경에서는 CCPT 치료자도 진단하도록 요구받을 것이다. 많은 CCPT 치료자가 의학적 모델을 벗어나 보험을 통한 상환 체계를 활용하지 않

표 13.2 아동을 위한 놀이치료 소개 영상 스크립트

안녕! 내 이름은 디란다. 나는 놀이치료자야. 놀이치료에 대해서 잠깐 이야기하고 싶어.

너는 어느 때는 행복하고 또 어느 때는 슬프기도 하고 화가 나기도 하지.

때로는 문제를 일으키는 일을 하는데 왜 그러는지 사실 모르기도 하고 말이야.

너는 놀이를 할 때 기분이 좋아지기도 해.

놀이치료에 오면 너는 아이들을 위해 마련된 공간에 오게 될 거야.

너는 거기서 어른 한 사람을 만날 텐데 그 사람이 너의 놀이치료자란다.

너의 놀이치료자와 함께 놀잇감이 많은 방으로 갈 거야.

그 놀이치료실에서 너는 놀잇감을 가지고 네가 원하는 여러 가지 방법으로 놀 수 있단다.

너의 놀이치료자는 너와 함께하면서 같이 놀거나 이야기를 나누려는 사람이란다. 놀고싶은지 이야기 나누고 싶은지는 너가 결정할 수 있어.

우리는 놀이치료실에서는 그 시간을 '특별한 놀이시간'이라고 부른단다.

나는 놀이치료가 너의 기분을 더 좋게 할 것이라고 믿는데 왜냐하면 너는 거기서 놀 수 있고, 너에게 관심이 있는 사람과 함께하며, 무엇을 하고 싶은지도 선택할 수 있기 때문이란다.

놀이하는 것이 어느 때는 재밌고 또 어느 때는 진지할 수도 있는데 그건 네가 결정할 수 있단다.

나는 네가 놀이치료에서 안전하다고 느낄 거라고 생각된단다. 만약 이해가 잘 안 되는 부분이 있다면 꼭 놀이치료자에게 물어보렴.

놀이치료에서 곧 만나자!

고 내담자를 만날 수 있는 센터를 만들기도 한다는 사실에 주목할 필요가 있다. 비록 그들이 매우 성공적이고 이러한 선택이 치료자의 신념 체계에 부합함에도 불구하고, 부유한 내담자들이 전형적으로 보험을 사용하지 않고도 정신건강 서비스를 받는다는 현실은 가난한 내담자들에게는 선택의 여지가 별로 없이 보험을 통하여 도움을 구하는 결과를 초래한다.

CCPT 치료자의 진단에 대한 접근은 내담자를 위한 서비스가 가능해지기 위해 요구되었을 때만 수행된다. 그러므로 진단은 치료적 관계에 거의 영향을 주지 않는 행정적인 과업으로 분류된다. 놀이치료자가 진단에 반대할지라도 진단을 요구하는 환경에서 일한다면 치료자도 그와 관련된 지식을 가지고 있어야 한다. 진단에 대한 접근은 각각의 사례에 대해 최소한의 규제와 최대한의 묘사적 진단이 가능한 것을 찾는 것이다. 아동 상담에서 치료자는 적응장애나 임상적 주의를 요하는 다른 조건들과 같은 발달적으로 적합한 진단을 찾고자 한다. 아동을 상담할 때는 진단 선택의 기저가 되는 성장에 대한 가정이 있어야 한다. 예를 들어, 필자는 정신건강 영역에 입문하려는 상담자들을 준비시키는 훈련 환경에서 일한다. 진단은 훈련의 한 파트로서 요구되고 모든 내담자에게 사용되지만 필자는 슈퍼바이지들이 진단을 정확하게 사용하도록 격려한다. 만약 아버지가 감옥에 간 것에 대해 어떻게 반응할지 걱정하여 어머니가 아들을 놀이치료에 보냈고 아동에게는 딱히 문제가 될 만한 증상이 없다면 축 I과 II에는 '진단 없음'이라고 기입한다. 아동의 어머니가 예방적인 차원으로 도움을 구하는 것은 격려받을 일이지만 부모의 걱정 때문에 아동을 진단할 필요는 없다.

치료 계획. 대부분의 의학적 모델의 과업에서 그렇듯이 치료 계획은 CCPT 치료자에게 어려움을 줄 수 있다. 치료자는 진단, 치료 기간의 예측, 보고된 증상, 그리고 내담자를 위한 목표를 제공하는 치료 계획을 개발해야 한다. 성인을 상담할 때 인간중심 상담자는 계획에 따라 내담자와 협력함으로써 이 문제에 대해 어느 정도의 존중을 가지고 접근할 수 있다. 그러나 아동을 상담할 때 이 부분은 아동이 알지도 못하고 이해도 없을 뿐 아니라 아동으로부터의 피드백도 거의 없이 수행되는 부분이다. 놀이치료자는 부모의 주호소 문제를 보고하고, 아동이 쉽게 도달할 수 있을 것으로 예상되는 목표를 설정하며, 그리고 가장 적절한 개입으로 CCPT에 대한 근거를 제공함으로써 치료 계획을 개발시킨다. 〈그림 13.1〉은 일곱 살 남아를 위한 치료 계획의 예를 제공한다. 이 치료 계획의 형식은 Wiger(2009)가 제공했던 형식을 수정한 것이다.

〈그림 13.1〉의 예를 보면, 조셉 모렐스는 놀이치료실에 오기 3개월 전에 있었던 여동생의 죽음 때문에 의뢰되었다. 조셉의 어머니는 조셉이 일상에서 만나는 모든 사람에게 동생의 죽음에 대한 이야기를 반복적으로 하여 많이 걱정하고 있었다. 동생의 죽음 이후로 조셉은 좌절에 대해 낮은 인내력을 보였다. 만약 놀잇감이 원하는 대로 움직이지 않으면 쉽게 화를 내고 포기하며 소리를 지르거나 놀잇감을 던져 버린다. 또한 화가 나면 일주일에 몇 번씩 자기 머리를 벽에 박는 행동을 한다. 이렇게 보고된 문제들은 치료 계획 형식에 각각 주호소로서 기재된다. 치료자는 죽음에 대해 반복적으로 이야기하는 것도 보고된 주호소로서 기입하였다. 그러나 이것은 조셉의 자연스러운 애도 방법일 수 있기 때문에 문제로서 개념화되지 않아야 한다. 이러한 인정을 토대로 치료 계획은 조셉이 반복적으로 죽음에 대해 이야기하는 행동을 뿌리뽑는 것이 아니라

치료 계획서

아동 이름 : 조셉 모렐스　　　　생년월일 : 2004. 2. 4　　　　　날짜 : 2011. 3. 9

주호소 문제 : 동생의 죽음, 자기 상해를 초래하는 정서 상태　　　　치료자 : 디 레이

축 I : V62.82 사별　　　　　　　　　　　　　　축 II : 없음

필요한 서비스 :

예상되는 회기 횟수

개입	1~2	3~7	8~10	11~20	21~40	41+
평가						
X　개별					X	
X　부모 상담			X			
부모-자녀 관계치료						
X　가족		X				
집단						
기타						

문제/부모의 주호소	목표/목적	치료 개입
동생의 죽음에 대한 반복적인 이야기	• 놀이활동에 비언어적으로 참여 • 놀이나 언어화를 통한 치료자와의 상호작용 • 죽음에 대한 이야기를 반복하는 것을 넘어서서 놀이와 언어화를 통해 동생의 죽음에 대한 인식을 표현	• 개별 아동중심 놀이치료
낮은 인내심	• 활동할 때 실패를 견디는 능력이 증가되는 것은 다음의 증거로 나타남 – 놀이 회기에서 측정 가능한 활동의 시간 연장 – 가정에서 소리 지르거나 물건 던지기가 일주일에 1회로 감소	• 개별 아동중심 놀이치료 • 반영과 문제 해결과 같은 반영 기술을 부모에게 가르치는 부모 상담을 진행
화가 날 때 머리를 벽에 박음	• 머리 박는 사건을 0번으로 줄이기 – 현재 : 일주일에 3번 – 3개월 목표 : 일주일에 1번 – 6개월 목표 : 0번	• 개별 아동중심 놀이치료 • 제한 설정과 반영에 관련된 부모 상담 • 대안적인 가족 간의 의사소통 유형을 제공하기 위해 가족활동 회기 진행

본인은 상기 치료 개입 계획에 대해 치료자와 상의하였으며, 추천하는 전략을 이해하고 자녀의 치료 개입 계획에 적극적으로 참여할 것을 동의합니다.

부모/법적 보호자 서명 : 제시카 모렐스　　　　　　　날짜 : 2011. 3. 9

치료자 서명 : 디 레이, Ph.D., LPC-S, NCC, RPT-S　　　날짜 : 2011. 3. 9

그림 13.1 놀이치료 치료 계획 샘플

자신의 표현을 확장할 것이라는 한 가지 목표를 반영한다. 다른 두 가지의 주호소에 관해서는 쉽게 접근 가능한 목표를 기재한다. CCPT 치료자는 목표 설정에 대한 이와 같은 단순한 접근이 단지 행정적인 목적을 위한 것임을 깨닫는다. 조셉을 위한 진정한 목표는 그에게 발생했던 환경적 위기를 탐색하고, 경험이 부인되거나 왜곡됨 없이 인식되도록 허락하며 하나의 경험을 드러냄으로써, 이 경험을 자신에 대한 총체적인 관점으로 통합하도록 환경을 제공하는 것이다. 각 치료 전략은 CCPT의 활용이 포함되는데, 이것은 치료 계획의 목표뿐 아니라 치료의 진정한 목적을 성취하는 데 기여하게 된다. 또한 CCPT 치료자는 부모/자녀 관계의 강력한 영향력을 인정하고 부모가 관계적으로 유익한 방법으로 조셉에게 반응하는 것을 돕고자 여러 차례의 부모 상담을 제공할 것이다. 가족 회기들은 놀이치료자가 가족의 역동 안에서 활동하도록 함으로써 그들의 애도의 과정을 위한 안전한 환경을 제공한다.

회기 요약. 놀이치료 회기에서 활동의 수준은 다양한 언어적·비언어적인 의사소통과 깊은 관련이 있다. 놀이치료자가 한 주에 여러 차례의 놀이치료 회기를 갖는다면 회기 노트는 제시간에 하거나 정확하게 작성하기가 어려워질 수도 있다. 놀이치료자를 상기시키기 위해 즉각적으로 사용하도록 고안된 이 놀이치료 회기 요약(play therapy session summary)은 행정적인 기록을 유지하는 측면에서 도움을 준다. 〈그림 13.2〉는 대부분의 놀이치료 환경에 적합하도록 수정이 가능한 놀이치료 회기 요약의 샘플이다. 텍사스주립대학교의 Linda Homeyer 박사와 노스텍사스대학교의 Sue Bratton 박사는 놀이치료자를 돕기 위해 프롬트를 사용하는 놀이치료 회기 요약의 개념을 개발하였다. 이것은 기입할 때 DAP 접근을 따르는데 이는 자료(Data), 평가(Assessment), 그리고 계획(Plan)을 대표하는 머리글자이다(Wiger, 2009). 자료에는 새로운 환경적인 스트레스나 최근의 행동적 어려움을 포괄하는 부모가 보고하는 주호소 문제가 포함된다. 자료는 또한 개입 부분과 회기 사건에 대한 치료자의 관찰을 포함한다. 놀이치료에서 회기 사건은 아동의 언어화와 놀이행동을 포함한다. 평가는 목표를 향한 내담자의 진보와 함께 회기에 대한 치료자의 평가 또는 치료 역동을 포함한다. 마지막으로 계획에는 치료자의 다음 회기를 위한 시간 계획과 재안사항을 기재한다.

〈그림 13.3〉는 앞에서 언급한 치료 계획에서 예시로 제시되었던 조셉 모렐스에 대한 놀이치료 회기 요약을 작성한 예이다. 예시에서 볼 수 있듯이 회기 요약은 진단과 주호

놀이치료 회기 요약서

날짜 : _____ 회기 # _____ 시작 시간 : _____ 종료 시간 : _____ 회기당 시간 : _____

아동/연령 : _____ / _____ 치료자 : _____

진단/주호소 문제 : _____

I. 자료

치료 개입 : _____ 현재의 주호소 : _____

중요한 언어화 :

_____

제한 설정   구조화 :
아동 보호(신체적 및 정서적 안전) :   현실 평가 :
치료자 보호, 치료자의 수용감/관계 유지 :
치료실/놀잇감 보호 :

놀잇감/놀이행동

___망치/나무/목공일	___카메라/손전등
___모래상자/물/싱크	___의료기구/밴드
___극장/인형	___악기
___부엌/요리/음식	___게임/볼링/고리 던지기/공 등
___이젤/물감/칠판	___자동차/트럭/버스/구급차/비행기/배/타는 차
___편안한 의자/베개/이불/담요	___동물 : 가정용/동물원/악어/공룡/상어/뱀
___펀칭백/부드러운 방망이/기타	___군인/총/칼/검/수갑/밧줄
___옷입기 : 옷/천/신발/장신구/모자/마스크/요술방망이	___건설적 놀잇감/블록/방어벽
___공예/찰흙/색연필/기타	___모래상자/모래피겨
___인형의 집/인형 가족/우유병/노리개젖꼭지/아기인형	___기타 : _____
___금전등록기/돈/전화	

놀이에 대한 서술 : 놀이 시 놀이행동, 놀이의 연계성, 아동의 감정을 묘사하시오.

II. 평가

놀이 주제 : 주된 주제(들)에 동그라미 표시를 하시오.

탐색	관계	무능감	무력감
힘/통제	양육	보상	무망감
의존	애도와 상실	회복탄력	불안
복수	버려짐/유기	혼란/불안정	기타 : _____
안전	보호	완벽주의	
숙달	분리	통합	

개념화와 치료 진보 :

그림 13.2 놀이치료 회기 요약서

(계속)

III. 계획/제안점 : 제안점에 동그라미 표시를 하시오.

놀이치료 다음 약속   날짜/시간 : _____   부모 자원
부모 상담 다음 약속   날짜/시간 : _____   의학적 평가
가족 회기   심리 평가
형제 놀이치료   학교 자문
집단 놀이치료   전문가 자문
부모 자녀 관계치료   자료 요청
부모 개인 상담

_____ / _____
놀이치료자 서명(자격 기술)   날짜

그림 13.2 놀이치료 회기 요약서(계속)

소의 행동을 언급함으로써 치료 계획과 쉽게 일치된다는 것을 알 수 있다. 자료 아래
칸에는 CCPT를 개입의 방법으로 기재하고, 그날 치료자와 나누었던 조셉이 머리를
박는 것에 대한 어머니의 걱정이 기록된다. 중요한 언어화 부분은 아동, 치료자 또는
그 관계에서 아동에게 중요하다고 여겨지는 회기 동안에 아동이 했던 언어에 대해 기
록하는 것이다. 예를 들면, 조셉이 모래를 가지고 노는 동안 동생의 죽음에 대해 아무
런 감정도 나타내지 않고 이야기했던 것을 적는다. 중요한 언어화 다음에 치료자는 회
기 동안 제시되었던 제한을 기록한다. 조셉은 회기의 마지막 순간에 아버지를 위해 그
림을 그리고 싶어서 퇴실을 거부하였기 때문에 그 이전까지는 필요 없었던 제한이 이
때 설정되었다. 몇 번의 제한이 설정되었는지를 기록한다. 놀잇감/놀이행동 부분에는
놀이치료실에 있는 모든 놀잇감이 적혀 있다. 이 영역은 환경에 따라 수정될 수 있다.
조셉의 경우 각각의 놀잇감에 X 표시를 하였는데 이는 치료자에게 놀이치료실에서 일
어났던 기억을 상기시킨다.

　놀이치료자는 놀이에 대한 서술 부분에 놀이 회기에서 일어났던 실제적인 사건에 대
한 개요를 짧게 기록한다. 이 회기에서 조셉의 놀이는 모래상자 안에 있는 말(horse)에
몰입되어 있었다. 조셉은 말을 묻었고, 다른 동물들이 와서 그 말을 다치게 하려고 깨
물곤 했다. 소방차와 구급차가 말에게 왔을 때 어떻게 도울 수가 없어서 그냥 떠났다.
말은 회기 내내 모래 안에 갇혀 있었다. 조셉의 감정은 모래놀이를 하는 동안 묘사적이
었고 행복해 보였다. 5분 남았다는 알림에 아버지를 위해 뭔가를 만들고 싶었지만 시
간이 없다는 것 때문에 몹시 놀랐다. 조셉은 아버지를 위한 그림을 완성하기 위해 회

놀이치료 회기 요약서

날짜 : 2011. 4. 14   회기 # 5   시작 시간 : 4 : 30 p.m   종료 시간 : 5 : 20 p.m   회기당 시간 : 50분

아동/연령 : 조셉 모렐스/7   치료자 : 디 레이

진단/주호소 문제 : V62.82 사별/동생의 죽음

I. 자료

치료 개입 : 아동중심 놀이치료

현재의 주호소 : 어머니의 보고에 의하면 조셉은 지난 주 화가 났을 때 3번이나 머리 박는 행동을 하려고 해서 어머니가 이를 저지했다.

중요한 언어화 : 조셉은 동생의 죽음에 대해 아무렇지 않게 이야기했다. "내 동생이 수영장에 빠졌는데 나올 수 없었어요. 지금은 천국에 있어요. 내가 죽지 않도록 해주고 있어요."
치료자의 반영에 반응하지 않음

제한 설정
아동 보호(신체적 및 정서적 안전) :
치료자 보호, 치료자의 수용감/관계 유지 :
치료실/놀잇감 보호 :

(구조화): 조셉은 회기가 끝났을 때 떠나려 하지 않았다. 아버지를 위한 그림을 그리고 싶어 했다. 5번의 제한 설정. 그림을 다 그리고 나서야 치료실을 떠났다.

현실 평가 :

놀잇감/놀이행동

 X 망치/나무/목공일   ____카메라/손전등
 X 모래상자/물/싱크   ____의료기구/밴드
____극장/인형   ____악기
____부엌/요리/음식   ____게임/볼링/고리 던지기/공 등
 X 이젤/물감/칠판   ____자동차/트럭/버스/구급차/비행기/배/타는 차
____편안한 의자/베개/이불/담요   X 동물 : 가정용/동물원/악어/공룡/상어/뱀
____펀칭백/부드러운 방망이/기타   ____군인/총/칼/검/수갑/밧줄
____옷입기 : 옷/천/신발/장신구/모자/마스크/요술방망이   ____건설적 놀잇감/블록/방어벽
____공예/찰흙/색연필/기타   ____모래상자/모래피겨
____인형의 집/인형 가족/우유병/노리개젖꼭지/아기인형   ____기타 : _____
____금전등록기/돈/전화

놀이에 대한 서술 : 놀이 시 놀이행동, 놀이의 연계성, 아동의 감정을 묘사하시오.
조셉은 모래상자 안에서 놀며 벽을 만들고 말을 묻었다. 여러 동물이 그 말을 물려고 왔다. 말은 꼬리와 다리가 부러져 있었다. 소방차와 구급차가 왔지만 말을 도울 수 없었다. 이 장면을 놀이하면서 조셉은 동생에 대한 이야기를 했다. 모래놀이를 하는 동안 그는 편안해 보였다. 조셉은 나무에 망치질을 했고 행복해 보였다. 5분 남았다고 했을 때 불안을 보이면서 빨리 아버지를 위한 그림을 그리고 싶어 했다.

II. 평가

놀이 주제 : 주된 주제(들)에 동그라미 표시를 하시오.

탐색	관계	(무능감)	무력감
힘/통제	양육	보상	무망감
의존	애도와 상실	회복탄력	불안
복수	버려짐/유기	혼란/불안정	기타 : _____
안전	보호	완벽주의	
숙달	분리	통합	

그림 13.3 놀이치료 회기 요약서의 예

(계속)

개념화와 치료 진보 : 조셉의 놀이는 매우 관계적이다. 죽음에 대한 이야기를 반복적으로 이야기함으로써 자신의 슬픔을 이겨 나가는 듯하다. 그의 놀이는 상처를 주는 외부 요인에 대한 무능감을 나타내지만 아무도 도와줄 수가 없다. 그는 동생이나 다른 사건과 관련 없이 자신의 유능감 발달과 관련해 어려움을 겪는 듯하다. 또한 아버지를 기쁘게 하려는 높은 욕구, 자기 가치의 조건화를 계속적으로 나타낸다.

III. 계획/제안점 : 제안점에 동그라미 표시를 하시오.

놀이치료 다음 약속	날짜/시간 : 2011. 4. 21 4:30pm	부모 자원
부모 상담 다음 약속	날짜/시간 : 2011. 4. 21 4:00pm	의학적 평가
가족치료회기		심리 평가
형제 놀이치료		학교 자문
집단 놀이치료		전문가 자문
부모 자녀 관계치료		자료 요청
부모 개인 상담		

디 레이 Ph. D., LPC-S, NCC, RPT-S
놀이치료자 서명(자격 기술)

그림 13.3 놀이치료 회기 요약서의 예(계속)

기를 종료하는 구조적 제한을 깨뜨렸다. 조셉은 이 놀이행동을 하는 동안 불안해했다. 회기 요약서는 회기 안에서 보여졌던 놀이 주제를 기록하게 되는 평가로 옮겨 간다. 이 회기에서 놀이치료자는 '무능감'을 주제로 선정하였는데 왜냐하면 그 말(horse)은 스스로를 도울 수 없었고 자신을 도와줄 누군가를 찾을 수도 없었으며 그래서 계속 모래에 갇혀 있었기 때문이다. 주제는 개념화 부분에서 설명되고 조셉이 동생의 죽음에 대한 경험을 자신에 대한 관점으로 통합하려고 노력한다는 아동중심적인 개념화로 연결된다. 놀이치료자는 회기 종료시간에 아동이 보이는 극도의 당황스러움을 관찰하였는데, 이는 아버지에게 선물을 주어 그를 기쁘게 하고 행복하게 하려는 조셉의 가치조건화로 보인다. 마지막으로 계획 부분은 다음 회기를 위한 가능한 제안들의 목록을 제공한다. 놀이치료자는 다음 주 놀이치료 회기에 대한 계획과 놀이치료 바로 전에 부모 상담을 계획하고 있는 것에 대해 기록한다.

양육권 서류. 아동 상담에서 치료자는 누가 아동의 법적 의사결정권을 가지고 있는지에 대하여 명확한 이해를 가지고 있어야 한다. 놀이치료자는 친권과 관련한 주 법을 잘 알고 있어야 한다. 편부모나 제한적인 양육과 같은 특별한 문제의 경우는 각각의 생물학적 부모가 법적 지위를 갖는다. 친권의 소재가 의문이라면 아동 내담자의 파일에는 반드시 양육권 동의서가 포함되어야 한다. 치료자는 놀이치료 이전에 양육권 동의서를 반드시 받아야 한다. 이혼의 경우라면 치료자에게 관련 서류가 제공되지 못할 이유가 없어야 한다. 별거의 경우는 법적인 행동이 아직 취해지지 않았기 때문에 문제가 될 수 있는데, 이러한 경우 치료의 시작은 치료자가 사례별로 다르게 결정한다. 어떠한 경우는 부모 중 한 사람이 한 번도 아이의 인생에 나타난 적이 없고 어디에 있는지 알 수 없기도 하다. 다시 말하지만 부모 중 한 사람이 서류상에 법적으로 표시되어 있지 않다면 치료 시작 결정에 대하여 치료자는 신중함을 기해야 할 것이다. 양육권은 아동이 조부모와 같은 다른 양육자들에게 어떤 다른 법적인 동의 없이 맡겨졌을 때도 문제가 된다. 대부분 이런 경우에 필자는 놀이치료 시작 이전에 조부모나 법적 대리인에게 치료자와 소통하는 것을 승인하는 정보 공유서와 동의서에 부모의 사인을 받아 올 것을 요청할 것이다. 또한 양육권 서류를 파일에 보관해 놓는 것만으로는 충분하지 않다. 치료자는 자신의 내담자와 관련된 모든 법적인 서류를 읽어서 어떻게 법적 권한이나 제한이 치료 결정에 영향을 줄 것인지에 대해 익숙해져야 한다.

정보 공유. 아동을 상담하는 것은 시스템상으로 아동과 관련되어 있는 다양한 사람들과의 의사소통을 포함한다. 접수 면접에서 놀이치료자는 총체적인 개입을 위하여 자문이 가능한 파트너들을 발견하고자 노력할 것이다. 학교 직원, 정신과 의사, 소아과 의사, 작업치료자, 변호사, 조부모나 별거 중인 부모와 같이 법적인 권한을 가지고 있지 않은 양육자도 놀이치료자가 고려하는 가능성 있는 대상이다. 놀이치료자는 의사소통의 필요를 예상하고 가능한 한 빨리 그들을 접촉하는 것에 대해 부모의 동의를 구한다. 어느 치료자에게나 마찬가지로 정보 공유나 외부에 있는 사람들과 의사소통을 할 때 부모의 동의는 제3자를 만나기 전에 필요한 일이다.

프로그램 평가

여러 면에서 프로그램의 평가는 성공적인 놀이치료 임상에 있어서 필수적이다. 프로그램 평가는 특정한 환경에 대한 양적 및 질적인 자료를 기준으로 한 놀이치료 임상을 검토하는 것이다. 프로그램 평가는 놀이치료가 아동에게 유익하며 어떠한 구조 아래 그러한지에 대한 수준을 측정한다. 프로그램 평가는 놀이치료 프로그램의 취약성을 알려 주고 성장을 위한 방향성을 제시함으로써 놀이치료자에게 로드맵을 제공한다. 철저한 프로그램 평가를 기반으로 한 성공적인 결과들은 사적 및 공적 자금 획득을 위한 지원적인 역할을 할 수 있다. 자금 공급처들은 치료적 결과의 증거를 제공하는 시설들을 지원하기 선호한다. 긍정적 평가 결과는 서비스와 새로운 계획을 홍보하는 것에 활용될 수 있다.

프로그램 평가는 평가, 심리검사, 하드 데이터 자원에 의해 수집된 자료를 기초로 하기 때문에 CCPT 치료자는 그와 같이 구체적이고 제한적인 방법으로 가치를 평가하는 것에 관여하는 것을 주저할 수도 있다. 그러나 프로그램 평가는 놀이치료에 포함된 부모와 치료자, 다른 사람들을 인터뷰하는 질적인 방법 또한 포함할 수 있다. 내담자들이 고백하는 일화적인 이야기는 성과에 대한 강력한 지표로 활용될 수 있다. 평가의 질적 및 양적인 방법의 혼합은 센터뿐 아니라 개인 임상가에게도 잘 활용될 수 있다.

필자는 놀이치료의 임상을 지원하기 위해 자료의 수집을 강력히 추천하는 바이다. 70년 이상 지속되어 온 놀이치료 연구는(제15장 참조) CCPT가 전통적 형식의 평가에 예민한 아동의 행동적 변화를 촉진할 수 있다는 것을 입증한다. 제8장은 치료적인 의사결정을 지원하기 위한 자료 수집 방법을 제시하였다. 이러한 방법은 프로그램 평가를 위해서도 활용될 수 있다. 그리고 CCPT 치료자에게는 행동적 변화가 아동 안에 있는 자아실현 경향성의 출현보다는 덜 중요함에도 불구하고 이러한 현상은 종종 비슷한 비율로 진행되는 듯하다. 평가 발달의 현 시점은 이러한 변화의 내적 과정을 측정할 수 있는 능력의 부족으로 행동의 변화만 측정하게 하고 있다. 다행히 놀이치료에서 행동적 변화는 CCPT에 의해 영향을 받는 민감한 변수로서 역할을 한다.

참고문헌

Wiger, D. (2009). *The clinical documentation sourcebook* (4th ed.). Hoboken, NJ: Wiley.

놀이치료 슈퍼비전

전문적 발달과 개인적 성장을 구별하는 것은 기껏해야 임의적이며 의미가 없는 것
으로 최악의 경우는 속이는 것이어서 건강하고 효과적이라고 간주할 수 없는 불일
치의 수준으로 이끈다(Worrall, 2001, p. 207).

아동중심 놀이치료(CCPT) 슈퍼바이저의 목적은 아동에 대한 공감과 무조건적 긍정
적 존중을 경험하고 소통하는 데 필수적인 높은 수준의 개인의 일치성으로 이끄는, 즉
놀이지료자의 성장을 촉진하는 환경을 제공하는 것이다. 슈퍼바이저는 내담지와의 관
계에서 상담자의 역할로 놀이치료자로서의 경험에 초점을 맞출 수 있도록 슈퍼비전 회
기를 구조화한다. 물론 상담자의 기술과 내담자를 위한 사례개념화도 논의하지만 놀
이치료자가 아동과 효과적인 치료적 관계의 능력을 함양하는 데 중점을 둔다. 놀이치
료자가 치료적인 태도적 질을 더 많이 경험하고 제공하면 할수록 놀이치료의 효과는
더 많이 나타날 것이다.

슈퍼바이저 자격

놀이치료자가 구체적인 경험과 교육이 필요한 것처럼 놀이치료 슈퍼바이저 또한 슈퍼

바이저의 역할을 감당하기 전에 특정한 자격을 갖추어야 한다. 제4장은 놀이치료자가 필요로 하는 지식, 기술, 경험에 대해 기술하였다. 슈퍼바이저는 숙련된 놀이치료자로서 슈퍼바이저가 되기 위한 준비 과정 가운데 이러한 경험을 축적해 놓아야 한다. 놀이치료자가 되기 위한 이러한 자격 요건과 더불어 슈퍼바이저는 태도적인 질, 교육, 경험에 더 많은 주의를 기울여야 한다.

일치성. 놀이치료자 슈퍼바이저는 일치성의 상태에서 상담을 하거나 어떤 경우에서든 일치성을 경험할 수 있는 인식의 수준을 유지해야 한다. 제4장에서 언급되었듯이 일치성이란 초보 놀이치료자에게는 제한적인 특성일 수 있다. 특별히 놀이치료자 슈퍼바이저가 일치성을 경험하는 것이 중요한 것은 초보 놀이치료자들에게 일치성 영역의 성장을 촉진하고 모델링을 해 주려는 목적이 있기 때문이다.

무조건적 긍정적 존중. 상담자가 내담자와 함께할 때처럼 슈퍼바이저도 슈퍼바이지를 향한 높은 수준의 무조건적 긍정적 존중을 경험할 필요가 있다. 슈퍼바이저의 의무 중 하나는 놀이치료자의 치료적인 효과성에 대해 평가하는 것이기 때문에 슈퍼비전에서 무조건적 긍정적 존중은 문제를 지닌 특성으로 보일 수 있다. 그러나 무조건적 긍정적 존중은 슈퍼바이저가 단순한 기술의 차원을 뛰어넘어 한 사람으로서의 슈퍼바이지를 무조건적으로 수용할 것을 격려한다. 슈퍼바이저는 지속적으로 다음과 같은 메시지를 슈퍼바이지에게 전달하는 것과 같다. "나는 당신을 한 사람으로서 존중하고 수용합니다. 또한 나는 당신의 기술을 전문가로서 평가합니다. 이 둘은 서로 다른 역할의 역동을 지니고 있는데, 외부에서 당신의 기술을 평가하는 것을 당신 자신의 개인적 가치의 조건으로 보는 경우에 한해서만 이 둘은 서로 상충됩니다." 자연적으로 그리고 많은 경우 슈퍼바이지는 슈퍼바이저가 기술에 대해 평가하는 것을 사람으로서의 슈퍼바이지에 대한 평가로 연결지어 이해할 것이다. 특히 초보자이면서 외부 평가에 중점을 두는 슈퍼바이지는 더욱 그러하다. 슈퍼바이지가 자신에 대한 존중을 인식하게 될 때 그들의 상담 기술도 성장할 것이다. 무조건적 긍정적 존중은 슈퍼바이저에게 도전이 될 것인데 이는 무조건적 긍정적 존중이 변화를 위해 필수적이라는 신념과 미래의 내담자를 보호해야 한다는 슈퍼바이저로서의 윤리적 의무가 서로 병치될 때 그러하다.

공감적 이해. 슈퍼바이저가 공감적으로 슈퍼바이지를 이해하고 있다는 것을 소통하는 것은 슈퍼바이지가 불안을 낮추고 치료적 영역에서 요구되는 것을 탐색해 보며 자신에 대한 의심을 표현하도록 도울 수 있는 매우 중요한 부분이다. 다행스러운 것은 슈퍼바이저는 다른 내담자들과의 관계와는 다르게 슈퍼비전의 유사한 경험을 몸소 거쳐 온 사람이기 때문에 공감적 이해가 어떠한 것이라는 것에 대해 이미 잘 알고 있다. 슈퍼바이지가 놀이치료에 적합한지 의문을 품게 될 때 슈퍼바이저가 슈퍼바이지를 공감한다는 것은 쉽지 않을 것이다. 이러한 때는 지지적인 동료와 상의할 것을 권장한다. 이를 통해 슈퍼바이저는 공감적 이해를 증가시킬 수 있을 뿐 아니라 슈퍼바이지가 놀이치료자가 되는 것을 중단해야 하는지에 대한 판단과 정말 그렇다면 적절한 시기 등의 결정에 대해 상의할 수 있다.

슈퍼비전 교육. 슈퍼바이저가 되기 위해서 놀이치료자는 슈퍼비전 훈련을 받아야 한다. 다양한 슈퍼비전 모델과 방법이 있다. 슈퍼비전은 숙련된 놀이치료자가 이론과 연구를 기반으로 개인적인 슈퍼비전 모델로 통합한다.

이론과 실제 교육. 놀이치료자 슈퍼바이저는 자신이 제공할 모든 이론적 접근에 대한 교육을 받아야 한다. 만약 슈퍼바이저가 자신과 다른 이론적 배경을 가진 슈퍼바이지에게 슈퍼비전을 하기로 한다면, 슈퍼바이저는 그 이론에 대한 지식과 경험을 가지고 있어야 한다. 물론 슈퍼바이저는 자신이 슈퍼비전하는 놀이치료 이론의 방향성과 효과성에 대한 신념이 있어야 한다.

슈퍼비전을 위한 슈퍼비전. 슈퍼비전 교육은 많은 놀이치료자가 쉽게 접근할 수 있음에도 불구하고 슈퍼비전을 위한 슈퍼비전을 제공하는 교육은 많지가 않다. 전형적으로 대학원의 3학점 수업은 초보 슈퍼바이저에게 어느 정도의 슈퍼비전을 제공할 것이다. 이런 훈련 유형은 초보 슈퍼바이저에게 요구된다. 만약 대학원 과정에서 수강하는 슈퍼비전 수업이 없다면 슈퍼바이저는 경험이 많은 다른 슈퍼바이저와 정기적으로 만나는 슈퍼비전 관계를 추구해야 한다. 이러한 슈퍼비전 관계는 슈퍼바이저가 유능감을 가질 때까지 지속되어야 한다. 슈퍼비전은 새로운 치료적 경험이고 초기 슈퍼비전을 요구하던 상담과는 다른 독특한 속성과 도전으로 특징지어진다.

놀이치료 경험. 당연하겠지만 놀이치료자 슈퍼바이저는 놀이치료에 대한 경험이 많아야 한다. 얼마나 많은 시간과 몇 년의 임상이 필요한지를 구체적으로 말하기는 어렵지만, 그동안의 놀이치료 임상에서 광범위한 경험을 했어야 함은 분명하다. 놀이치료자 슈퍼바이저들은 장·단기 동안 여러 주호소 문제를 가진 다양한 내담자를 상담했던 자신의 경험을 필요로 한다. 마지막으로 놀이치료를 해보지 않은 사람은 놀이치료 슈퍼비전을 절대로 하지 않아야 한다는 것이다. 훈련받지 않은 영역에 대한 치료적 서비스를 제공하는 것은 윤리적 위반이고, 정신건강 분야에서 용납되지 않아야 한다.

　　지속적인 놀이치료 경험. 　시간이 지남에 따라 정신건강 분야는 변화하고 내담자의 주호소도 변하며 이 분야에 대한 문화적 체계도 변한다. 슈퍼바이지에게 최적의 도움을 주기 위해서 놀이치료자 슈퍼바이저는 현재의 임상 경험이 필요하다. 놀이치료 슈퍼바이저도 지속적인 놀이치료 임상의 전문적인 성장을 통하여 자신의 지식과 기술을 유지 및 향상시켜야 한다.

협력적인 슈퍼비전

인간중심 관점에서 살펴보면 슈퍼비전은 그에 수반되는 외부적인 힘의 제약 안에서 동등한 관계를 발전시키고자 시도하는 슈퍼바이저와 슈퍼바이지 간의 협력적인 노력을 포함한다. Merry(2001)는 다음의 다섯 가지 원리에 입각하여 슈퍼비전을 협력적 탐구로 개념화하였다.

1. 인간은 자아실현 경향성을 기반으로 자기 향상 행동을 하는 자기주도적이고 책임감 있는 존재이다.
2. 슈퍼바이저와 슈퍼바이지는 민주적인 관계가 수립될 때 동등하게 의미를 찾고자 공헌한다.
3. 협력적 탐구로서의 슈퍼비전은 치료적 이슈에 깊이 관여하도록 격려한다. 왜냐하면 직관력과 같은 지식을 포함한 모든 형식의 지식은 의미 있는 것으로 간주되고 존중되기 때문이다.
4. 개인에 대한 가치적 평가의 결여로 인하여 슈퍼바이지는 자신을 방어하고자 하는 욕구가 줄어든다.
5. 슈퍼바이저와 슈퍼바이지는 서로를 협동적인 경험 안에서 협력자로 인식한다.

이러한 원리는 놀이치료자 슈퍼비전 관계의 기반을 형성한다. 의미 있는 슈퍼비전 관계의 뿌리는 슈퍼바이저와 슈퍼바이지 간의 동등한 파트너십에 대한 추구이다. 두 사람이 서로에게 동등하게 공헌한다고 느낄 때 그 관계는 슈퍼바이지를 위한 풍성한 탐색과 더 깊은 수준의 의미를 부여한다.

슈퍼비전 과정

슈퍼비전 과정은 슈퍼바이지의 경험, 세계관, 상담에 대한 지각의 수준을 기반으로 슈퍼바이저와 슈퍼바이지 간의 의식적인 조화를 포함하는 발달적인 과정으로 인식된다. Borders와 Brown(2005)은 슈퍼비전에 대한 방식 중 일반적으로 나타나는 세 가지 단계를 묘사하면서 슈퍼비전의 다양한 발달적 모델에 대해 요약하였다. 슈퍼비전의 첫번째 단계에서 슈퍼바이지는 구체적으로 표현하고 방향과 구조화를 선호한다. 슈퍼바이저는 교육적이며 회기에서 나타난 구체적인 기술을 다루는 데 중점을 둔다. 슈퍼바이저는 많은 격려와 지지를 제공함과 동시에 교육도 제공한다. 슈퍼비전의 중간 단계에 이르면 사람으로서의 슈퍼바이지로 중점을 이동하는 것이 특징이다. 슈퍼바이지는 상담자와 내담자 간의 관계적 역동과 내담자에 대한 개인적인 반응에 대한 탐색에 더 개방적이 된다. 슈퍼바이저는 직면을 돕기도 하고 슈퍼바이지에게 진실한 반응을 함으로써 슈퍼비전 관계에서의 즉시성으로 이끌기도 한다. 몇몇 내담자로부터 얻은 일반적인 지식을 전체적인 임상으로 일반화하는 것에 대한 토론을 하기도 한다. 슈퍼바이저는 슈퍼바이지가 천천히 경험하고 있는 독립의 욕구를 격려한다. 슈퍼비전의 후반부 단계에서 슈퍼바이저는 슈퍼바이지에게 동료나 컨설턴트의 역할을 한다. 슈퍼바이지가 먼저 자신이 더 성장해야 하는 분야와 슈퍼비전 토론에 대해 이야기하고 싶어 할 것을 예상할 수 있다. 슈퍼바이지는 외부적인 평가에 초점을 맞추던 것에서부터 내적인 평가를 중요하게 여기는 방향으로 움직여 가게 된다. 토론은 슈퍼바이지의 개인적 성장과 전문적인 정체성의 통합에 대한 것을 위주로 하게 된다.

　슈퍼비전 과정의 일반적 경로는 외부적 승인과 피드백에 대한 욕구로부터 개인적이고 전문적인 특성이 포함된 내적인 평가 소재로 움직여 가는 과정을 내포한다. 동시에 슈퍼바이저도 직접적이고 구체적으로 가르치던 교사의 모습에서 슈퍼바이지가 효과적인 상담자가 되는 여정을 돕는 동등한 협력자의 모습으로 움직여 간다. 슈퍼비전에 대한 연구는 슈퍼바이저의 다양한 역할에 대한 필요성과 이러한 발달적 과정에 대한 관찰을 지지한다.

아동중심 놀이치료 슈퍼비전에서의 발달적 과정

CCPT 슈퍼비전은 기본적으로 인간중심 철학에 대한 이해를 필요로 하는데, 슈퍼비전 과정은 상담 과정을 거울화하는 것으로서, 즉 슈퍼바이저가 슈퍼바이지를 향해 무조건적 긍정적 존중과 공감적 이해를 제공하는 일치성의 상태를 요구한다. 일반적으로 슈퍼비전 문헌에서는 슈퍼바이지는 성장에 대한 다양한 수준을 보이므로 슈퍼바이저의 역할 또한 달라야 할 필요를 보고하고 있다. CCPT 슈퍼바이저가 인간중심 접근과 슈퍼비전 과정 관찰을 통합하는 것은 슈퍼비전을 효과적으로 제공하기 위해 필수적이다. 이러한 개념을 통합하고자 하는 시도로 필자는 대부분의 놀이치료 슈퍼비전에 적용할 수 있는 CCPT 슈퍼비전을 위한 단계 모델과 그에 대한 서술을 개발하였다. 〈표 14.1〉은 이 모델에 대한 간단한 개요를 보여 주며 자세한 설명은 다음과 같다.

　1단계 : 기술 초점 맞추기.　놀이치료 슈퍼비전의 초기 단계에서 슈퍼바이지는 기술과 규칙에 초점을 맞출 것이다. 슈퍼바이지 대부분은 다음과 같은 폐쇄형 질문에 대한 목록을 가지고 있다. "의자에서 일어나도 돼요?", "놀이치료실에서 명확한 제한은 무엇인가요?" 그들은 슈퍼바이저의 대답을 한 사례에 적용하고 비판적인 사고 과정 없이 다른 모든 사례에도 일률적으로 적용하는 경향이 있다. 그들은 슈퍼바이저의 평가에 민감하고 칭찬을 갈구한다. 만약 칭찬받지 못하면 실망하고 그것을 비판으로 해석하기도 한다. 그들은 종종 너무 자기 비판적이든지 또는 과대하게 자신감을 갖는 등 방어적인 위치에 있다(예 : "슈퍼바이저가 나를 비판하기 전에 내가 먼저 비판해야지." 또는 "나는 모든 좋은 반응은 다 수행했어. 그러니 나를 비판하는 것은 말도 안 돼.").

　놀이치료 회기의 첫 번째 단계에 있는 슈퍼바이지는 내용 반영이나 책임감을 되돌려 주는 반응 등과 같은 목록화된 반응을 사용할 때 아동에게 기계적이고 암기한 듯한 말투로 반응할 것이다. 슈퍼바이지는 감정이 부족하든지 너무 과장되게 표현함으로써 아동의 감정과 에너지 수준을 맞추지 못할 수도 있다. 또한 자신의 내적 과정에 의해 쉽게 방해받기도 한다. 아동에게 '맞는' 반응을 어떻게 해야 하는지 생각하느라 아동에

표 14.1 놀이치료 슈퍼비전의 과정

단계	슈퍼비전에서 슈퍼바이지 역동	놀이치료 회기에서의 슈퍼바이지 역동	슈퍼바이저의 태도적 질
1. 기술 초점 맞추기	• 구체적, 규칙에 얽매임 • 명확한 답을 찾음 • 특별한 사례를 일반화하는 경향 • 평가에 민감 • 칭찬을 구함 • 너무 자기-비하적 혹은 과대한 자신감 있음 • 불안함	• 기계적인 반응 • 감정 반영의 부족 • 아동의 감정과 일치하기 어려움 • 내적 과정에 의해 쉽게 방해받음 • 당황하는 반응을 보임	• 공감적 이해를 집중적으로 소통하며 불안을 낮추기 위해 어느 정도의 명확한 대답을 제공함 • 무조건적 긍정적 존중과 일치성에 대한 제한적인 표현
2. 실험과 질문	• 인간중심 철학에 대한 질문 • 지시적인 방법에 대해 매력을 느낌 • 효과성에 대한 증거를 구하나 그것을 파악하는 경험은 부족함 • 슈퍼바이저의 감정 반영에 방어적임	• 슈퍼바이저에게 알려지지 않은 제 새로운 방법에 대해 실험함 • 허용성을 지원함에 있어서 가능한 제한 설정의 부족 • 파해가 가장 많이 일어날 수 있는 단계	• 공감적 이해에 대한 소통이 잘 이루어짐 • 슈퍼바이저 관계와 직면에 대한 일치성의 증가 • 무조건적 긍정적 존중이 경험되나 역전이 제한적인 것은 슈퍼바이저가 잘못 해석할 가능성이 있기 때문임
3. 철학적 이사 결정이 임상에서 드러남	• 신념 체계를 맞추고자 함 • CCPT 철학을 받아들이거나 거부함 • CCPT를 받아들인다면 과정, 패턴, 주제에 대해 탐색함 • 놀이치료와 관련된 개인적인 감정 탐색에 개방적임 • CCPT를 거부하나 비지시적인 방법에 대해 존중함	• 회기에서 편안해함 • 새로운 수준의 일치성에 도달함 수 있음 • 그 순간들을 경험하는 것이 가능함 • CCPT 치료자가 아니라면 새로운 슈퍼바이지의 철학에 대한 기술을 연습함	• 일치성, 무조건적 긍정적 존중, 공감적 이해에 대해 동등한 수준으로 표현함 • 슈퍼바이지에 의해 일치성이 가치 있게 여겨짐

(계속)

표 14.1 놀이치료 슈퍼비전의 과정(계속)

단계	슈퍼비전에서 슈퍼바이지 역동	놀이치료 회기에서의 슈퍼바이지 역동	슈퍼바이저의 태도적 질
4. 놀이치료자로서의 사람이 전문가로서 드러남	• 슈퍼비전이 자문으로 변화됨 • 슈퍼바이지에 의해 요청됨 • 사람으로서의 놀이치료자나 특정한 놀이치료 관계에 대한 어려움에 대하여 슈퍼바이지가 주도하며 이야기함 • 무조건적 긍정적 자기-존중이 초점이 됨 • CCPT 치료자가 아니라면 슈퍼바이지는 자신의 새로운 철학과 연관된 훈련이나 슈퍼바이저 경험을 찾고자 함. 예전의 CCPT 슈퍼바이저는 자문가로 만나게 됨	• 회기에서 그 순간에 머무르는 경험을 자주 함 • 공감적 이해와 무조건적 긍정적 존중이 있는 그대로 표현됨 • 사례개념화는 명확한 공감적 이해로부터 기인함 • 자신감이 진실성으로부터 드러남	• 슈퍼바이저와 슈퍼바이지 모두 일치성, 무조건적 긍정적 존중, 공감적 이해에 대해 높은 수준의 상호적 표현을 함 • 제한적인 무조건적 긍정적 자기-존중이 내담자에게 무조건적 긍정적 존중을 제공하는 데 미치는 효과를 인식함

게 반응하기를 놓칠 수도 있고, 조금 전에 한 반응을 비판하느라 집중하기 어려울 수
도 있다(예 : 모든 반응마다 전부 웃기 등). 극도의 불일치성에서 아동의 행동이나 언
어적 표현에 다소 늦게 반응하기까지 그들은 다양한 수준의 불안함을 표현하기도 할
것이다. 이 단계의 슈퍼바이지는 슈퍼비전이나 훈련 시간에 먼저 다루어지지 않았던
기대 밖의 아동의 행동이 나타나면 크게 당황할 것이다. 당황한 결과로 슈퍼바이지는
불필요한 제한 설정을 한다든지, 목소리 톤이 높아지거나 자리에서 일어난다든지, 또
는 급하게 회기를 마무리하는 등의 모습을 보일 수 있다.

이 시기의 슈퍼바이저는 슈퍼바이지에게 공감적 이해를 최대한 제공해야 한다. 슈퍼
바이저는 슈퍼바이지에게 감정을 지속적으로 반영하고 여분의 시간도 제공해야 한다.
이 단계에서 공감적 이해를 소통하는 방법 중 한 가지는 슈퍼바이지의 질문에 대해 어
느 정도 구체적인 대답을 제공하는 것이다. 슈퍼바이저는 무조건적 긍정적 존중과 함
께 공감에 대한 이러한 방법에 대해 균형 맞추기를 원할 것임에도 불구하고 해답이 있
으면서도 슈퍼바이지의 질문을 거부하는 것은 슈퍼바이지의 불안을 더 높이고 그들의
성장을 제한하게 된다. 예를 들어, 놀이치료실에 대한 일반적이고 명확한 제한을 제공
하는 것은 슈퍼바이지로 하여금 덜 불안하도록 도울 것이다. 슈퍼바이저가 무조건적
긍정적 존중과 일치성을 슈퍼비전 과정을 통해 경험하고자 할지라도 무조건적 긍정적
존중과 일치성을 소통하는 것은 이 단계에서 제한적일 수 있다. 공감적 이해를 소통하
기 위해 슈퍼바이저가 구체적인 해답을 제공한다는 것은 슈퍼바이저가 어느 정도 수준
에서 무조건적 긍정적 존중(즉, 슈퍼바이지가 개인적인 접근을 개발해보도록 슈퍼바
이지 스스로 모호함과 고군분투하는 것을 슈퍼바이저가 허락하는 격려의 과정)을 포
기한다는 것이다. 일치성에 대한 의사소통 또한 제한될 수 있다. 이 시기의 슈퍼바이지
는 슈퍼바이저가 건설적으로 우려하는 바를 들을 수 있는 능력이 제한되기 때문이다.
슈퍼바이지는 조건들의 표현이 효과적으로 증진되는 그다음의 발달 단계로 거의 틀림
없이 이동해 가고 있다는 것을 유념하는 것이 놀이치료자 슈퍼바이저에게는 다소 위로
가 될 수 있다.

2단계 : 실험과 질문.　두 번째 단계에서 놀이치료자는 아동중심적으로 상담하는 방
법에 대한 질문을 시작한다. '허용성'이 현재의 사회에서는 문화적으로 거부되기 때문
에 CCPT 놀이치료자는 제한과 행동주의의 지배적인 문화에 대항하여 일하는 것이 되

기도 한다. 초기 놀이치료 경험에서 기술에 초점을 맞추고 나면 놀이치료자는 종종 아동중심 철학에 대한 자신의 사고(thought)를 탐색하기 시작할 것이다. 필자가 '사고'라는 단어를 강조하는 이유는 이 단계의 놀이치료자는 치료 과정에서 감정과 관련한 자신에 대한 탐색이 아직 덜되고 있음을 나타내기 때문이다. 이 단계에서의 슈퍼비전 토론은 CCPT의 비지시적인 본질 때문에 이 방법이 효과적인 것인지, 더 지시적인 방법이 필요한 것은 아닌지에 대해 중점을 둘 것이다. CCPT 철학을 쉽게 받아들이는 슈퍼바이지는 제한이나 놀이 회기 구조화의 필요에 대해 종종 질문할 것이다. 슈퍼바이지는 효과성에 대한 입증을 구하겠지만 놀이의 과정을 이해하고, 놀이 주제를 확인하고, 회기마다 놀이의 진보를 주목하는 것에 대한 경험은 부족하다. 슈퍼바이지는 슈퍼바이저의 감정 반영에 방어적일 수 있고 불안, 무능감, 무가치하다고 느끼는 뚜렷한 감정 또한 개인적으로 인식되는 것을 부정할 수 있다.

2단계의 슈퍼바이지는 놀이치료 회기에서 슈퍼바이저에게 알리지 않고 새로운 방법에 대한 실험을 하기도 한다. 이 단계에서 슈퍼바이저는 치료자의 행동이나 언어적 표현에 대해 들으면서 종종 놀라곤 한다. 어떤 경우에는 슈퍼바이지가 자신의 새로운 행동을 감추기도 하고 부정적이고 심각한 결과가 있을 때만 그것들을 드러내기도 한다. 예를 들어, 필자의 슈퍼바이지 중 한 사람은 아동이 바닥에 물을 흥건히 부어 놓고 뛰어와서 물 위에서 슬라이드할 수 있도록 허용했었다(필자라면 제한 설정을 했을 행동이다). 그 이후 세 번째 회기에서 아동이 넘어지면서 머리를 부딪혔고 응급실에 가야 했다. 슈퍼바이저로서 필자는 놀이치료실에서의 이러한 행동에 대해 모르고 있었는데 슈퍼바이지가 슈퍼비전 시간 동안에 다른 내담자들에 대한 회기 비디오만 보여 주곤 했기 때문이다. 반면에 다른 슈퍼바이지는 5세 내담자에게 특별한 상황에서 무엇을 느꼈는지를 그림으로 표현하도록 지시하고, 그런 감정을 느끼지 않기 위해서 다음에는 무엇을 할 수 있는지를 물어봄으로써 문제 해결 능력을 키우는 것을 도우려고 했었다. 이것은 터무니없는 놀이치료자의 행동은 아닐지라도 분명히 CCPT 접근에서는 벗어났고, 이렇게 하기 전에 이런 새로운 방법에 대해 슈퍼바이저인 필자하고 논의를 하지 않았다. 필자는 2단계의 놀이치료자에게 이러한 행동이 종종 일어나는 것을 발견하곤 한다. 슈퍼바이지 발달 과정에 있어서 필자는 2단계가 위험요소가 일어날 수 있는 단계라고 생각된다.

2단계에서 슈퍼바이저는 슈퍼바이지에게 일치성 있는 의사소통을 더욱 확장한다. 슈퍼바이저는 슈퍼바이지가 느끼는 감정과 관련하여 자신의 감정을 진솔하게 표현할 수 있을 것이다. 하나의 예를 들자면 다음과 같다. "저는 당신이 아동에게 자유를 허락하는 것에 대해 불안해하는 것이 느껴져요." 슈퍼바이저는 이 단계에서 다음과 같은 직면을 시도하기도 할 것이다. "당신이 뭔가 실험을 해보고 싶어 하는 욕구가 있어 보이는데 저와 미리 상의하지 않고 그렇게 하셨다니 저를 신뢰하지 못한다는 느낌을 받았어요." 공감적 이해에 대한 표현은 1단계에서처럼 여전히 높은 수준으로 유지되는데 슈퍼바이지가 극단적으로 독립적으로 되고자 할 때 이는 슈퍼바이저에게 아마 더 도전이 되는 듯하다. 슈퍼바이지의 독립에 대한 욕구를 인식하고 수용하는 것은 이 단계에서 중요하다. 어떤 이론적 접근에서든 성장하고 있는 놀이치료자라면 가정(assumption)과 실제에 대해 질문할 것이고, 이는 건강한 치료자 발달의 한 부분으로 인식되어야 한다. 무조건적 긍정적 존중은 치료자의 독립에 대한 욕구를 수용하는 것을 통해 나타난다. 그러나 무조건적 긍정적 존중에 대한 소통을 초보 놀이치료자는 놀이치료실에서 어떠한 행동을 해도 된다는 허용으로 잘못 해석할 수도 있다. 슈퍼바이저는 이러한 오해의 가능성에 대해 알고 있어야 한다.

3단계 : 철학적 의사 결정이 임상에서 드러남.   기술에 초점을 맞추고 실험을 해보는 단계를 지나면서 슈퍼바이지는 철학적인 방법이 포용되는 새로운 단계로 도입하게 된다. 슈퍼비전에서 슈퍼바이지는 CCPT 철학을 수용하든지 이를 거부하는 접근의 놀이치료 신념 체계를 채택한다. 만약 놀이치료자가 CCPT의 철학을 거부하지만 슈퍼바이저가 전문적 임상에 영향을 미치는 이러한 개인적 성장을 지원해 왔다면 보통 놀이치료자는 비지시적인 존재 방법과 아동 상담에 대한 CCPT의 위치를 존중하게 될 것이다. CCPT 접근으로 훈련받은 놀이치료자는 일반적으로 비지시적인 접근에 가치를 두고 그 조건들은 필수적이라 여기지만 자신들의 신념 체계를 위해서는 충분하지 않다고 결론지을 수도 있다. 만약 슈퍼바이저가 개방적이고 수용적이라면 CCPT를 추구하지 않는 치료자는 최근에 자신에게 영향을 준 이론과 임상을 통합하려는 열정적인 노력을 하게 될 것이다. CCPT를 자신의 이론으로 포용하는 놀이치료자를 위해 이 단계에서의 슈퍼비전은 CCPT의 과정, 패턴, 주제들을 이해하는 것에 초점을 둔다. 그들은 CCPT의 치료적 요소들을 어떻게 더 잘 촉진할 수 있는지에 대해 관심을 갖고 활기를 갖게 된다. 슈퍼비전은 상담에 오는 각 내담자를 위한 CCPT를 탐색하는 협력적인 접근이 된다. 이 단계에 있는 슈퍼바이지는 놀이치료와 관련 있는 개인적인 반영에 대해 알아 가게 되고 종종 새로운 인식을 임상에 통합한다.

놀이 회기에서 이 단계의 CCPT 치료자는 회기 내에서 새로운 안정감을 경험하고 이것은 치료자로 하여금 놀이치료실에 치료자로서의 자기 자신을 가져오도록 허용한다. 회기에서 치료자는 각각의 태도적인 질, 특히 일치성에 대한 태도적 질을 경험하는 새로운 단계에 도달한다. 이 단계에서 치료자는 치료자와 아동 간의 관계가 표현에 구속받지 않고 치료적으로 흐르는 '그 순간'의 사건을 경험한다. 만약 슈퍼바이지가 CCPT 접근을 거부하였고 다른 철학적 접근으로 이동하였다면, 이 단계를 새로운 접근에 부합하는 기법을 연습하는 단계로 사용함으로써 무엇이 그들에게 적합한가를 살펴볼 수 있다. 2단계와는 다르게 3단계에 있는 슈퍼바이지는 새로운 기법을 활용해 보기 이전에 슈퍼바이저와 토론하고자 할 것이다.

3단계의 슈퍼바이저는 모든 치료적 질에 대해 접근하고 소통하는 것이 비교적 동등한 수준으로 가능할 것이다. 슈퍼바이지는 슈퍼바이저의 일치성의 능력을 가치 있게 여기고 이 점에 있어서 슈퍼바이저를 따르고자 한다. 슈퍼바이저와 슈퍼바이지 간에 공감적인 이해가 느껴지고 소통된다. 슈퍼바이저는 이제 무조건적 긍정적 존중을 집중적인 수준으로 전적으로 표현할 수 있고 이는 슈퍼바이지가 다양한 철학적 방안을 탐색하고 협동적이며 동등한 방법으로 연습하도록 돕는다.

4단계: 놀이치료자로서의 사람이 전문가로서 드러남.   슈퍼비전의 4단계에서 슈퍼비전 회기는 자문 회기처럼 이루어진다. 슈퍼비전은 슈퍼바이지에 의해 요청되는데, 일반적으로 사람(person)으로서의 놀이치료자가 임상에 어떻게 영향을 미치는지에 대한 개인적인 초점과 특정한 놀이치료 관계에 중점을 두고 만나게 된다. 슈퍼바이지는 슈퍼바이저를 악기의 공명판처럼 느끼며 놀이치료와 관련되어 드러나는 자기 자신에 대해 깊이 있게 소통하고자 한다. 슈퍼바이지는 종종 무조건적인 긍정적 자기-존중의 제한적인 감정과 놀이치료 임상에 미치는 그것의 영향력에 대해 탐색할 것이다. 이 단계에서 CCPT를 추구하지 않는 슈퍼바이지는 새로운 슈퍼비전이나 자신의 철학과 맞는 훈련 경험을 찾아갈 것이다. 이들은 과거의 CCPT 슈퍼바이저를 자문가처럼 지속적으로 만날 수 있다.

회기 내에서 CCPT 슈퍼바이지는 그 순간에 머무르는 일치된 경험을 정기적으로 만나게 된다. 공감과 무조건적 긍정적 존중에 대한 표현은 진실하게 느껴지고 이는 놀이치료 회기에서 과정(process)으로서 자연스럽게 일어난다. 놀이치료 회기가 진행될수록 정확한 공감적 이해를 바탕으로 내담자에 대한 개념화가 자연스럽게 이루어진다. 진실하게 그 시간에 있어 주는 모습과 자신을 아동과 부모, 주 양육자에게 표현하는 모습에는 자신감이 있다.

이 단계의 슈퍼바이저와 슈퍼바이지는 모두 높은 수준의 일치성과 무조건적 긍정적 존중, 그리고 공감적 이해를 경험한다. 슈퍼바이저와 슈퍼바이지 사이의 무조건적 긍정적 존중은 무조건적인 긍정적 자기-존중에 의해서만 제한이 될 뿐이다. 슈퍼바이저와 슈퍼바이지는 자문/슈퍼비전의 과정에서 동등한 파트너라는 상호적인 이해와 인식이 있다.

각각의 슈퍼비전 단계에서 슈퍼바이저는 일치성의 경험에서부터 상담할 것을 요구한다. 그런데 초기 단계에서는 놀이치료자로서의 사람을 위해 높은 수준의 공감 및 무조건적 긍정적 존중이 언어적으로 소통되는 것이 필요하다. 중간 단계에서 슈퍼바이지는 공감과 무조건적 긍정적 존중을 슈퍼바이저와의 상호작용에서 덜 명시적으로 감지하게 될 것이다. 마지막 단계에서 슈퍼바이저와 슈퍼바이지 모두 적당한 수준의 일치성을 느끼고 서로에게 공감과 무조건적 긍정적 존중의 메시지를 전달할 수 있다.

Moustakas(1959)는 놀이치료자의 발달에 대해 다음과 같이 잘 요약하였다.

> 강도 높은 정식 교육을 받은 사람이 교실이나 상담소에서 교수처럼 행동하려고 하는 것을 멈추는 것, 책에 있는 추상적인 개념이나 미리 예상한 전문가의 지시를 반복하는 것을 멈추는 것, 아동치료에서 신선하고 독특한 관계의 경험으로 살아 내기 시작하는 것은 오랜 시간이 걸린다. 때로는 '훈련된' 학생들이 전문적인 능력 내에서도 가장 의미심장한 요소가 치료자의 자발적인 자기라는 것을 알게 되는 것은 어렵고 고통이 수반되는 과정이다(p. 317).

슈퍼비전의 부가적 문제

비디오 녹화의 사용. CCPT 슈퍼비전은 놀이치료 회기를 녹화한 것을 함께 보는 것을 기본으로 한다. 자기 보고는 다 알다시피 부정확할 수 있고 녹음은 아동의 비언어적인 의사소통을 경험하고자 하는 슈퍼바이저의 능력에 제한을 준다. 녹화는 슈퍼바이저가 놀이치료 과정에 영향을 주는 요인을 관찰하도록 할 뿐 아니라 슈퍼바이지에게는 슈퍼바이저와 함께하면서 자신의 치료 회기를 다시 한 번 경험하도록 돕는다. 녹화된 회기를 슈퍼비전 시간에 다시 보는 것은 치료 회기 동안에 놀이치료자가 느꼈던 감정에 즉각적으로 연결되도록 한다. 정서적인 연계성은 슈퍼바이지의 일치 상태를 더 깊이 탐색하도록 도움으로써 슈퍼비전에서 성장의 경험을 촉진한다.

슈퍼비전에서 개인적인 성장에 초점을 둠.   CCPT 슈퍼비전은 놀이치료자의 개인적인 성장에 집중적인 초점을 맞춘다. Bryant-Jeffries(2005)에 의하면 치료 훈련에 대한 현대적 접근에서는 치료자가 내담자들에게 무조건적 긍정적 존중과 공감적 이해를 제공하는 일치성 있는 사람이 되도록 촉진하는 것으로부터 지식과 기술에 초점을 두는 것으로 이동하고 있다고 경고하였다. CCPT 슈퍼비전은 놀이치료자의 불안을 경감시키고 초기 놀이치료자 발달에 있어서 내담자의 안전을 도모하기 위한 목적으로 기본적인 기술을 습득할 것을 언급한다. 슈퍼바이지가 점점 성장해 갈수록 슈퍼비전 회기는 슈퍼바이지의 개인적인 가치관, 정서, 과거의 경험이 효과적인 놀이치료의 실제로 통합되는 것에 초점을 맞추어 나가게 된다. Merry(2001)는 태도와 가치를 탐색하는 것을 희생해 가면서 수행 능력에만 초점을 맞추는 것은 슈퍼바이지의 외부적 평가 소재와 슈퍼바이저에 대한 의존성만을 증가시킨다고 제시하였다. 슈퍼바이지의 발달 단계를 평가하고 성장을 이루어 낼 수 있는 슈퍼비전을 제공하는 것은 슈퍼바이저의 책임이다. 어떤 슈퍼바이저는 특별히 내담자에게만 초점을 맞춤으로써 슈퍼바이지의 개인적 성장에 대한 강조와 관계적 접촉으로부터 일어날 수 있는 어려움을 회피하기도 한다. Mearns(1995)에 의하면 어떤 슈퍼바이저는 CAP(Conceptualize the client's behavior, Analyze client personality dynamics, Predict client's future behavior)라고 명명된 게임을 한다고 하였다. 이는 내담자의 행동을 개념화하기, 내담자의 성격 역동을 분석하기, 내담자의 미래행동을 예견하기이다. 이러한 게임은 슈퍼바이저와 슈퍼바이지의 의미 있는 만남을 회피하게 함으로써 관계 차원에서 동등한 사람으로서의 내담자의 경험과 독특함을 최소화시키는 결과를 초래한다. 슈퍼바이지로서의 사람에 초점을 두는 것은 분서되어야 할 외부적인 대상으로 보는 것이 아니라 슈퍼바이지에 의해 인식되는 내담자로서의 사람과 그 역할을 존중하는 것이다. 슈퍼비전을 통해서 놀이치료자의 개인적인 인식이 탐색됨에 따라 치료자에게 개인적으로 깊이 있는 어려운 문제가 드러날 확률이 높다. 슈퍼바이지의 문제가 슈퍼비전 관계 안에서 다룰 수 있는 영역을 넘어설 경우에는 슈퍼바이지에게 개인 상담을 받도록 권유해야 한다.

치료자의 과거 경험. 초보 놀이치료자를 슈퍼비전할 때의 독특한 특성은 그들이 초보 치료자는 아니라는 것이다. 놀이치료가 상담의 한 양식이기 때문에 슈퍼바이지들은 놀이치료를 하거나 그에 대한 관심을 갖기 이전에 정신건강 전문가로서 활동해 오고 있었을 가능성이 많다. 정신건강 분야에 처음 들어오는 슈퍼바이지는 아직 조성되지 않은 신념 체계를 가지고 슈퍼비전에 오는데, 그런 상황이 아닌 경우 슈퍼바이지는 놀이치료 슈퍼바이저의 놀이치료에 대한 접근과는 부합되지 않는 나름의 정착된 신념 체계나 습관적으로 해오던 임상의 실제를 가지고 있을 가능성이 더 많다. 이런 경우는 슈퍼비전 동의서에 슈퍼바이지 참여에 대한 명확한 기대를 명시하는 것을 통해 조정될 수 있다. 슈퍼바이지는 슈퍼바이저가 가진 이론적 배경, 즉 그 이론에 대한 전체적인 설명에 대한 정보를 받아야 한다. 또한 슈퍼바이저는 슈퍼바이지에 대해 기대하는 바를 정의해야 하는데 이는 새로운 방법의 임상뿐 아니라 개인적 탐색을 위한 슈퍼바이지의 개방성이 포함된다.

슈퍼비전 노트. 놀이치료 슈퍼비전과 관련된 다른 안건은 슈퍼비전 노트에 대한 사용이다. 현재의 임상에서는 슈퍼바이저가 직접 쓰는 슈퍼비전 노트의 사용을 권장하고 있다. 이 장에서 서술하였듯이 CCPT 슈퍼비전은 내담자 사례와 슈퍼바이지에 의한 개인적인 탐색을 모두 포괄하고 있다. 슈퍼바이지의 내담자 파일은 특정한 사례와 관련된 슈퍼비전의 내용을 반영해야 한다. 슈퍼바이저는 각각의 슈퍼바이지에 대한 파일을 가지고 개인적인 성장에 중점을 두고 기록하도록 한다.

결론

놀이치료 슈퍼비전은 슈퍼바이지가 시도해 보고 탐색할 뿐 아니라 자신의 사고, 감정, 가치, 그리고 이전의 경험을 임상에 조직화된 접근으로 통합할 수 있는 환경을 제공한다. CCPT 슈퍼바이저는 무조건적 긍정적 존중과 공감적 이해를 집중적으로 소통할 수 있는 높은 수준의 개인적인 일치성을 추구해야 한다. 필수적인 치료자의 태도적 질에 대한 모델링은 슈퍼바이지의 성장을 위해 매우 중요하다. 슈퍼바이저가 제공한 치료적 태도를 인식하고 받게 될 때 슈퍼바이지는 자신에게 유용한 내적인 자아실현 경향성에 진입하게 될 것이다. 또한 그들이 슈퍼바이저가 의사소통해 왔던 공감과 무조건적 긍정적 존중을 인식하게 된다면 슈퍼바이지는 자신의 내담자에게 동일한 특성을 제공할 수 있는 평행 과정을 경험할 것이다. 효과적인 슈퍼비전은 필연적으로 놀이치료자의 개인적 발달을 촉진한다(Worrall, 2001). CCPT 슈퍼비전은 슈퍼바이저로부터 광범위한 개인적 자원을 요구하는데, 이는 슈퍼바이지를 훈련함으로써 필수적인 치료자 조건을 내담자에게로 확장하고자 하는 목적이 있기 때문이다.

참고문헌

Borders, L. D., & Brown, L. L. (2005). *The new handbook of counseling supervision*. Mahwah, NJ: Lawrence Erlbaum Associates.

Bozarth, J. (2001). Congruence: A special way of being. In G. Wyatt (Ed.), *Congruence Rogers' therapeutic conditions: Evolution, theory and practice* (Vol. 1, 184–199). Ross-On-Wye: PCCS.

Bryant-Jefferies, R. (2005). *Person-centred counseling supervision: Personal and professional*. Abingdon: Radcliffe Publishing.

Mearns, D. (1995). Supervision: A tale of the missing client. *British Journal of Guidance & Counselling, 23*(3), 421–427.

Merry, T. (2001). Congruence and the supervision of client centred therapists. In G. Wyatt (Ed.), *Congruence Rogers' therapeutic conditions: Evolution, theory and practice* (Vol. 1, 174–183). Ross On-Wye: PCCS.

Moustakas, C. (1959). *Psychotherapy with children: The living relationship*. New York: Harper & Row.

Worrall, M. (2001). Supervision and empathic understanding. In S. Haugh & T. Merry (Eds.), *Empathy Rogers' therapeutic conditions: Evolution theory and practice* (Vol. 2, 206–217). Ross-On-Wye: PCCS.

아동중심 놀이치료의 증거 기반 연구

아 동중심 놀이치료 연구는 지난 60년 동안 이어져 왔는데, 아동의 주호소 문제, 환경, 민족, 연령, 세대 간의 다양성 등에서 그 효과를 입증해 왔다. 1947년부터 2010년 초까지 아동중심 놀이치료의 효과에 관한 연구가 63편이 수행되었다. 〈표 15.1〉은 10년마다 출판된 연구 간행물의 개수를 나누어 보여 주고 있다.

이 장은 62편의 아동중심 놀이치료 연구를 연구 주제와 영역을 범주화하여 다루고 있고, 여기에 포함된 기준은 다음과 같다. (1) 아동중심 놀이치료는 Axline, Rogers, Landreth 혹은 아동중심의 절차를 따르며 비지시적, 자기주도적이라는 용어로 명시되는 연구 개입이다. (2) 학술지, 논문, 단행본을 통하여 연구가 출판된 것들이다. (3) 놀이치료라고 함은 아동중심 개입으로 부모나 가족의 개입은 포함되지 않는다. (4) 실험설계의 관점으로 한 연구이다. 각 연구는 실험 연구에 적용되는 엄격함/정밀함의 수준 차이에 따라 분류된다. 필자는 Rubin(2008)의 개념적 체계를 사용해서 증거 기반 임상을 위해 증거 위계(evidentiary hierarchy)를 개별적 연구의 분류에 활용하였다. 특별히 이 장의 연구들은 3분류로 나뉘어진다. 실험(experimental) 연구, 준실험(quasi-experimental) 그리고 증거 수준(evidentiary) 연구이다. 실험적 분류는 연구 설계의 가장 엄격한 기준에 부합하는 연구들을 묘사한다. 여기에는 무작위 대상 선출, 통제 집

표 15.1 10년 단위의 아동중심 놀이치료 연구의 출판물

연대	연구발행물 수
1940	5
1950	8
1960	3
1970	13
1980	7
1990	8
2000	17
2010	2
총합	**63**

단이나 다른 처치 집단과의 비교, 그리고 명확한 방법론과 처치 과정, 그리고 내적·외적 타당도 위협에 주의를 요하는 것이 포함된다. 준실험적 분류는 명확한 방법론과 내적·외적 타당도 위협에 주의를 기울이지만 무작위로 선택한 것이 아닌 비교 혹은 통제 집단 그룹을 사용한 연구들을 대표한다. 증거적 분류는 전형적인 비교 혹은 통제 집단을 사용하지 않지만 사전/사후 평가와 분명한 방법론을 가지고 놀이치료의 효과성을 입증했던 연구들이다. 62편의 아동중심 놀이치료 연구 중에서 29편이 실험 연구로, 20편은 준실험 연구, 나머지 13편은 증거 연구로 분류되었다.

〈표 15.2〉는 놀이치료와 관련하여 연구 주제에 따른 결과를 간단하게 보여 준다. 연구 주제는 다문화(n=5), 외현화/파괴적 행동 문제(n=12), 주의력결핍 과잉행동장애(n=1), 내재화 행동 문제(n=7), 불안(n=8), 우울(n=2), 자기 개념/자존감(n=9), 사회성 행동(n=12), 부모/교사 관계(n=5), 성학대/외상(n=6), 노숙자(n=2), 진단받은 장애/의학적 상태(n=11), 학업 성취/지능(n=14), 그리고 언어 기술(n=5)을 포함한다. 어떤 연구들은 한 영역 이상 관련되어 중복으로 범주화되었다.

표 15.2 연구 주제에 따른 아동중심 놀이치료 연구

저자	연구 분류	참여대상자	연구 결과
			연구 주제 : 다문화
Garza & Bratton (2005)	실험적	29명 : 5~11세	• 교사가 의뢰한 문제행동을 보이는 히스패닉 아동을 가이던스 교육 과정과 개별 아동중심 놀이치료에 무선 배치함 • 각 집단은 15주 동안 30분씩 일주일에 1번 선정된 개입을 받음 • 부모들은 아동의 외현화 문제행동이 통제적으로 유의미하게 감소되었고, 내재화 행동의 문제도 중간 수준으로 향상되었다고 보고함
Post(1999)	준실험적	168명 : 10~12세	• 위기 아동(아프리카계 미국인 82%)에게 비지시적 놀이치료를 실행함 • 평균 4회의 비지시적 놀이치료를 받은 아동은 자존감과 내적 통제 소재가 감소 수준으로 유지됨 • 통제 집단은 통제적으로 매우 유의미한 감소를 보임(Coopersmith Self-Esteem Inventory와 Intellectual Achievement Responsibility Scale-Revised로 측정)
Shen(2002)	실험적	30명 : 8~12세	• 대만에서 지진 발생 후 지방의 초등학교 아동을 아동중심 놀이치료 집단과 통제 집단에 무선 배치함 • 모든 아동은 부적응에 매우 높은 수치를 보임 • CCPT 집단은 4주 동안 40분씩 10회기의 집단 놀이치료를 받음 • 통제 집단에 비해 집단 아동중심 놀이치료를 받은 집단은 불안이 현저히 감소하였으며, 치료 효과 크기도 크게 나타났고, 자살 위험도 현저한 감소를 보임
Trostle(1988)	실험적	48명 : 3~6세	• 2개 국어를 구사하는 푸에르토리코 아동에게 비지시적 집단 놀이치료를 10회기 실시함 • 통제 집단은 집단 놀이치료 회기와는 반대로 비구조적인 자유놀이 회기에 참여함 • 통제 집단과 비교하였을 때 실험 집단 아동은 자기 통제에서 현저한 증가를 보이고 가장 놀이행동과 현실 놀이행동에서 더 높은 발달적 수준을 보임(Self-Control Rating Scale, Play Observation Scale로 측정) • 실험 집단에 참여한 남아들은 통제 집단에 남아와 여아보다 좀 더 수용적이 됨(Peer Rating Scale로 측정)

(계속)

표 15.2 연구 주제에 따른 아동중심 놀이치료 연구(계속)

저자	연구 분류	참여대상자	연구 결과
Wakaba (1983)	증거적	3명 : 4~8세	• 말을 더듬는 3명의 일본 남아를 대상으로 비지시적 집단 놀이치료를 실행함 • 일주일에 1번, 1시간씩 5개월 동안 진행함 • 말을 더듬는 증상이 호전됨

연구 주제 : 외현화/파괴적 행동 문제

저자	연구 분류	참여대상자	연구 결과
Dorga & Veeraraghavan (1994)	준실험적	20명 : 8~12세	• 공격적 품행장애로 진단받은 아동과 그들의 부모에게 비지시적 놀이치료와 부모 상담을 16회기 진행함 • 통제 집단보다 외적·체벌적 반응이 감소하였으며, 무별점과 욕구-지속반응이 현저히 증가함 • 치료 집단은 자아, 가정, 학교, 사회, 신체, 성격이 전체 적응 면에서 현저한 긍정적인 변화를 보임(Picture-Frustration Test & Child Behavior Rating Scale로 측정) • 실험 집단의 공격성은 싸움, 앙며, 어둠에 대한 폭력, 반항, 짜증, 부모의 제밀 사용, 부모의 방임, 아동의 강한 하교 거부감에서 상당한 감소를 보임
Dorfman (1958)	준실험적	17명 : 9~12세	• 평균적으로 19회기의 아동중심 놀이치료를 부적응 아동에게 실행함 • 통제 집단과 비교하였을 때 Rogers Test of Personality Adjustment에서 향상을 보임. 추수검사에서도 같은 수준을 유지함 • Sentence Completion Test에서 치료 과정과 추수검사에서 현저한 증진을 보임
Fall, Navelski & Welch (2002)	실험적	66명 : 6~10세	• 특수교육 대상 아동을 일주일에 30분씩 6회기의 개별 아동중심 놀이치료와 비치치 통제조건 집단에 무선 배정함 • 교사 평가에서 실험 집단을 통제 집단 등과 비교하였을 때 아동의 문제행동 감소와 더 적은 사회성 문제가 보고됨. 자기효능감은 두 집단 간 차이가 없었음

표 15.2 연구 주제에 따른 아동중심 놀이치료 연구(계속)

저자	연구 분류	참여대상자	연구 결과
Fleming & Snyder(1947)	준실험적	7명 : 8~11세	• 비지시적 집단 놀이치료를 12회기 실행함 • 여아들의 집단이 통제 집단과 비교하였을 때 성적 적응 영역에서 상당한 향상(significant improvement)을 보임(Rogers Personality Test로 측정)
Garza & Bratton (2005)	실험적	29명 : 5~11세	• 교사가 의뢰한 문제행동을 보이는 히스패닉 아동을 가이던스 교육 과정과 개별 아동중심 놀이치료에 무선 배치함 • 각 집단은 15주 동안 30분씩 일주일에 1번 선정된 개입을 받음 • 부모들은 아동의 외현화 문제행동이 유의미적으로 통제적와 유의미하게 감소되었고, 내재화 행동의 문제도 중간 수준으로 향상되었다고 보고함
Muro, Ray, Schottelkorb, Smith, & Blanco(2006)	증거적	23명 : 4~11세	• 교사가 의뢰한 외현화 문제와 정서적 어려움을 보이는 아동을 대상으로 반복 측정하여 단일 집단 설계 연구를 실시함 • 1년 동안 개별 아동중심 놀이치료를 32회기 진행함 • 전체 행동 문제, 교사/아동 관계 스트레스, ADHD 특성의 3번의 반복 측정 평가에서 통제적으로 유의미한 향상을 보임
Ray(2008)	증거적	202명 : 2~13세	• 9년 동안 상담 클리닉에서 매주 개별 아동중심 놀이치료를 받은 아동의 기록 자료를 통제 분석함 • 아동이 주호소 문제와 치료 기간은 독립변수로, 부모-아동 관계 스트레스는 종속변수로 봄 • 개별 아동중심 놀이치료는 외현화 문제, 혼합된 외현화/내재화 문제, 그리고 비임상적 문제에 대해 통계적으로 유의미한 효과를 나타냄 • 또한 개별 아동중심 놀이치료는 회기의 숫자에 따라 효과가 증대되었으며, 특히 11~18회기 배 통제적으로 유의미한 큰 효과크기를 보임

(계속)

표 15.2 연구 주제에 따른 아동중심 놀이치료 연구(계속)

저자	연구 분류	참여대상자	연구 결과
Ray, Blanco, Sullivan & Holliman (2009)	준실험적	41명 : 4~11세	• 교사들이 공격적 행동을 보인다고 보고한 아동을 대상으로 아동중심 놀이치료이나 대기 명단 통제 집단에 배정함 • 아동중심 놀이치료 조건에 배정된 아동은 개별 놀이치료를 일주일에 2번 30분씩 14회 받음 • 부모의 보고에 따르면 아동중심 놀이치료를 받은 아동은 통제 집단의 아동보다 공격적 행동이 중간 정도 감소되었다고 함 • 사후 비교분석에서 아동중심 놀이치료를 받은 아동은 공격적 행동이 통제적으로 유의적으로 감소를 보였고, 통제 집단에 배정된 아동은 유의미한 차이가 없음이 나타남
Schmidtchen, Hennies, & Acke (1993)	준실험적	28명 : 5~8세	• 행동장애를 가진 아동을 대상으로 비지시적 집단 놀이치료를 30회기 진행함 • 놀이치료를 받지 않은 통제 집단은 미정단에서 사회성 교육을 받음 • 치료 집단에 참여한 아동은 행동장애의 감소와 인간중심 유능감(person-centered competencies)의 증가를 보임
Schumann (2010)	준실험적	37명 : 5~12세	• 교사들의 보고로 외현된 공격적 행동을 보이는 아동을 아동중심 개별 놀이치료 조건이나 근거 기반의 가이던스 교육 과정에 배정함 • 아동중심 놀이치료 조건은 매주 가이던스 회기를 받는 것이있음(12~15회기) • 가이던스 조건은 8~15회기의 집단 가이던스 회기에 참여하는 것이있음 • 아동중심 놀이치료와 근거 기반의 가이던스 교육 과정에 참여한 아동은 공격적 행동, 내재화 및 외현화 문제에 상당한 감소를 보임
Seeman, Barry, & Ellinwood (1964)	실험적	16명 : 2~3학년	• 공격적이거나 위축되어 적응에 어려움을 보이는 아동에게 비지시적 놀이치료를 37회(중앙값) 실행함 • 교사 평정 척도와 추수 회기에서 미미하지만 유의미한 증진을 보임 • 공격성 집단의 모든 아동은 통제 집단과 비교할 때 평균 이하의 수치를 보임 • 실험 집단은 사회성 측정에서 긍정적 변화를 보임(Tuddenham Reputation Test로 측정)

표 15.2 연구 주제에 따른 아동중심 놀이치료 연구(계속)

저자	연구 분류	참여대상자	연구 결과
Tyndall-Lind, Landreth, & Giordano (2001)	준실험적	32명 : 4~10세	• 가정폭력 쉼터에 거주하는 아동을 대상으로 형제 집단 놀이치료 조건을 집중적 개별 놀이치료 조건 및 통제 조건과 비교함 • 형제 집단 아동중심 놀이치료는 45분씩 12일 동안 12회로 구성함 • 형제 집단 아동중심 놀이치료는 집중 개별 놀이치료 조건과 동일한 효과를 나타냄 • 형제 집단 놀이치료 아동은 전체 행동, 외현화, 내재화 행동 문제, 공격성, 불안, 우울 영역에서 상당한 감소를, 자존감을 영역에서는 현저한 증가를 보임
			연구 주제 : 주의력결핍 과잉행동장애
Ray, Schottelkorb & Tsai(2007)	실험적	60명 : 5~11세	• ADHD 범주의 아동을 놀이치료 조건, 읽기 멘토링을 하는 적극적 통제 조건에 무선 배치함 • 두 조건 모두 30분씩 8주 동안 16회기의 개별 회기를 받음 • 놀이치료 조건은 개별 아동중심 놀이치료를 받음 • 결과적으로 두 조건 모두 통계적으로 ADHD 문제행동, 학생 특성, 불안, 그리고 학습장애에 유의미한 향상을 보임 • 개별 아동중심 놀이치료를 받은 아동은 학생 특성, 정서적 책임감, 불안/위축 영역에서 읽기 멘토링을 받은 아동보다 통계적으로 유의미한 증진을 보임
			연구 주제 : 내재화 행동 문제
Baggerly & Jenkins(2009)	증거적	36명 : 5~12세	• 노숙 아동을 대상으로 사전/사후 단일 집단으로 연구 설계함 • 개별 아동중심 놀이치료를 1년 학기 중 45분씩 일주일에 1번 실시함 • 아동에 따라 11~25회기(평균 14회기)를 받게 됨 • 아동은 발달 영역에서 내재화와 자기-제한 성격의 진단 파일에서 통계적으로 유의미한 증진을 보임

(계속)

표 15.2 연구 주제에 따른 아동중심 놀이치료 연구(계속)

저자	연구 분류	참여대상자	연구 결과
Brandt(1999)	준실험적	26명 : 5세	• 행동 적응에 어려움을 겪는 아동에게 7~10회기 놀이치료를 진행함 • CBCL로 측정하여 통제 집단과 비교하였을 때 내재화 행동이 상당한 증진을 보임 • 내재화 증상은 위축행동, 신체적 불평, 불안/우울이 포함됨 • 실험 집단은 부모양육 스트레스에 상당한 증진을 보임 • 자기 개념에 대해 실험 집단과 통제 집단은 차이를 보이지 않음
Dorfman(1958)	준실험적	17명 : 9~12세	• 부적응 아동에게 아동중심 놀이치료를 평균 19회기 실행함 • 통제 집단과 비교하였을 때(Rogers Test of Personality Adjustment로 측정) 증진을 보였고 추수 회기에도 증진이 유지됨
Fleming & Snyder(1947)	준실험적	7명 : 8~11세	• 여아 집단을 대상으로 비지시적 집단 놀이치료를 12회기 진행함 • 통제 집단과 비교하였을 때 성격 적응에서 상당한 증진을 보임(Rogers Personality Test로 측정)
Garza & Bratton(2005)	실험적	29명 : 5~11세	• 교사가 의뢰한 문제행동을 보이는 히스패닉 아동을 가이던스 교육 과정과 개별 아동중심 놀이치료에 무선 배치함 • 각 집단은 15주 동안 30분씩 1주일에 1번 선정된 개입을 받음 • 부모들은 아동이 의뢰화 문제행동이 통계적으로 유의미하게 감소되었고, 내재화 행동의 문제도 중간 수준으로 향상되었다고 보고함
Tyndall-Lind, Landreth, & Giordano(2001)	준실험적	32명 : 4~10세	• 가정폭력 쉼터에 거주하는 아동을 대상으로 형제 집단 놀이치료 조건을 집중적 개별 놀이치료 조건 및 통제 비교함 • 형제 집단 아동중심 놀이치료는 45분씩 12일 동안 12회로 구성함 • 형제 집단 아동중심 놀이치료는 집중 개별 놀이치료 조건과 동일한 효과를 나타냄 • 형제 집단 놀이치료 아동은 전체 행동, 외현화, 내재화 행동 문제, 공격성, 불안, 우울 영역에서 상당한 감소를, 자존감 영역에서는 현저한 증가들 보임

표 15.2 연구 주제에 따른 아동중심 놀이치료 연구(계속)

저자	연구 분류	참여대상자	연구 결과
Wall(1979)	실험적	33명 : 3~9세	• 정서적으로 적응에 어려움을 겪는 한부모 가정 아동을 대상으로 함 • 세 가지 치료적 접근(전통적 비지시적 놀이치료, 부모가 치료자에게 안내받으며 아동에게 놀이치료를 제공하는 가이드된 놀이치료, 부모-아동 양자 관계 조건에서의 자유놀이) • 한 영역만 제외하고 유의미한 진보는 일어나지 않음 • 8주 이후에 가이드드 놀이치료를 받은 아동은 가족 안에서 부정적인 감정을 인식하는 능력이 증진됨으로써 적응 영역이 향상될 것으로 나타남
			연구 주제 : 불안
Baggerly(2004)	증거적	42명 : 5~11세	• 노숙자 쉼터에 살고 있는 아동을 대상으로 함 • 사전/사후 단일 집단으로 연구 설계함 • 아동중심 놀이치료를 일주일에 1회 또는 2회씩 30분간 진행함(9~12회기 받음) • 우울 및 불안과 관련된 자기 개념, 중요성, 유능감, 부정적인 감정 및 부정적인 자존감에 상당한 증진을 보임
Clatworthy (1981)	실험적	114명 : 5~12세	• 병원에 입원한 아동을 대상으로 자기주도 개별 놀이치료를 실시함 • 통제 집단보다 불안이 현저히 감소함(Missouri Children's Picture Series로 측정)
Post(1999)	준실험적	168명 : 10~12세	• 비지시적 놀이치료를 4회기 받으며 위기 아동은 통제 집단과 비교했을 때 붙인 영역에서는 변화를 보이지 않음(State-Trait Anxiety Inventory로 측정)
Rae, Worchel, Upchurch, Sanner & Daniel(1989)	실험적	61명 : 5~10세	• 병원에 입원한 아동에게 비지시적 아동중심 놀이치료를 2회기 실시함 • 병원에 대한 공포가 상당히 감소함(Fear Thermometer로 측정) • 놀이치료 집단을 언어적으로 지지하는 조건, 다양한 놀이조건(놀잇감을 가지고 노는 것이 허락됨), 그리고 통제 집단과 비교함. 어떤 집단에서도 공포가 감소되는 것은 발견되지 않음

(계속)

표 15.2 연구 주제에 따른 아동중심 놀이치료 연구(계속)

저자	연구 분류	참여대상자	연구 결과
Ray, Schottelkorb & Tsai(2007)	실험적	60명 : 5~11세	• ADHD 범주의 아동을 놀이치료 조건, 읽기 멘토링을 하는 적극적 통제 조건에 무선 배치함 • 두 조건 모두 30분씩 8주 동안 16회기의 개별 회기를 받음 • 놀이치료 조건은 개별 아동중심 놀이치료를 받음 • 결과적으로 두 조건 모두 통제적으로 ADHD 문제행동, 학생 특성, 불안, 그리고 학습장애에 유의미한 향상을 보임 • 개별 아동중심 놀이치료를 받은 아동은 하생 특성, 정서적 책임감, 불안/위축 영역에서 읽기 멘토링을 받은 아동은 아동보다 유의미한 증진을 보임
Schmidtchen & cbrucker(1978)	준실험적	50명 : 9~13세	• 아동중심 놀이치료를 받은 아동은 사회적·지적 융통성에 상당한 증진을 보임 • 2개의 비처치 통제 집단과 비교하였을 때 불안과 행동장애가 감소함
Shen(2002)	실험적	30명 : 8~12세	• 대만에서 지진 발생 후 지방의 초등학생 아동을 아동중심 놀이치료 집단과 통제 집단에 무선 배치함 • 모든 아동은 부적응에 매우 높은 수치를 보임 • CCPT 집단은 4주 동안 40분씩 10회기의 집단 놀이치료를 받음 • 통제 집단에 비해 집단 아동중심 놀이치료를 받은 집단은 불안이 현저히 감소하였으며, 치료의 효과크기도 크게 나타났고, 자살 위험도 현저한 감소를 보임
Tyndall-Lind, Landreth, & Giordano(2001)	준실험적	32명 : 4~10세	• 가정폭력 쉼터에 거주하는 아동을 대상으로 형제 집단 놀이치료 조건을 집중적 개별 놀이치료 조건과 통제 조건을 비교함 • 형제 집단 아동중심 놀이치료는 45분씩 12일 동안 12회로 구성함 • 형제 집단 아동중심 놀이치료는 집중 개별 놀이치료 조건과 동일한 효과를 나타냄 • 형제 집단 놀이치료 아동은 전체 행동, 외현화, 내재화 행동 문제, 공격성, 불안, 우울 영역에서 상당한 감소를, 자존감 영역에서는 현저한 증가를 보임

표 15.2 연구 주제에 따른 아동중심 놀이치료 연구(계속)

저자	연구 분류	참여대상자	연구 결과
			연구 주제 : 우울
Baggerly(2004)	증거적	42명 : 5~11세	• 노숙자 쉼터에 살고 있는 아동을 대상으로 함 • 사전/사후 단일 집단으로 연구 설계함 • 아동중심 놀이치료를 일주일에 1회 또는 2회씩 30분간 진행함(9~12회기 받음) • 우울 및 불안과 관련된 자기 개념, 중요성, 유능감, 유능감, 부정적인 감정 및 부정적인 자존감에 상당한 증진을 보임
Tyndall-Lind, Landreth, & Giordano(2001)	준실험적	32명 : 4~10세	• 가정폭력 쉼터에 거주하는 아동을 대상으로 형제 집단 놀이치료 조건을 집중적 개별 놀이치료 조건 및 통제 조건과 비교함 • 형제 집단 아동중심 놀이치료는 45분씩 12일 동안 12회로 구성함 • 형제 집단 아동중심 놀이치료는 집중 개별 놀이치료 조건과 동일한 효과를 나타냄 • 형제 집단 놀이치료 아동은 전체 행동, 외현화, 내재화 행동 문제, 공격성, 불안, 우울 영역에서 상당한 감소를, 자존감 영역에서는 현저한 증가를 보임
			연구 주제 : 자기 개념/자존감
Baggerly(2004)	증거적	42명 : 5~11세	• 노숙자 쉼터에 살고 있는 아동을 대상으로 함 • 사전/사후 단일 집단으로 연구 설계함 • 아동중심 놀이치료를 일주일에 1회 또는 2회씩 30분간 진행함(9~12회기 받음) • 우울 및 불안과 관련된 자기 개념, 중요성, 유능감, 유능감, 부정적인 감정 및 부정적인 자존감에 상당한 증진을 보임

(계속)

표 15.2 연구 주제에 따른 아동중심 놀이치료 연구(계속)

저자	연구 분류	참여대상자	연구 결과
Crow(1990)	준실험적	22명 : 1학년	• 읽기 능력이 저조한 1학년 아동에게 비지시적 개별 놀이치료를 10회기 실시함 • 자기 개념이 상당히 증가함(Piers-Harris Children's Self-Concept Scale로 측정) • 비지시적 통제 집단과 비교하였을 때 내적 통제소재 능력이 증진함(Intellectual Achievement Responsibility Questionnaire로 측정) • 실험 집단과 통제 집단 모두 읽기 능력에서 증진을 보임(Gates-MacGinite Reading Test로 측정)
Gould(1980)	실험적	84명 : 초등학생 연령	• 낮은 자기 이미지를 가진 아동을 대상으로 비지시적 집단 놀이치료와 토론 집단에 각각 12회기씩 참여함 • 비지시적 통제 집단은 변화가 없었지만, 두 집단은 긍정적 변화를 보임. 가장 강한 긍정적 변화는 집단 놀이치료 참가자들에게서 나타남
House(1970)	실험적	36명 : 2학년 학생	• 사회적으로 적응하지 못하는 아동에게 아동중심 놀이치료를 20회기 진행함 • 자기 개념이 상당히 증가됨(Scamin Self-Concept Scale로 측정) • 통제 집단은 자기 개념이 감소됨
Kor, Landreth, & Giordano(1998)	준실험적	22명 : 3~10세	• 가정폭력을 목격한 아동에게 2주 동안 비지시적 놀이치료를 실시함 • 통제 집단과 비교할 때 자기 개념이 상당히 증가함(Joseph Preschool & Primary Self-Concept Screening Test로 측정) • 외현화 문제와 전체 행동 문제가 상당히 감소함(Child Behavior Checklist로 측정) • 신체적 근접성의 놀이행동과 놀이 주제가 상당히 증가함(Children's Play Session Behavior Rating Scale로 측정)

표 15.2 연구 주제에 따른 아동중심 놀이치료 연구(계속)

저자	연구 분류	참여대상자	연구 결과
Pelham(1972)	실험적	52명 : 유치원생	• 6~8회 자기주도적 개별 놀이치료와 6~8회 자기주도적 집단 놀이치료가 유치원생의 사회적 성숙도에 긍정적 증진을 보임(Missouri Children's Picture Services, Children's Self-Social Constructs Test로 측정) • 교사 보고에 의하면 행동에 대해 통제 집단과 비교하였을 때 놀이치료에 참여한 아동은 교실에서의 문제행동이 상당히 향상됨
Perez(1987)	실험적	55명 : 4~9세	• 성적으로 학대받은 아동을 대상으로 개별 관계 놀이치료를 12회기, 집단 관계 놀이치료를 12회기를 실시하여 통제 집단과 비교함 • 자료 집단 아동의 사후검사에서 차이-개념은 유의미한 수준으로 향상되었으며(Primary Self-Concept Inventory로 측정) 통제 집단은 실제적으로 더 낮은 점수가 나옴 • 자기 숙련도의 측정으로 통제 집단은 점수가 하락한 것에 비해 놀이치료에 참여한 아동의 점수는 상당히 상승함(Locus of Control Scale로 측정) • 개별과 집단 놀이치료의 차이는 발견되지 않음
Post(1999)	준실험적	168명 : 10~12세	• 평균 4회의 비지시적 놀이치료를 받은 위기 아동은 자존감과 내적 통제 소재가 같은 수준으로 유지됨 • 통제 집단은 통제적으로 매우 유의미한 감소를 보임(Coopersmith Self-Esteem Inventory와 Intellectual Achievement Responsibility Scale-Revised로 측정)
Tyndall-Lind, Landreth, & Giordano(2001)	준실험적	32명 : 4~10세	• 가정폭력 쉼터에 거주하는 아동을 대상으로 형제 집단 놀이치료 조건을 집중적 개별 놀이치료 조건 및 통제 조건과 비교함 • 형제 집단 아동중심 놀이치료는 45분씩 12일 동안 12회로 구성함 • 형제 집단 아동중심 놀이치료는 집중 개별 놀이치료 조건과 동일한 효과를 나타냄 • 형제 집단 놀이치료 아동은 전체 행동, 외현화, 내재화 행동 문제, 공격성, 불안, 우울 영역에서 상당한 감소를, 자존감 영역에서는 현저한 증가를 보임

(계속)

표 15.2 연구 주제에 따른 아동중심 놀이치료 연구(계속)

저자	연구 분류	참여대상자	연구 결과
			연구 주제 : 사회성 행동
Cox(1953)	준실험적	52명 : 5~13세	• 10주 동안 개별 놀이치료를 실행한 후 13주에 추수 기간을 가짐 • 3세 아동은 사회적 적응에 상당한 증진을 보임 • 통제 집단과 비교하였을 때 13세 아동은 사회성 측정에서 상당한 증진을 보임
Elliott & Pumfrey(1972)	실험적	28명 : 7~9세	• 비지시적 집단 놀이치료를 9회기 진행함 • 비지시적 통제 집단과 비교하였을 때 나타나는 사회적 적응이나 읽기 성취 항목에서 차이가 없었음(Bristol Social-Adjustment Guide Burt Word Reading Test & Ballard One-Minute Reading Test로 측정) • 그러나 IQ, 정서장애, 조증감과 같은 기준의 범주와 개선 간의 관계가 입증됨 • 정서장애는 사회적 적응 영역에서 치료를 통해 개선됨. 조증감은 사회적 적응 영역에서 치료로 인해 악화됨
Fall, Navelski, & Welch(2002)	실험적	66명 : 6~10세	• 특수교육 대상 아동을 일주일에 30분씩 6회기의 개별 아동중심 놀이치료와 비지시 통제조건 집단에 무선 배정함 • 교사 평가에서 실험 집단을 통제 집단과 비교하였을 때 아동이 문제행동 감소와 더 적은 사회성 문제가 보고됨. 자기효능감은 두 집단 간 차이가 없었음
Fleming & Snyder(1947)	준실험적	46명 : 8~11세	• 비지시적 집단 놀이치료를 12회기 실행함 • 여아들의 집단이 통제 집단과 비교하였을 때 성격 적응 영역에서 상당한 향상(significant improvement)을 보임(Rogers Personality Test로 측정)
House(1970)	실험적	36명 : 2학년	• 사회적으로 적응하지 못하는 아동에게 아동중심 놀이치료를 20회기 진행함 • 자기 개념이 상당히 증가됨(Scamin Self-Concept Scale로 측정) • 통제 집단은 자기 개념이 감소됨

표 15.2 연구 주제에 따른 아동중심 놀이치료 연구(계속)

저자	연구 분류	참여대상자	연구 결과
Hume(1967)	준실험적	20명 : 1~4학년	• 교실에서 성장 조건을 창출하는 네 중점을 두는 교사 연수가 있는 경우와 그렇지 않은 경우로 나뉘 6개월 동안 매주 개별 및 집단 아동중심 놀이치료를 실시함 • 하년 말과 주수 회기에서 놀이치료 참가자는 학효, 가정, 놀이치료에서 괄목할 만한 향상을 보임 • 놀이치료는 교사 연수와 합쳐진 경우가 가장 효과적으로 나타남. 그러나 놀이치료만이 도움이 된 것으로 보임 교사 연수는 부분적으로만 도움이 될 것으로 보임
Oualline(1976)	실험적	24명 : 4~6세	• 청각장애 아동에게 10회기 비지시적 개별 놀이치료를 시행함 • 10회기 개별 자유놀이를 한 아동놀이를 한 아동과 비교하였을 때 성숙한 행동의 패턴이 상당히 증가됨(Vineland Social Maturity Scale로 측정) • Child Behavior Rating Scale과 Behavior Problem Checklist에서는 특별한 차이가 발견되지 않았음
Pelham(1972)	실험적	52명 : 유치원생	• 6~8회 자기주도적 개별 놀이치료를 6~8회 자기주도적 집단 놀이치료가 유치원생의 사회적 성숙도에 긍정적 증진을 보임(Missouri Children's Picture Services, Children's Self-Social Constructs Test로 측정) • 교사 보고에 의하면 행동에 대해 통제 집단과 비교하였을 때 놀이치료에 참여한 아동은 교실에서의 문제행동이 상당히 향상됨
Schmidtchen & obrucker(1978)	준실험적	50명 : 9~13세	• 아동중심 놀이치료를 받은 아동은 사회적·지적 융통성에 상당한 증진을 보임 • 27개의 비지시 통제 집단과 비교하였을 때 불안과 행동장애가 감소됨
Thombs & Muro(1973)	실험적	36명 : 2학년	• 아동에게 관계이론에 기반을 두어 집단 놀이치료를 15회기 실행함 • 대체적 언어집단상담 실험 집단에 참여한 아동과 비교하였을 때, 사회적 지위에 더 큰 긍정적 변화를 보임 • 두 집단 모두 통제 집단과 비교했을 때 사회성 측정 상태에서는 상당한 증진을 보임

(계속)

표 15.2 연구 주제에 따른 아동중심 놀이치료 연구(계속)

저자	연구 분류	참여대상자	연구 결과
Trostle(1988)	실험적	48명 : 3~6세	• 2개 국어를 구사하는 푸에르토리코 아동에게 비지시적 집단 놀이치료를 10회기 실시함 • 통제 집단은 집단 놀이치료에 참가하였으나 반대로 비구조적인 자유놀이에 참여함 • 통제 집단과 비교하였을 때 실험 집단 아동은 자기 통제에서 현저한 증가를 보이고 가장 놀이행 동과 현실 놀이행동에서 더 높은 발달적 수준을 보임(Self-Control Rating Scale, Play Observation Scale로 측정) • 실험 집단에 참여한 남아들은 통제 집단의 남아보다 좀 더 수용적이 됨(Peer Rating Scale로 측정)
Yates(1976)	준실험적	53명 : 2학년	• 8주 동안 비지시적 놀이치료 실험 집단, 구조화된 교사면담 실험 집단, 통제 집단에 참여한 아동 을 비교함 • 실험 집단들과 통제 집단 간의 통계적으로 유의미한 차이는 발견되지 않았음 • 그러나 전반적으로 사회성 측정에서 모든 집단이 증진을 보임

연구 주제 : 부모/교사 관계

저자	연구 분류	참여대상자	연구 결과
Dougherty & Ray(2007)	증거적	24명 : 3~8세	• 3년에 걸쳐 상담 클리닉에 의뢰되어 일주일에 1번씩 개별 아동중심 놀이치료를 받아 온 아동 의 자료 기록을 통제적으로 분석함 • 아동의 연령을 독립변수로 두고 연령의 차이에 따라 전조작기 집단과 구체적 조작기 집단으로 분 류함 • 부모/자녀 관계 스트레스는 종속변수로 두었음 • 총 스트레스와 아동 영역 점수에서 아동중심 놀이치료는 부모/아동 관계 스트레스에서 높은 실제 효과를 보이며 통제적으로 유의미한 감소를 보임 • 구체적 조작기 집단의 아동이 전조작기 집단의 아동보다 개입의 결과로 인한 변화를 더 보임

표 15.2 연구 주제에 따른 아동중심 놀이치료 연구(계속)

저자	연구 분류	참여대상자	연구 결과
Muro, Ray, Schottelkorb, Smith, & Blanco(2006)	증거적	23명 : 4~11세	• 교사가 의뢰한 외현화 문제와 정서적 어려움을 보이는 아동을 대상으로 반복 측정하여 단일 집단 설계 연구를 실시함 • 1년 동안 개별 아동중심 놀이치료를 32회기 진행함 • 전체 행동 문제, 교사/아동 관계 스트레스, ADHD 특성은 3번의 반복 측정 평가에서 통계적으로 유의미한 향상을 보임
Ray(2007)	실험적	93명 : 4~11세	• 학급에서 정서 및 행동에 어려움을 겪는 학생들을 (1) 놀이치료만 하는 집단, (2) 놀이치료와 교사 자문을 함께 행하는 집단, (3) 교사자문만 하는 집단의 3종류로 나눠 실험 집단에 무선 배치함 • 놀이치료에 참여하는 아동은 8주 동안 매주 30분씩 개별 놀이치료를 16회기 받음 • 교사자문 집단의 교사는 8주 동안 매주 10분씩 인간중심 접근의 자문을 받음 • 세 집단 모두 전체 스트레스에서 큰 효과크기를 보이며 교사-아동 관계 스트레스에서 상당한 감소를 보임
Ray(2008)	증거적	202명 : 2~13세	• 9년 동안 대학 상담 클리닉에서 매주 개별 아동중심 놀이치료를 받은 아동의 기록 자료를 통계 분석함 • 아동의 주요소 문제와 치료 기간은 독립변수로, 부모-아동 관계 스트레스는 종속변수로 봄 • 개별 아동중심 놀이치료는 외현화 문제, 혼합된 외현화/내재화 문제, 그리고 비임상적 문제에 대해 통계적으로 유의미한 효과를 나타냄 • 또한 개별 아동중심 놀이치료는 회기의 숫자에 따라 효과가 증대되었으며, 특히 11~18회기 때 통계적으로 유의미한 큰 효과크기를 보임

(계속)

표 15.2 연구 주제에 따른 아동중심 놀이치료 연구(계속)

저자	연구 분류	참여대상자	연구 절차 / 연구 결과
Ray, Henson, Schottelkorb, Brown, & Muro(2008)	실험적	58명 : 유치원~5학년	• 교사에 의해 보고된 정서 및 행동의 어려움을 보이는 아동을 2개의 집단(단기 집단, 장기 집단)에 무선 배치함 • 단기 집단의 아동은 8주 동안 개별 아동중심 놀이치료를 30분씩 16회기 받음 • 장기 집단의 아동은 16주 동안 개별 아동중심 놀이치료를 30분씩 16회기 받음 • 두 집단 모두 교사-아동 간의 관계 스트레스에 상당한 향상을 보임 • 단기 집중의 집단은 사후 비교분석에서 전체 증 스트레스, 교사-학생 간의 특성에서 통계적으로 유의하고 효과도 값도 큰 것으로 나타남

연구 주제 : 성취대/외상

저자	연구 분류	참여대상자	연구 절차 / 연구 결과
Kot, Landreth, & Giordano(1998)	준실험적	22명 : 3~10세	• 가정폭력을 목격한 아동에게 2주 동안 비지시적 놀이치료를 실시함 • 통제 집단과 비교할 때 자기 개념이 상당히 증가함(Joseph Preschool & Primary Self-Concept Screening Test로 측정) • 외현화 문제와 전체 행동 문제가 상당히 감소함(Child Behavior Checklist로 측정) • 신체적 근접성 놀이행동과 놀이 주제가 상당히 증가함(Children's Play Session Behavior Rating Scale로 측정)
Perez(1987)	실험적	55명 : 4~9세	• 성적으로 학대받은 아동을 대상으로 개별 관계 놀이치료를 12회기, 집단 관계 놀이치료를 12회기, 통제 집단과 비교함 • 자료 집단 아동의 사후검사에서 차이-개념은 유의미한 수준으로 향상되었으며(Primary Self-Concept Inventory로 측정) 통제 집단은 실제적으로 더 낮은 점수가 나옴 • 자기 숙련도의 측정은 통제 집단의 점수가 하락한 것에 비해, 놀이치료에 참여한 아동의 점수는 상당히 상승함(Locus of Control Scale로 측정) • 개별과 집단 놀이치료의 차이는 발견되지 않음

표 15.2 연구 주제에 따른 아동중심 놀이치료 연구(계속)

저자	연구 분류	참여대상자	연구 결과
Saucier(1986)	준실험적	20명 : 1~7세	• 성학대 피해 아동을 대상으로 비지시적 또는 지시적 놀이치료를 8회기 진행함 • 실험 집단은 통제 집단보다 개인적·사회적 발달에서 상당히 높은 점수를 나타냄(Minnesota Child Developmental Inventory로 측정)
Scott, Burlingame, Starling, Porter, & Lilly(2003)	실험적	26명 : 3~9세	• 성학대 가능성으로 의뢰된 아동에게 단일 집단 설계의 사전/사후검사를 실시함 • 아동은 아동중심 놀이치료를 7~13회기 사이로 받음 • 치료의 전 과정을 통하여 유능감이 증가되었음 • 다른 집단과 비교하였을 때 다른 진보는 보고되지 않았음
Shen(2002)	실험적	30명 : 8~12세	• 대만에서 지진 발생 후 지방의 초등학교 아동을 아동중심 놀이치료 집단과 통제 집단에 무선 배치함 • 모든 아동은 부적응에 매우 높은 수치를 보임 • CCPT 집단은 4주 동안 40분씩 10회기의 집단 놀이치료를 받음 • 통제 집단에 비해 집단 아동중심 놀이치료를 받은 집단은 불안이 현저히 감소하였으며, 치료 효과크기도 크게 나타났고, 자살 위험도 현저한 감소를 보임
Tyndall-Lind, Landreth, & Giordano(2001)	준실험적	32명 : 4~10세	• 가정폭력 쉼터에 거주하는 아동을 대상으로 형제 집단 놀이치료 조건을 집중적 개별 놀이치료 조건 및 통제 조건과 비교함 • 형제 집단 아동중심 놀이치료는 45분씩 12일 동안 12회로 구성함 • 형제 집단 아동중심 놀이치료는 집중 개별 놀이치료 조건과 동일한 효과를 나타냄 • 형제 집단 놀이치료 아동은 전체 행동, 외현화, 내재화 행동 문제, 공격성, 불안, 우울 영역에서 상당한 감소를, 자존감 영역에서는 현저한 증가를 보임

(계속)

표 15.2 연구 주제에 따른 아동중심 놀이치료 연구(계속)

저자	연구 분류	참여대상자	연구 결과
			연구 주제 : 노숙자
Baggerly(2004)	증거적	42명 : 5~11세	• 노숙자 쉼터에 살고 있는 아동을 대상으로 함 • 사전/사후 단일 집단으로 연구 설계함 • 아동중심 놀이치료를 일주일에 1회 또는 2회씩 30분간 진행함(9~12회기 받음) • 우울 및 불안과 관련된 자기 개념, 중요성, 유능감, 부정적인 자존감에 상당한 증진을 보임
Baggerly & Jenkins(2009)	증거적	36명 : 5~12세	• 노숙 아동을 대상으로 사전/사후 단일 집단으로 연구 설계함 • 개별 아동중심 놀이치료를 1년 하기 중 45분씩 일주일에 1번 실시함 • 아동에 따라 11~25회기(평균 14회기)를 받게 됨 • 아동은 발달 영역에서 자기-제한 성격의 진단 파일에서 통계적으로 유의미한 증진을 보임
			연구 주제 : 진단받은 장애/의학적 상태
Cruickshank & Cowen(1948)과 Cowen & Cruickshank (1948)	증거적	5명 : 7~9세	• 신체장애를 지닌 아동이 학교에서 정서적으로 어려움을 겪는 5명의 아동에게 비지시적 집단 놀이치료를 13회기 진행함 • 3명의 아동은 가정 및 학교에서의 행동에 괄목할 만한 증진을 보임 • 1명은 약간의 진보만 보임 • 나머지 1명은 진보가 나타나지 않음 • 그러나 5명 모두 놀이치료를 한 경험에 대해서는 긍정적 감정을 보고함

표 15.2 연구 주제에 따른 아동중심 놀이치료 연구(계속)

저자	연구 분류	참여대상자	연구 결과
Danger & Landreth(2005)	실험적	21명 : 4~6세	• 언어치료에 적합한 아동을 두 조건, 즉 (1) 집단 놀이치료 또는 (2) 정기적으로 언어치료 회기 조건을 받는 아동으로 무작위 배정함 • 놀이치료 조건에 배정된 아동은 언어치료와 함께 집단 아동중심 놀이치료를 7개월 동안 25회기 받음 • 놀이치료를 받은 아동은 수용적 및 표현적 언어 기술에 증진을 보였고 상당한 실제적 유의도가 나타남
DeGangi, Wietlisbach, Goodin, & Scheiner(1993)	실험적	12명 : 36~71개월	• 감각운동 기능장애를 가진 아동을 대상으로 아동중심 활동치료와 구조적 감각운동 치료를 비교함 • 구조적 감각운동 치료는 대근육운동 기술, 기능 기술, 감각통합 기술의 증진에 더욱 효과적으로 나타남 • 아동중심 활동치료는 소근육운동 증진에 더욱 효과적으로 나타남 • 어린 기질을 가진 아동과 치료를 처음 받아보는 아동의 행동과 놀이와 관련하여 아동중심 활동치료에 더 잘 반응하는 것으로 나타남
Dudek(1967)	증거적	20명 : 4~13세	• (1) 매주 치료를 지향하는 놀이와 함께 다음 주에 사마귀를 떼어 내라는 위협을 받는 집단과 (2) 그러한 위협 없이 치료적 놀이만 받는 집단, 즉 2개의 처치 집단을 비교함 • 위협을 받는 집단의 아동 5명은 치료서 변화 없이 퇴원하였으며, 그중 2명의 아동은 3주 안에 안전히 치료됨 • 위협을 받지 않은 집단에서는 6명의 아동이 2주 내에 치료의 변화를 보였고, 2명은 4주 안에 치료가 되었으며 1명은 사마귀를 더 갖게 됨 • 5~11주 안에 8명의 아동은 완전히 안전히 치료되었으며, 1명은 부분적으로 치료되었고, 1명은 전혀 변화되지 않았음

(계속)

표 15.2 연구 주제에 따른 아동중심 놀이치료 연구(계속)

저자	연구 분류	참여대상자	연구 결과
Fall, Navelski, & Welch(2002)	실험적	66명 : 6∼10세	• 특수교육 대상 아동을 일주일에 30분씩 6회기의 개별 아동중심 놀이치료와 비처치 통제조건 집단에 무선 배정함 • 교사 평가에서 실험 집단을 통제 집단과 비교하였을 때 아동의 문제행동 감소와 더 적은 사회성 문제가 보고됨. 자기효능감은 두 집단 간 차이가 없었음
Jones & Landreth(2002)	실험적	30명 : 7∼11세	• 인슐린 의존성 당뇨병으로 진단받은 아동을 아동중심 놀이치료와 통제 집단에 무선 배치함 • 실험집단은 3주 캠프 동안에 아동중심 놀이치료를 12회기 받음 • 두 집단 모두 불안 점수가 향상되었으며 실험 집단은 통제 집단에 비해 당뇨병 적응에 통계적으로 유의미한 향상이 나타남
Mehlman(1953)	준실험적	32명 : 86∼140개월	• 정신지체 아동을 대상으로 29회기의 집단 놀이치료, 영화 집단, 그리고 비처치 통제 집단을 비교함 • 어떤 집단도 지능에는 변화가 없었음(Stanford Binet로 측정)
Miller & Baruch(1948)	증거적	7명의 아동	• 심각한 알레르기로 지금까지 치료가 치료가 성공적이지 못했던 7명의 아동을 포함한 22명의 환자를 대상으로 어린에게는 비지시적 놀이치료, 아동에게는 비지시적 놀이치료를 실시함 • 22명 중 19명은 눈에 띄는 향상을 보임 • 22명 중 21명은 향상을 보였으며, 6명은 증상에서 완전히 자료되었다고 보고됨
Morrison & Newcomer (1975)	실험적	18명 : 11세 이하의 아동	• 정신지체 아동을 대상으로 11회기의 지시적 놀이치료, 비지시적 놀이치료, 비지시적 통제 집단으로 나누어 비교함 • 통제 집단과 비교하였을 때 두 처치 집단에 있던 아동은 Denver Developmental Screening Test의 소근육-적응과 개인적-사회적 척도에서 큰 변화를 보임 • 비지시적 또는 지시적 놀이가 더 효과적이라는 것은 입증되지 않았음

표 15.2 연구 주제에 따른 아동중심 놀이치료 연구(계속)

저자	연구 분류	참여대상자	연구 결과
Newcomer & Morrison(1974)	실험적	12명 : 5~11세	• 정신지체 아동을 대상으로 지시적이고 비지시적인 리더십이 있는 개별 놀이치료를 지시적이고 비지시적인 리더십이 있는 집단 놀이치료와 비교함 • 두 처치 집단의 평균은 30주 동안 지속적으로 증가하였음(Denver Developmental Screening Test로 측정) • 통제 집단과 비교하였을 때 사회적·지적 기능에 대한 유익한 유의한 효과가 보임 • 집단과 개인치료, 지시적과 비지시적 리더십 사이의 차이는 발견되지 않았음
Qualline(1976)	실험적	24명 : 4~6세	• 청각장애 아동에게 10회기 비지시적 개별 놀이치료를 시행함 • 10회기 개별 자유놀이를 한 아동과 비교하였을 때 성숙한 행동의 패턴이 상당히 증가됨(Vineland Social Maturity Scale로 측정) • Child Behavior Rating Scale과 Behavior Problem Checklist에서는 특별한 차이가 발견되지 않았음
연구 주제 : 학업 성취/지능			
Axline(1947)	증거적	37명 : 2학년	• 아동중심으로 훈련된 교사들이 이끄는 교실에 배치된 학생들에게 비지시적 놀이치료를 8회기 실시 • IQ가 눈에 띄게 상승됨(Stanford Binet로 측정)
Axline(1949)	증거적	15명 : 6~7세	• 8~20회기의 비지시적 개별 놀이치료를 받은 아동은 높은 IQ 점수를 나타냄 • 연구자는 아동이 정서적 제약에서 자유로워져서 자신들의 능력을 보다 적절히 나타내게 되었다고 결론을 내림

(계속)

표 15.2 연구 주제에 따른 아동중심 놀이치료 연구(계속)

저자	연구 분류	참여대상자	연구 결과
Bills(1950a)	준실험적	18명 : 3학년	• 정서적 부적응 아동에게 6회기 개별 아동중심 놀이치료와 3회기 집단 놀이치료를 실시함 • 통제 집단과 비교하였을 때 읽기 능력에 상당한 향상을 보였으며, 30일 이후에도 향상이 지속되었다고 보고함
Bills(1950b)	증거적	8명 : 3학년	• 비지시적 개별 놀이치료와 집단 놀이치료를 받은 적응을 잘하는 아동은 비지시적 개별 놀이치료 이후의 읽기 능력에서 통제적으로 유의미한 진보를 보이지 못함 • 이 두 연구를 통하여 읽기 능력이 낮은 부적응 아동은 비지시적 지료를 받은 이후에 읽기 능력의 증진을 보였다고 밝힘
Blanco(2010)	실험적	43명 : 1학년	• 주 정부에서 제시한 학업 기준에 미치지 못하는 1학년 아동을 실험적 지료 집단과 대기기록 통제 집단에 무선 배정함 • 실험 집단의 아동은 개별 아동중심 놀이치료를 8주 동안 30분씩 16회기 받음 • 개별 아동중심 놀이치료를 받은 아동은 통제 집단의 아동보다 학업 성취 종합점수에서 통계적으로 유의미한 향상을 보임
Crow(1990)	준실험적	22명 : 1학년	• 읽기 능력이 저조한 1학년 아동에게 비지시적 개별 놀이치료를 10회기 실시함 • 자기 개념이 상당히 증가함(Piers-Harris Children's Self-Concept Scale로 측정) • 비지시 통제 집단과 비교하였을 때 내적 통제소재 능력이 증진함(Intellectual Achievement Responsibility Questionnaire로 측정) • 실험 집단과 통제 집단 모두 읽기 능력에서 증진을 보임(Gates-MacGinite Reading Test로 측정)

표 15.2 연구 주제에 따른 아동중심 놀이치료 연구(계속)

저자	연구 분류	참여대상자	연구 결과
Elliott & Pumfrey(1972)	실험적	28명 : 7~9세	• 비지시적 집단 놀이치료를 9회기 진행함 • 비지시적 통제 집단과 비교하였을 때 남아는 사회적 적응이나 읽기 성취 항목에서 차이가 없었음(Bristol Social-Adjustment Guide Burt Word Reading Test & Ballard One-Minute Reading Test로 측정) • 그러나 IQ, 정서장애, 조조감과 같은 기준의 범주와 개선 간의 관계가 입증됨 • 정서장애는 사회적 적응 영역에서 지료를 통해 개선됨. 조조감은 사회적 적응 영역에서 지료로 인해 악화됨
Mehlman(1953)	준실험적	32명 : 86~140개월	• 정신지체 아동을 대상으로 29회기의 집단 놀이치료, 영화 집단, 그리고 비지시 통제 집단을 비교함 • 어떤 집단도 지능에는 변화가 없었음(Stanford Binet로 측정)
Morrison & Newcomer (1975)	실험적	18명 : 11세 이하의 아동	• 정신지체 아동을 대상으로 11회기의 지시적 놀이치료, 비지시적 놀이치료, 비지시 통제 집단으로 나누어 비교함 • 통제 집단과 비교하였을 때 두 처치 집단에 있던 아동은 Denver Developmental Screening Test의 수근육-적응과 개인적-사회적 척도에서 큰 변화를 보임 • 비지시적 또는 지시적 놀이가 더 효과적이라는 것은 입증되지 않았음
Newcomer & Morrison(1974)	실험적	12명 : 5~11세	• 정신지체 아동을 대상으로 지시적이고 비지시적인 리더십이 있는 개별 놀이치료를 지시적이고 비지시적인 리더십이 있는 집단 놀이치료와 비교함 • 두 처치 집단의 평균은 30주 동안 지속적으로 증가하였음(Denver Developmental Screening Test로 측정) • 통제 집단과 비교하였을 때 사회적·지적 기능에 대한 유익한 효과가 보임 • 집단과 개인치료, 지시적과 비지시적 리더십 사이의 차이는 발견되지 않았음

(계속)

표 15.2 연구 주제에 따른 아동중심 놀이치료 연구(계속)

저자	연구 분류	참여대상자	연구 결과
Quayle(1991)	실험적	54명 : 5~9세	• 20회기의 개별 아동중심 놀이치료와 20회기의 개인교습 회기에 아동이 참여함 • 통제 집단과 비교하였을 때 Child Rating Scale의 교사, 보조교사, 아동 영역에서 증진을 보임 • 개별 아동중심 놀이치료에 참여한 아동은 좀 더 많은 영역에서 긍정적인 성장을 보였음 • 개인 교습을 받은 집단은 15개 영역에서 4개 영역이 증진된 것에 비해, 아동중심 놀이치료에 참여한 아동은 15개 영역에서 6개 영역의 증진을 보임 • 통제 집단은 11개 영역에서 7개 영역이 부정적인 결과를 경험함 • 교사들은 아동중심 놀이치료를 받은 아동이 하습 기술, 사회적 자기주장 기술, 과잉중심성, 사회적 또래 사회성 기술이 향상되었다고 보고함
Seeman & Edwards(1954)	준실험적	38명 : 5~6학년	• 아동중심 환경을 유지하는 '교사-치료자'에 의해 진행된 평균 67회의 놀이 집단이 부적응 아동에게 제공됨 • 통제 집단과 비교하였을 때 아동은 4개월 만에 10개의 읽기 영역 중 7개의 영역이 상당한 증진을 보임(Gates Reading Survey로 측정)
Winn(1959)	실험적	26명 : 7~10세	• 평균 지능을 가지고 있지만 읽기 능력이 낮은 아동에게 비지시적/관계 놀이치료를 16회기를 진행함 • 통제 집단과 비교하였을 때 성적 면에서 더 많은 증진을 보임 • 성적에서 가장 낮은 점수를 기록한 아동이 성적에서 가장 높은 증진을 보였음 • 통제 집단과 비교하였을 때 실험 집단은 읽기 영역에서 더 높은 유의미한 증진을 보이지 않음
Wishon(1975)	실험적	30명 : 1학년	• 평균 지능을 가진 읽기 지체 아동을 대상으로 32회기의 비지시적 놀이치료를 16주에 걸쳐서 제공함 • 통제 집단과 비교하였을 때 성취, 자기 개념, 자기 구성에 상당한 높은 점수를 보임 • 실험 집단의 아이들은 통제 집단의 아이들 보다 Long-Henderson Children's Self Social Constructs Test에서 동일시/친구의 하위 유형에서 상당한 수행 효과를 보임

표 15.2 연구 주제에 따른 아동중심 놀이치료 연구(계속)

저자	연구 분류	참여대상자	연구 결과
			연구 주제 : 언어 기술
Axline(1949)	증거적	15명 : 6~7세	• 8~20회기의 비지시적 개별 놀이치료를 받은 아동은 높은 IQ 점수를 나타냄 • 연구자는 아동이 정서적 제약에서 자유로워져서 자신들의 능력을 보다 적절히 나타나게 되었다고 결론을 내림
Bouillion(1974)	실험적	43명 : 3~6세	• 말하기나 언어적 능력이 지체된 아동을 대상으로 비지시적 집단 놀이치료, 개별 언어치료, 집단 언어 교습, 그리고 신체-근육 훈련을 일주일에 5일 동안 14주간 제공하고 비지시 집단과 비교함 • 집단 놀이치료에 참석했던 아동은 다른 치료 집단보다 말하는 정확도나 유창성 영역에서 높은 점수를 기록함 • 놀이치료 집단은 또한 수용 언어의 결함을 개선하는 데 가장 작은 증진을 보임
Danger & Landreth(2005)	실험적	21명 : 4~6세	• 언어치료에 적합한 아동을 두 조건, 즉 (1) 집단 놀이치료 또는 (2) 정기적으로 언어치료 회기 조건을 받는 아동으로 무작위 배정함 • 놀이치료 조건에 배정된 아동은 언어치료와 함께 집단 아동중심 놀이치료를 7개월 동안 25회기 받음 • 놀이치료를 받은 아동은 수용적 및 표현적 언어 기술에 증진을 보였고 상당한 실제적 유의도가 나타남

(계속)

표 15.2 연구 주제에 따른 아동중심 놀이치료 연구

저자	연구 분류	참여대상자	연구 결과
Moulin(1970)	실험적	126명 : 1~3학년	• 내담자중심 집단 놀이치료를 12회기 받은 후 통제 집단과 비교했을 때 저성취 학생들이 비언어적 지능에 상당히 더 많은 향상을 보임(California Short-Form Test of Mental Maturity and Illinois Test of Psycholinguistic Abilities로 측정) • 치료의 효과가 자동 언어에는 나타나지 않았지만 의미 있는 언어 사용이 괄목할 만하게 증가하는데는 효과를 보임 • 학업 성취의 효과는 나타나지 않음
Wakaba(1983)	증거적	3명 : 4~8세	• 말을 더듬는 3명의 일본 남아를 대상으로 비지시적 집단 놀이치료를 실행함 • 일주일에 1번, 1시간씩 5개월 동안 진행함 • 말을 더듬는 증상이 호전됨

참고문헌

Axline, V. (1949). Mental deficiency-Symptom or disease? *Journal of Consulting Psychology, 13*, 313–327.

Baggerly, J. (2004). The effects of child-centered group play therapy on self-concept, depression, and anxiety of children who are homeless. *International Journal of Play Therapy, 13*, 31–51.

Baggerly, J., & Jenkins, W. (2009). The effectiveness of child-centered play therapy on developmental and diagnostic factors in children who are homeless. *International Journal of Play Therapy, 18*, 45–55.

Bills, R. (1950a). Nondirective play therapy with retarded readers. *Journal of Consulting Psychology, 14*, 140–149.

Bills, R. (1950b). Play therapy with well-adjusted retarded readers. *Journal of Consulting Psychology, 14*, 246–249.

Blanco, P. J. (2010). The impact of school-based child-centered play therapy on academic achievement, self-concept, and teacher-child relationship stress. In J. Baggerly, D. Ray, & S. Bratton's (Eds.), *Child-centered play therapy research: The evidence base for effective practice* (pp. 125–144). Hoboken, NJ: Wiley.

Bouillion, K. (1974). The comparative efficacy of non-directive group play therapy with preschool, speech- or language-delayed children (Doctoral dissertation, Texas Tech University, 1973). *Dissertation Abstracts International, 35*, 495.

Brandt, M. (1999). Investigation of play therapy with young children (Doctoral dissertation, University of North Texas, 1999). *Dissertation Abstracts International, 61*, 2603.

Clatworthy, S. (1981). Therapeutic play: Effects on hospitalized children. *Journal of Association for Care of Children's Health, 9*, 108–113.

Cowen, E., & Cruickshank, W. (1948). Group therapy with physically handicapped children. II: Evaluation. *The Journal of Education Psychology, 39*, 281–297.

Cox, F. (1953). Sociometric status and individual adjustment before and after play therapy. *Journal of Abnormal Social Psychology, 48*, 354–356.

Crow, J. (1990). Play therapy with low achievers in reading (Doctoral dissertation, University of North Texas, 1989). *Dissertation Abstracts International, 50*, 2789.

Cruickshank, W., & Cowen, E. (1948). Group therapy with physically handicapped children. I: Report of study. *The Journal of Educational Psychology, 39*, 193–215.

Danger, S., & Landreth, G. (2005). Child-centered group play therapy with children with speech difficulties. *International Journal of Play Therapy, 14*, 81–102.

DeGangi, G., Wietlisbach, S., Goodin, M., & Scheiner, N. (1993). A comparison of structured sensorimotor therapy and child-centered activity in the treatment of preschool children with sensorimotor problems. *American Journal of Occupational Therapy, 47*, 777–786.

Dogra, A., & Veeraraghavan, V. (1994). A study of psychological intervention of children with aggressive conduct disorder. *Indian Journal of Clinical Psychology, 21*, 28–32.

Dorfman, E. (1958). Personality outcomes of client-centered child therapy. *Psychological Monographs, 72* (3), No. 456.

Dougherty, J., & Ray, D. (2007). Differential impact of play therapy on developmental levels of children. *International Journal of Play Therapy, 16*, 2–19.

Dudek, S. (1967). Suggestion and play therapy in the cure of warts in children: A pilot study. *The Journal of Nervous and Mental Disease, 145*, 37–42.

Elliott, G, & Pumfrey, P. (1972). The effects of non-directive play therapy on some maladjusted boys. *Educational Research, 14*, 157–163.

Fall, M., Navelski, L., & Welch, K. (2002). Outcomes of a play intervention for children identified for special education services. *International Journal of Play Therapy, 11*, 91–106.

Fleming, L., & Snyder, W. (1947). Social and personal changes following nondirective group play therapy. *American Journal of Orthopsychiatry, 17*, 101–116.

Garza, Y., & Bratton, S. (2005). School-based child centered play therapy with Hispanic children: Outcomes and cultural considerations. *International Journal of Play Therapy, 14*, 51–80.

Gould, M. (1980). The effect of short-term intervention play therapy on the self-concept of selected elementary pupils (Doctoral dissertation, Florida Institute of Technology, 1980). *Dissertation Abstracts International, 41*, 1090.

House, R. (1970). The effects of nondirective group play therapy upon the sociometric status and self-concept of selected second grade children (Doctoral dissertation, Oregon State University, 1970). *Dissertation Abstracts International, 31*, 2684.

Hume, K. (1967). A counseling service project for grades one through four. (Doctoral dissertation, Boston University, 1967). *Dissertation Abstracts International, 27*(12A), 4130.

Jones, E., & Landreth, G. (2002). The efficacy of intensive individual play therapy for chronically ill children. *International Journal of Play Therapy, 11*, 117–140.

Kot, S., Landreth, G., & Giordano, M. (1998). Intensive play therapy with child witnesses of domestic violence. *International Journal of Play Therapy, 7*, 17–36.

Mehlman, B. (1953). Group play therapy with mentally retarded children. *Journal of Abnormal and Social Psychology, 48*, 53–60.

Miller, H., & Baruch, D. (1948). Patients as shown in group and individual psychotherapy. *Journal of Consulting Psychology, 12*, 111–115.

Morrison, T., & Newcomer, B. (1975). Effects of directive vs. nondirective play therapy with institutionalized mentally retarded children. *American Journal of Mental Deficiency, 79*, 666–669.

Moulin, E. (1970). The effects of client-centered group counseling using play media on the intelligence, achievement, and psycholinguistic abilities of underachieving primary school children. *Elementary School Guidance and Counseling, 5*, 85–98.

Muro, J., Ray, D., Schottelkorb, A., Smith, M., & Blanco, P. (2006). Quantitative analysis of long-term child-centered play therapy. *International Journal of Play Therapy, 15*, 35–58.

Newcomer, B., & Morrison, T. (1974). Play therapy with institutionalized mentally retarded children. *American Journal of Mental Deficiency, 78*, 727–733.

Oualline, V. (1976). Behavioral outcomes of short-term non-directive play therapy with preschool deaf children (Doctoral dissertation, North Texas State University, 1975). *Dissertation Abstracts International, 36*, 7870.

Pelham, L. (1972). Self-directive play therapy with socially immature kindergarten students (Doctoral dissertation, University of Northern Colorado, 1971). *Dissertation Abstracts International, 32,* 3798.

Perez, C. (1987). A comparison of group play therapy and individual play therapy for sexually abused children (Doctoral dissertation, University of Northern Colorado, 1987). *Dissertation Abstracts International, 48,* 3079.

Post, P. (1999). Impact of child-centered play therapy on the self-esteem, locus of control, and anxiety of at-risk 4th, 5th, and 6th grade students. *International Journal of Play Therapy, 8,* 1–18.

Quayle, R. (1991). The primary mental health project as a school-based approach for prevention of adjustment problems: An evaluation (Doctoral dissertation, The Pennsylvania State University, 1991). *Dissertation Abstracts International, 52,* 1268.

Rae, W., Worchel, E, Upchurch, J., Sanner, J., & Daniel, C. (1989). The psychosocial impact of play on hospitalized children. *Journal of Pediatric Psychology, 14,* 617–627.

Ray, D. (2007). Two counseling interventions to reduce teacher-child relationship stress. *Professional School Counseling, 10,* 428–440.

Ray, D. (2008). Impact of play therapy on parent-child relationship stress at a mental health training setting. *British Journal of Guidance & Counselling, 36,* 165–187.

Ray, D., Blanco, P., Sullivan, J., & Holliman, R. (2009). An exploratory study of child-centered play therapy with aggressive children. *International Journal of Play Therapy, 18,* 162–175.

Ray, D., Henson, R., Schottelkorb, A., Brown, A., & Muro, J. (2008). Effect of short-term and long-term play therapy services on teacher–child relationship stress. *Psychology in the Schools, 45,* 994–1009.

Ray, D., Schottelkorb, A., & Tsai, M. (2007). Play therapy with children exhibiting symptoms of attention deficit hyperactivity disorder. *International Journal of Play Therapy, 16,* 95–111.

Rubin, A. (2008). *Practitioner's guide to using research for evidence-based practice.* Hoboken, NJ: John Wiley & Sons.

Saucier, B. (1986). An intervention: The effects of play therapy on developmental achievement levels of abused children (Doctoral dissertation, Texas Woman's University). *Dissertation Abstracts International, 48,* 1007.

Schmidtchen, S., Hennies, S., & Acke, H. (1993). To kill two birds with one stone? Evaluating the hypothesis of a two-fold effectiveness of client-centered play therapy. *Psychologie in Erziehung und Unterricht, 40,* 34–42.

Schmidtchen, V.S., & Hobrucker, B. (1978). The efficiency of client-centered play therapy. *Praxis der Kinderpsychologie und Kinderpsychiatrie, 27,* 117–125.

Schumann, B. (2010). Effectiveness of child centered play therapy for children referred for aggression in elementary school. In J. Baggerly, D. Ray, & S. Bratton's (Eds.), *Child-centered play therapy research: The evidence base for effective practice* (pp. 193–208). Hoboken, NJ: Wiley.

Scott, T., Burlingame, G., Starling, M., Porter, C., & Lilly, J. (2003). Effects of individual client-centered play therapy on sexually abused children's mood, self-concept, and social competence. *International Journal of Play Therapy, 12,* 7–30.

Seeman, J., Barry, E., & Ellinwood, C. (1964). Interpersonal assessment of play therapy outcome. *Psychotherapy: Theory, Research, and Practice, 1,* 64–66.

Seeman, J., & Edwards, B. (1954). A therapeutic approach to reading difficulties. *Journal of Consulting Psychology, 18,* 451–453.

Shen, Y. (2002). Short-term group play therapy with Chinese earthquake victims: Effects on anxiety, depression, and adjustment. *International Journal of Play Therapy, 11,* 43–63.

Thombs, M., & Muro, J. (1973). Group counseling and the sociometric status of second grade children. *Elementary School Guidance and Counseling, 7,* 194–197.

Trostle, S. (1988). The effects of child-centered group play sessions on social-emotional growth of three- to six-year-old bilingual Puerto Rican children. *Journal of Research in Childhood Education, 3,* 93–106.

Tyndall-Lind, A., Landreth, G., & Giordano, M. (2001). Intensive group play therapy with child witnesses of domestic violence. *International Journal of Play Therapy, 10,* 53–83.

Wakaba, Y. (1983). Group play therapy for Japanese children who stutter. *Journal of Fluency Disorders, 8,* 93–118.

Wall, L. (1979). Parents as play therapists: A comparison of three interventions into children's play (Doctoral dissertation, University of Northern Colorado, 1979). *Dissertation Abstracts International, 39,* 5597.

Winn, E. (1959). The influence of play therapy on personality change and the consequent effect on reading performance (Doctoral dissertation, Michigan State University, 1959). *Dissertation Abstracts International, 22,* 4278.

Wishon, P. (1975). The impact of play intervention on word recognition skill and on aspects of personal-social development of first-grade children (Doctoral dissertation, Ohio State University, 1975). *Dissertation Abstracts International, 36,* 5030.

Yates, L. (1976). The use of sociometry as an identifier of research sample for psychological treatment and quantifier of change among second grade students. *Group Psychotherapy, Psychodrama, and Sociometry, 29,* 102–110.

아동중심 놀이치료 치료 매뉴얼[*]

서론

이 매뉴얼은 아동중심 놀이치료를 연구에 사용하는 것을 검토하는 연구자들에게 자원을 제공하기 위한 목적으로 쓰였다. 독자는 인간중심 심리학에 뿌리를 두고 있는 CCPT 관점에 대한 이론적 근거와 CCPT가 아동에게 어떻게 효과적으로 활용되는지에 대한 구체적인 방법을 발견할 것이다. CCPT는 1940년대 이래로 70년 이상 활용되어 왔고 그 방법은 Axline(1947), Landreth(2002) 그리고 Wilson과 Ryan(2005)의 저술에 상세히 기술되어 있다. 위의 문헌들은 CCPT에 대한 설명, 신념, 그리고 적용에 대한 심층적인 분석을 제공한다. CCPT 촉진에 관심을 가진 놀이치료자는 CCPT를 이해하기 위해서는 이러한 전통적인 자료들을 더욱 고찰할 것을 권한다. 또한 놀이치료자는 이러한 접근을 독립적으로 사용하기 이전에 CCPT에 대한 광범위한 훈련과 슈퍼비전을 받도록 권장한다. 이 매뉴얼의 목적은 개별과 집단 아동중심 놀이치료를 수행할 때 연구 설계의 요소로 사용될 수 있는 프로토콜의 개요를 서술하기 위한 것이다. CCPT는 인본주의적 접근이기 때문에 놀이치료 임상가들은 이 매뉴얼의 엄격한 프로토콜이 제한을 준다고 생각하고, 그래서 이 매뉴얼이 개인 내담자들의 필요를 충족시키지 못한다고 느낄 수 있다. 이것은 여느 치료 매뉴얼(treatment manual)의 사용과 연관시켜 볼 때 타당한 우려이며, 이는 또한 관련 문헌에서도 임상 치료 매뉴얼의 한계로서 인정되는 바이다(Nathan, Stuart, & Dolan, 2003). 하지만 CCPT와 같은 특정한 양식을 일관성 있게 제공하는 것을 보장하기 위하여 연구자들은 기법에 대한 서술, 치료자 활동에 대한 명쾌한 진술, 그리고 기법의 고수(adherence) 여부를 결정할 기준을 수반하는 매뉴얼이 필요함을 강조한다. 이러한 유형의 운영 프로토콜을 제공하는 것은 CCPT를 실행하는 연구자에게 도움을 줄 것이다. 특히 이 매뉴얼에서 기술된 상세함은 지침의 역할을 하지만 그렇다고 치료자의 행동을 지시하지는 않는다. 여느 치료적 방식에서도 그렇겠지만 치료자는 때로는 프로토콜을 버리고 경험에 근거한 치료적 판단과 자문에 기초한 개인적이고 고유한 방법으로 내담자를 상담해야 한다.

이론적 근거[**]

인간중심 이론에 기초하는 CCPT는 아동의 치료를 촉진하는 발달적으로 적합한 치료 양식이다. 내담자중심 이론으로도 불리는 인간중심 이론은 미국 역사상 가장 영향력 있는 상담자이자 심리치료자로 언급되는 Carl Rogers(1902~1987)에 의해 개발되었다(Kirschenbaum, 2004). 그는 내담자, 상담자, 치료적 관계에 대한 인식을 완전히 바꿔 놓음으로써 상담 전문 영역에 중대한 영향을 끼친 인간중심 이론의 창시자이자 주창자였다. 다수의 연구, 모범 사례, 저서를 통해서 Rogers는 내담자중심 이론의 필요성과 성공을 입증하였다. Rogers는 개인 및 집단 구성원들은 상담에서 스스로의 목표를 설정할 수 있고 스스로의 진보를 관찰할 수 있다는 신뢰를 기본 원리로 주장하였다(Raskin & Rogers, 2005).

인간중심 이론은 성격과 발달을 서술한 내담자중심 치료(*Client-Centered Therapy*)(Rogers, 1951)에서 소개된 19개의 명제에 근거를 두고 있다. 이 19개의 명제에 의하면 성격은 자연스럽게 발달하는 독립체로서, 내사된 가치(introjected value)와 혼합된 자기-창조적 가치(self-created value)에 영향을 받는 현실에 관한 지각된 이해를 통해 발달된다. 좀 더 단순히 설명하면 사람들은 현실에 대한 주관적인 인식을 통해 삶을 경험한다. 사람들이 자신만의 렌즈와 이해를 통해 삶을 경험할 때 부모의 가치와 문화적 규범의 영향을 받아 구성된 외적 과정 및 감정과 통찰로 구성된 내적 과정이 혼합된 최고소의 자기를 창조한다. 감정과 행동은 자기주도적 목표로 이끄는 이러한 인식에 기초를 둔다. 어떤 아동이 자기의 개념과 일치하는 경험을 접할 때는 아무런 문제가 없다. 하지만 아동이 자기 개념과는 다른 메시지들에 맞닥뜨리기 시작할 때 이러한 불일치의 메시지는 새로운 자기 개념을 형성하기 위해 동화되어야만 하며, 그렇지 않으면 심리적 부적응이 야기될 것이다. 일치하는 경험들과 일치하지 않는 경험들을 동화하는 것을 배우는 아동은 자아실현, 즉 자신과 다른 사람들에 대한 더욱 깊은 이해와 수용으로 이어지는 자아실현을 향해 발달하게 될 것이다. 이런 이유로 인간의 본성은 긍정적이고 앞을 향해 전진하며 건설적이고 현실적이며 신뢰할 만한 것이다(Rogers, 1957). Rogers는 개인의 총체성(wholeness)을 굳게 믿는 사람이었다. 존재의 한 부분은 모든

[**] 이론적 근거의 선정은 Ray & Schottelkorb(2008)에서 발췌.

다른 부분에 영향을 미치지 않고서는 작용하지 않는다. 중대한 성장을 위해서는 존재의 모든 부분이 함께 움직여야만 한다.

Rogers의 학생이자 동료였던 Virginia Axline(1947)은 인간중심 이론의 철학과 개념을 아동 상담에 전적으로 적용하였다. Axline은 아동 상담에서 자연스러운 의사소통 방식이 되는 환경을 제공함으로써 발달적으로 반응하는 방법으로 인간중심 이론을 사용하였다. 그녀는 이러한 환경을 아동이 놀이를 통해서 자신의 내적 자아를 표현하도록 도와주는 특정한 놀이 도구가 갖춰진 놀이치료실을 구비하는 것으로 마련하였다. 그리고 놀이치료실에서의 관계 발달을 통해 아동이 언어적이고 또한 비언어적으로 표현할 수 있는 안전한 환경을 제공하였다.

아동중심 놀이치료자는 아동에 대한 이해와 관련된 독특한 철학을 가지고 있다. 아동은 긍정적인 자기주도가 가능한 사람으로 인정받는다. 비유적으로 말하자면 아동은 빚어질 점토가 아니라 피어날 꽃으로 간주된다. 꽃이 아름답게 피어나기 위해서는 이상적인 조건이 제공되어야만 한다. 즉 태양, 음식물, 물 등과 같은 조건이 존재할 때 꽃은 피어난다. 이러한 조건이 부족하면 꽃은 시들고 죽는다. 그에 반해 점토는 만드는 자가 바라는 이미지를 만들어 낼 때까지 찔리고, 긁히고, 빚어진다. 그 이미지는 만드는 자의 투사이지 점토 본래의 모습은 아니다.

Landreth(2002)는 아동중심 놀이치료자를 위해 아동에 대한 열 가지 기본 원리를 제공하였다.

1. 아동은 축소된 성인이 아니다. 발달 이론을 통해 설명되었듯이 아동은 성인과 다르게 생각하고 행동한다.
2. 아동은 사람이다. 그들은 강렬한 감정과 복잡한 생각이 가능하다.
3. 아동은 독특하고 존중받을 만하다. 각 아동은 개인적 성격과 의지를 소유하고 있다.
4. 아동은 회복력이 있다. 아동이 이해할 수 없는 상황을 경험했다 할지라도 그들은 성인이 이해하는 것 이상으로 인내할 수 있다.
5. 아동은 성장과 성숙을 향한 내재적 경향성을 가지고 있다. 아동은 자아실현을 향한 의지를 타고 났다.
6. 아동은 긍정적인 자기주도가 가능하다. 아동은 창조적이며 자신의 세계 속에서

긍정적으로 활동하는 방법을 개발할 수 있다.

7. 아동의 타고난 언어는 놀이이다. 놀이는 그들이 자신을 표현할 수 있는 가장 안전하고 자연스러운 방법이다.

8. 아동은 침묵을 지킬 권리가 있다. 아동은 비언어적 세계에서 가장 의미 있게 작동하기 때문에 아동중심 상담자는 아동이 성인의 언어적 세계에서처럼 소통할 것을 강요하지 않는다.

9. 아동은 치료적 경험을 그들이 필요로 하는 곳으로 가져갈 것이다. 상담자가 아동이 경험하도록 주도할 필요는 없다.

10. 아동의 성장은 가속화될 수 없다. 아동은 성인에 의해 지시될 수 없는 그들 고유의 발달적 시간 계획표에 기초하여 성장한다.

아동중심 놀이치료의 목표

Rogers(1942)는 인간중심 상담의 목표를 아주 분명하게 요약했다.

상담의 목표는 상담자들이 문제 해결을 도울 때 그러한 결과들이 누적될 것을 기대하는 것보다는 직접적으로 더 커다란 개인의 독립과 통합을 향하여 나아가는 것에 있다. 중점은 개인이지 문제가 아니다. 목표는 특정한 하나의 문제를 해결하는 것이 아니라 개인이 성장하도록 도움으로써, 개인이 현재의 문제와 이후의 문제를 더욱 잘 통합된 방식으로 대처할 수 있도록 돕는 것이다(p. 28).

CCPT의 목적은 조건을 확립해서 아동이 성장과 통합을 경험하도록 하는 것이다. Raskin과 Rogers(2005)가 상정한 바에 따르면 상담자가 진정성, 무조건적 긍정적 존중, 공감을 전달하는 데 성공한다면 내담자는 변화된 성격 구조로 반응을 보일 것이다. 아동중심 놀이치료자는 상담 관계에서의 아동의 경험이 지속적이고 긍정적인 변화를 만들어 내는 가장 의미 있고 유익한 요인이라고 믿는다.

아동중심 놀이치료자의 역할과 놀이치료 관계

전술한 바와 같이 놀이치료자가 변화를 위한 환경을 마련하기 위해서 반드시 제공해야만 하는 특정한 조건이 있다. 놀이치료자에 의해 제공되어야만 하는 핵심 조건은 다음의 사항을 포함한다. (1) 공감 : 놀이치료자는 반드시 아동의 세계 안에 들어가서 표현된 태도로 살아내고자 노력한다. (2) 무조건적 긍정적 존중 : 아동에 대한 따뜻함과 수용이 있어야 한다. (3) 일치성 : 놀이치료자는 관계 안에 존재하는 어떠한 개인적 감정도 기꺼이 표현해야 한다. (4) 함축된 다음의 조건들 : 놀이치료자와 아동 사이의 심리적 접촉 및 불일치를 경험하는 아동, 그리고 놀이치료자에 의해 제공된 조건을 경험하는 아동(adapted from Raskin & Rogers, 2005). 이러한 조건들이 인간중심 상담의 '기법(techniques)'이다.

CCPT의 근본적인 '기법'은 치료적 관계이다. Rogers(1942)는 CCPT 놀이치료자에게 적용될 수 있는 치료적 관계의 네 가지 양상을 설명하였다. 놀이치료자는 라포 형성을 가능하게 하는 따뜻함과 반응성을 제공하고 점진적으로 더욱 깊은 정서적 관계로 발전한다. 두 번째 양상은 감정의 표현과 관련된 허용성이 있다. 아동이 말과 행동에 대한 놀이치료자의 수용을 인식할 때 아동은 자신의 모든 감정과 태도를 표현할 것이다. 세 번째 양상은 치료적 제한의 설정이다. 시간 및 행동과 관련한 상담에 대한 구조화는 연령이 높은 아동은 통찰을 얻고, 연령이 낮은 아동은 사회적 현실을 경험하는 것이 가능하도록 돕는다. 관계의 마지막 양상은 압박과 강압의 부재이다. 놀이치료자는 어떤 행동 방침을 따르라는 충고, 제안 혹은 강요를 하지 않는다.

Axline(1947)은 아동에 대한 자신의 발달적 이해에 기반을 두고 CCPT 놀이치료자를 돕는 여덟 가지 기본 원칙을 명명하였다. 이 기본 원칙은 상담 관계의 중요성을 강조한다는 점에서 아동 상담에 있어서 인간중심 철학과 일치한다. 이러한 원칙은 상담자에게 다음의 사항을 요구한다. 상담자는,

1. 아동과 따뜻하고 친근한 관계를 발전시켜야 한다.
2. 아동을 무조건적으로 받아들이고, 어떠한 면으로든 아동이 달랐기를 바라지 않는다.
3. 관계에서의 허용성을 확립하여 아동이 마음 놓고 스스로를 표현하도록 돕는다.
4. 아동의 이해를 증진시키기 위해 아동의 감정을 인식하고 반영한다.
5. 자신의 문제를 해결할 수 있는 아동의 타고난 능력을 존중하고 아동에게 책임감

을 되돌려 주는 기회를 제공한다.

6. 아동의 행동 혹은 대화를 지시하려는 시도를 하지 않고 아동이 이끌도록 허용한다.

7. 아동의 과정(process)이 지닌 점진적인 본성을 인정하고 상담을 서두르려 하지 않는다.

8. 아동의 상담이 현실 세계에 기반을 두도록 하기 위해서 필요한 경우에만 한계를 설정한다.

변화의 과정

Rychlak(1981)는 만약 한 개인의 경험에 대한 인식이 자기에 대한 인식과 일치하지 않아서 자신의 기저에 깔린 유기체의 감정을 반영하지 않는 자기 개념을 갖는다면, 성격 구조에는 불안이 증가하게 된다고 하였다. 좀 더 간단히 말하면 Rogers는 이 정도의 불일치를 가지고 있는 내담자는 낮은 자존감으로 인해 고통받는다는 것을 발견했다(Raskin & Rogers, 2005). 자기 개념과 이상적 자기(self-ideal) 사이의 불일치는 자기-존중(self-regard)의 현저한 부족을 초래한다.

Rogers는(1942)는 실질적인 성격 재건을 촉진시키는 데 필수적인 치료 과정에 대해 분명하게 기술하였고 그 과정은 아동에게도 적용될 수 있다. 그 과정은 아동이 도움을 받고자 할 때 시작된다. 도움을 주는 상황은 놀이치료자가 정답을 가지고 있지는 않지만, 아동이 스스로 해결책을 알아낼 수 있는 환경을 제공하는 것으로 규정된다. 놀이치료자가 부정적인 감정을 수용하고 인정하며 명료화하는 것을 통해 아동의 자유로운 표현을 격려하게 된다. 아동이 부정적인 감정을 전적으로 표현할 수 있게 될 때 긍정적인 표현을 향한 작은 움직임이 일어날 것이다. 놀이치료자는 긍정적인 감정 또한 수용하고 인정한다. 아동은 가능한 결정이나 행동 방침의 인식을 가지면서 자신에 대한 이해와 수용을 얻게 된다. 아동은 보다 폭넓은 이해를 바탕으로 그 이상의 긍정적인 행동으로 이끌 가능성을 지닌, 작지만 의미 있는 긍정적인 행동을 하게 될 것이다. 결과적으로 아동은 도움에 대한 필요성의 감소와 상담 관계가 종료될 것이라는 인식을 경험한다.

치료에서 놀이의 활용

놀이치료의 활용은 아동에 대한 발달적 이해를 바탕으로 한다. 피아제(1962)는 아동이 정보를 이해하고 처리하는 방식과 성인의 방식 간의 차이를 인정하는 인지 발달 이론을 제공하였다. 대다수의 초등학생 아동은 전조작기(2~7세)와 구체적 조작기(8~11세)로 명명되는 2개의 단계에서 활동한다. 이 단계들은 대략 생물학적 연령에 따르는 것이지만, 발달이 개인에 따라 특수하게 나타난다는 것 또한 이해되고 있다. 전조작기에서 아동은 대상을 정신적으로 표상하기 위해서 상징이 활용되는 언어의 기술을 습득한다. 또한 이 단계에서 아동의 사고는 융통성이 없고 당시에 상황이 어떻게 일어났는지에 한정된다. 이것은 마술적 사고의 단계로, 이 단계에서 아동은 그들이 이해하지 못하는 상황에 대해 믿기 어려운 설명을 만들어 낸다. 놀이와 관련해서 아동의 놀이 행동은 점점 더 상상적이고 현실과 무관한 것이 되기도 하지만, 발전되고 있는 인지 패턴을 포함하는 가장놀이의 복잡성이 증가한다. 내적으로는 아동의 이해와 지식이 증가하지만, 내면에서 일어나고 있는 이러한 향상된 방법을 외적으로 의사소통할 능력은 부족하다. 놀이는 아동이 자신과 타인에 대한 이러한 내면적인 인식을 전달하는 가장 자연스러운 방법이다.

　구체적 조작기는 아동이 논리적으로 판단하고 일관되게 사고를 조직할 수 있는 시기이다. 그들은 사고를 처리하고 논리적 사회 규범을 받아들일 수 있다. 하지만 그들은 단지 실질적인 물체에 대해서만 사고할 수 있고 추상적인 추론을 처리할 수 없다. 그들은 죄책감 혹은 억울함과 같은 특정한 복잡한 감정은 표현할 수 없는데, 왜냐하면 그러한 감정을 이해하려면 추상적 사고가 필요하기 때문이다. 구체적 조작기에서 활동하는 아동에게 놀이는 구체적 경험과 추상적 사고 사이의 간극을 메우도록 돕는다.

　다른 이론가들도 아동의 놀이에 대한 필요성과 목적을 인정하였다. Erikson(1963)은 놀이가 어린 연령의 아동이 어려움을 해결할 안전한 장소를 제공한다고 믿었다. 놀이를 통해 아동은 현실의 결과에 대한 위협 없이 활동을 시작할 수 있다. 아동은 권위자로서 행동할 수 있다. 놀이는 아동이 경험을 조직하고 감정을 표현하며 환상을 탐험할 수 있도록 해준다. 비고츠키(1978)는 놀이를 통해 아동이 자기-규제와 완수(fulfillment)를 실행할 수 있도록 해준다는 것을 이론화하였다. 놀이는 아동이 환상을 실험할 수 있는 환경을 제공한다. 비고츠키는 피아제보다도 더 나아가 놀이가 아동을 추상적 사고의 발달로 이끈다고 믿었다.

요컨대 놀이는 몇 가지 이유로 아동에게 중요한 도구이다. 놀이는 아동에게 자연스러운 언어이다(Landreth, 2002). 발달적으로 놀이는 구체적 경험과 추상적 사고 사이의 간극을 연결한다. 놀이는 아동에게 자신의 실제 경험들, 사실상 흔히 복잡하고 추상적인 경험을 조직할 기회를 제공한다. 아동은 놀이를 통해서 통제감을 얻고 또한 대처 기술을 배운다.

아동중심 놀이치료에 적합한 대상군

CCPT 치료는 인간중심 철학, 즉 문제중심보다 아동중심이 되는 접근에 기초하기 때문에 모든 잠재적 내담자에게도 똑같은 기본 조건이 제공된다(Raskin & Rogers, 2005). 그러므로 CCPT는 발달과 관련한 정상적인 어려움을 경험하고 있는 아동뿐만 아니라 주의력결핍 과잉행동장애, 반항성장애, 불안장애 등의 특정한 진단을 받은 아동에게도 적합하다.

LeBlanc과 Ritchie(2001)는 42개의 통제된 연구 결과를 요약하였는데 놀이치료 성과를 메타분석한 결과 0.66의 효과크기(effect size)를 보고하였다. Cohen(1988)의 해석 지침을 사용하면 0.66의 효과크기는 중간 정도의 치료 효과를 나타내고 있으며, 이는 다른 아동 심리치료의 메타분석에서 나타나는 효과크기와 유사하다(Casey & Berman, 1985, ES=0.71; Weisz, Weiss, Han, Granger, & Morton, 1995, ES=0.71).

Bratton, Ray, Rhine과 Jones(2005)는 놀이치료 성과 연구에 대한 가장 큰 메타분석을 실행하였다. 이 메타분석은 1942~2000년까지 놀이치료의 효과를 측정한 것으로 보이는 180개의 자료를 살펴본 것이다. 통제 연구 설계 사용의 지정, 효과크기 산출을 위한 충분한 자료, 그리고 '놀이치료'로 이름 붙여진 개입에 대한 저자 확인 등에 대한 엄중한 기준에 기초하여 93개의 연구가 최종적인 효과크기 계산에 포함되었다. 종합적인 효과크기는 0.80 표준 편차에서 계산되어 큰 효과로 해석되었으며, 놀이치료 중재를 받은 아동이 놀이치료를 받지 않은 아동보다 0.80의 표준 편차가 높음을 보여 주었다.

Bratton, Ray, Rhine과 Jones(2005)는 놀이치료 결과에 영향을 끼쳤거나 전혀 끼치지 않은 특징을 구체적으로 코드화하였다. 인본주의적 놀이치료(ES=0.92)와 비인본주의적 놀이치료(ES=0.71) 개입의 효과크기는 이론적 접근과는 무관하게 효과적인 것으로 간주되기는 하지만, 비인본주의적 접근법이 중간 효과 범주에 속했던 반면에 인본주의 접근법은 큰 효과 범주에 속해 있다고 보고되었다. 이러한 효과의 차이는 비인본주의적 연구들(n=12)과 비교해 볼 때 인본주의적 연구(n=73)의 숫자가 많았던 것에 기인하는 것으로 보인다. 치료 기간은 놀이치료 성공의 한 가지 요인이었다. 14회기 미만으로 이루어진 다수의 연구에서도 중간과 큰 효과크기가 있음을 보여 주었지만, 최적의 치료 효과는 35~40회기에서 나타났다. 나이와 성별은 놀이치료의 효과를 예측할 수 있는 의미 있는 요인으로 보이지 않았다. 놀이치료는 나이와 성별에 걸쳐 동등하게 효과적인 것으로 보였다. 개별 연구들 속에서 인종에 대한 보고의 구체성 부족으로 인하여 인종에 대한 효과크기는 산출되지 않았다. 주호소 문제를 다루는 데 있어서 연구의 다양성으로 인하여 연구자들은 구체적인 진단과 증상을 구별하는 데 어려움을 겪었다. 하지만 24개의 연구는 0.81의 효과크기를 보이며 내재화된 문제를 연구한 것으로 계산되었고, 17개의 연구는 0.78의 효과크기를 보이며 외현화된 문제에 대한 놀이치료의 효과를 검증하였던 것으로 계산되었으며, 16개의 연구는 0.93의 효과크기를 보이며 내재화와 외현화 문제의 복합 유형이었다. 이러한 결과들은 놀이치료가 내재화 유형, 외현화 유형, 그리고 이 두 가지가 결합된 문제 유형에 대하여 중간에서 큰 정도의 유익한 효과크기를 가지고 있음을 보여 준다.

성적으로 학대받은 아동치료에 대한 메타분석에서 Hetzel-Riggin, Brausch, Montgomery(2007)는 놀이치료가 사회적 기능을 위해 가장 효과적인 치료로 보인다는 것을 발견했다. Beelmann과 Schneider(2003)는 비지시적 놀이치료가 혼합된 주호소 문제를 지닌 아동에게 효과적이라는 사실을 발견했다. 그리고 문헌들을 체계적으로 살펴보면 Bratton과 Ray(2007)는 자아-개념, 행동적 변화, 인지 능력, 사회적 기술, 그리고 불안의 영역에서 놀이치료의 활용을 뒷받침하는 증거를 발견했다. 놀이치료는 70여 년에 걸쳐 활용되어 오고 있기 때문에, 다양한 주호소 문제를 지원하는 개별적 연구는 상호 심사 저널들을 통해 볼 수 있다.

역사적으로 놀이치료는 유아기에서 성인에 이르는 다양한 연령대의 내담자들에게 활용되어 왔다. 연구는 CCPT의 사용을 이와 같이 여러 연령대에 걸쳐 뒷받침하고 있으나, 특히 3~10세에게 초점을 맞추고 있다. 하지만 연구는 놀이치료실, 놀이 도구, 치료적 반응을 변경하면 성인 내담자들을 위해서도 효과적인 개입을 제공할 수 있다는 것 또한 입증하였다. 이 매뉴얼의 목적을 위해 CCPT는 아동기 초기와 중기에 초점을 맞추고 있다. 놀이 도구와 반응은 3~10세의 아동에게 적합하게 고안되었다.

놀이치료자 훈련

CCPT를 활용하는 것은 아동을 상담하는 놀이치료자에게 광범위한 훈련을 요구한다. CCPT 교육을 위한 최소한의 기준은 정신건강 분야의 석사학위와 대학원 수준에서 3학점 방식으로 제공되는 40시간의 놀이치료 기본에 대한 과정 이수를 포함한다. CCPT 치료자로 준비되는 과정은 아동중심 철학의 원리에 기초할 것이며, 여기에는 Landreth(2002), Axline(1947), Wilson과 Ryan(2005), Guerney(2001), 그리고 Nordling과 Guerney(1999)의 저술과 문헌에 대한 연구가 포함된다. CCPT 기초 과정은 기본적인 CCPT 기술을 통해 놀이치료를 제공하는 것에 대한 슈퍼비전을 받는 임상 실습 또한 포함한다. 이러한 것은 연구 단계에서의 CCPT의 활용을 위한 최소한의 요구 사항으로 간주된다. 전형적으로 연구 프로젝트에서 CCPT를 제공하는 놀이치료자는 CCPT 훈련과 슈퍼비전을 광범위하게 받는데, 이는 다음의 것을 포함하지만 이것에만 국한되는 것은 아니다. 즉 정신건강 분야에서의 석사학위, 놀이치료에 대한 2과목 수강, 그리고 2학기 동안 수강하는 놀이치료에 대한 슈퍼비전 경험 등이 포함된다. 만약 주 연구자가 이러한 수준의 훈련을 거친 놀이치료자를 확보할 수 없다면 치료 프로토콜은 위협을 받을 수 있기 때문에 광범위한 슈퍼비전 과정은 놀이치료 연구 설계의 필수적인 부분이 될 것이다.

치료 회기의 구조화

우선 초보 놀이치료자는 치료 과정의 기본 기술을 숙달해야만 한다. 기본 기술은 놀이치료실 설치하기, 놀이 도구 선택하기, 그리고 아동과 함께함에 있어서 효과적인 비언어적 및 언어적 방법의 사용 등을 포함한다. 이 부분은 연구 환경에서 CCPT를 수행하기 위한 청사진의 역할을 한다. 놀이치료의 복잡한 사항에 대한 좀 더 세부적인 정보는 Landreth(2002)의 책을 참조하기 바란다. 놀이치료자가 놀이치료의 보다 숙련된 개념으로 나아가기 전에 아동이 수용과 이해의 환경을 제공받고 아동과 관계를 수립하는 것은 필수적이다.

놀이치료실

놀이치료자는 아동을 만나기 전에 아동기의 문화를 다루는 환경을 준비한다. 이 환경이 바로 놀이치료실이다. 놀이는 아동의 발달적인 언어이고, 놀이치료실은 아동이 분명하게 말하는 것을 돕도록 설계되고 그러한 도구로 채워져 있기 때문이다. 놀이치료실의 크기는 아동이 너무 공간이 커서 압도되지 않고 자유롭게 움직이기에 충분한 공간이어야 한다. Landreth(2003)는 이상적인 놀이치료실이란 3.7×4.6미터 크기라고 하였다. 이것이 놀이치료실을 위한 이상적인 크기라 할지라도 많은 치료자는 환경에 제한을 받고 유용성을 위해 공간을 타협하게 된다. 놀이치료는 크기가 서로 다른 방에서도 효과적일 수 있다. 놀이치료실의 본질적인 특징은 놀잇감을 놓을 수 있는 선반과 움직일 수 있는 많은 공간이 있어야 하는데, 적어도 자유로운 움직임을 위한 어느 정도의 공간을 포함한다. 최적의 형태는 싱크대를 갖추어서 물을 사용할 수 있는 것, 카펫이 없는 바닥, 내구성 있는 벽 페인트, 카메라 설치와 관찰을 가능하게 하는 쌍방경을 포함한다. 〈그림 A.1〉은 보다 이상적인 형태의 놀이치료실의 예이다.

놀이 도구

놀이치료실의 놀이 도구로는 놀잇감, 공예재료, 물감, 이젤, 인형극장, 모래놀이 상자와 아동 가구가 포함된다. 놀잇감 선택에 있어서 가장 기본적인 기준은 그 놀잇감이 놀이치료실의 목적을 드러내는가에 있다. 놀이치료실에서의 모든 장난감 혹은 놀잇감에 대해서 치료자는 다음의 질문을 해야만 한다.

1. 이것은 이 방을 사용하는 아동에게 어떠한 치료적 목적을 제공할 것인가?
2. 이것은 어떻게 아동이 자신을 표현하도록 도울 것인가?
3. 이것은 내가 아동과 관계를 성립하도록 어떻게 도움을 줄 것인가?

그림 A.1 이상적 형태의 놀이치료실

치료자가 목적을 갖고 선택할 때 적절한 선택은 명확해진다. 이러한 종류의 신중한 선택은 놀이치료자가 어떤 놀잇감이 그 과정에 필수적인 것인지에 초점을 맞추도록 돕는다. 컴퓨터화된 게임, 보드 게임, 퍼즐, 책과 같은 도구는 위의 질문 중 하나 혹은 둘의 기준을 충족시킬 수 있지만, 세 가지 기준에 모두 부합되지 않는다.

처음으로 놀이치료실을 설치할 때 놀이치료자는 수없이 많은 놀잇감과 도구에 압도될 수도 있고, 특히 공간이 제한되어 있을 때는 더욱 그렇다. Kottman(2003)은 다섯 가지 일반적인 영역에 대한 놀잇감의 범주화를 제공하였으며, 여기에는 가족/양육(family/nurturing), 무서운 놀잇감(scary toy), 공격적 놀잇감(aggressive toy), 표현적 놀잇감(expressive toy), 그리고 가장/상상적 놀잇감(pretend/fantasy toy)이 포함된다. 가족/양육 범주의 놀잇감은 아동에게 성인 혹은 아동의 역할, 특히 가족 맥락에서 청소와 설거지 등의 역할이나 수유와 옷 입히기 등의 양육 역할을 수행할 기회를 제공한다. 무서운 놀잇감이란 사회에서 일반적으로 공포를 부추기는 거미나 뱀과 같은 재료를 포함한다. 무서운 놀잇감은 아동이 스스로의 공포나 불안을 다루는 것을 돕는다.

표현적인 놀이 도구와 재료는 미술과 공예재료를 포함하고 창의성의 표현을 제공한다. 그것은 아동이 가진 긍정적인 감정과 부정적인 감정을 모두 표현하는 데 사용되며, 놀이치료실에 들어선 대부분의 아동은 이러한 재료들을 치료의 적절한 시점에서 사용할 것이다. 물은 일반적으로 놀이치료실에서 가장 많이 사용되는 재료인 반면 이젤과 물감은 일반적으로 두 번째로 많이 사용되는 도구이다. 양쪽 모두 표현적인 도구로 간주되고 아동이 창의적으로 사용한다. 변장용 복장, 인형, 의사놀이 장난감과 같은 가장/상상적인 놀잇감은 아동에게 안전한 환경에서 성인의 세상을 심도 깊게 탐색해 보도록 돕는다.

놀잇감을 명확히 개념화하는 것이 놀이치료실을 설계할 때 도움이 된다 할지라도 놀이치료실에서의 효과적인 표현적 놀잇감은 아동에 의해 다양한 방식으로 사용된다는 것에 특히 주의해야 한다. 젖병이 아기인형을 숨막히게 하는 데 사용될 수 있는 반면에 칼은 안전을 위해 치료자를 자유롭게 하는 데 사용될 수 있다. 껴안을 수 있는 푹신한 곰인형은 작은 사자를 질식시키는 데 사용될 수 있는 반면에 펀칭백은 치료시간 내내 껴안고 있는 것으로도 사용될 수 있다. 놀잇감의 성공적인 선택은 놀이치료자가 아동이 그것을 다양한 표현의 목적으로 사용하고 있다는 것을 이해할 때 분명해진다. Landreth(2002)에 의해 제공된 놀잇감의 세부적인 목록은 〈표 A.1〉에서 찾아볼 수 있다. 놀이치료실에 열거된 모든 놀잇감을 갖추지는 못하더라도 각 범주별로 제시할 것을 매우 권장한다. 만약 연구 설계가 몇 개의 놀이치료실을 필요로 한다면 연구 목적을 위해 각 놀이치료실은 정확히 동일한 목록의 놀잇감을 갖추고 유사하게 설치되어야 한다.

놀이치료실 환경은 표현을 위한 놀잇감을 제공할 뿐 아니라 질서와 일관성에 대한 의식 또한 전달한다. 아동이 놀이치료에 참여함에 따라 그들은 놀이치료실과 치료자의 일관성을 신뢰하게 된다. 놀이치료실에 놀잇감을 배치하는 것은 비슷한 범주를 함께 모아 놓아 논리적으로 이해가 되어야 한다. 그리고 가장 중요한 것은 놀잇감은 매번 아동이 놀이치료실에 들어왔을 때 동일한 장소에 있어야 한다는 것이다. 이것은 이 장소가 아동이 정말로 잘 알고 있고 안전하다고 느끼는 장소라는 메시지를 전달하도록 돕는다. 아동은 놀이치료실에서 환경을 전적으로 통제하는 것을 통하여 자신의 삶에 있는 어려움을 표현하고 해결하고자 진보해 나갈 수 있다. 만약 놀잇감이 놀이치료실에 흩어져 있고 회기에 따라 다른 장소에 놓여 있다면 놀이치료자는 가정/외부 맥락의 혼란에 대한 아동의 경험을 강화하고 있는 것이다. 정리되어 있지 않은 놀이치료실

표 A.1 CCPT 놀이치료실 놀이 도구

모래	인형	빈백의자
숟가락/삽/양동이	인형극장	가축인형
극놀이 의상	교통수단/비행기	동물원의 동물인형
마스크와 모자	놀잇감 총	의료용 키트
공룡인형	아기인형/옷	붕대
칼/검	노리개젖꼭지	젖병
밧줄	금전 등록기	다트 총
주방놀이/음식 장난감	수갑/열쇠	베개/담요
냄비/팬/접시/식기	블록	물감/이젤
인형의 집/구부릴 수 있는 가족인형	병정인형	볼링 핀/공
악기	펀칭백	놀잇감 차/트럭
휴대전화	카메라/쌍안경	점토
투명 접착 테이프	교통수단/비행기	접착제/가위/종이

에서 자신이 원하는 놀잇감을 불안한 마음으로 찾아야 할 때 아동은 자신의 필요를 채우기 위해서는 '싸워야' 하고, 이 환경도 자신에게 어려움을 줬던 다른 환경과 별반 다르지 않다는 것을 배우게 된다.

치료자의 비언어적 기술 : 존재의 방식

물리적 환경이 아동을 초대하는 공간으로 구성되어야 하는 것처럼 놀이치료자 또한 아동을 초대하는 존재의 방식을 전달할 수 있어야 한다. 놀이치료에서 비언어적 기술은 언어적 기술과 동등하게 중요하며, 어쩌면 언어적 기술보다 더 중요할지도 모른다. 아동은 비언어적인 세계에서 자신을 표현하기 때문에 놀이치료자가 그와 같은 비언어적 표현을 사용하는 것은 효과적이다. 비언어적 기술의 사용은 치료자의 진정성과 개인적인 특징에 많은 영향을 받는다. 노스텍사스대학교의 Center for Play Therapy(CPT)에서는 초보 놀이치료자를 훈련할 때 특정 기술을 강조하고 있다. 수십 년 이상 CPT에서의 놀이치료자 훈련과 지도를 통해 특정한 기술이 놀이치료 과정에 필수적인 것으로 부각되었다.

회기를 구조화하는 것은 아동에게 환경에 대한 일관성과 숙달감을 제공한다. CCPT 회기는 30분~50분 범주에서 일반적으로 45분 동안 이루어진다. 연구를 목적으로 했을 때 1차 연구자는 각 회기가 동일한 지속 시간으로 이루어져 있는지를 확인해야만 한다. 놀이치료자는 정시에 회기가 시작할 수 있도록 하고 각 회기가 같은 시간에 종료되도록 일관성을 제공해야 한다. 급히 화장실을 가거나 외적 사건에 의한 방해와 같은 예측하지 못한 상황이 아니라면 아동이 회기 동안 놀이치료실을 떠나는 것은 허락되지 않는다. CCPT는 놀이치료의 성공을 위해 요구되는 필요한 회기의 수를 규정하지는 않는다. 연구에 따르면 35~40번의 회기가 최적의 결과를 제공하였다. 하지만 이러한 회기 수는 종종 연구의 입장에서 보면 과도하게 여겨지고, 아동의 두드러진 성장/변화를 위해 필수적이지 않다. 경험에 의하면 대체로 15~20회기가 측정할 수 있는 의미 있고 주목할 만한 변화를 산출하는 것으로 보인다.

치료자가 아동과 함께 놀이치료실에 들어올 때 아동에게 주도적 입장의 환경을 제공하도록 세심한 주의를 기울어야 한다. 치료자는 놀이치료실에 있는 지정된 의자에 앉고 아동의 초대 없이는 물리적 공간이나 놀이에 들어서지 않는다. 치료자는 아동을 향해 열린 태도를 유지하고, 아동을 향한 열려 있는 마음을 전달하기 위한 자세로 팔과 다리를 편안하게 놓고 아동을 향해 몸을 구부린다. 치료자는 아동에게 집중하고 관심을 보여야 한다. 치료자는 현재에 집중하려고 노력하고 다른 생각을 하지 않는다. 초보 치료자에게는 가끔 어려운 일일 수 있으나 회기 동안 긴장하지 않으며 아동과 상황에 대해 편안한 상태를 유지해야 한다.

목소리 톤은 정서적 단계에서 아동과 접촉할 수 있는 치료자의 능력에 대해 소통하는 것이다. 치료자의 어조를 다룰 때는 두 가지 사항을 고려해야 한다. 첫째, 치료자의 어조는 아동에게 나타나는 정서의 수준과 일치해야 한다. 종종 초보 치료자는 너무 과잉된 만화 같은 목소리로 아동에게 반응한다. 초보 치료자는 자신의 역할이 아동을 행복하게 만들어 주는 것이고 이 역할의 달성을 위해 자신의 어조를 사용해야 한다고 생각한다. 아동의 어조에 치료자의 어조를 일치시키는 것은 치료자가 아동의 표현된 감정을 진정으로 이해하고 수용한다는 것을 시사한다. 둘째, 치료자의 어조는 자신의 반응과 감정에 일치해야 한다. 비언어적 반응과 언어적 반응을 일치시키는 것은 진정성을 전달한다. 아동은 치료자를 한 사람으로서 더 깊이 경험하게 된다. 예를 들어, 아동이 뜻하지 않게 놀잇감으로 치료자를 때린다면 치료자는 깜짝 놀라거나 화가 나는 경험을 하지만 "가끔은 그런 일이 있기도 해."라고 담담하게 반응하면 아동은 치료자가 진실하지 않다고 느낄 것이고, 이는 관계에서의 불신으로 이어질 것이다. 더 효과적이고 일치하는 반응은 다음과 같을 것이다. "정말 아프다. 하지만 여기서도 가끔씩은 사고가 일어나."

치료자의 언어적 기술

CCPT는 놀이치료자에게 언어적 반영의 명확한 목록을 제공함으로써 치료적인 의사소통으로 이끄는 유익을 얻었다. 치료적 반응의 전달은 아동을 효과적으로 만나는 것에 있어서 또한 아주 중요한 부분이다. 두 가지의 전달 기술을 주목해 보자. 첫째, 아동의 제한적인 언어 능력 때문에 놀이치료에서는 짧은 치료적 반응을 중요하게 여기는 것이 도움이 된다. 장황한 언어적 반응은 아동이 흥미를 빠르게 잃고 혼란스러워하게 되며, 이는 치료자의 이해가 부족함을 전달하게 된다. 둘째, 치료자의 반응의 빈도는 아동의 상호작용과 부합되어야 한다. 만약 아동이 조용하고 내성적이라면 놀이치료자는 반응의 빈도를 천천히 해야 할 것이다. 만약 아동이 높은 수준으로 상호작용하고 말도 많은 편이라면 놀이치료자는 아동의 이러한 에너지 수준에 맞는 반응의 빈도를 보여야 할 것이다. 치료의 초기에 새로운 환경에 놓인 아동에게 침묵은 불편한 것이될 수 있기 때문에 놀이치료자의 반응의 빈도는 잦을 수 있다. 이후 회기를 진행하면서 놀이치료자는 아동에게 적합한 속도로 반응하는 것을 배우게 될 것이다. 여덟 가지 치료적 언어 반응의 목록을 살펴보면 다음과 같다. 이들 중의 몇몇은 Moustakas(1959), Ginott(1961), Axline(1947), Landreth(2002)에 의해 제시되었고 나머지는 필자의 놀이치료 경험에 의한 것이다(Ray, 2004).

1. **행동 표현하기.** 이는 놀이치료자의 반응 중에서 가장 기본이다. 치료자는 눈에 보이고 관찰되는 것을 말함으로써 아동의 행동을 언어적으로 묘사한다. 행동 표현하기는 아동으로 하여금 치료자가 자신에게 관심이 있고 수용하고 있다는 것을 알도록 돕는다. 이는 또한 치료자로 하여금 아동의 세계에 들어가도록 돕는다.

아동이 공룡을 하나 집을 때 치료자는 "너가 그것을 집었구나."라고 반응할 수 있다. 아동이 방안을 가로질러 차를 굴릴 때, "어, 거기까지 쭉 가게 하는구나."라고 말하는 것이 예가 된다.

2. **내용 반영하기.** 놀이치료에서의 내용 반영하기는 말로 하는 성인 상담에서의 그것과 동일하다. 내용을 반영하기 위해서 놀이치료자는 아동의 언어적 상호작용을 다른 말로 바꾸어 표현한다. 내용 반영하기는 경험에 대한 아동의 견해를 인정하고 아동 자신에 대한 이해를 명확하게 한다(Landreth, 2002). 아동이 주말에 본 영화에 대해서 이야기할 때 치료자는 "제임스 본드 영화 보러 갔었구나. 액션이 많은 영화였구나."라고 반응한다.

놀이치료 과정에서 행동 표현하기와 내용 반영하기는 중요하면서도 가장 기본이 되는 기술이다. 이 기술은 아동과의 관계를 구축해서 아동이 더 높은 단계의 기술로부터 유익을 얻을 수 있도록 돕는다. 다음의 기술은 자기개념, 자기-책임감 발달, 인식 발달, 그리고 치료적 관계의 구축을 촉진한다.

3. **감정 반영하기.** 감정 반영하기는 놀이치료에서 아동에 의해 표현된 감정에 대한 언어적 반응이다. 감정 반영하기는 높은 수준의 기술로 여겨지는데 왜냐하면 아동은 좀처럼 언어로 감정을 표현하는 의사소통을 하지 않기 때문이다. 그러나 아동은 꽤 정서적이다. 또한 감정 반영하기는 아동에게 위협이 될 수 있으므로 조심스럽게 표현되어야 한다. 감정 반영하기는 아동이 감정에 대해 인식하도록 함으로써 자신의 감정을 적절히 수용하며 표현하도록 돕는다. 한 아동이 "여기는 말도 안 돼요. 난 집에 가고 싶어요."라고 할 때 치료자는 다음과 같이 반응할 수 있다. "여기 있는 것에 대해서 화가 나는구나. 차라리 집에 있었으면 하는구나."

4. **의사결정 촉진하기, 책임감 되돌려 주기.** 놀이치료자의 목적 중 하나는 아동이 자신의 가능성에 대해 감지하고 그것에 대한 책임을 지는 것이다. 치료자는 아동이 스스로 할 수 있는 것을 아동을 위해 대신해 주지 않는다(Landreth, 2002). 의사결정의 촉진과 책임감 되돌려 주기는 아동이 자신이 할 수 있다는 것과 힘이 있다는 것을 경험하도록 돕는다. 한 아동이 "여기서 뭘 해야 하는 거예요?"라고 질문하

면, 놀이치료자는 아동을 주도하고 책임감을 가지는 반응이 되는 "여기서는 그림을 그리거나 모래에서 놀 수 있어."라고 대답하는 대신에 의사결정을 더 촉진할 수 있도록 다음과 같이 반응할 수 있다. "여기서는 네가 결정할 수 있어." 다른 예로 아동이 풀 뚜껑을 열려고 하다가 금세 포기하면서 "해주실래요?"라고 하면 치료자는 "그건 네가 스스로 할 수 있는 것처럼 보이네."라고 반응하면서 책임감을 다시 아이에게 돌려 준다. 물론 치료자는 아동이 그 행동을 할 수 있다고 여겨질 때만 책임감을 되돌려 준다.

5. **창의성, 자발성 촉진하기.** 아동이 자신의 창의성과 자유를 경험하도록 돕는 것은 놀이치료의 또 하나의 목표이다. 창의성에 대한 수용과 격려는 아동이 자신의 모습 그대로 특별하다는 메시지를 아동에게 전한다. 부적응 행동을 보이는 아동은 종종 행동과 생각에 있어서 엄격하고 융통성 없는 방법에 갇혀 있곤 한다. 표현의 자유에 대한 경험은 생각과 행동의 유연성을 발달시키도록 돕는다. 예를 들어, 아동이 "꽃은 무슨 색깔이어야 해요?"라고 물으면 창의성을 격려하기 원하는 치료자는 "여기서 꽃 색깔은 네가 원하는 대로 될 수 있어."라고 대답한다.

6. **존중감 키우기, 격려하기.** 아동으로 하여금 자신에 대해 긍정적으로 생각하도록 격려하는 것은 놀이치료자의 끊임없는 목표 중의 하나이다. 존중감 키우기를 위한 반응은 아동에게 자신이 유능하다는 것을 경험하도록 한다. 한 아동이 그림 그리는 것을 자신 있게 끝냈을 때 치료자는 "너가 하고 싶은 대로 만들었구나."라고 말한다. 한 아동이 놀잇감 총알을 총구에 끼우려고 몇 분 동안 노력하고 나서 드디어 성공하게 되면 놀이치료자는 "해냈구나. 어떻게 하는지 알아냈구나."라고 대답한다.

　　놀이치료자는 칭찬과 존중감 키우기 간의 차이에서 갈등할 수도 있다. 존중감 키우기 반응은 아동이 외적 평가가 있는 칭찬에 의존하기보다는 자아에 대한 내적 감각을 키우도록 돕는 더 깊은 치료적 목적을 가지고 있다. "그거 예쁜 그림이구나.", "나는 네가 한 방법이 맘에 드는데."라는 칭찬하는 반응은 아동으로 하여금 치료자를 위해 수행하게 하고 지속적으로 외부적인 강화를 구하게 함으로써 자기감을 약화시킨다. "너는 네 그림이 자랑스럽구나."라든지 "너는 그것을 네가 원하는 방법으로 만들었구나."라는 존중감을 세우는 반응은 아동이 내적 평가 기준을 만들어서 내적인 책임감을 갖도록 이끌어 준다.

7. **관계 촉진하기.** 아동과 치료자 간의 관계를 증진하는 데 중점을 두는 반응은 아동이 긍정적인 관계를 경험하도록 돕는다. 치료적 관계는 친밀한 모든 관계의 모델이 될 수 있기 때문에 아동이 관계에 대하여 언급하는 모든 시도에 대해 잘 반응해야 한다. 관계 촉진하기는 아동으로 하여금 효과적인 의사소통 패턴을 배우게 하고, 아동에 대한 치료자의 관심을 표현하도록 돕는다. 관계적 반응은 항상 아동에 대한 관계적 반응은 항상 아동과 치료자로서의 자기와 관련하여 반응해야 한다. 치료자가 총을 쏘는 대상이 아니라고 제한을 설정하였다고 하자. "난 선생님이 싫어요. 감옥에 집어 넣을 거예요."라고 아동이 반응한다. 관계를 촉진하고자 하는 의도로 치료자는 자신을 향한 아동의 직접적인 분노를 인정하며 다음과 같이 말한다. "내가 총을 쏘는 대상이 아니라는 것에 대해 나한테 화가 나는구나. 그래서 나를 벌주고 싶은 마음이 드는구나." 다른 예로 한 아동이 회기가 끝나기 바로 전에 놀잇감을 다 치우고 나서 "보세요. 선생님은 하나도 안 치워도 돼요."라고 말한다면 이러한 관계적 표현에 대해 치료자는 다음과 같이 대답할 수 있다. "나를 돕기 위해 뭔가를 하고 싶었구나."

8. **제한 설정.** 제한 설정은 놀이치료실에서 아동에게 안전감과 일관성을 제공하기 위한 현실적인 경계선을 구축하는 데 사용된다. 제한은 단순히 짧은 지시로 설정될 수 있거나 또는 놀이치료자와 아동 간의 복잡한 투쟁으로 발전할 수도 있다. 자기-주도와 자기-책임감을 허락하는 환경을 제공하는 CCPT에서는 최소의 제한 설정이 고무된다. 아동이 스스로 자신을 제한할 수 있는 능력을 기르도록 하는 것이 목표이다. 전형적으로 제한은 아동이 자기 자신, 타인, 비싸거나 대체할 수 없는 놀잇감을 부수려고 할 때 또는 아동의 행동이 놀이치료자의 수용감을 방해할 때 설정한다. Landreth(2002)는 놀이치료에서 제한을 설정하는 구체적인 방법을 제안하였다. 제한 설정의 ACT 모델은 (1) 감정을 인정하고, (2) 제한에 대해 소통하고, (3) 대안을 제시하는 것을 포함한다. 이 모델에서 놀이치료자는 그 순간 아동의 감정에 대하여 인정하고 이야기한다. "그림 그리는 것이 정말 좋구나." 둘째, 치료자는 짧고 구체적이며 명확한 제한을 설정한다. "하지만 물감은 벽에 던지는 게 아니야." 마지막으로 놀이치료자는 행동에 대한 다른 대안을 제공한

다. "종이는 그림을 그릴 때 사용하는 거란다." 아동이 어딘가에 순간적으로 에너지를 집중하였다면 충동적으로 행동할 필요를 느끼지 않도록 아동에게 그 에너지에 대한 다른 대안을 제공하는 것이 중요하다. 제한 설정에 대한 다른 방법이 있음에도 불구하고 ACT 모델은 짧고 직접적이며 효과적이다.

프로토콜의 충실성 보증하기

연구자는 CCPT를 활용하여 연구를 수행할 때 CCPT 프로토콜의 성실성을 보증하여야 한다. 기술 사용에 대한 슈퍼비전은 치료 프로토콜에 있어서 필수적이다. 모든 연구 회기는 비디오로 녹화되어야 하고 주 연구자에게 제공되어야 한다. 연구자에게 치료의 성실성을 보증하기 위한 방법으로 놀이치료 기술 체크리스트(표 A.2)(Play Therapy Skills Checklist)를 제공한다. PTSC는 녹화된 회기를 슈퍼비전하기 위해 사용되고 치료자 반응에 따라 표기된다. 치료자의 언어적 반응은 앞서 언급된 여덟 가지 목록 중 하나에 적용되어야 한다. 여덟 가지 목록 중에 포함되지 않는 반응은 CCPT가 아닌 반응이며 치료의 신뢰성에 위협을 주는 것으로 고려된다. 비언어적 기술에 대한 슈퍼비전 또한 활용되어야 하고 PTSC에 기입되어야 한다.

PTSC는 놀이치료 슈퍼비전과 자문에 있어서 구체적인 도움이 될 수 있다(Ray, 2004 참조). 놀이치료 연구의 한 부분으로 사용될 때 PTSC의 사용은 다음과 같은 구체적인 단계를 따른다.

1. 모든 CCPT 회기는 비디오로 녹화한다.
2. 필요한 경우 놀이치료자는 사례 토론을 위해 슈퍼비전/자문 회기에서 연구자나 슈퍼바이저에게 비디오를 보여 준다.
3. 놀이치료자는 주 연구자에게 날짜와 회기 번호, 또한 필요한 다른 정보가 기록된 매 회기 녹화분을 제공하도록 한다.
4. 주 연구자는 모든 녹화분의 10~20%를 무작위로 선택한다.
5. 그런 후 숙련된 CCPT 놀이치료자는 녹화분에 PTSC를 사용하며 검토한다. 전형적으로 검토자는 각 회기의 5~10분 정도를 시청하고 놀이치료자가 제공한 모든

표 A.2 놀이치료 기술 체크리스트(PTSC)

놀이치료자 : _____   아동/연령/코드 : _____
관찰자 : _____   날짜 : _____

치료자의 비언어적 소통	매우 많이함	적당함	더 필요함	전혀 안 함	치료자 반응의 예	슈퍼비전 코멘트
앞으로 기울이기/열린 자세						
관심을 보임						
편안함						
아동의 감정과 일치하는 목소리 톤/표현						
치료자의 반응과 일치하는 목소리 톤/표현						
간결함/상호작용적						
반응의 빈도						

치료자 반응	반응의 수	매우 많이함	적당함	더 필요함	전혀 안 함	치료자 반응의 예	가능한 다른 반응
행동 표현하기							
내용 반영하기							
감정 반영하기							
의사결정/책임감 촉진하기							
창의성/자발성 촉진하기							

존중감 키우기/격려하기					
관계 촉진하기					
제한 설정					
CCPT 반응이 아닌 것					

아동이 시도한 접촉/연결 :

드러난 놀이 주제 :

치료자의 강점 :

더욱 성장해야 할 영역 :

반응을 목록에 맞춰서 기입을 하는데, 특히 CCPT 반응이 아닌 것을 표시하도록 한다.

6. 검토자는 기입된 PTSC 프로토콜을 연구자에게 제공한다.

7. 연구자는 PTSC 프로토콜을 분석하고 반응 목록에서의 동의 비율을 계산한다. 최적의 동의는 90~100% 사이의 반응이 CCPT 언어적 반응 범주 중 하나로 기입되는 것이다.

부모 및 교사 상담

CCPT에서 부모 상담, 부모 교육, 또는 가족치료는 놀이치료 과정의 전형적인 한 부분이다. 더욱이 학교 놀이치료는 종종 교사, 학교 상담자, 행정가와 상담을 한다. 이 치료 매뉴얼의 목적은 개별과 집단 회기에서 CCPT를 활용하는 것에 대한 프로토콜을 제공하는 것이다. 만약 연구자가 이 프로토콜을 부모, 법적 보호자 또는 학교 담당자와 일하는 데 확장하기로 결정한다면, 연구 설계의 부분으로서 구체적인 방법이 정의되어야 할 필요가 있다. 상담이나 가족 개입은 명확하게 제시되어야 할 필요가 있고 모든 아동과 부모/교사에게 동일한 절차를 적용해야 한다. Bratton, Landreth, Kellam과 Blackard(2006)는 CCPT와 함께 사용될 수 있는 부모/자녀 관계치료(child/parent relationship therapy)를 수행할 수 있는 구체적인 매뉴얼을 제공하였다. Ray(2007)는 CCPT 과정의 한 조력 파트로 교사와 상담할 수 있는 방법에 대해 제공하였다. 부모와 학교 개입에 대한 이러한 형식은 상당한 놀이치료 효과를 입증하면서 CCPT 과정의 향상을 보여 왔다. 그러나 CCPT는 부모나 학교의 개입 없이 단독으로도 연구의 입장에서 효과적이었음을 보였다.

연구 설계를 위한 CCPT 촉진의 단계

1. 주 연구자는 연구 설계에서 제공된 CCPT 개입의 특정 대상군과 구체적인 회기의 횟수를 정한다.

2. 주 연구자는 연구 대상군을 어떻게 모집하는가를 확인하고 특별 대상군임을 입

증하기 위한 자료를 수집한다(예 : ADHD, 파괴적 행동 등).

3. 동의서를 법적 보호자에게 제시하고 서명을 받는다.

4. 연구 설계에 따른 부가적인 자료를 수집한다.

5. 아동은 연구치료 집단에 무작위로 배치되는데 그중에 적어도 하나의 치료 집단은 CCPT 프로토콜을 따른다.

6. 주 연구자는 각각의 회기가 정확하게 동일한 시간의 양이 제공되도록 회기 일정을 잡는다(최적 회기 시간은 30~45분이다).

7. 경험이 있고 훈련이 잘된 CCPT 놀이치료자를 각 아동에게 배정한다.

8. 놀이치료자는 계획된 연구 설계의 회기 횟수를 다 마치기까지 각 회기를 주어진 프로토콜에 따라 CCPT를 수행한다.

9. 각 놀이치료자는 사례의 진보 과정에 대해 매주 나눌 수 있는 슈퍼바이저나 자문가를 배당받는다.

10. 각 회기는 녹화되며 모든 녹화분은 주 연구자에게 제출된다.

11. 연구자는 PTSC를 통해 프로토콜 신뢰성을 보증한다.

12. 계획된 연구 놀이치료 회기가 완료됨에 따라 놀이치료자와 주 연구자는 아동의 종결 준비에 대해 결정하도록 한다. 만약 아동이 종결을 위한 준비가 아직 되어 있지 않다면, 주 연구자는 연구 설계의 종료 후에 부가적인 상담 서비스가 제공될 수 있도록 사례 계획을 제공한다.

13. 연구 설세에 따라 추후 또는 사후 자료를 수집한다.

참고문헌

Axline, V. (1947). *Play therapy.* New York: Ballantine Books.

Beelmann, A., & Schneider, N. (2003). The effects of psychotherapy with children and adolescents: A review and meta-analysis of German-language research. *Zeitschrift fur Klinische Psychologie und Psychotherapie: Forschung und Praxis, 32,* 129–143.

Bratton, S., Landreth, G., Kellam, T., & Blackard, S. (2006). *Child parent relationship therapy treatment manual: A 10 session filial therapy model for training parents.* New York: Routledge.

Bratton, S., & Ray, D. (2000). What the research shows about play therapy. *International Journal of Play Therapy, 9,* 47–88.

Bratton, S., Ray, D., Rhine, T., & Jones, L. (2005). The efficacy of play therapy with children: A meta-analytic review of treatment outcomes. *Professional Psychology: Research and Practice, 36,* 376–390.

Casey, R., & Berman, J. (1985). The outcome of psychotherapy with children. *Psychological Bulletin, 98,* 388–400.

Cohen, J. (1988). *Statistical power analysis for the behavioral sciences* (2nd ed.). Mahwah, NJ: Lawrence Erlbaum Associates.

Erikson, E. (1963). *Childhood and society.* New York: Norton.

Ginott, H. (1965). *Between parent and child.* New York: Avon.

Guerney, L. (2001). Child-centered play therapy. *International Journal of Play Therapy, 10,* 13–31.

Hetzel-Riggin, M., Brausch, A., & Montgomery, B. (2007). A meta-analytic investigation of therapy modality outcomes for sexually abused children and adolescents: An exploratory study. *Child Abuse & Neglect, 31,* 125–141.

Kirschenbaum, H. (2004). Carl Rogers's life and work: An assessment on the 100th anniversary of his birth. *Journal of Counseling and Development, 82,* 116–124.

Kottman, T. (2003). *Partners in play: An Adlerian approach to play therapy* (2nd ed.). Alexandria, VA: American Counseling Association.

Landreth, G. (2002). *Play therapy: The art of the relationship* (2nd ed.). New York: Brunner-Routledge.

LeBlanc, M., & Ritchie, M. (2001). A meta-analysis of play therapy outcomes. *Counseling Psychology Quarterly, 14,* 149–163.

Moustakas, C. (1959). *Psychotherapy with children: The living relationship.* New York: Harper & Row.

Nathan, P., Stuart, S., & Dolan, S. (2003). Research on psychotherapy efficacy and effectiveness: Between Scylla and Charybdis? In A. Kazdin (Ed.), *Methodological issues and strategies in clinical research* (3rd ed., pp. 505–546). Washington DC: APA.

Nordling, W., & Guerney, L. (1999). Typical stages in the child-centered play therapy process. *Journal for the Professional Counselor, 14,* 16–22.

Piaget, J. (1962). *Play, dreams, and imitation in childhood.* New York: Routledge.

Raskin, N., & Rogers, C. (2005). Person-centered therapy. In R. Corsini and D. Wedding, (Eds.), *Current psychotherapies* (7th ed.) (pp. 130–165). Belmont, CA: Brooks/Cole.

Ray, D. (2004). Supervision of basic and advanced skills in play therapy. *Journal of Professional Counseling: Practice, Theory, and Research, 32*(2), 28–41.

Ray, D. (2007). Two counseling interventions to reduce teacher-child relationship stress. *Professional School Counseling, 10,* 428–440.

Ray, D., & Schottelkorb, A. (2008). Practical person-centered theory application in the schools. In A. Vernon & T. Kottman (Eds.), *Counseling Theories: Practical Applications with Children and Adolescents in School Settings* (pp. 1–45). Denver, CO: Love.

Rogers, C. (1942). *Counseling and psychotherapy.* Boston: Houghton Mifflin.

Rogers, C. (1951). *Client-centered therapy.* Boston: Houghton Mifflin.

Rogers, C. (1957). The necessary and sufficient conditions of therapeutic personality change. *Journal of Consulting Psychology, 21*, 95–103.

Rychlak, J. (1981). *Introduction to personality and psychotherapy* (2nd ed.). Boston: Houghton Mifflin.

Vygotsky, L.S. (1978). *Mind and society: The development of higher mental processes.* Cambridge, MA: Harvard University Press.

Weisz, J., Weiss, B., Han, S., Granger, D., & Morton, T. (1995). Effects of psychotherapy with children and adolescents revisited: A meta-analysis of treatment outcomes studies. *Psychological Bulletin, 117*, 450–468.

Wilson, K., & Ryan, V. (2005). *Play therapy: A non-directive approach for children and adolescents* (2nd ed.). Edinburgh: Elsevier.

■ 찾아보기 ■

저자 소개

Dee C. Ray 박사(LPC-S, NCC, RPT-S)는 노스텍사스대학교 상담교육학과의 교수이며 Center for Play Therapy의 소장이다. 40편 이상의 놀이치료에 대한 논문과 책을 출간하였고, 특히 아동중심 놀이치료의 효과를 측정하는 상호심사연구논문들을 15편 이상 저술하였다. 저서로는 *Child-Centered Play Therapy Treatment Manual*가 있고 *Child-Centered Play Therapy Research: The Evidence Base for Effective Practice*에 공동 집필자로 참여하였다. 또한 *International Journal of Play Therapy(IJPT)* 저널의 편집장을 역임했다. 현재 IJPT의 편집위원회와 놀이치료학회(Association for Play Therapy) 연구위원회의 운영위원이며 2008년 놀이치료학회의 우수연구자 및 2006년 텍사스 상담학회 우수연구자 상을 수상하였고 텍사스놀이치료학회로부터 놀이치료 분야의 뛰어난 업적과 공헌을 인정받아 Nancy Guillory Award를 수상한 바 있다.

역자 소개

이은아김

학력

노스텍사스대학교 상담교육학과 아동 · 청소년 상담(놀이치료) 전공 박사
노스텍사스대학교 상담교육학과 아동 · 청소년 상담(놀이치료) 전공 석사
숙명여자대학교 대학원 아동복지학과 아동상담 전공 석사

주요경력

현 Glad Heart Counseling & Equipping Center 소장(Dallas, Texas)
숙명여자대학교 아동복지학부 조교수
숙명여자대학교 아동복지학부 강사
Faith Child & Family Counseling(Texas, USA) 소장, 슈퍼바이저
노스텍사스대학교 상담교육학과 겸임교수, 슈퍼바이저
노스텍사스대학교, Counseling & Human Development Center 부소장, 슈퍼바이저
노스텍사스대학교, Child & Family Resource Clinic 슈퍼바이저

공인 자격

미국 텍사스 주 공인 심리상담전문가-슈퍼바이저(LPC-S, Texas)
미국 공인 심리상담전문가(NCC)
미국 공인 놀이치료자-슈퍼바이저(RPT-S)
놀이치료 전문가(한국놀이치료학회)

민성원

학력

숙명여자대학교 아동복지학부 아동심리치료 전공 박사
노스텍사스대학교 상담교육학과 아동·청소년 상담(놀이치료) 전공 석사
아세아연합신학대학원 기독교 교육학과 석사

주요경력

Denton County of Friends of the Family 아동·청소년 전문 상담가
East Texas Crisis Center 아동·청소년 전문 상담가
댈러스한인학교 상담교사
파주시 청소년상담복지센터 및 서부청소년 WEE센터 놀이치료사
숙명여자대학교(부설) 아동연구소 연구원
국립중앙청소년디딤센터 연구개발 팀장

공인 자격

미국 텍사스 주 공인 심리상담전문가-슈퍼바이저(LPC-S, Texas)
미국 공인 심리상담전문가(NCC)
미국 공인 놀이치료자-슈퍼바이저(RPT-S)